湘潭大学研究生教材资助项目

司法心理学

法学交叉创新系列教材

总主编：胡宇清

主　编：胡宇清　张佳佳　程燕

副主编：汤芙蓉　查抒佚　毛频
李丹　李柳　王慧轶　赵亚峰

编委会委员：李荣祥　李奕妮　颜飞雁
高思　陈桂梅　李璋　夏琼星

湘潭大學出版社

图书在版编目（CIP）数据

司法心理学 / 胡宇清，张佳佳，程燕主编. -- 湘潭：湘潭大学出版社，2018.8
ISBN 978-7-5687-0088-7

Ⅰ. ①司… Ⅱ. ①胡… ②张… ③程… Ⅲ. ①司法心理学－研究生－教材 Ⅳ. ①D90-054

中国版本图书馆 CIP 数据核字（2017）第 058841 号

司法心理学

SIFA XINLIXUE

胡宇清 张佳佳 程燕 主编

责任编辑：黄 琼
封面设计：胡鸿雁
出版发行：湘潭大学出版社
社　　址：湖南省湘潭大学工程训练中心
电　　话：0731-58298960 0731-58298966（传真）
邮　　编：411105
网　　址：http://press.xtu.edu.cn/
印　　刷：长沙印通印刷有限公司
经　　销：湖南省新华书店
开　　本：787 mm×1092 mm 1/16
印　　张：18.5
字　　数：322 千字
版　　次：2018 年 8 月第 1 版
印　　次：2018 年 8 月第 1 次印刷
书　　号：ISBN 978-7-5687-0088-7
定　　价：46.00 元

目　录

第一章 绪 论

司法心理学是研究司法活动中心理现象发生和发展规律的一门学科，是法学与心理学相结合而形成的建立在应用基础上的新兴学科。司法心理学的基本任务是应用当代心理学和行为科学的理论、技术和方法，研究和解决法学领域中所固有的心理学问题。司法心理学有助于国家法制建设的改革，在法律实施中提高司法工作的准确性和科学性，提高改造罪犯的效益。它能够帮助人们正确认识法律手段和其他手段的科学运用，解决现行法律中存在的疑难问题，为改革现行法律和完善国家法制提供科学的依据。这些对于维护社会稳定，建立良好社会秩序，保障公民合法权益都具有积极的意义。

本章作为绪论，将阐明司法心理学的研究对象，介绍司法心理学的发展历史，阐明司法心理学的内容与体系，阐述司法心理学和相关学科的关系，以及阐明司法心理学的研究意义和研究方法。

第一节 司法心理学的研究对象和发展历史

一、司法心理学的研究对象

司法心理学是研究司法活动参与主体在司法活动中的心理变化及其规律的学科。司法心理学的研究对象虽然比较广泛，但又是特定的，是其他学科所不能替代的。在过去的几十年里，对司法心理学的研究对象存在不同的看法。在我国，不同的学者对司法心理学的研究对象并没有达成一致意见。目前，国内心理学界对于司法活动的研究集中于刑事领域，如罗大华的《司法心理学》就侧重于刑事诉讼领域。之所以出现这样的情形是因为刑事诉讼法又被称为小宪法，对民众具有特殊的影响力，稍有不慎就会严重侵犯公民的人身权和财产权。如德国法学家拉德布鲁赫所言："程序法如同桅杆顶尖，对船身最轻微的运动也会作出强烈的摆动。刑事诉讼的历史清楚地反映出国家观念从封建国家经过专制国家，直到宪政国家的发展转变过程。"因此，本教材的研究重点在刑事司法领域。

总的来说，司法心理学的研究对象主要包含两个方面：

（一）司法活动中有关人员的心理现象

司法心理学是研究司法活动中有关人员心理现象的学科。司法心理是影响和支配司法活动参与主体在司法过程中的各种心理因素的总称。这些心理因素包括认识、情感、意志、气质、性格、兴趣、需要、动机、理想、信念、世界观、价值观等。各种心理因素并不是孤立、杂乱无章的，而是相互联系、相互作用，共同构成有机统一的整体。其中，人的理想、信念、世界观、价值观、意志、情趣、兴趣、需要、动机等因素更容易对人的心理状态造成一些决定性的影响。

（二）与司法活动相关的心理现象发生、发展和变化的规律

司法心理学又是一门研究与司法活动有关的心理现象的发生、发展和变化规律的学科。规律是事物所固有的、本质的、必然的内在联系。规律虽然是不以人们的意志为转移的客观存在，但能够为人们所认识和利用。司法心理学进行有关规律的研究，对认真贯彻执行法律，完成诉讼活动，促进社会秩序的稳定，具有十分重要的作用。

二、司法心理学的发展历史

人类对司法心理学的研究是从对犯罪心理的研究开始的，真正形成一门独立学科，则是在19世纪的西欧。1872年德国埃宾出版了《犯罪心理学纲要》，1929年哈钦斯和斯莱辛杰出版了最早的《法律心理学》专著。以美国利普西特和索尔兹1980年出版的《法律心理学研究的新方向》专著为标志，司法心理学作为一门独立真正独立的学科得以形成。司法心理学作为一门学问或科学离不开威廉·冯特的努力。冯特把心理学体系分为两个主要部分：实验心理学和民族心理学。他运用实验的方法研究心理现象，对感觉、知觉、情绪等进行广泛的研究。正是因为受冯特的影响，法律现象成为心理学家关注的一个领域。

总的来看，司法心理学的出现对法学的影响是深刻的。但令人遗憾的是，开端的好景仅仅持续到了20世纪二三十年代。在20世纪的四五十年代，整个世界都很少有心理学家以司法心理学为主题发表过论文或著作。司

法心理学进入了发展的低潮期。在沉寂了将近30年后，到20世纪六七十年代，司法心理学又开始活跃起来。

（一）西方司法心理学的发展历程

19世纪末，西方兴起了司法心理学运动，吉尔克、塔尔德、华德、格·耶利内克等人都对司法心理学的建立作出了自己的贡献。波兰法学家彼特拉日茨基被认为是20世纪司法心理学的主要代表之一。1872年德国精神病学家埃宾（Hans Ebing）出版了《犯罪心理学纲要》，1897年奥地利犯罪学家格罗斯（H Gross）出版了《犯罪心理学》，此两本著作成为犯罪心理学出现的标志。格罗斯在《犯罪心理学》一书中，将犯罪心理学分为两类：客观的犯罪心理学和主观的犯罪心理学。前者研究犯罪人受审时的心理，后者研究犯罪人犯罪时的心理。1906年西格蒙特·弗洛伊德（Sigmund Freud）撰写的《如何发现虚假证供》一文成为心理科学应用于司法程序、影响司法运行结果的最早实例。同年，闵斯特伯格（Hugovon Munsternberg）的《在证人席上》一书，是对证人心理学问题进行论述的最早尝试。1918年，被称为“实验心理学之父”的德国心理学家威廉·冯特（William Wundt）出版了10卷本的《民族心理学》巨著，其中第9卷为法律篇，论述了法律与民族精神的关系，这也成为司法心理学发展史上的重要事件。

20世纪20～60年代，虽然心理学研究有了突飞猛进的发展，但由于心理学对实验研究的热衷，忽视对司法活动的实践，导致司法心理学的研究陷入低潮。60年代以后，由于实验心理学和社会心理学对司法研究兴趣的复苏，司法心理学的研究也开始复苏。刑事司法心理学、民事司法心理学的研究成果增多，司法心理学逐渐走向成熟。特别是在美国，在心理学会中建立了心理学——法学分会（第四十一分会），在法学院系和大学心理院系开设了与司法心理学的有关课程，此外，还出版了很多关于司法心理学的期刊和著作。从此，司法心理学在社会中的地位也逐步得以巩固。

（二）我国司法心理学的发展历程

自人类社会产生法律现象以来，与司法直接相联系的心理活动就开始被人们注意了。中国历史上积累了极其丰富的探讨法律心理的资料。我国历史上对司法心理的论述在《尚书》中就有记载。19世纪下半叶，司法心理学从犯罪心理学的研究中发展和丰富起来，成为一门独立的学科体系。中国司法心理学近年来迅速兴起，其研究成果有许多独到之处，如法制教育心理学就是我国学者首创并积极提倡的。法制教育心理学主要研究法律宣传和法制教育过程中的心理学问题，包括运用各种方法进行宣传教育所产生的社会心理效果等。1983 年，中国心理学会成立了法制心理专业委员会。

我国司法心理学研究兴起于 20 世纪 80 年代初期，形成于 20 世纪 80 年代中期。最先得到发展的是司法心理学和犯罪心理学，以苏常浚著作的《司法心理学》和林秉贤所著的《犯罪心理学纲要》为先。两位先生同时在司法心理学领域的不同方向上积极地探索，取得进展，并于 1986 年分别由群众出版社和中国展望出版社出版发行了以上两本著作，这使司法心理学学科框架初步展现在世人面前，为这一新兴边缘学科的发展和建设铺平了道路。作为学科理论，由沈政主编的《法律心理学》，初步展现了司法心理学的基本面貌。

1981 年，中国政法大学的罗大华教授开设了犯罪心理学的课程，并于 1997 年编写了《犯罪心理学》教材。此后，全国各政法院系都纷纷讲授犯罪心理学，一些大学的心理学系也开设了犯罪心理学或司法心理学课程。经过学者们的共同努力，中国心理学会成立了法制心理学专业委员会。越来越多的心理学专门工作者和司法部门的实际工作者对司法心理学进行研究并将其应用到实际工作中，内容涉及犯罪心理学、审判心理学、侦查心理学、预审心理学、法庭心理学、罪犯改造心理学等，每年都有一批研究成果问世。中国的司法心理学作为一个学科正逐步走向成熟也显露出它对社会发展的重要作用。

经过 30 多年的建设和发展，我国的司法心理学有了长足的进步，司法心理学、犯罪心理学和改造心理学等分支学科逐渐完善起来，为我国的法制建设和科学执法提供了比较有效的方法，丰富了司法心理学的理论和技术方法，提高了司法心理学的应用能力。

第二节　司法心理学的内容与体系

司法心理学研究司法与心理学的关系，揭示人们法律行为背后的心理活动的规律。司法心理学具有全方位性，研究司法心理表现的多种因素。本书认为司法心理学的体系和内容包括：公平感心理、犯罪心理的形成与发展变化、侦查与讯问心理、提起公诉与询问心理、刑事审判心理、刑事附带民事审判心理、犯罪人心理、犯罪心理预防。这几个分支学科既相对独立，又相互联系、相互交织在一起，形成了司法心理学体系。每个分支都有特定的任务和对象，又共同为法律活动的总目标和任务而服务。

一、公平感心理

不同的诉讼参与者对公平的理解是不一样的，对公平的理解在很大程度上是一种公平感，这种公平感受很多因素的影响。本书这一部分讲述了影响公平感的因素，包括社会因素、个人经历以及心理因素。公平感不同于公平，公平更多地倾向于一种客观存在，而公平感（social justice）则更多的是一种主观感受，是个体对社会公正现状的一种评价和态度，是通过社会比较而得到的。本书这一部分还介绍了国内外公平感的经典心理学理论及公平感的类型。

二、犯罪心理的形成与发展变化

犯罪心理是犯罪行为生成的前提，也是行为人承担刑事责任的主观依据。要探讨人产生犯罪心理的原因，就要深刻理解犯罪心理的形成及其发展规律。本书这一部分讲述影响犯罪心理形成的因素，包括主体因素和客体因素；犯罪心理的形成，包括一般心理过程与一般心理模式；犯罪心理的发展变化。

三、侦查与讯问心理

对犯罪案件的侦查是人的一种社会活动，它同样受侦查人员的内部心理活动所制约，侦查活动能否顺利进行，取决于侦查人员对侦查对象心理活动规律的了解程度和侦查人员自身所具备的心理素质。由此出发，本书的这一部分讲述了侦查中侦查主体的心理品质，包括认知品质、情感品质、意志品质和个性品质，以及不同阶段侦查主体的侦查心理及对策、讯问策略、犯罪心理测试技术在讯问中的应用。

四、提起公诉与询问心理

检察人员在公诉活动中与被告人直接较量，必然受到一定心理规律的制约，同时也受到法庭程序以及庭审活动中各类人员心理活动的影响。因此，出庭支持公诉的检察人员即公诉人，要想取得公诉的预期效果和达到依法追究被告人刑事责任的目的，不但要遵循诉讼程序的制度，同时也要遵循出庭公诉的心理规律。基于此，本书这一部分论述了检察官应具备的心理素质和检察官出庭支持公诉的相关准备。一般情况下，询问是针对刑事犯罪的被害人和证人进行的。被害人在整个刑事诉讼过程中处于特殊的地位。研究、掌握被害人的心理特点，促使被害人如实供述犯罪事实和受害经过，对正确、迅速完成侦查、讯问、起诉和审判都有重要作用。这部分介绍了几种常见类型犯罪的被害人的陈述心理及询问被害人的方法。此外，研究证人证言的特征和证人的心理活动规律，对司法机关调查取证同样有着非常重要的意义，从心理学的角度寻求正确的询问方法，可以帮助我们及时收集确凿证据，提高办案效率。

五、刑事审判心理

在法庭这一特定场域中展开的刑事诉讼活动是由扮演不同社会角色的人进行的。这些不同的社会角色包括法官角色、陪审团角色、律师、被告人和证人等，他们依法具有不同的权利和义务，这便限定了他们的角色行为模式，也体现了他们的作用。本书这一部分分别讲述了法官、辩护律师以及被告人这些“法庭社会角色”在参与案件审判中的心理和行为。

六、刑事附带民事审判心理

刑事附带民事诉讼作为我国刑事诉讼中的一项重要制度，在刑事审判中发挥了重要作用。刑事附带民事的审判受原告心理、被告心理的影响。本书这一部分分别讲述了原告的角色特点、原告的心理特征、原告的诉讼动机及常用策略；被告的角色特点、被告的心理特征和被告防守反攻的心理对策；法官进行民事调解的心理学方法、影响法官民事调解的主要因素及法官进行民事调解的注意事项。刑附民案件的审判过程，实际上是各方当事人心理活动的发展过程。

七、犯罪人心理

犯罪人心理是一个包括犯罪人的心理过程、个性心理和心理状态在内的有层次、有结构的反应系统。通过劳动和教育，使罪犯弃恶从善，把他们改造成为新人，这是我国劳改工作的根本目的。为了达到这一目的，就必须探讨犯罪人的心理特点，探讨不同主体的犯罪心理，只有如此才能揭示教育、改造犯罪人的心理规律，实施正确的改造对策。

八、犯罪心理预防

犯罪心理预防是指通过给予行为人的心理以某些影响来达到预防其发生犯罪行为的目的。犯罪是在一定社会背景和具体场合下发生的选择性行为，它是社会环境的产物，同时也是行为者犯罪心理的外化。了解了犯罪心理的形成与发展变化及犯罪人的心理，就对预防他们犯罪提供了依据。本书这一部分在论述犯罪预防的功能之后，重点介绍了犯罪心理预防的基本途径。

第三节 司法心理学和相关学科的关系

一、司法心理学和心理学的关系

心理学是研究人的心理现象如心理过程、个性心理、心理状态等的发生、发展及其规律的科学，其研究成果对司法心理学研究侦查心理、证人心理等具有指导意义，是司法心理学的理论基础。比如，心理学对一般正常个体的行为、认识、意向间联系的研究成果就能用于分析犯罪人如何形成犯罪心理并外化为犯罪行为的过程。

不过两者的研究水平与层次是不相同的。虽然司法心理学更多的是运用心理学的一些基本理论和方法对法律中的相关问题进行研究分析，但司法心理学的内容并不局限于心理学本身。司法心理学拥有自己特定的研究对象、研究原则和研究方法，是可以从心理学科中分离出来的一门独立学科。一方面，法律行为的发生不仅是各司法主体的心理活动的外在表现，也是在特定的社会文化背景与意识形态的基础上所产生的复杂现象；这不仅靠心理学的理论支持，也离不开法学、哲学、社会学、政治学等学科的方法论指导。因此，司法心理与一般的心理活动有着一定的差异，更体现的是作为一门整合性学科的特点。苏力教授在《追求理论的力量》一书中提到，知识的生产至少在现代必须是专业化的、职业化的。但是理论的整合是必要的，只有打通学科、淡化甚至瓦解传统学科的严格边界才能促使理论发展。司法心理学的研究也是如此，在遵循心理学方法论指导的同时，也能够突破传统心理学理论的束缚，成为整合化、多元化的独立学科。另一方面，司法心理学体现出更强的、具体的应用性。司法心理学与法律行为紧密相连，为司法工作、司法实践提供服务，通过对犯罪心理、法律心理以及罪犯矫正心理等的分析研究，得出一定的顾虑与应对方案，帮助解决在刑事和民事司法活动中出现的各种问题，从而更好地完成法制任务。而心理学是系统阐述关于人的心理实质及其心理现象发生、发展和变化规律的科学，并不专门研究司法心理学问题，也不涉及在司法实践、法制工作中的具体应用。因此，司法心理学具有更加丰富的实践性，是对心理学原理的扩展与补充。

司法心理学与心理学的分支学科——社会心理学也有十分密切的关系。社会心理学是研究个体或群体在特定社会条件下心理活动发生、发展和变化规律的学科。司法心理学所研究的犯罪心理、法律心理、罪犯矫正心理等也属于社会心理，也受到社会文化、人际交往及教育程度的影响。比如，在诉讼过程中各诉讼参与人会形成一种特定的社会体系，不仅在该体系中有着特定的关系与行为，还会受到体系外的社会大环境的影响与制约。不过，司法心理学与社会心理学的研究领域虽有所重叠，但在具体形式与具体内容上并不相同，二者属于交叉关系，并且相互补充、相互促进。

二、司法心理学和法学的关系

法学是一门体系庞杂、内容繁多的学科，其主要研究对象就是各类法律。而司法心理学关于人们的心理状态与各种心理特征的估量与分析，对法律中的一些问题具有十分重要的参考价值。比如，民事案件里老年人的精神状态是否影响订立遗嘱的能力，以及在监狱和劳动改造机构中长期处于被监禁的犯罪人的心理状态如何等问题。而与司法心理学关系最紧密的是刑事实体法与刑事程序法。

对于刑事实体法而言，一方面，司法心理学为刑事实体法的研究提供了理论依据，其对于不同犯罪主体的心理活动规律以及产生的不同犯罪心理类型的研究也为刑事实体法中定罪量刑问题提供了重要的参考资料。我国刑事实体法对于定罪量刑坚持的是主客观相统一的原则，在考虑客观行为的同时，还必须考虑犯罪人的主观心理状态，即犯罪人是否秉持故意或过失这两种罪过形式。刑事实体法对故意或过失的研究是从犯罪构成出发，而司法心理学主要从犯罪人心理形成的过程出发。但是，司法心理学通过研究不同类型的犯罪心理，揭示出的犯罪人犯罪心理发生、发展与变化的规律能够为刑事实体法分析犯罪构成中主观心理状态提供有力的理论支撑，并对刑事实体法的理论起到丰富与发展的作用。另一方面，刑事实体法限定了司法心理学的研究范围，其对犯罪人以及犯罪行为的心理研究必须建立在符合刑事实体法关于犯罪定义的基础之上。但是，司法心理学除了研究刑事实体法领域内的犯罪原因与犯罪动机之外，还包括了广泛意义上的犯罪人的心理活动。

对于刑事程序法而言，司法心理学与刑事程序法的研究对象相同，但在具体的研究过程中，司法心理学侧重于研究心理状态，刑事程序法侧重于行为活动。刑事程序法规定刑事案件侦查、起诉、审判与裁决的程序事项，是对刑事诉讼的立法与司法实践进行的理论概括。刑事诉讼活动由公安机关、法院、检察院与诉讼参与人参加，在不同诉讼阶段司法人员和诉讼参与人的任务、地位、利益需求都会有所不同，其心理活动也会随之变化，从而影响到行为的表征。而司法心理学对侦查心理、审判心理以及诉讼活动中各诉讼参与人心理特点的研究，都是从这些行为表征着手的。因此，司法心理学与刑事程序法之间具有较为密切的联系，司法心理学的研究能够为刑事程序法提供丰富的心理学内容，而刑事程序法也需要掌握诉讼各阶段参与人员的心理活动，从而提高诉讼效率，提高诉讼正义。

第四节 司法心理学的研究意义和研究方法

一、司法心理学的研究意义

（一）理论意义

司法心理学的研究进一步丰富了心理学与法学的基本理论和技术方法。首先，法学研究方面对犯罪的原因与动机、犯罪人在犯罪时与犯罪之后各有怎样的心理活动，侦查人员应当如何有效地发现与抓捕犯罪人，以及如何预防与矫正犯罪心理等一系列问题都没有进行深入的探讨与研究。而司法心理学结合心理学的角度，对上述问题提供了强有力的理论支持，为法学研究体系进行了积极的充实与完善。其次，在心理学研究方面，由于人们的心理活动十分复杂多变，心理学研究的范围也十分丰富，包括普通心理学、社会心理学、教育心理学等多个领域，且都各自形成了独特的理论体系。虽然这些学科领域的一些理论和研究方法也能在一定程度上适用于司法心理学的研究过程，但毕竟不能进行专门的、全面的系统研究，难以体现司法心理学的独特研究价值。对犯罪人的心理结构与正常人有无实质区别以及如何测量各诉讼参与人的心理状态等问题的研究成果支撑着司法心理学作为一门特有学科的发展与完善，同时也对整个心理学科的发展作出了积极的贡献。

（二）实践意义

司法心理学研究的实践意义主要体现在三个方面。第一，司法心理学研究有助于提高司法工作的准确性和科学性。在侦查过程中，侦查人员可以利用司法心理学的有关知识，把握住犯罪人在犯罪前后的心理活动变化及规律，从而准确迅速地采取措施将犯罪人缉拿归案。在讯问过程中，讯问人员可以利用犯罪人的心理活动变化及时调整讯问方式、制定讯问策略，削弱犯罪人的抵抗心理，从而获取更多的事实真相与线索。在审判过程中，通过运用司法心理学的有关知识对各诉讼参与人的心理活动进行研究分析，以达到提高诉讼整体效率的目的。第二，司法心理学研究有助于提高改造罪犯的效益。司法心理学的内容还包括犯罪心理的预防与良性转化，通过对犯罪人心理结构的深入分析，采取相应的矫正与再社会化的科学技术手段，有效改善导致犯罪人犯罪的内外影响因素。第三，司法心理学研究有助于法律制度的建设和完善。比如，心理测量法衍生出来的测谎技术，其得出的结论运用于证明刑事诉讼中的证据资格与证据能力问题，司法心理学对此的有力探索研究充实了法律制度的相关内容。

二、司法心理学的研究方法

司法心理学是一门具有浓厚人文色彩以及社会应用性的学科，涉及的心理活动规律较为复杂，其研究方法也非常广泛多样。有的学者将司法心理学的研究方法归纳为两大类：实验法与非实验法。其中，实验法包括在实验室进行的真实验法与在现场进行的准实验法；非实验法包括调查法、个案法、观察法、活动产品分析法等七种方法。有的学者则将司法心理学的研究方法直接分为观察法、模型法、实验法、统计法、测量法以及其他研究方法六类。实际上，司法心理学虽然属于心理学的分支学科，但由于其研究对象的差异，在研究方法的使用上必然也会形成自身的特点。

（一）调查法

调查法指调查者就某些感兴趣的主题向被调查者询问或者进行行为分析。在司法心理学的研究方法体系中，调查法主要包括问卷法与行为分析法。

问卷法是司法心理学研究中经常使用的研究方法。问卷法最初是心理学家高尔顿调查人的个别差异所使用的方法，即列出一系列问题要求被试回答。20 世纪初，霍尔将问卷法大量用于心理学研究。问卷法要求问题的设计必须不带感情色彩，且在措辞上应当让所有被调查者都能够对问题有相同理解，尽可能避免具有多重含义的复杂问题或者带有引导性的问题。20 世纪中叶，艾森克使用问卷法发现了人格特征，比如易于焦虑的倾向、自卑感的倾向等，按照所得结果，将人分为外倾、内倾两种类型。此后问卷法的技巧愈加改进，不必依据答卷人回答的内容作出结论，而是从答卷人的倾向性窥知其心理特征。比如美国曾有一项医药方面的问卷，问被试是否患有某类疾病，但实际上问卷中列出的部分疾病是虚假的或相互冲突的。如果被试对于这些虚假矛盾的疾病都回答自己患有，那么可以推知被试有神经质的变异倾向。不过问卷法也存在一定缺陷，比如被试在回答时可能意识到自己的答案会对自身利益产生一定影响时，就会作出欠缺真实性的回答，让调查结果丧失准确性和可靠性。

行为分析法，又称叙述分析法，是司法心理学特有的研究调查方法，其通过分析犯罪人的个人叙述来研究犯罪人的心理活动。美国心理学家坎特认为犯罪人在犯罪过程中采取的行动可以被视为其个人叙述的反映，且叙述就隐含在其将被害人视为工具或目标的行为之中。在这种意义上，所有犯罪都是发生在人际过程中，因为犯罪人要在犯罪中表现出自己与被害人之间的关系。犯罪在犯罪人人为展开的生活故事情节中扮演着非常重要的角色，因此犯罪人对犯罪的叙述方式暗含着相当重要的心理意义。这种方法衔接了心理学和法学。坎特根据犯罪人对其犯罪过程的个人叙述的，设计出一种可用于统计分析的定量研究方法。比如，一部分犯罪人对自身及犯罪投射出一种悲观的看法，而另一部分犯罪人则将其视为较乐观的冒险故事的组成部分。行为分析法可以让侦查人员清楚地认识到犯罪是心理加工过程的一部分，并据此推断出犯罪人可能具有的个性特征，从而揭示犯罪心理画像的成因，有助于侦查人员理解犯罪人在被询问时的回答，以获取更多的线索与心理研究材料。由此可见，行为分析法对司法心理学研究领域的心理活动具有特定的价值。

（二）测量法

测量法在心理学研究中有着最广泛的应用。凡是在一定的控制条件下，使用单一或一系列的特定刺激以引起被试的某种反映，从而推知其心理特征，都属于测量的范围。例如，反应速度的试验、感觉敏度的试验等，都可称为测量。

心理测量法是研究者通过专门的测量工具，按照规定的程序对个体或团体的某种心理品质、行为特征进行测量，从而作出个体或团体某方面心理发展水平或特点的评定与诊断的一种方法。斯皮尔曼在提出智力因素论时就曾经做过大量的测量。之后，测量法不仅可以用来测量认识能力，也可以测量某些性格特征。美国心理学家艾森克与卡特尔都曾做过这方面的实验。1944年，瑟斯顿通过知觉测量推断出了被试的性格特征。在测量研究中瑟斯顿发现，被试在知觉方面的某些特点和性格特征之间存在着一定的联系。比如，外倾型的被试在知觉过程中比内倾型的被试能更好地保持知觉对象体积的恒定性；神经不稳定的被试不能接受模糊不清的知觉对象，对于可以看成两个以上不同事物的图形感到不耐烦。这些测量性格特征的方法都是间接的方法，即用认识方面的测量来间接地推知性格特征的方法。

具体到司法心理学的研究中，诉讼活动里的各类参与人的心理状态和品格对各种案件的审理有着复杂的关系。运用测量法了解司法工作人员的性格特征，更有助于准确解决法律纠纷。除此之外，心理测量法还包括运用投射测量的方法测量性格特征。比如，依据被试的字体、图画风格等来判断其性格特征，罗夏墨渍测量就是运用这种方法的经典例子。该测验将一系列不规则的墨渍图案给被试观看，让其说出在图中所看到的事物，并通过这些事物的特点来推知其性格特征。由于被试从图中看到事物时的依据各有不同，有的依据整个图案，有的只是记住部分；有的依据图案的颜色，有的则依据图案的结构。而这些均与性格的内倾或外倾特征，以及精神状况的稳定程度具有一定的联系。

在司法系统中，心理测量法可以帮助鉴定被告人的心理特点是否具有法律责任能力以及是否具有出庭受审的能力，对证人等诉讼参与人的诉讼材料或证词是否可靠提供科学依据，对各类司法工作人员的选拔与培训，提供科学的参考材料。

（三）实验法

实验法是司法心理学重要的研究方法之一，其通过控制所有可能影响实验结果的变量，对这些实验变量依次作出不同的处理，从而观察这些处理所引起的反应，推断出实验变量之间的相互联系。实验法弥补了自然观察法的弱点，让实验变量按照研究者设计的方式进行改变，无关变量的影响得到一定的抵消或消除，让实验的原因与结果能够更加对应。一般而言，实验法可分为三种：实验室实验法、现场实验法与准实验法。实验室实验法是在严格控制条件的实验室中进行研究的方法，它起源于实验心理学创始人威廉·冯特在莱比锡大学创立的心理实验室。在这之前，虽有很多学者对心理活动现象产生了浓厚的兴趣，但只是停留在自然观察的层面上主要凭借研究者的直观体验。心理学家海尔巴特的研究虽然以经验为依据，并试图在心理现象研究中运用数学概念，但其并不认为研究心理活动可以采用实验法。此后，经过不断发展，韦伯、费希纳开始尝试心理学的实验工作，直至1879年，威廉·冯特在莱比锡大学创立了世界上第一个专门研究心理学的实验室，推动心理实验室如雨后春笋般纷纷涌现，从此实验方法同心理学紧密结合起来。实验室实验法的优点在于能够将产生心理现象的条件严密控制，自由改变实验变量，使自然环境中的复杂条件简单化，并将所产生的效应详细记录，让变化无穷、难以捉摸的心理现象置于科学仪器之下，作出精密的观察试验，找出规律性，从而让相互间的因果关系明确显露出来。但是，实验室实验法也存在着一定的缺陷，比如人们在实验室控制条件下的心理活动与在自然环境下相比具有差异，被试对实验的知情与感知也会对其心理活动的真实性产生影响。实验室实验法是一种注重量化的研究方法，其结果要求用数据的形式得出一个结论或去证明一个已经存在的结论，研究者在进行实验室实验时可能会受到既有结论的约束，不自觉地影响实验进程与结果。

现场实验法也是通过控制与处理变量从而确定变量之间因果联系的研究方法，但与实验室实验法不同之处在于，其是在自然情景中改变一个或多个条件以研究所产生的结果的非封闭式实验。例如，要检验被讯问对象的身份是否会影响司法工作人员的讯问行为时，可以安排一半的外国人成为被讯问对象，再观察司法工作人员的讯问情况，从而得出结论。现场实验法的优点在于被试并不知道自己成了被试，不会产生被试的迎合特征，即不会按照研究者的要求去做以取悦研究者。与此同时，现场实验法也控制了自变量，即上述实验中的被讯问对象为本国人和外国人。由于实验是采取实际社会生活中的真实情景，其结果往往能够直接适用于现实生活。现场实验法的优点还包括能够缩短研究周期，摆脱研究的被动性。但是，在现场实验中难以控制额外变量的影响，偶然因素可能会不断出现，被试的权利与安全也难以得到应有的保护。因此，现场实验法的实施条件较为严格，如何选取合适的现场、控制确定的变量是现场实验法面临的难题。

准实验法的概念最早是由心理学家坎贝尔与库克在讨论研究效度问题时提出的，这是一种介于非实验和纯实验之间的实验方法。在司法心理学的实验设计中，当条件不允许研究者完全按照实验原则来进行，实验的变量也不可能进行单一控制时，需要区别于纯实验的严格标准，依据现实情况作出相应的调整，并进行有限的控制，这便是准实验法的内容。一般而言，准实验法适用于处在实验组与控制组的被试不能保持同质以及被试不容易被随机抽样等不能进行完全控制的自然情况。准实验法虽然不能如同纯实验那样严格控制额外变量，但仍然可以通过科学的实验设计在较大程度上消除组内误差变异和消除系统偏差。例如，准实验设计的两类主要方法：不相等控制组设计和时间序列设计。不相等控制组设计特别要求被试应当从同一总体中抽取；时间序列设计也要求在实施实验处理前后的一段时间里对同一组对象作出多次类似的观察。由于准实验法更加真实自然，更少受到人为因素的干扰控制，在司法心理学研究中被广泛使用。但是，准实验法也存在一定的局限性，主要体现在准实验法通常时间跨度较大，不能控制与实验处理同时发生的偶发事件和与自变量同时出现的附加变量的影响。而且，在时间序列设计中，多次实施测试可能会影响到被试对实验处理的敏感性，从而影响到实验结果。

（四）模拟研究法

模拟研究法是司法心理学区别于普通心理学的重要研究方法，其具体内容是通过研究者模拟现实生活创造的情景，让被试扮演各个角色，在实验过程中寻找到现实事件的相互联系。比如，社会心理学家萨克斯以陪审团的裁判原则对决议过程的影响为研究内容，各选取了十二名大学生充当陪审员进行了两个模拟实验。模拟情景一是阅读一份十页纸的抢劫案材料，模拟情景二是观看入室盗窃案的监控录像带，并都对模拟陪审团达成全体一致与三分之二多数决的过程进行研究观察。结果均发现，达成多数决的陪审员比要求全体一致的陪审员更能相互沟通交流，提出更多的争议性意见，发挥出陪审团的真正效用，而后者需要耗费过长的时间，并很容易在决议过程中互不相让，陷入僵局。因此，萨克斯通过模拟研究的结果支持陪审团的裁判原则应当以多数决为宜。可见，模拟研究法的存在恰恰弥补了真实环境下实验可能存在的短板，毕竟真实环境下的实验由于环境因素的复杂多变很难达成一个纯粹的研究环境，可能遭遇许多现实困难。

只是，模拟研究法得出的结论并没有在真实环境下得出的结论容易让人信服，被试所获资料的完整性与被试行为反应的真实性都存在一定的质疑。模拟研究法的发展趋势正在朝这个方向进行改善，让实验更加趋近于现实。一方面，被试获取的法庭材料应当通过现场实验来帮助收集；另一方面，模拟研究可以尽可能多地采取容易控制的真实环境因素，在真正的陪审员、法官身上进行，甚至到真正的法庭中进行。比如，在著名的监狱角色模拟研究中，心理学家津巴多根据自我实现效应的心理学定律，即人们对自己的某种假设很快成为现实，将斯坦福大学心理系的地下室改造成与真正监狱相同的牢房，将被试随机平分为看守和囚犯，并给看守制服和口哨，给囚犯穿上统一的囚服。为了增强模拟研究的真实性，津巴多特意请当地警察局帮忙，让随机分为囚犯的被试在家中意想不到地被警察逮捕，并带到模拟监狱中。在这种研究方法下，被试们都很快进入各自的角色之中，其无论是在情绪还是行为上都变得越来越像真的看守和囚犯。看守开始趾高气扬、粗鲁暴力，想出多种对付囚犯的体罚与酷刑方式，囚犯则根据个体性格转为麻木屈服或是积极反抗。此时，模拟研究已经十分接近于真实情景，并避免了一些现场实验固有的困难，其作为司法心理学的研究方法具有特定的价值。

思考题：

1. 司法心理学研究的主要内容有哪些？

2. 司法心理学是一门什么样的科学？为什么？

3. 司法心理学常用的研究方法有哪些？

参考文献：

1. 乐国安等编著：《法律心理学》，华东师范大学出版社 2016 年版。

2. 戴健林主编：《法律社会心理学》，广东高等教育出版社 2010 年版。

3. ［英］詹妮弗·M·布朗等主编：《剑桥司法心理学手册》，马皑等译，中国政法大学出版社 2013 年版。

4. 张一中著：《心理学的研究方法与应用》，复旦大学出版社 1998 年版。

5. 王重鸣著：《心理学研究方法》，人民教育出版社 2001 年版。

6. 马皑：《法律心理学基本理论问题探讨》，载《甘肃政法学院学报》2010 年第 4 期。

7. 章益：《略论冯特创建心理学实验室以来心理学的研究方法》，载《山东师范学院学报》1980 年第 1 期。

拓展阅读书目：

1. ［美］赖茨曼著：《司法心理学》，吴宗宪等译，中国轻工业出版社 2004 年版。

2. 罗大华主编：《法律中的心理学》，群众出版社 2010 年版。

3. 鲁千晓、安兵著：《应用诉讼心理学：诉讼类案心理指南》，法律出版社 2013 年版。

第二章　公平感心理

公平和公平感是两个不同却又联系紧密的概念。法学探讨司法的公正性，心理学则从人的角度研究公平感。

公平更倾向于一种客观存在。苏格拉底认为，公平是美德与知识的统一，是沿正道行动的标尺。柏拉图则认为："公平就是各司其职，各守其序，各得其所。"亚里士多德从伦理学的层面上用"正义"来解释"公平合理"，其广泛的含义包括公平、公正，并将公平分为理性公平与政治公平、分配性公平与矫正性公平、个人公平与社会公平、实质公平与形式公平，且认为公平优于合理。霍布斯认为，公平原则应该坚持这样的自然法："进入和平状态时，任何人都不应要求为自己保留任何他不赞成其余每一个人要为自己保留的权利"，并将公平分为交换的公平和分配的公平。罗尔斯则认为正义是社会制度的首要价值，是处于"无知之幕"下的人们的首要选择。阿马蒂亚·森则认为公平是一个消除贫困、解除人身束缚、消灭歧视和压迫、获得法治权利和社会保障以及提高按照自己意愿来生活的能力的综合过程。在中国，对公平的内涵有各种各样的界定。有的学者从利益关系的角度归纳出公平问题"就是人与人利益关系的合理或不合理问题，包括事实公平、做法公平、制度公平和道德公平四个方面"，并将事实、做法、制度、道德、政治、经济以及经济关系等一系列的社会变量包含到了公平概念中，使公平成为对社会现象的描述。有的学者将公平分为经济公平、政治公平、伦理公平和文化公平四个方面。其他关于公平内涵的界定主要有：分配公平、制度公平、机会公平、规则公平、交换公平、起点公平、过程公平、结果公平等。

相比公平，公平感（social justice）则更多的是一种主观感受，是个体对社会公正现状的一种评价和态度，是通过社会比较得到的。也有研究者认为，公平感是个体对现实生活中的公平问题的感受，是伴随着是否公平的一种情绪体验。综上可以认为，公平感是个体在具体情境下对公平问题的一种感知和判断，并伴随着“是否公平”的情绪体验。既然公平感是一种主观的判断和感受，也就意味着它不仅受到客观公平状态的影响，还受到人的公平敏感性、知觉、情绪情感和价值观等多种心理因素的影响。

随着中国特色社会主义法律体系的基本形成，我国的法治进程已经进入有法可依的第一阶段，并向有法必依与执法必严的第二阶段发展。然而，我国法治体系基本完善的标准，不仅在于法制的建设与执行，还在于公众对立法、执法和司法公正程度的认知。公民对立法、执法和司法所产生的公平感不仅反映了我国法治进程的真实情况，也体现了国人对法律的信仰程度。实现了这一点，我国的社会主义法治体系也就步入了人人守法并用法律保护权益的第三阶段。由此可以认为，提高我国公民的司法公平感，对处于向法治建设第二阶段发展的我们而言是意义重大且亟待解决的问题。

第一节　公平感的心理学理论

一、国外有关公平感的经典心理学理论

心理学领域对公平的研究主要集中在“公平感”上，其中95%以上的文献都集中在组织领域。西方心理学界对公平感的研究先后有三个主要的角度：结果公平、程序公平和互动公平。虽说从哲学意义上对公平的探讨最早可以追溯到柏拉图和苏格拉底，但心理与行为科学领域中对公平感的探讨则始于亚当斯的结果公平理论。

（一）结果公平理论

结果公平理论又称社会比较理论，是由美国北卡罗来纳大学心理学教授约翰·斯塔希·亚当斯（John Stacey Adams）基于认知失调理论，在《工人关于工资不公平的内心冲突同其生产率的关系》（1962，与罗森合著）、《工资不公平对工作质量的影响》（1964，与雅各布森合著）以及《社会交换中的不公平》（1965）等著作中提出来的一种激励理论。按照心理学的观点，人的知觉对于人的动机的影响很大。结果公平理论认为，人们不仅关心自己所得结果的绝对值，更关心所得结果的相对值。相对值指的是个人的投入与所得结果的比例与参照对象的投入结果比进行比较的结果，而个体对结果公

平性的判断主要是通过社会比较得到的。社会比较可以是横向的也可以是纵向的，选择的参照对象可以是自己也可以是他人，亚当斯一共归纳了四种社会比较（见表2－1）。

表2－1　亚当斯的四种社会比较

角度	社会比较类型	含义
纵向比较	组织内自我比较	比较自己在同一组织中现在和过去的投入收益比率
	组织外自我比较	比较自己在不同组织中的投入收益比率
横向比较	组织内他比	比较自己与本组织内其他人的投入收益比率
	组织外他比	与组织外的人进行投入收益比率的比较

当社会比较结果对等时，个体会产生公平感，而当社会比较结果不对等时，个体会产生不公平感，不公平感又可以分为过高不公平和过低不公平（见表2－2）。

表2－2　公平感的三种状态

状态	个人	关系	参照对象	实例
公平	所得/投入	=	所得/投入	觉得自己的投入更多，所得也更多
过低不公平	所得/投入	<	所得/投入	感觉自己投入更多，但所得与参照对象相等
过高不公平	所得/投入	>	所得/投入	感觉双方的投入相等，但自己的所得却更多

由于亚当斯的分配公平指的主要是人们对分配结果的公平感受，所以其也被称为结果公平，可用于分析人类动机与社会知觉之间的关系，理解个体在社会比较后所产生的心理与行为。

人们主观上进行的社会比较所带来的公平或不公平感会影响到个体的行为积极性。当个体产生公平感时，会因为自己受到了公平的对待而心情舒畅，满意当前的状态，维持当前的行为；当个体产生不公平感，过高不公平时，个体可能会产生兴奋和感激等情绪，但有时过高也会带来心虚和不安全感的激增；过低不公平时，个体会出现失衡感，不满意现状甚至满腹怨气，并试图采取某些行动恢复公平。

过低不公平的情况下，个体为了恢复公平所采取的行为主要有五种：

1. 减少自己的投入。比如在社会生活中减少助人行为、无私行为；在工作中降低自己的工作质量或工作效率。

2. 要求提高自己的收益水平。例如：在被不公正对待后要求获得赔偿，作出情节轻微但达不到违法程度的偷盗行为等。

3. 改变对自己或参照对象的投入或结果的认知。因为在公平理论中，投入和所得到的结果往往是多维的，时间、精力、知识经验、金钱、热情、忠诚度和努力程度等都是投入，报酬、地位、尊重、成就感、幸福感、感情和人际关系等都可以是所得到的结果。个体改变对自己或参照对象的投入和结果的认知，也就是要通过重新评估，发现自己的投入并没有之前评估的那么多，或者自己的所得并没有那么少，或者参照对象的投入并没有那么少，其所得也并没有那么多等。通过重新调整自己对投入和结果的评估，从而改变自己的过低不公平感。

4. 更换参照对象。例如，换一个投入比自己多，所得跟自己一样多甚至更少的参照对象，也就是我们常说的“比上不足，比下有余”，通过向下与投入收益比不如自己的人进行比较，从而恢复公平感。

5. 采取极端行为。例如，工作中的离职，生活中的某些玉石俱焚等行为。这类行为既然是极端行为，也就意味着它们往往是在前面几种尝试都无效的情况下才会出现，一般情况下人们不会轻易采取此类极端行为。

不公平感的产生，绝大多数是由于经过社会比较认为自己报酬过低而产生的，但在少数情况下，也会由于经过比较认为自己的报酬过高而产生。过高不公平感也会让个体产生不安，在这种情况下，初期人们可能要求减少自己的所得，但久而久之，人们会重新估计自己的投入和所得，最终觉得自己确实应当得到那么多的结果，于是投入又会回到过去的水平。相比过低不公平感，人们更容易接受过高不公平感，所以其对社会、人际关系和工作等带来的负面影响相对较小。

随着研究的不断深入，结果公平理论的缺陷也日益显露。首先，对形成公平感的解释不够全面，其理论中的公平判断主要是物质或经济上的分配公平，没有考虑到经济和物质报酬之外的其他因素对公平感的影响。例如，程序（分配过程、司法过程等）在公平判断中的作用。其次，公平的标准问题。公平标准是指人们关于如何分配或量刑定刑等才是公平的观点与认识，也称为公平观或公平规范。公平标准常因个人的价值观、群体的特点和文化传统等因素而不同。亚当斯的结果公平理论没有能够考虑到这些方面。最后，按照 Deutch（1975）提出的三种社会基本的公平规范，即贡献律、平均律和需要律来看，亚当斯的结果公平理论只强调了贡献律，其科学效度较高，但其实用性却比较低。

【案例】

结果公平理论与量刑公正——许霆案

2006年4月21日晚10时，被告人许霆来到天河区黄埔大道某银行的ATM取款机取款。取出1000元后，他发现银行卡账户里只被扣了1元，之后许霆连续取款5.4万元。当晚，许霆回到住处，将此事告诉了同伴郭安山。两人随即再次前往提款，反复操作多次。后经警方查实，许霆先后取款171笔，合计17.5万元；郭安山则取款1.8万元。事后，两人各携赃款潜逃。同年11月7日，郭安山向公安机关投案自首，并全额退还赃款1.8万元。经天河区法院审理后，法院认定其构成盗窃罪，但考虑到其自首并主动退赃，故对其判处有期徒刑一年，并处罚金1000元。而潜逃一年的许霆，17.5万元赃款因投资失败而挥霍一空，2007年5月在陕西宝鸡火车站被警方抓获。广州市中院审理后认为，被告许霆以非法侵占为目的，伙同同案人采用秘密手段，盗窃金融机构，数额特别巨大，行为已构成盗窃罪，遂判处无期徒刑，剥夺政治权利终身，并处没收个人全部财产。许霆随后提出上诉，2008年3月，广州中院认定许霆犯盗窃罪，判处有期徒刑5年。许霆再度上诉，2008年5月，广东省高院二审驳回上诉，维持原判。

（资料来源：http：//view. news. qq. com/zt/2008/xuting/index. htm，2008年2月25日访问）

“事实清楚、证据确凿、定性准确、量刑适当、程序合法”是我国对司法机关刑事审判工作的基本要求。作为裁判公民生命权与自由权的最终结果，量刑在刑事审判中的特殊作用和地位，决定了量刑上出现不公必将成为社会关注热点。在许霆案中，法院基于同样的盗窃罪名，先后作出了无期徒刑和有期徒刑5年的判决，即便不考虑司法权之外因素对判决结果的影响，如此悬殊的判决至少也表现了法官自由裁量权行使的随意性。司法裁判者对犯罪罪名的确定、量刑情节的认定、刑罚种类和幅度的选择拥有几乎不受限制的解释权，并且这种解释权的行使可以抛开被告人及其辩护律师的辩护意见。在司法恣意的环境里，司法审判可能与罪刑法定的原则已渐行渐远。

（二）程序公平理论（procedural justice theory）

分配结果总是要通过一定的程序来实现的。20世纪70年代中期开始，学术界开始重视对程序公正性的研究。人们不但关心决策结果是否公正，还关心决策过程的公正性。如果人们认为决策的程序是公正的，即使决策结果对自己不利，人们往往也会觉得自己受到了公正的对待，接受这些不利的结果。这就引出了对公平过程的研究，也就是采用什么制度和方法来保证公平感的产生。

最早开始对法律程序中的公平问题进行系统心理学研究的是 John W. Thibaut 和 Lanren Walker。Thibaut 是心理学家，而 Walker 则长期专注于诉讼程序的研究，两人在 1974 年与其他人合作发表了《作为公平的程序正义》（Procedural Justice as Fairness）的论文，1975 年两人合作出版了《程序公平：一个心理学的分析》（Procedural Justice：A Psychological Analysis）一书，1978 年两人再度发表了《程序论》（A Theory of Procedure）。在这一系列的作品中两人将公正性的心理学理论与有关于程序方面的研究结合，提出了程序公平理论，全面阐述了他们关于程序正义的理论主张，创造出了程序公正性的研究领域。

程序公平理论认为程序公平感在某种程度上是当事人的一种心理感受，是其内心对公平与正义的体会和判断。只要人们对法律过程和决策有控制权，享有参与决策的权利，即进行法律裁决的程序是公平的，那么即使个体得到了对己不利的结果，也会显著提高其对裁决过程的公平感，从而对结果持比较肯定的态度。

在 Thibaut 和 Walker 等人的研究中，他们用三个与客观程序正义相关的因素比较了对抗式程序与纠问式程序的差异，即减少审前偏见、减少证据提交方面的决定影响，使到达决策者的信息之精确性最大化。研究发现，对抗式程序更易于减少审前偏见和证据提交方面的影响，但研究还表明，对抗式程序中律师的表现并不比纠问式程序中律师的表现更佳，因此很难说对抗式比纠问式更能查明案件的事实真相。他们认为，人们偏爱对抗式程序的前提是处于罗尔斯所说的“无知之幕”的后面，如果走到了“无知之幕”的前面，人们对程序公正的看法就会完全不同①。

除了研究程序对正义的评价标准的影响外，Thibaut 等人还研究了程序性因素如何影响人们对争端解决事件及结果的公平感受。他们认为纠纷当事人及中立的观察者是否相信程序及结果是公平的，而非某种意义上程序或结果是否公平的问题影响人们的程序公平感。他们的研究结果表明，除了胜诉或败诉因素以外，还有大量的因素，尤其是败诉方的感受（因为其最容易

---

① John Thibaut et al. *Procedural justice as Fairness.* Stanford Law Review, Vol. 26, 1974.

不信任程序与结果）影响着人们对程序的公平感和满意度。换而言之，败诉方对争端的解决程序更为敏感，也往往会更为挑剔与苛刻。知道程序是什么，对提升败诉方的公平感是非常重要的。他们具体分析了影响当事人判断程序的公平性的因素及其差异，发现对抗式程序条件下纠纷当事人总体的公平感和满意度比非对抗式程序中的要高，并且这一差异并未受到程序结果或信念等的影响①。

既然程序公平感是个体内心对公平和正义的体会和判断，那么，如果我们能够找到影响这种心理感受的因素，我们就可以据此来设计和评价相关的法律程序。通过对实验结果的分析，Thibaut 等人认为“对过程的控制”“发表意见的机会”“对裁判者的看法”和“裁判结果”等是影响程序公平感的几个重要因素。

这一理论的提出引发了对程序公平的研究。有研究表明，个体在缺乏比较对象或者是分配结果不利的情况下，只要个体觉得决策过程是公正的，那么个体同样会体验到公平的感觉。因此，Folger 将程序公正定义为“对决策过程的公正性的感知”②，这使得公平感的研究进入了一个新的阶段。

1980 年，Leventhal 等人把程序公平的观点应用到组织情境中，指出在评估分配结果的公正性时，除了要衡量结果本身是否公正外，还必须考虑到程序的公正性，而在评估分配决策的程序是否公平公正时，必须从以下七个层面来考虑：

1. 选择委托人（selection of agents）：即决策的程序应由谁来负责制定。

2. 设定基础法则（setting ground rules）：规范必须要达成的目标、评价标准及可能的酬赏程序。

3. 搜集信息（gathering information）：搜集与运用决策接受者信息的程序。

4. 决策结构（decision structure）：明确决策过程的程序。

5. 申诉（appeals）：针对令人不满的决策寻求改善的程序。

6. 预防措施（safeguards）：确保决策制定者不会滥用职权的程序。

7. 改变机制（change mechanisms）：授权改变决策做法的程序。

---

① E Allan Lind, Tom R Tyler. *The Social Psychology of Procedural Justice*, Plenum Press, 1988.

② R Folger. *Distributive justice and procedural justice in the workplace.* Social Justice Research, 1987.

为了保证结果公平，Leventhal 等人还提出了程序公平的六条标准①。这六条标准指出个体在评定用于决策（裁决）过程的公平性时，除了考虑过程控制外，还会考虑其他的过程因素：

1. 一致性原则：决策程序不应受到时间、地点和对象的影响，在整个决策期间，所有可能被决策结果影响的成员，都应该适用相同的程序。

2. 无偏向性原则：在决策过程中应避免决策者的个人关系、私利与偏见。

3. 准确性原则：决策程序应该基于正确的信息作出分配决策。

4. 可修正原则：作出的决策应有可修正的机会。

5. 代表性原则：决策程序能代表和反映所有相关人员的利益。

6. 道德与伦理规则：决策程序必须符合一般能够接受的道德与伦理标准。

如果决策者能够在决策过程中坚持这些标准，将有助于人们程序公平感的形成。Greenberg 通过实证研究证明了程序公平的这些标准与个体公平感的形成密切相关②。Leventhal 等人所提出的程序公平标准，涉及决策制度的制定、执行和完善，是对程序公平的比较系统和全面的评价。他们还指出，如果严格按照这些要求来执行，人们应该感受到公平。Joel Brockner 等人研究了结果和程序对公平感的影响，研究表明结果公平和程序公平共同影响公平感③。也就是说当程序不公平时，结果是否公平对个体的公平感有显著相关；当结果不公平时，程序是否公平对个体的公平感亦有显著相关。Tom Tyler 的研究表明，个体对程序公平感的感知与个体的个体属性无关，而只与程序所涉及的具体情景相关④。

程序公平理论提示我们，法律制度的公正比合理更重要。即使某个法律制度不尽合理，只要对法律制度涉及的每个人一视同仁，往往也不会引起大

---

① Leventhal G S. *What should be done wide equity theory? New approaches to the study of fairness in social relationships.* In Gergen K. J，Greenberg M. S and Willis R. H.（Eds）. Social Exchange：Advances in theory and Research. N. Y：Plemun Press 1980.

② Greenberg J. *Looking fair vs. being fair：Management impressions of organizational justice.* Research in Organizational Behavior 1990b，12.

③ Joel Brockner，Batia M Wiesenfeld. *An Integrative Framework for Explaining Reactions to Decisions：Interactive Effects of Outcomes and Procedures.* Psychological Bulletin ，1996，120（2）.

④ Tom R Tyler. *What is Procedural Justice? Criteria used by Citizens to Assess the Fairness of Legal Procedures.* Law & Society Review，1988，22（1），P103－136.

的矛盾。法律制度的合理性可以根据需要通过不断的改进而获得，但法律制度执行的公正性一定要坚持下去。有关人们对警察和个人在法庭经历所作反应的研究表明，公民对执法者的决定如何反应是有个体差异的。人们往往会采用道德的标准来评估自己的经历，甚至会通过对司法程序公正的衡量来评估他们与执法者打交道的经历。在决定接受或者拒绝警察和法官作出的决策时，民众采用的基本依据是他们对当局制定决策时所使用程序公正性的评估。

【知识链接】

美国民众对程序公正的态度

在美国伊利诺依州芝加哥交通法庭，通常的做法是只要当事人出庭便可撤诉，因为人们认为到法庭接受审理就可以算是对轻度违规的惩罚了。因此，每个到庭的当事人并没有被罚款或被记录在案。这一做法的制定者以为人们会因此而高兴，可事实是人们对此感到愤怒，究其原因发现，民众之所以觉得愤怒是因为他们并不认为案件的处置方式是公平的。反之，他们需要有一个庭审过程，这样就有机会提供自己的证据，通过法律程序来裁决罚单的合理性。对这些民众来说，在法庭上据理力争比得到一个有利的结果更为重要。

根据美国公众对法律和司法机构的决定的反应所做的一项近期研究显示，因为警察和法庭是社会管理当局，他们往往被迫要为公众不愿意看到或认为是不公平的结果作出决定。例如，警察告诉人们不要做他们想做的事情，并用威胁、逮捕，甚至动武来执行指令。法官则经常通过判处人们支付罚金或服刑来执法。人们常常会认为只有当执法者以威胁或以使用暴力为后盾时，人们才能接受这些不受欢迎的结果。

（资料来源：Tom Tyler：《交流杂志》，2001 年第 4 期；转引自学术交流网/美国社会生活/2004 年 4 月 19 日转发）

如前文所述，如果执法者重视作出裁决的过程，那么他们的决定就更容易被人们所接受。人们一旦接受了执法者的裁决，今后循规蹈矩的程度会更高，因为他们感到自己负有更多的个人责任遵从这些决定，并在未来的时间里遵守类似的法律。那些感觉在与警察打交道的过程中受到公正对待的人，更有可能在接下来长达半年的时间内遵守法律。在这段时间里，即使警察基本上或完全不在场，人们也会自觉地承担起遵守法律的责任，受到公正对待的经历将使他们认可社会准则并自愿履行守法的义务。

当然，公众心目中的司法程序公正的模式相当复杂，在判断一个法律程序是否公正时，经常要考虑八个或者更多的相互不同的公正性问题，其中有四个典型的问题尤为重要：

第一，在作司法决定时，他们是否享有参与和辩解的机会。

第二，他们希望司法程序能够保持中立——不偏不倚，以事实为依据，所应用的规则始终如一。

第三，他们希望受到尊重，保持尊严，自己的权利能够得到承认。

第四，他们希望执法者能够考虑到他们的需求，以诚实的态度与他们交流。

在考虑是否接受执法者的决定时，对上述每一项的关注都远比对裁决本身的公正性或有利性的评价更为重要。

一方面，人们根据不同问题的性质，对上述这些要素的重视程度各有倾斜。例如，在执法者试图调解几个人之间的冲突时，是否有机会表达与辩解极为重要。另一方面，人们在种族、性别和社会地位方面的差异并不影响他们对什么是构成程序公正的看法。这表明程序公正也许是一种具有特殊价值的机制，通过这种机制可以为不同群体间的冲突找到解决方案。来自不同经济、社会或意识形态群体的人对如何才能形成一个公正的结果经常持有非常不同的看法，并且在什么样的结局对他们或他们的群体才算有利这一问题上的观点也截然不同。然而，同样是一个群体，当被问及公正决定程序的特性是什么时，他们的观点就会有许多共同之处。

民事诉讼是强制执行程序的前提和基础。在执行工作中强化程序公正，坚持依法公正执行，是坚持司法公正的基本要求，是最直接的司法公正。对比之下，由于没有具体的操作规范，执行程序的公开性和透明度相对低弱，使得同属一种诉讼程序中两个不同阶段在强化程序公正方面出现了发展不均衡的态势。审判公开，执行不公开，诉讼程序的基本原则没有得到流畅、充分的贯穿和体现。因此，在执行中是否应追求程序公正，其价值如何取得就成了一个值得研究的问题。虽然执行程序与审判程序是不同的程序，但就程序公正而言应是两者所应共同追求的目标。在执行程序中强调程序公正，具有很大的积极意义。

（三）互动公平理论

在结果公平理论和程序公平理论被提出后，有学者发现结果和程序两方面的满足仍然不能给个体带来充分的公平感。1986 年，Bies 和 Moag 关注到人际互动在分配结果的实施过程中对公平感的影响，并将其称为“互动公平”。互动公平也被称为交际公平，它主要反映的是执行程序时所采取的人际处理方式，即决策接受者主观感觉到在与决策制定者之间的人际交往中是否受到公正对待的程度。个体关注的重点是在决策的制定与执行过程中如何被对待的感觉，而不是执行的结果是否公平。如果在决策的制定与执行过程中，个体接收到充分的相关信息并有机会提出意见、参与决策、受到尊重，那么个体就会觉得该决策是公平的。

Bies 和 Moag 发现，互动公平对结果公平也会产生影响，并认为程序公平在制度上保证了决策制定者与接受者之间双向沟通的实现，互动公平则侧重于这种沟通的恰当方式①。决策制定者真诚、礼貌、平等地与决策的接受者交往，能够提高接受者主观感受上的交往公平性，体现出决策制定者对接受者的尊重，有助于决策制定者获得接受者的信任。

互动公平是否是组织公平一个独立的维度是有争议的。在对互动公平研究的初期，研究者缺乏对它的重视，把互动公平视为程序公平的一部分。Greenberg 等研究者认为，程序公平和互动公平具有相似之处，尽管目的指向不同，但都可以看作分配决策过程的一部分②。即程序公平指分配过程的正式规章制度方面，而互动公平则是这个过程的社会交往，尤其是非正式交往方面。也有研究者认为互动公平属于程序公平的范畴或是将互动公平看成程序公平的一个成分，但更多研究者将互动公平看作独立于结果公平和程序公平的一个维度。事实上，程序公平和互动公平的关系是并列而非包含的关系——程序公平强调的是上下级的双向沟通，而互动公平强调沟通的方式是否恰当。

其后，Greenberg 又提出将互动公平分成“人际公平”和“信息公平”③。人际公平主要指在执行程序或作出决策时，决策制定者是否礼貌地对待了决策的接受者、是否考虑到了对方的尊严、是否尊重对方等；信息公平则主要指是否向决策接受者传达了应有的信息，即要给接受者作出诸如在

① Bies R J, Moag J F. *Interactional justice: Communication criteria of fairness. In: Lewicki R J, Sheppard B H, Bazerman M H ed.* Research on negotiations in organizations (Vol. 1). Greenwich, CT: JAI Press, 1986. P43－55.

② Konovsky M A, Cropanzano R. *Perceived fairness of employee drug testing as a predictor of employee attitudes and job performance.* Journal of Applied Psychology, 1991, 76.

③ Greenberg J. *Organizational justice: yesterday, today, and tomorrow.* Journal of management, 1990, 16.

分配结果时为什么要采用某种程序或某种方式之类的解释。

到了20世纪80年代，公平研究开始关注以上三种形式公平感的相互作用及其对个人和组织绩效的整合作用。例如，Brockner和wiesenfeld于1996年发现程序和结果对公平感的影响上存在着交互作用。当进行分配所采取的程序是明显公平的时候，人们所得到的分配结果的好坏对他们的行为态度产生的影响程度会减弱。相反，在人们得到的分配结果不利的情况下，程序的公平与否才对人们的态度行为产生显著的影响。在对这种交互作用的解释上，Folger和Cropanzano提出，如果人们在断定一个程序是不公平的时候，但得到的分配结果是有利的，通常人们也不会过多地去计较，也不会对采取该程序的组织或是群体产生太多的不满情绪。但是如果人们得到的是不利的结果，人们通常会联想到采取其他的程序可能取得更好的结果，就会将所得到的不利结果的原因归咎于采用该程序的组织或是群体，因而对其产生不满的情绪。相反，公平的程序一般不会使人产生这种违背事实的想法，因此也就不会产生对组织或是群体的负面情绪或是消极的态度。

对公平问题的研究在国外之所以引起众多学者的兴趣，是因为越来越多的证据表明：公平感是影响个体态度和行为的重要维度。个体如果产生公平感就会对所在群体或社会作出更高的承诺和信赖，并能更好地解决冲突；然而，如果个体产生的是不公平感，这将给所在群体或社会带来许多消极后果，并且会影响个体的积极性和满意度等。

二、国内的公平感理论

近些年，国内的学者针对公平感的研究越来越多。樊景立（1997）等学者在研究公平感对组织公民行为影响的过程中，把公平感分为分配公平和程序公平两个维度，其中程序公平包括正式程序和交互公平，而正式程序又包括了参与机制和申诉机制。洪振顺（1998）研究公平感时，将公平感分为分配公平、程序公平和制度公平三个维度。其研究结果显示：分配公平、程序公平和制度公平能够正向影响人际信任和主观信任。赖志超和黄光国（2000）在研究我国台湾员工的公平知觉与工作态度的关系中，把公平知觉分为分配公平和程序公平，并分析提出了分配公平和程序公平的五因素结构：意见参与、申诉沟通、分配公平、奖励公平和惩罚公平，同时还发现分配公平对个体态度的预测力最强。卢嘉和时勘（2001）将公平感分为分配公平和程序公平两个方面，其中程序公平又包括了参与管理、参与工作和投诉机制。龙立荣（2004）系统介绍了公平启发理论，提出尽管不同形式的公平感有着不同的影响因素，但是在很多情况下，影响人们的公平感的要素之间存在较高的一致性。

公平启发理论看到了影响公平感不同要素之间的一致性，并且试图整合这些因素，从一个更高的层次上探讨人们如何形成公平感。张微（2004）在研究中把公平感表述为结果公平、程序公平、人际公平和信息公平的四部分的综合。刘永芳（2008）将归因理论的观点和方法纳入公正判断之中，从归因的视角探讨公平感的产生机制，其研究结果表明，归因过程是公平判断的认知前提，对公平判断有显著的预测作用。周浩和龙立荣（2010）对公平感的社会比较的参照对象选择理论模型进行了系统介绍，认为对社会比较参照对象的选择是影响人们公平感的一个非常重要的问题，并提出以后在研究使用问卷法的同时也应该多用质性研究的方法探讨人们选择社会比较参照对象心理过程。

总体上，国内关于公平感的主流理论认为，公平感有结果公平和程序公平两个方面，在研究时也需多考虑结果公平和程序公平。但是，基于中西方不同的文化背景和社会制度，中国人在公平感的内容和结构方面与西方可能存在较大的差异。西方有关公平感的理论大多是基于物质资源的分配结果公平建立起来的，他们非常关注个人与决策层之间基于公平交换原则的工具性关系。此外，提倡个人主义的西方个体更加注重与决策制定者间的交流中所受到的尊重。与此不同的是，以家文化为代表的中国文化则强调家庭氛围，重视和谐，鼓励集体精神，个人与决策层的交换是为了建立长久稳定的社会关系以及满足安全感、爱与归属、尊重等方面的需求，故情感色彩大于工具性色彩。而且，中国文化具有较高的权力差距，有规避不确定情境的倾向，有按规行事、尊重权威和集体主义倾向。因此，可以考虑将互动公平看成是国人公平感的独立维度。

综合以上公平理论可以看出，国内外主要的公平感理论皆有其侧重点。结果公平理论探讨的是个人的投入与其所得结果之间是否平衡的问题，侧重于研究报酬或回报等结果的合理性与公平性对个人公平感和行为积极性的影响；程序公平理论关注的是用何种方法和程序保证分配公平的问题，侧重于对决策制定与执行过程的公平问题，认为只要设计合理的决策制定和执行过程，就能让个人产生公平感；互动公平主要从引起公平感产生的辅助因素入手，认为在沟通交流方面的一些因素可能会对公平感的产生有重要影响。

三、公平感的类型

国内研究者在对公平感的划分中，有按照产生公平感的主体划分的，也有按照公平感的结构划分的，下面分别加以简述。

（一）按照公平感的主体划分

1. 个体公平。考察个人的公平感，其主观标准沿用了亚当斯的理论，而客观标准则参照了“按劳分配、多劳多得、少劳少得”，当个人的付出与获得相等时，也就产生了公平感。个体公平程度高虽然对个人的影响很大，但在实现过程中却存在困难，因为组织的决策者绝大多数时候只能关注多数人员的相对公平，而不是个人的绝对公平。

2. 群体公平。群体是由个体构成的，具有公平感的个体人数占所在群体总人数的百分比，可以反映出该群体的公平程度。百分比越大，就意味着群体公平程度越高；反之，则越低。群体公平的测量主要是通过问卷调查来完成的。要达到较高的群体公平需要遵循一定的原则，包括：制定决策的客观标准公平；推崇奉献精神，但仍要给贡献突出者相应的报酬；采取有效的教育手段，努力防止利己行为的出现等。群体公平这一概念很好地解决了我们无法让人人都感到公平的问题。因为个体公平感会受到个体的主观认识和判断的支配，而个体之间在这方面又彼此存在着明显的差异，任何一个结果或程序想要让每个人都感到公平，这是不现实的，甚至可能是不必要的。群体公平的存在，能让我们在结果分配或决策制定过程中寻求让尽可能多的人感到公平。

（二）按照公平感的结构划分

国内研究者张媛、谢雪贤和蒋庆刚等人就公平感的心理结构进行了探讨。张媛的研究认为公平感可分为制度公平、弱势公平、权利公平、互动公平和分配公平。谢雪贤的研究则将公平感的心理结构分为四个维度：分配公平，程序公平，机会公平和互动公平。蒋庆刚的研究则将公平感的心理结构分为以下六个方面：

1. 分配公平，即指个体在收入、社会资源等方面的公平。例如：同工同酬和个人所得反映其贡献等。

2. 机会公平，即指个体在受教育、就业、晋升等方面的公平。例如：教育资源分配均衡、受教育机会平等、就业机会和晋升机会平等以及个人前程靠个人能力与努力等。

3. 程序公平，即指社会政策、法律法规等方面的公平。例如：依法治国、健全的监督机制、国家政策公平、健全的法律法规、立法公平、选举公平和办事靠规则而不是关系等。

4. 互动公平，主要指政府或者社会组织在制定法律法规、政策、规定的时候参考不同利益群体的意见和建议，社会信息公开等方面的公平。例如：政府行为能被有效监督、言论自由、社会信息公开透明、政府重视公民诉求和制定政策时能参考群众意见等。

5. 权利公平，主要指个体在性别、民族、社会经济地位、政治地位等方面的公平。例如：男女平等、不同民族的公民地位相等、法律面前人人平等，以及没有特权阶级等。

6. 弱势公平，指的是政府或者社会组织在以上五个公平领域中，利益应向弱势群体倾斜的原则。例如：关心帮助弱势群体、社会资源向弱势群体倾斜、没有歧视和偏见等。

第二节　影响公平感的因素

公平感是作为个体在社会比较基础上对社会公正现状的一种心理态度，必然受到社会客观状况、个人经历和心理因素等诸多因素的影响。

一、社会因素对公平感的影响

（一）社会客观状况

对公平公正的评价是一种价值判断，自然而然地会受到评价者主观因素的影响，而一定的社会文化背景势必会在其成员的观念上留下特定的烙印。正如日本程序法学家谷口安平所说的那样，英美国家的人们更注重程序，文化传统是主要的影响因素之一。社会客观状况对公平感的影响主要体现为：

首先，社会的公平风气能影响个体的公平感水平。正如罗尔斯所言："如果'公民们'相信制度或社会运作方式是正义的或公平的（如其设想所示），他们便能够并愿意履行自己在其中的责任，只要他们确信别人也会履行这一责任。"① 这一方面，是由于人们具有普遍的利己主义倾向。人们在追求自我利益的过程中难免会损害他人的利益，同样他人在追求自我利益的同时也有可能会损害自己的利益，为了避免这种损人利己最终导致的损人损己，维护自己与他人之间的互利关系，每个人都必须放弃其非合理合法利益，并保证不侵犯他人的合理合法利益。由此，人们就需要一定的非个人规

---

① John Rawls，*Political Liberalism*，Columbia University Press.

范来定义什么是“合理合法、不可侵犯”的个人利益，并且通过一定的手段来保护这样的个人利益。这种非个人规范即“公平”。公平的产生具有相互性，同样，公平的遵守也具有相互性，即一个正义的人能自愿遵守公平规范是有一定的前提条件的，这个条件就是其他社会成员也这样做。另一方面，是由于“从众心理”的普遍存在。从众心理指的是生活在群体中的人会倾向于认同群体中多数人的意见而放弃自己原先的不同意见，即使对自己先前的意见并没感到什么不对。人的公平感会在周围人“比上不足，比下有余”的反复强化下不断增强，这在实质上是对个人公平敏感度的降低，使公平标准的幅度扩大，从而感到原本觉得不太公平的事，现在变得可以接受了。

其次，社会现象会影响个体的公平感。有研究发现，当前在国内引发不公平感的社会现象主要集中于：看不起大病重病、贫富差距拉大和买不起房这三个问题（薛洁，2007）。要提高个体的公平感，宏观层面可以通过法治、调控干预等手段从解决民众普遍关心的社会问题入手。

最后，社会舆论，尤其是负面新闻会对人们的社会公平感产生影响。其中，负面新闻指的是在现实生活中产生的一种状态及价值判断。从内涵来讲，负面新闻是指有悖于社会正向发展的事实；从外延上看，这种悖于社会发展的变动表现比较广泛，诸如各种触犯法律、扰乱规章、侵犯公众利益现象、违背社会道德，以及各种灾祸（包括自然灾害）等。

【案例】

社会舆论与公平感——云南“躲猫猫”事件

2009 年 1 月 29 日，云南玉溪市北城镇村民李荞明因涉嫌盗伐林木罪被刑事拘留，羁押于晋宁县看守所。2009 年 2 月 12 日，李荞明在看守所死亡。据当地媒体报道，晋宁县公安机关给出的答案是，李荞明受伤是由于其与同监室的狱友在看守所天井里玩“躲猫猫”游戏时，遭到狱友踢打并不小心撞到墙壁而死亡。

绝大多数网友对此表现出强烈质疑。在某门户网站上，关于李荞明新闻的评论有 3.5 万多条，其中多数都在谈论“躲猫猫”说法的合理性。网络媒体也纷纷发表评论提出疑问，“躲猫猫”成为流行词语，甚至被网友评为“年度雷词”。一时之间，网友质疑之声铺天盖地。可以看出，大家对政府给出的李荞明受伤是由于其与同监室的狱友在看守所天井里玩“躲猫猫”游戏的官方解释感到难以理解，并形成了探讨“躲猫猫”事件的真实性与真相的意见趋势。

网友的质疑直接导致当地政府组织网友组成网友调查委员会调查事件的真相。2 月 19 日下午 3 时，云南官方网站刊登了一则由云南省委宣传部发布的公告，面向社会征集网民和社会各界人士代表 4 名，作为调查委员会成员参与调查。结果社会各界的报名异常踊跃，网友对此发表议论，开始转移舆论焦点。2 月 20 日，晋宁县公安局公布调查结果。网友开始质疑报告，舆论压力再次形成。2 月 22 日下午 3 时，云南省委宣传部副部长、调查委员会的创意人伍皓、"躲猫猫"调查委员会主任风之末端、市民蒋月蓉等嘉宾做客云南网，向网民讲述开展"躲猫猫"调查事件的前后始末，并在线回答质疑。多数网友看后表示理解，舆论压力减小。2 月 27 日 17 时，云南省政府新闻办召开新闻发布会，公布检察机关调查结论：李荞明系因同监室在押人员殴打、拳击头部后撞击墙面，导致受伤、死亡。公众普遍接受检察机关调查结论。随后，云南省昆明市嵩明县人民法院对此案件作出一审宣判：原晋宁县看守所民警李东明犯玩忽职守罪，判处有期徒刑一年零六个月，缓刑两年；被告人苏绍录犯虐待被监管人罪，判处有期徒刑一年。事件至此结束。

（资料来源：http：//news. sina. com. cn/z/ynduomaomao/）

如上述案例所示，一个还有 4 天就要结婚的青年离奇在看守所中死亡，令人痛心。查清事件真相，既是对家属负责，也是任何执政为民、以人为本政府的本分，这既体现了对生命的尊重，也体现了对公平正义的追求。李荞明身亡后，张厚华、张涛、普华永等人编造了李荞明在游戏中不慎自己撞墙死亡的事实，而且订立了攻守同盟，对抗侦查。晋宁县公安机关在没有深入调查取证的情况下，公布了李荞明是在游戏中不慎死亡的情况，是极不负责任和极不慎重的。"躲猫猫"事件的不断推演及其最终结论的得出，把牢头狱霸由一种心照不宣的"隐在"变成了路人皆知的"显在"。司法机关公开承认牢头狱霸，的确可以算是"躲猫猫"事件的巨大"贡献"。如果不是"躲猫猫"事件在网络上形成的舆论压力，如果不是云南省有关方面以公开的方式调查"躲猫猫"，牢头狱霸很可能还会以晦暗不明的方式长期隐匿下去，民众会对法律及法律系统产生强烈的不公正、不公平感，从而降低政府的公信力。

（二）个人经历对公平感的影响

1. 过去的公平经历

过去的公平经历会影响个体所持的公平标准和公平敏感性，从而影响个体的公平感。在前文所论述的公平理论中，采取的公平标准是贡献率。例如，有人认为助学金应改为奖学金才合理，有人认为应平均分配才公平，也有人认为按困难程度分配才恰当等。

Kees（2005）考查了个体的公平经历对人际关系的影响。他以公司为背景，假设下属会以前任上司带给他们的公平或非公平的经验为基础来评判新上司，其中，与前任上司的公平经验会对下属有更大的影响力。与前任上司有公平经历的下属对于新的上司会有更加积极的反馈，而与前任上司有不公平经历的下属对于新的上司会有更加负面的反馈。

2. 他人程序公平的信息

他人程序公平是指他人是否受到程序上的公平对待，比如，是否在决策中有发表观点的机会等。在实际环境或实验情境中，他人程序公平与否通常是作为他人的信息被个体获知，而不是个体自己的直接体验。过去对公平感的研究大多是基于个体自身的，即以个体自己为参照，如给予个体发言权或者决策程序遵循六条原则等，该个体则会体验到较高的公平感进而有更积极的情绪和行为反应。但是，个体在作出任何判断或行为前，总是会从周围搜集相应的线索，通过比较自己与他人所得的差距作出最终的判断。

对于他人与自己的程序公平感是如何相互影响的，目前尚未达成共识，总体上有两种观点。一种观点认为，自己与他人的程序公平一致时有利于产生积极效果。Colquitt 采用实验室研究发现，当自己和他人所受到的公平对待一致时，个体对程序公平的反应更加积极，且有更好的行为表现，反之则会产生消极影响①。van Prooijen，Stahl，Eek 和 van Lange 的研究也支持了这一观点。另一种观点则认为，只有当个体自己的程序公平感高于他人时，个体才会作出更加积极的行为。Du 等人的调查发现，当他人的程序公平感低于自己时，自己会表现出更多的助人行为和更好的创造力②。Van den Bos 等人也发现了个体存在一种自利偏好，即当决策者给予决策对象更多的积极

---

① Colquitt J A. *Does the Justice of the One Interact With the Justice of the Many? Reactions to Procedural Justice in Teams.* Journal of Applied Psychology，2004，89（4）. doi：10. 1037/0021 -9010. 89. 4.

② Du J Choi J N，Hashem，F. *Interaction between one's own and others procedural justice perceptions and citizenship behaviors in organizational teams；The moderating role of group identification.* Group Dynamics：Theory，Research，and Practice，2012，75（4），P289 -302. doi：10. 1037/a0028524.

关注时，决策对象的程序公平感更高①。

二、心理因素对公平感的影响

（一）公平敏感性因素

人们在现实生活中评价分配结果时，并不总是遵照公平法则来进行。人们对待分配结果是有所偏好的。比如，Weick 的研究表明，荷兰大学生更偏好自己的投入大于所得，而美国大学生更偏好所得大于投入②。1987 年，Huseman 就以往的公平研究中缺乏对个体差异的考虑这一情况，提出了公平敏感性（equity sensitivity）这一概念，认为公平敏感性就是个人对公平感的偏好程度，这种偏好导致个体对公平或不公平的结果有稳定且个体化的反应③。这是一个因人而异的特质，可以量化，并且个体的公平敏感度会维持在一个相对稳定的水平。

Huseman 用一个连续体来表示公平敏感性，在这个连续体的两端和中间，分别代表三种典型的公平偏好类型：一端是大公无私（benevolent）；另一端是自私自利（selfishness）；中间则是公平交易（fair trade）。大公无私的人有三个特征：偏好于自己的高投入，偏好于自己的投入大于自己的所得，偏好于自己的所得/投入〈参照对象的所得/投入。自私自利的人则有对应的三个特征：偏好于自己的高所得，偏好于自己的所得大于自己的投入，偏好于自己的所得/投入〉参照对象的所得/投入。公平交易的人有两个特征：偏好于自己的所得等于自己的投入，偏好于自己的所得/投入 = 参照对象的所得/投入。

按照 Huseman 的理论，公平敏感度高的个体对不公平现象和待遇的情况关注更多，体会到的不公平感更强烈，也更难以恢复公平感。之后的研究

---

① Van den Bos K, Lind E A. *The Psychology of Own Versus Others′ Treatment: Self – Oriented and Other – Oriented Effects on Perceptions of Procedural Justice.* Personality and Social Psychology Bulletin, 2001, 27 (10), P1324 – 1333. doi: 10. 1177/01461672012710008.

② Huseman R C, Hatfield J D, Miles E W. *A new perspective on equity theory: the equity sensitivity construct.* Academy of Management Review, 1987, 12.

③ Huseman R C, Hatfield J D, Miles E W. *A new perspective on equity theory: the equity sensitivity construct.* Academy of Management Review, 1987, 12.

者 *King*[①] 和 Allen 等人[②]也验证了 Huseman 这一理论。由于 Huseman 将公平敏感性定义为对公平的不同偏好，所以，他认为公平敏感性是公平感与效果变量关系的调节变量。以满意度为例，对偏好公平交易的人而言，公平感与满意度之间应该呈倒 U 形，即在结果不利（ under - reward）和结果有利（over - reward）两种情况下，满意度都降低。对大公无私的人则是负的线性关系，在结果不利的情况下，满意度高；在结果有利的情况下，满意度低。对自私自利的人则是正的线性关系，情况与大公无私的人恰恰相反。

Huseman 之后，有研究者对公平敏感性进行了验证研究，研究结果支持了 Huseman 关于公平敏感性具有个体差异的结论。同时，还发现随着分配结果由不利变为有利，三种被试的满意度都会提高，而差异在于：在结果不利的情形下，大公无私的人满意度最高；在结果有利的情形下，自私自利的人满意度最高（King，1993）[③]。在此基础上，King 对公平敏感性的概念进行了修正，认为大公无私型并不是偏好于不利的结果，而是对不利结果的容忍度（tolerance）更高；自私自利型并不是偏好于有利的结果，而是对有利的结果容忍度更高。这一观点得到 Allen（2002）实验的支持。该研究发现不公平情境下，三种人反应的差异：自私自利的员工对于不公平的反应最强烈，特别是在外在因素（报酬）上，表明其对忍受外在因素不公平的阈限很低，而大公无私的员工对工作负担上的不公平反应最不激烈，表明其对忍受工作负担不公平的阈限很高[④]。也就是说，不公平感的实质是人们在感受到不公平的对待后产生的一种紧张感，这种紧张感的强度因个体而不同，有的人会感到受了极大的委屈，一定要讨回一个公道；而有的人则无所谓或者发发牢骚就算了。

（二）认知因素

1. 归因风格

归因是指人们对他人或自己行为原因进行推论的一个认知过程。具体而

---

① King W C. *A test and refinement of the equity sensitivity construct.* Journal of Organizational Beliavior，1993，14.

② Allen R S，Wliite C S. *Equity sensitivity theory：a test of responses to two types of under reward situations.* Journal of Managerial Issues，2002，14（4）.

③ King W C，Mile E W，Day D D. *A test and refinement of the equity sensitivity construct.* Journal of Organizational Behavior，1993，14.

④ Allen R S，White C S. *Equity sensitivity theory：a test of responses to two types of under - reward situations.* Journal of Managerial Issues，2002，14（4）：435 ~451.

言就是观察者对他人的行为过程或自己的行为过程所进行的因果解释和推论。关于知觉者推断和解释他人和自己行为原因的社会心理学理论主要有美国社会心理学家F·海德的内外因归因理论和教育心理学家伯纳德·韦纳的成功失败归因理论。

海德的归因理论认为，行为的原因可以分为内因和外因。内因指的是存在于个体内部的原因，如人格、品质、动机、态度、情绪、心境以及努力程度等个人特征。如将行为归因于个人特征，则称之为内归因。外因，是指行为或事件发生的外部条件，包括背景、机遇、他人影响、工作任务难度。如果将行为原因归于外部条件，则称之为外归因或情境归因。比如，一个学生考试不及格，可能由于内因不聪明、不努力等，也可能由于外因课程太难、考试不合理等。海德关于外因与内因的归因理论成为之后归因研究的基础。

韦纳及其同事在1972年发展了海德的归因理论。韦纳认为，内因—外因方面只是归因判断的一个方面，还应当增加另一个方面，即稳定—非稳定方面。这两个方面都是重要的，而且彼此独立。稳定—非稳定方面在形成期望、预测未来的成败上至关重要。例如，如果我们认为某人工作做得出色是由于他的能力强或任务容易等稳定因素造成的，那么就可以期望如果将来给予其同样的任务他也会做得出色；而如果我们认为其成功的原因是他心情好或机遇好等非稳定因素造成的，那么就不会预期他未来还会做得出色。1979年，韦纳又提出了另一个重要维度，即控制点。他认为，努力、注意、他人帮助等因素是受个人意志控制的，是可控因素；而能力、运气、心境等因素是不受人的意志控制的，是不可控因素。人们归因方式受到多方面因素的影响，例如，来自于社会视角的影响，也就是由于人们在归因上的社会视角不同，因而对行为原因的解释也有明显的不同；来自于自我价值保护的影响，即个体在归因过程中，对有自我卷入的事情的解释，带有明显的自我价值保护倾向，即归因向有利于自我价值确立的方向倾斜；来自于时间因素的影响，即随着时间的流逝，归因越来越具有情境性，人们会将过去很久的事件解释为背景的原因，而不是行为主体、刺激客体的原因。除了上述三个影响因素外，影响归因的因素还包括个人能力高低、努力程度、任务难易、运气好坏、身心状态和外界环境等。

国内，马磊和刘欣的研究区别了个体在分配公平判断时局部比较和总体比较的区别，发现个体公平感的判断并不取决于其可观社会经济地位。王甫勤从归因理论和自利理论出发，研究了上海市分配公平感及其形成机制，发现个体所处社会阶层、经济地位与其分配公平感并没有显著相关，而与个体对社会经济地位与社会不公平的归因显著相关，即个体将社会不公平归因于个体因素，其社会分配公平感较高；而将之归于权利、政策等外因，则公平感较低。在归因风格方面，杜学礼的研究发现，归因风格与公平感之间是显著的正相关关系，乐观归因风格与分配公正及程序公正显著正相关，悲观归因风格与分配公正及互动公正呈显著负相关。

2. 关于参照对象的信息

公平理论的核心是与参照对象进行比较，所以，比较的结果是否符合客观实际，取决于人们对比较对象的投入与产出情况是否具有完全信息。而在现实中，人们往往不能够对比较对象的投入和产出情况有足够的了解，而把自己的实际情况和他人的不完全信息进行比较。于是，对于本来客观合理的现实，主观上也可能感到不公平。如人们往往有“看人挑担轻松”的知觉心理，过高地评价自己的成绩，低估他人的成绩，甚至只比拿钱多少，不比贡献大小。也就是说，不完全的信息使“比较”脱离客观实际。同时，人们在选择参照对象时，常会选择与自己各方面情况相近似的人。如果两个人的社会地位等条件差距较大，即使投入产出比存在较大差异，人们也不会产生很强烈的不公平感。

3. 个体的需要

在程序公正论中，参与是一项重要的标准，而参与的核心是能够发表意见。人们如果在决策过程中有发表自己观点的机会，就会判断这种程序更公平，进而更容易接受决策结果。Thibaut 的研究发现，大多数认为程序不公正的当事人主要都是抱怨没有足够的机会来陈述意见①。Folger 将这种效应称为发言权效应②。发言权效应指的是在决策中相比没有发言权的个体，能发表自己观点的个体会对决策产生更积极的反应。但并非在任何决策中给予人们发言权都会产生这种积极的效应。研究发现，只有当所要做的决策与人们相关时，发言权效应才会产生③。此外，发言权效应还受到其他变量的影

① Linda Musante, Mareia A. Gilbert, JohnThibaut, *The Effects of Control on Perceived Fairness of Procedures and Outcomes*, *Journal of Experimental Social Psychology*, Vol. 19 (3), 1983.

② Folger R. *Distributive and Procedural Justice: Combined Impact of "Voice" and Improvement on Experienced Inequity*. Journal of Personality and Social Psychology, 1977, 55 (2).

③ Van den Bos K, Spruijt N. *Appropriateness of decisions as a moderator of the psychology of voice*. European Journal of Social Psychology, 2002, 32´57 - 72. doi: 10. 1002/ejsp. 61.

响，如归属需要①、自主需要②、社会价值类型的调节。相比低归属需要的个体，高归属需要的个体对有无发言权更敏感，认为有发言权的程序要比没有发言权的程序更公平。相比低自主需要的个体，高自主需要的个体对有无发言权更敏感，有发言权的程序满足了他们避免被剥夺的需要，因而作出更公平的判断。

但是，也有研究者通过实验研究发现，发言权也不是越大越好，即发言权的大小与程序公平性的判断并不是简单的线性关系，而是到达某个点后呈平缓状态③。原因可能是，第一，过多的发言权可能会造成时间的大量消耗，导致审判迟延；第二，每个人的发言权变大后，意味着每个人都要更多去地听取其他人的意见，而自己的意见反倒不能很充分地得到体现。

Huseman 提出，人们对社会赞许的需要有可能影响到公平敏感性，进而影响公平感的形成。在集体主义的社会文化与价值观下，因为更赞同为大我舍小我以及不计较个人得失的行为，有可能让个体具有更高的大公无私倾向，从而会对个人所得与投入不成比例的不公平状况有更高容忍度。

4. 可得性经验（accessibility experience）

可得性经验指的是人们从记忆中提取信息的难易程度④。它对许多领域的判断都有影响，如自我评估、态度判断、刻板印象形成、群体感知等。受可得性经验的影响，当人们回忆某种信息时感觉越容易，则认为这种事情发生的频率越高，反之亦然。Bless 等人（2011）将这种思想引入公平领域，发现通过操纵人们回忆程序不公平的事件数目，这样会导致其后面的程序公平判断。如，与回忆两条（较少的）程序不公平事件相比，回忆四条（较多的）不公平事件的个体会对同样的程序作出更加公平的判断。这是因为要回忆的内容越多，则认知上的难度越大，从而产生不常见的感知，进而作出判断。而且这种效应还受到不确定感的影响，即对于高确定感的个体而言

---

① De Cremer D，Alberts H J E M. *When procedural fairness does not influence how positive I feel: the effects of voice and leader selection as a function of belongingness need.* European Journal of Social Psychology，2004，34（3），333－344. doi：10. 1002/ejsp. 20.

② Van Prooijen J－W. *Procedural justice as autonomy regulation.* Journal of Personality and Social Psychology，2009，96（6），1166－1180. doi：10. 1037/a0014153.

③ James E Hunton，Thomas W Hall，Kenneth H Priee. *The Value of Voice in Participative Decision Making*，Journal of Applied Psychology，1998，Vol. 83（5）.

④ Greifeneder R，Bless H，Pham M T. *When Do People Rely on Affective and Cognitive Feelings in Judgment? A Review.* Personality and Social Psychology Review，2010，75（2），107－141. doi：10. 1177/1088868310367640.

这种效应是显著的，但是对于低确定感的个体而言，这种效应就消失了。这是因为，高确定感的个体更多的是根据经验和自己的认知来进行公平判断的，而不确定感较高的个体则是根据程序本身的信息来判断的。可得性经验的这种作用给公平研究带来了新的启发，即作出公平判断的依据不仅包括客观的准则还受到主观经验的影响。

5. 来自于评定者的社会认知因素

评定者认知因素主要指评定者的社会认知偏差和被评定者对评定者的信任感。社会认知偏差指的是在社会认知过程中，认知者和被认知者总是处在相互影响和相互作用的状态。因此，在认知他人、形成有关他人印象的过程中，由于认知主体与认知客体及环境因素的作用，社会认知往往会发生这样或那样的偏差。从心理学的角度看，这些偏差无非是由于某些特殊的社会心理规律的作用，而产生的对人的特殊反应。常见的社会认知偏差包括：首因效应（或第一印象效应）、近因效应、晕轮效应（或光环效应）和社会刻板印象等。人人都可能产生这些社会认知偏差，而一旦个体感受到来自于评定者的消极社会认知偏差（例如：不佳的刻板效应、不关注当事人本身而是更关注他人）时，他们对消极程序（无发言权）的反应更强烈，更倾向于认为程序不公平。

在此过程中，对评定者的信任感又会起到调节作用。法学家们关于法官中立、无偏私等程序公正的要求，其心理学含义主要在于形成当事人对裁判者的信任感，从而促进程序正义。在 Thibaut 等人看来，审判程序中对结果的控制权完全掌握在裁判者手中。当事人参加诉讼、提交证据和进行辩论，都是为裁判者提供裁判依据，同时也是通过对过程的控制来间接控制决定。因此，裁判所依据的一切材料和信息应当来自诉讼程序之内，而不能来自诉讼程序之外。当事人都期待审判的法官是理性的、无偏私的、秉公执法的，是因为只有这样，他们所进行的诉讼行为才不是白费功夫。如果当事人对法官产生怀疑，无论是针对其职业素质还是道德品质，都会极大地挫伤他们的期待，从而在心理上产生不信任。对法官的不信任最终会导致程序公平感的完全丧失。Thibaut 等人的研究从心理层面上揭示了法官为什么必须与案件没有利害关系，为什么不得单方面接触当事人，为什么要独立作出裁判等一系列程序公正标准的原因。正义必须来源于信任，而当正直人认为法官偏袒时，信任就会被破坏。

国内学者谢雪贤（2012）的研究也发现，社会公平感与人际信任呈正相关，而与富人偏见成负相关。关于对评定者的信任度或认同感，厉以宁教授举了一个很好的例子：一个家庭有三个孩子，第一个孩子上学时家庭困难，家里只能供他读到中学毕业；到第二个孩子上学时家庭条件好些了，家里供他上大学；到第三个孩子时家庭富裕了，可以供他出国留学。三个孩子对这个家庭是认同的，他们会觉得家庭对自己是公平的，因为他们对家庭历史状况是谅解和认同的。20 世纪 70 年代，往往是老大穿新衣服，老二穿旧衣服，老三穿补丁的衣服，老四穿补了又补的衣服。但孩子绝不会认为父母对自己不公平，因为他们对家庭状况是谅解的，是认同的。同样，个体如果对评定者以及评定者所代表的组织有信任和认同感，即便报酬低一点，投入多一点也就无所谓了，更不会产生不公平感。也就是说，本来不公平的现实，也因为这种信任和认同使人们并没有感到不公平。相反，如果个体对评定者及其组织不信任、不认同，那么无论报酬有多高，个体也会感到不公平。

总之，如果评定者存在社会认知偏差，但个体对该评定者比较信任和认同时，这有可能减少个体产生的不公平感。

【知识链接】

看美国的陪审团制度如何规避偏见

陪审团在审判过程中，由于人性的弱点可能造成一些偏差，这些偏差深刻影响着司法的客观公正。林达在《历史深处的忧虑》一书中详细介绍了美国的陪审团制度，细致周全的各种规定令其感受到美国人竭尽所能规避偏见的努力。

第一，在陪审员的选取上，一些可能产生思维倾向的职业，如律师、医生、教师等是不得入选的；另外，那些由于环境和经历所造成的有心理倾向的候选人（例如曾经被施虐者），也会在随后的严格筛选中被剔除。社会心理学认为，预期影响我们的知觉。上述人群的职业、经历给他们的心理带来较强的倾向性，会导致他们在判断事实的时候不由自主地根据自身经历加以预设，接着进行自我证实。正如在诊断病人时，肿瘤专家会往癌症方面想，心血管专家会往心肺疾病方面想一样。

第二，审前听证。这是指在开庭之前，要由法官先决定哪些证据可以呈堂，排斥无效的“非法证据”。其实，在整个审理过程中，陪审团所能获知的信息完全取决于法官，即使是在开庭过程中，只要遇到法官认为还需要进一步了解之后才能决定的情况，法官就会先把陪审员请出法庭。这一点有效规避了陪审员对于无关信息的“逆反”。毕竟，法官一句“请忽略上述证据”又怎能让陪审员真的“忽略”呢？美国的做法从根本上杜绝了无关证据、证词对陪审员的影响，有效捍卫了司法公正。

第三，隔离陪审团。从陪审员宣誓就任之后，他们就开始与外界隔离，看不到任何新闻，上街都有法警跟随以保证他们不与外界接触。可以说，在这段时间里陪审员的自由甚至比案件的嫌疑犯还要少得多。这一点也是至关重要的，强大的社会舆论往往影响司法公正，“媒介审判”从来不是什么好词。隔离措施使得陪审员避免受到外界情绪和非证据的干扰。

还有一点很有意思，“哪怕是最危险的被告，美国政府没有权力强迫被告在法庭上穿囚服，更不能戴刑具，以免陪审团在判决之前对被告有‘罪犯形象’的先入之见”。这个得益于判决之前的“无罪假定”，使得被告可以西装革履地出现在法庭上。这种做法就比中国让被告身穿囚服公正得多。社会心理学认为，人容易被刻板印象左右，被告的外表特征深刻影响陪审团的判断。当陪审员面对一个身穿囚服和一个身穿西装的被告，在脑海中形成的印象必定有所差异，这往往使得身穿囚服的被告处于不利地位。

（资料来源：林达著：《历史深处的忧虑》，三联书店 2006 年版。）

（三）情绪因素

当个体拥有足够的时间和认知资源时，根据理性的认知过程对公平相关信息进行整理和分析，进而产生公平感的过程可能比较适用。然而，有些情况下人们可能处于认知资源不充分的状态，尤其是在信息不确定情况下，人们的公平判断可能受到来自于情绪的强烈影响。

1. 积极情绪带来更高的公平感

Kees 考查了影响公平感的因素，发现在信息不确定的情况下，人们的公平判断会变得非常主观，他们通常会依靠自己对事件的感觉来进行公平感判断，甚至会依靠于与事件本身没有什么逻辑关系的情绪感受来作出判断①。也就是说，当信息不确定时，因为难以使用理性的认知方式作出判断，此时情绪也就具有了与信息等价的功能，处在积极情绪状态下的个体更易作出公平的判断，而处在消极情绪状态下的个体公平判断较低。但是，在

---

① Kees Van Den Bos. *On the subjective quality of social justice*: *The role of affect as information in the psychology of justice judgments*. Journal of Personality and Social Psychology, 2003.

信息确定的条件下，个体更倾向于使用理性认知的方式作出反应，此时情绪对公平感的影响作用并不显著。Kees 的研究提示我们，人们的公平判断会受到情绪的极大影响，积极情绪下的个体较之消极情绪下的个体会更容易产生公平感，即使面对不公平的待遇，也更容易将不公平合理化，消除不公平感。国内研究者杜学礼也发现，积极情绪与总体上的公平感、分配公平及互动公平呈显著正相关，消极情绪则与总体上的公平感、分配公平及程序公平呈显著负相关。

2. “控制效应”能提高公平感

控制效应是指在过程中对过程的控制或拥有发言权对个体带来的心理影响。在过程控制方面，Thibaut 和 Walker 将程序参与者在纠纷解决中的影响作用分为对过程的控制（process control）和对裁决的控制（decision control）。他们发现，如果当事人在诉讼中对过程能有更多的控制，那么他们对程序的公正性判断相应较高。反之，如果裁判者限制了当事人的过程控制权，他们对程序的公正性感受就会降低。为了弄清这个问题，他们组织了一项对抗式程序和纠问式程序的对比实验。在对抗式审判中，由于诉讼的进程是由当事人推动的，庭审质证也是通过控辩双方的交叉询问来完成的，每一方的律师都有充分的手段可以得到想得到的证据或信息，法官在整个过程中主要负责维持庭审秩序，消极听审；而在纠问式审判中，庭审由法官来主导和指挥，绝大多数的证据调查都由法官来亲自完成，控辩双方对庭审过程的控制力非常小。实验结果表明，在当事人拥有更多过程控制权的对抗式审判程序中，当事人对程序的公平感和满意度比在纠问式审判程序中更高。Thibaut 和 Walker 对此的解释是，当事人对过程的控制能促进程序公平，原因在于它提升了程序的结果——分配公平。在他们看来，对程序的控制是当事人对裁判结果进行控制或影响的唯一途径，因为在审判程序中当事人是无法对裁决结果进行直接控制的①。

许多研究者也认为对过程的控制可以提高程序公平感，其根本的原因在于，在可控的程序中，当事人能体会到更多的自主与自治，从而获得心理上的自尊感，而且他们会很自然地将这归因于程序的公平性而不是结果的正确性。也就是说，在法庭上，如果当事人被给予发言权，那么无论是胜诉或败诉，当事人都会有较强的公平感。自“控制效应”提出并验证以来，大量

---

① John Thibaut, Laurens walker. *Procedural Justice: A Psychological Analysis*, Lawrence Erlbaum Associates, 1975.

的研究证明“控制效应”能显著提高人们对程序公平的评价，从而对人们的公平感以及后继的行为产生影响。

（四）人格因素

人格因素对公平感既有直接的影响，又有通过公平敏感性间接地产生影响，这些影响因素主要有：

1. 利他性

利他性人格一般泛指把社会利益放在第一位，为了社会利益而牺牲个人利益的生活态度和行为原则，也就是主体自觉自愿地采取付出努力（或代价）的行为以产生对他人有益的效果的一种责任意识。这种利他性人格在现实中是大量存在的，其自身又由于环境、条件、行为主体的文化修养、心理情绪等情况的不同而表现为不同的形式、不同的层次，大致可以分为四类，即利他性匮乏、利他性狭隘、利他性不稳定和利他性卓越。

利他性人格往往会表现出利他行为，而利他行为通常具有三个特点：一是利他行为是自觉自愿的自发行为；二是以有利于他人为目的，不带有任何个人企图，不期望他人日后回报；三是利他者本身必须有所付出或遭受损失或面临危险。鉴于上述三个普遍的特点，有学者认为利他行为是最高意义上的亲社会行为。

利他性对公平的影响，主要表现为利他性低的个体更容易产生自私自利型的公平敏感性，对不公平的容忍度也较低。Huseman 认为可能有两个方面的原因导致自私自利型的公平敏感性，一是人格形成期的原因，比如父母对子女的过于放纵和溺爱；二是社会的原因，比如巨大的社会压力（高失业率）、未来充满不确定性（社会制度的变革），导致人们不得不尽可能地为自己谋求更多。

2. 宜人性和尽责性

按照大五人格理论，宜人性（agreeableness）也被称为亲和力，指的是个体对其他人所持的态度，这些态度一方面包括亲近人的、有同情心的、信任他人的、宽大的、心软的，另一方面包括敌对的、愤世嫉俗的、爱摆布人的、复仇心重的、无情的。宜人性代表了“爱”，对合作和人际和谐是否看重。宜人性高的人是善解人意的、友好的、慷慨大方的、乐于助人的，愿意为了别人放弃自己的利益。宜人性高的人对人性持乐观的态度，相信人性本善。宜人性低的人则把自己的利益放在别人的利益之上。本质上，他们不关心别人的利益，因此也不乐意去帮助别人。有时候，他们对别人是非常多疑的，怀疑别人的动机。

尽责性（conscientiousness）指的是我们控制、管理和调节自身冲动的方式，评估个体在目标导向行为上的组织、坚持和动机。它将可信赖的、讲究的个体和懒散的、马虎的个体作比较。同时，它也反映个体自我控制的程度以及推迟需求满足的能力。冲动并不一定就是坏事，有时候环境要求我们能够快速决策。冲动的个体常被认为是快乐的、有趣的、很好的玩伴。但是，冲动的行为常常会给自己带来麻烦，在给个体带来暂时满足的同时却容易产生长期的不良后果，比如攻击他人、吸食毒品等。冲动的个体一般不会获得很大的成就。谨慎的人容易避免麻烦，能够获得更大的成功。人们一般认为谨慎的人更加聪明和可靠，但是谨慎的人可能是一个完美主义者或者是一个工作狂，极端谨慎的个体可能会让人觉得单调、乏味和缺少生气。

Bing（2001）以军事人员以及夏令营辅导员为对象的研究表明，五大人格模型中的宜人性、尽责性与公平敏感性显著正相关①，也就是说，宜人性和尽责性高的个体其公平敏感性也较高，更偏好大公无私，更容易容忍不公平的状况。

3. 勤勉正直性

国内学者王炳成认为“无论是薪酬的外部公平性还是内部公平性，勤勉正直性均能起到显著的调节作用”，但是，其他人格特质不具有这种作用。如果分配、裁定和评估等环节能使勤勉正直性员工得到公平评价，就能明显提高员工的公平感和满意度。

4. 自立性

自立人格即个体在自己解决所遇到的基本生存与发展问题中形成的包括个人和人际两个方面的独立性、主动性、责任性、灵活性和开放性等特质。自立人格的结构涉及人际自立和个人独立两个方面，具有三个本质特点：一是自立人格是一种辩证性的人格特征，强调个人独立、自由与人际连接的对立统一，这与西方文化强调的独立人格和自主人格等人格因素是不同的；二是自立人格利于个体的现实生活问题解决；三是自立人格是健全人格的重要方面。自立人格越高，越倾向于大公无私（Yamaguchi，2003）②，也就越容易产生公平感。

---

① Bing M N, Burroughs S M. *The predictive and interactive effects of equity sensitivity in teamwork – oriented organizations.* Journal of Organizational Behavior, 2001, 22 (3).

② Yamaguchi I. *The relationships among individual differences, needs and equity sensitivity.* Journal of Managerial Psychology, 2003, 18 (4).

5. 心理和谐

心理和谐是心理以及直接影响心理的各要素之间在总体意义上的协调统一、相对稳定的关系。其特点表现为：

（1）心理构成要素上的协调性，即人在认知、情感、意志、个性上的协调一致。

（2）为人处世上的理智性，主要表现为没有或很少有过激行为。

（3）心理体验上的愉悦性，即积极愉悦的体验占主导地位。

（4）表征意义上的总体性，即能够将心理的冲突与矛盾控制在尽可能短的时间和尽可能小的范围内。

（5）持续时间上的稳定性，即在一定时期内相对稳定地表现出总体上的心理和谐，甚至形成了相对稳定的特质。

一个心理和谐的个体通常能正确对待自己、他人和社会，正确对待困难、挫折和荣誉。潘文敏等人（2011）通过自编问卷探讨了社会公平感和心理和谐的关系，发现社会公平感和心理和谐显著正相关。

思考题：

请结合中国的法律制度，以心理学与法律相结合的视角，探讨司法公平感的具体维度、影响因素及其与法律权威、公民守法行为和犯罪行为之间的关系。

参考文献：

1. 郭济主编：《行政哲学》，黑龙江人民出版社 2004 年版。

2. ［英］霍布斯著：《利维坦》，商务印书馆 2017 年版。

3. 戴文礼著：《公平论》，中国社会科学出版社 1997 年版。

4. 郭志鹏著：《公平与效率新论》，解放军出版社 2001 年版。

5. 林达著：《历史深处的忧虑（第 13 版）》，生活·读书·新知三联书店 2013 年版。

6. 薛洁：《关注公民公平感——我国部分公民公平感调查报告》，载《吉林大学社会科学学报》2007 年第 5 期。

7. 翁定军：《公平和公平感的社会心理分析》，载《上海大学学报》1999 年第 2 期。

8. 马磊、刘欣：《中国城市居民的分配公平感研究》，载《社会学研究》

2010 年第 5 期。

9. 王甫勤：《当代中国大城市居民的分配公平感：一项基于上海的实证研究》，载《社会》2011 年第 3 期。

10. 杜学礼：《归因风格及情绪对组织公正感形成的影响》，华东师范大学 2009 年硕士学位论文。

11. 张媛：《中国青少年社会公平感的结构和测量》，华中师范大学 2009 年硕士学位论文。

12. 谢雪贤：《大学生社会公正感、对富人的偏见及相关变量的关系研究》，广州大学 2012 年硕士学位论文。

13. 蒋庆刚：《大学生社会公平感的结构与测量》，江西师范大学 2013 年硕士学位论文。

14. 王炳成：《薪酬公平、人格特质与工作满意度关系研究》，载《科研管理》2011 年第 3 期。

15. 夏凌翔、黄希庭：《古籍中自立涵义的概念分析》，载《心理学报》2006 年第 6 期。

拓展阅读书目：

1. ［美］约翰·罗尔斯著：《作为公平的正义：正义新论》，中国社会科学出版社 2011 年版。

2. 俞可平主编：《国家底线：公平正义与依法治国》，中央编译出版社 2014 年版。

3. 王福重著：《公平中国：开启未来十年新奇迹的钥匙》，东方出版社 2013 年版。

第三章　犯罪心理的形成与发展变化

支配和影响犯罪主体实施犯罪行为的心理活动和有关心理因素被称为犯罪心理。犯罪心理是犯罪行为生成的前提，也是行为人承担刑事责任的主观依据。犯罪心理的形成与发展变化是犯罪心理学研究的核心内容和重要课题。要探讨人为什么会产生犯罪心理，就要深刻理解犯罪心理的形成及其规律，研究影响犯罪心理的因素及其发展变化过程，这将会为制定刑事法律和刑事政策以及确定和采取犯罪对策提供理论依据。

第一节　影响犯罪心理形成的因素

影响犯罪心理形成的因素是一个极为复杂的系统，它是个体在与客观环境交融过程中，个体因素和社会因素互相融合、互相诱导、互相作用的结果。为了便于研究，我们将影响犯罪心理形成与发展的因素分为犯罪的主体因素和客体因素两大方面。其中，主体因素一般包括影响犯罪心理形成的生理因素和心理因素，客体因素包括影响犯罪心理形成的自然环境因素、社会环境因素和情境因素。

一、影响犯罪心理形成的主体因素

（一）生理因素

人是生物性与社会性的统一体。个人的心理活动及其行为都有其生理基础。异常的生物学因素会导致异常的心理活动，容易使个体受到外界不良因素的影响而形成犯罪心理。影响犯罪心理形成的生理因素，是指影响犯罪心理发生、发展与演变的行为人的各种生理因素的总称，主要包括年龄、性别、遗传因素等。它们是影响犯罪心理形成和行为发生变化的相关因素，为犯罪心理的形成提供了物质基础。

1. 年龄

不同年龄阶段的人，身心发展成熟的程度不同，社会经历各异，犯罪概率、犯罪的种类、犯罪的方法和手段的选择等也不相同。研究表明，年龄与犯罪心理的联系是以个人在不同年龄阶段所具有的不同生理、心理和社会特征为中介的。因此，不同的年龄阶段具有不同的生理、心理和社会特征，因而犯罪的可能性也相应存在明显的差异性。

（1）青少年时期

在心理学上，通常将年龄在12～25岁的人称之为青少年。世界各国的犯罪统计表明，虽然犯罪率最高的年龄在各国的分布不同，但是在青少年期犯罪率高则是一致的，即犯罪的高发人群是青少年。究其原因，这个年龄阶段的青少年在生理和心理上产生了巨大的变化和冲突，即生理上尤其是性生理上的迅速发育成熟，而心理的发展则相对缓慢，生理和心理发展的不同步性导致青少年的心理在总体上呈现矛盾状态。心理冲突多、情绪不稳定、行为冲动、性欲强烈、追求刺激、控制力差等特征易使得青少年从事杀人、伤害、抢劫和强奸等暴力犯罪。

（2）中年期

我们把人生理成熟到开始衰老的这段时期称为中年期，年龄在25～60岁。人到中年，由于身心发展均已稳定成熟，社会经验多，社会地位高，自我控制能力增强。因此，中年期犯罪人实施的犯罪大部分以需要理智思考的犯罪为主，犯罪行为的类型倾向于贪污、金融诈骗、扰乱市场秩序等贪利性犯罪。

（3）老年期

老年期，标志着一个人由成熟走向衰老，一般年龄在60岁以上。到了老年期，人的身心均已老化，攻击性减弱，已不具备实施暴力犯罪的条件，犯罪种类以诈骗、盗窃等财物犯罪和性犯罪居多，实施性犯罪的手段多以诱骗为主。

2. 性别

性别是影响犯罪心理与犯罪行为的因素之一，犯罪人往往根据自身性别特点来选择犯罪种类和手段。不同性别的差异，导致男女在生理特征、心理特征及社会角色的扮演等方面存在较大的差异性。这种差异对犯罪心理的形成主要表现在以下几个方面：

（1）从犯罪概率来看，男性整体犯罪率远远高于女性。近几十年来，不管文化和社会如何变迁，男性和女性在大多数犯罪类型中所占的比例几乎保持不变，如男女在暴力犯罪中保持着约9:1的比例。

（2）从犯罪类型来看，女性由于受体格、体力、体能的限制和心理特点的局限，在犯罪类型上的选择不同于男性。男性在犯罪类型上多选择与体力、智力相当的暴力性、攻击性、智力性强的犯罪，如杀人、盗窃、抢劫、强奸、杀害等暴力性犯罪；而女性犯罪一般都是一些不需要太大体力的非暴力性犯罪，如卖淫、盗窃、贪污、诈骗、拐卖人口等。总之，男性犯罪所涉及的类型非常广泛，而女性犯罪的类型则相对集中。

（3）从犯罪方法、手段的选择上来看，女性犯罪一般更具有隐蔽性。女性内心情感较为丰富，不轻易表露自己的心声，故女性实施冲动性犯罪的可能也较男性更低，取而代之的是精心准备、反复策划、具有较强预谋型的犯罪。例如，同样是杀人犯罪，女性一般采用投毒等隐蔽的方法，而男性一般采用暴力攻击的方法。这也与女性天生体力差、胆子小等生理因素紧密相关。

3. 异常的生物学因素

生物学因素是个体心理发展的物质基础，异常的生物学因素可以导致异常的心理活动，使个体容易受到不良因素的影响而形成犯罪心理，如遗传性疾病、精神发育不全、内分泌异常、物质代谢异常、脑损伤、染色体异常、酒精中毒、药物依赖等。

（二）心理因素

心理因素，是指主体原有的心理结构中存在的与犯罪心理形成有密切关系的相关因素。犯罪心理是犯罪人心理发展变化的结果，是犯罪人在后天的社会生活过程中形成的对社会现实扭曲、错误的反映。在犯罪人的心理形成过程中，各种心理因素相互影响、相互作用，最终形成了支配犯罪行为的犯罪心理。这些因素包括个性心理（个性心理倾向性、个性心理特征）和行为因素等。

1. 个性心理

个性心理是指个体在自然素质的基础上，由于社会的影响，通过人的努力而形成的带有倾向性的、本质的、稳定的心理特征的总和，通常我们也把它称之为人格，它包括个性心理倾向性和个性心理特征。

（1）个性心理倾向性

个性心理倾向性是指我们对外界事物活动的内在动力系统，包括一个人的需要、动机、价值观等方面，它往往决定着我们对某种活动的倾向程度。

个性倾向性对心理活动的影响，主要表现在心理活动的选择性、对事物不同的态度和行为模式上。不符合社会要求的个人需要、利己主义的动机、不良的兴趣、缺乏正确的理想以及错误的信念、极端的个人主义价值观等个性倾向性，与犯罪心理的形成有密切关系。

①需要。需要是个体活动的积极性源泉，是行为和心理活动的基本动力。犯罪心理是犯罪行为产生的前提，而犯罪心理的产生又是以满足某一需要为基础。美国著名的人本主义心理学家马斯洛（A. Maslow）提出了需要的层次理论，即人的需要由低到高分为五层：生理的需要、安全的需要、归属和爱的需要、尊重需要和自我实现的需要。当行为人对某种事物有强烈的欲求，如过分的物质欲求、异常的性欲、畸变的精神需要等，或者法律禁止的需要，如吸毒、性淫乱、痴迷于邪教组织等，但却无法通过正常的途径获得，就会通过不正当的手段予以满足，即采用违法犯罪的行为方式达到满足需要的目的。强烈的需要是犯罪心理形成的必要条件，但即使是最强烈的需要，它本身也不能决定犯罪或者不犯罪。

②动机。动机是激发和维持个人进行活动，并导致该活动朝向某一目标的心理倾向和动力。动机是在需要的基础上产生的，是个体内在的心理过程。犯罪动机是激起和推动犯罪人实施犯罪行为的心理动因。动机的形成应具备需要和诱因两个条件。需要是引起动机的内在条件，当以合法的方式难以得到满足，且不能替代满足、暂缓满足或者压抑，而倾向以违法犯罪方式来满足时，行为人的需要便将发展成为犯罪动机。诱因是驱使个体产生一定行为的外部因素，是引发动机的事物，具有诱发、引导行为的作用。对于故意犯罪的人而言，犯罪动机是其犯罪心理的核心，犯罪行为是犯罪动机发挥作用的结果。

③价值观。价值观是基于人一定的思维感官而作出的认知、理解、判断或抉择，也就是人认定事物、辨别是非的一种思维或取向，从而体现出人、事、物一定的价值或作用。价值观是个体意识的核心，并对个体全部的意识活动起支配和调节作用。不同的价值观，会表现出不同的行为。一个人如果具有正确的价值观，那么，一般是不会发生犯罪行为的。只有在极端个人主义价值观调节和支配下，才会导致认知、情感、意志以及需要、兴趣、性格等心理活动向背离社会道德、法律要求的方向发展。因此，极端的个人主义价值观是形成犯罪心理的思想意识基础。

（2）个性心理特征

个性心理特征是个体多种心理特征的组合，它集中反映了一个人精神面貌的稳定的类型差异。包括气质、性格、能力等方面。

①气质。气质是指人先天具有的脾气和秉性，它决定了我们活动的强度、灵活性和指向性。气质是先天就具有的相对稳定的动力性特征，没有好坏之分。气质类型与犯罪之间虽然存在着一定的关系，但并不存在必然的因果关系。从一些学者的研究上来看，任何一种气质类型都有犯罪的实例。如罗大华等人对某省第一监狱的调查表明，2921 名犯罪人中，兴奋型（胆汁质）的有 714 人，约占 24.4%；灵活型（多血质）的有 1021 人，约占 35%；安静型（黏液质）的有约 809 人，约占 27.7%；抑郁型（抑郁质）的有 377 人，约占 12.9%。但当一个人在不良因素作用下走上犯罪道路时，气质对于主体的犯罪类型和行为方式会产生影响，并使其在犯罪活动中反映出气质的特征。例如，有资料表明：暴力犯罪中，胆汁质的人较多；诈骗犯罪中，多血质的人较多；贪污犯罪中，黏液质的人较多等。

【知识链接】

气质作为人格的重要组成部分一直被证明是遗传的结果，在人出生的最初几个月，就表现得很明显，在发育过程中，它惊人地保持稳定。曾有研究检查过 4 个月大的婴儿，确定他们的运动状况以及对视觉刺激的反应。在 600 个白人婴儿中，大约有 35% 的婴儿不大哭泣而且运动水平低，被归为低反应；20% 的婴儿经常哭泣而且运动水平高，被归为高反应；25% 的婴儿经常哭泣但运动水平低；20% 的婴儿不大哭泣但运动水平高。当他们长到 14 个月时再进行检查，确定谁易胆怯和谁在不适应或有危险的情境下处之泰然。结果发现，他们当中在 4 个月时表现低反应的，14 个月时大多数（62%）不表现胆怯；相反，4 个月时表现高反应的，14 个月时有 90% 表现出中度至高度的胆怯。同时在 21 个月的第三次检查中，这种倾向依然不变。

（资料来源：［美］格兰特·斯蒂恩著：《DNA 和命运——人类行为的天性和教养》，李恭楚等译，上海科学技术出版社 2001 年版）

②性格。性格是个体在后天社会环境中逐渐形成的，受到价值观、人生观、世界观的影响，对外界事物稳定的态度和习惯的行为方式中所表现出来的个性心理特征，能够最直接地反映出一个人的道德风貌和品德。性格与犯罪心理关系密切，消极的性格特征易影响犯罪心理的形成。犯罪人消极的性格特征主要表现在以下四个方面：一是对待现实态度的性格特征。对社会持消极敌对态度、对集体漠不关心、自私自利、冷漠无情、虚伪狡猾、好逸恶劳、奢侈挥霍等，都容易在不良诱因的作用下产生犯罪心理。二是性格的意

志特征，指个体能否自觉地调节自己的行为方式的性格特征。如犯罪人性格的冲动性、盲目性、放纵性、依赖性、易受教唆性、顽固性、鲁莽性及意志薄弱、缺乏自制能力等。三是性格的情绪特征。消极的情绪特征包括情绪不稳定，起伏波动大，易感情用事，严重的对立和敌对情绪，易消沉、萎靡不振、悲观、多愁善感等。四是性格的理智特征。即个体在认识方面稳定的经常表现的特点。消极的理智特征如思维的偏激极端，是非善恶的分辨能力差，道德认识低下，不能正确认识和评价自己行为的社会意义及其后果等。

③能力。能力是指个体能否顺利完成某项活动的内在心理特征，它集中表现在人的智力商数，即智商。有关智商和犯罪的关系，很早就有学者研究过。美国犯罪学家戈达德（Goddord，H. H）亲自修订了比纳智力测验，并于1912年测试了监狱里的罪犯，结果发现50%～64%的犯罪者有智力落后现象。研究者雷克利斯（Reckless）、赫希（Hirschi）、克罗克（Crocker）等的研究报告也都认为智力低下和品行不良与少年犯罪有着密切关系：一般来说，少年犯在言语智商上比正常儿童低得多，在非言语智商上则无显著差异。总的来说，从事暴力型犯罪的个体，智商普遍低于平均水平，但近年来，高智商犯罪也层出不穷。高智商犯罪者往往重思考，有预谋，易得手，多从事诈骗、伪造、偷税及危害国家安全的犯罪等。

2. 行为因素

行为因素指犯罪人原有的不良行为特点，指在不良心理支配下发生的不良行为活动、不良行为方式、不良行为习惯和不良行为的模仿和学习等。根据反馈原理，不良行为如果得逞，会反作用于不良心理，使不良心理得到强化和发展。恶性发展的趋势之一就是形成犯罪心理。

（1）不良行为活动。不良行为活动是指参加不符合社会要求、为社会所禁止的活动。例如：看淫秽书刊和录像、违反纪律、扰乱公共秩序等。这些活动对行为人的心理产生各种不良影响，减弱其对不良诱因的抵抗力，增强不良的心理因素，进而诱发犯罪心理。

（2）不良行为方式。不良行为方式有许多，例如，欺骗、赌博、欺凌弱小和报复等。如果通过不良的行为方式满足了需要，就会在心理上肯定这种行为方式，当诱因产生时，就会再次重复同样的行为以满足需要。

（3）不良行为习惯。行为习惯是通过重复而巩固下来的。例如，撒谎、好逸恶劳、自由散漫、爱占便宜等，如果重复多次又得不到及时制止，就会成为难以克制的恶习，使其本身成为一种不能克服的需要。

（4）不良行为的模仿和学习。客观现实中的各种不良行为模式，往往成为缺乏识别能力的人特别是青少年的模仿和学习的对象。这种模仿和学习，不仅给个性心理添增了消极成分，而且直接影响行为的方向。对已有不良社会心理缺陷的人，甚至可以直接诱发犯罪心理并见诸行动。

二、影响犯罪心理形成的客体因素

（一）自然环境因素

自然环境因素，是指与犯罪人的社会生活密切联系的时空因素，包括地域、季节、时间、自然灾害等因素。在犯罪心理形成的过程中，这些因素的共同特点是为一定的犯罪提供可能性的便利条件，它们只有和社会因素及主体因素相结合才能对犯罪心理的形成有所影响。

1. 地域因素

地域因素是指边境、沿海与内地、山区与平原、农村与城市、繁华闹市与偏僻小巷等因素。地域因素对犯罪心理形成的作用表现在：一是可以为犯罪人提供满足某种需要的对象，例如，边境和沿海多发生走私案件，农村多发生盗窃耕畜案件，城市多发生盗窃汽车案件等。二是犯罪人可凭借地理环境增强既能作案成功又能确保安全的侥幸心理，例如，扒窃案件多发生在繁华闹市，抢劫和强奸案件多发生在偏僻小巷。

2. 季节因素

当季节与人们的习惯和日常生活联系起来时，对犯罪心理的形成也具有一定的影响。例如，针对财产方面的犯罪，如偷窃、抢劫等犯罪，其发案率的高峰时期往往在秋季至冬季之间；而针对人身的犯罪，如杀人、伤害等暴力犯罪，以及强奸、流氓等性犯罪，则在春季至夏季间最多。

3. 时间因素

犯罪者在实施犯罪行为时，首先会选择适当的作案时间。因此，犯罪行为会在一定时间范围内表现出一定的规律性。根据美国学者施密斯（Smith，F）的研究，晚上 8 点到次日凌晨 2 点的 6 小时中发案率最高；强盗（抢劫）、盗窃一般在 18 点至 24 点时较多，尤以 20 点至 24 点为最多；谋杀罪、重伤害罪等针对人身的犯罪也在 22 点至 24 点最多。我国学者周路教授也做了“不同犯罪类型与犯罪时间交互分析”（如表 3 - 1 所示），得到相类似的结论。一般而言，犯罪人作案多选择黑夜，致使黑夜的犯罪率高于白天。在犯罪类型的作案时间上，一般认为，撬窃犯罪多发生在夜晚凌晨 2 点到 3 点，因为这时人们多沉睡入眠，便于撬窃；扒窃行为易发生在城市上下班高峰；伤害罪多发生在节假日，由于饮酒、狂欢行为的出现常常导致社会冲突。

表3-1 不同犯罪类型与犯罪时间交互分析（单位：人/%）

	0:00~6:00	7:00~12:00	13:00~18:00	19:00~24:00	合计
财产犯罪	290/13.7%	370/17.5%	474/22.4%	981/46.4%	2115/100%
杀人犯罪	35/6.7%	84/16%	162/30.9%	243/46.4%	524/100%
性犯罪	39/12.4%	51/16.2%	81/25.7%	144/45.7%	315/100%
经济犯罪	13/7.4%	49/27.8%	76/43.2%	38/21.6%	176/100%
危害国家安全罪	22/23.4%	17/18.1%	28/29.8%	27/28.7%	94/100%
其他犯罪	5/9.1%	12/21.8%	14/25.5%	24/43.6%	55/100%

4. 自然灾害因素

自然灾害造成的某种特定情境，容易给具有不良意识的人造成可乘之机，如地震、水灾发生以后，群众的生命财产遭到巨大损失，衣、食、住、行、用等方面突然变得困难，群众存在紧张、恐惧、焦虑、忧伤等情绪。在这种情况下，给一些有不良意识、见利忘义之徒提供了不法获得的机会，强化其侥幸、冒险心理，他们乘人之危进行盗窃、抢劫、强奸等犯罪活动。

（二）社会环境因素

犯罪心理的形成和发展是以自然环境作为基础而存在的，但是，由于人的社会性，影响犯罪心理形成和发展的决定性因素却是社会环境因素。所谓社会环境因素，是指来自社会生活中的影响犯罪人犯罪心理形成各种因素的总和，通常可以分为宏观社会环境因素和微观社会环境因素。

1. 宏观社会环境因素

宏观社会环境是个体生活的整个社会环境，是与犯罪心理形成有关的客观因素之一，对个体犯罪心理形成的性质和类型，对全社会犯罪率的高低，都会产生一定的影响。宏观社会环境因素包括政治环境、经济环境、文化环境、精神环境和法治环境等因素。我国当前正处于社会转型期，生产关系的变化，利益格局的重新调整，广泛、深刻而又剧烈的社会变革等，造成了个人社会化障碍及个人与社会的矛盾冲突，从而可能成为犯罪心理产生的诱因。

（1）政治环境因素

政治环境因素主要指政治活动中存在的促使犯罪心理和行为产生的因素，主要有：①政治体制弊端。政治体制弊端包括权利缺乏制约、职务终身制、官僚主义、官员腐败等，这些弊端是导致犯罪的重要原因。②政策失误。政策的制定和实施是国家的重要活动。当政策严重失误时可能会导致犯罪的发生。例如，我国市场经济建设初期，社会政策不配套，特别是就业政策和人口政策不完善，带来社会治安混乱和犯罪增多的不良后果。

（2）经济环境因素

经济基础决定上层建筑。这句话突出地体现了经济作为国家正常运作的动力与源泉，在国家发展中的重大作用。不同国家的经济制度不同，例如，我国是社会主义国家，实行以公有制为主体，多种经济成分并存的经济制度，而其他西方资本主义国家基本实施的是资本主义制度。经济制度、经济政策和经济发展状况的不同，容易导致犯罪行为人实施不同类型的经济型犯罪。

现阶段我国实行的经济体制改革，推动了社会发展，但是，伴随市场经济自身属性和基本特征而来的负效应却也成为影响犯罪心理形成的重要因素。市场经济的负效应主要表现有：①趋利性。市场经济的趋利性很容易导致拜金主义的产生，在金钱的驱使下，一些人唯利是图，不择手段，甚至铤而走险，违法犯罪。②竞争性。市场经济竞争与利己密不可分，竞争越激烈，利己动机就越强烈，当超过一定的限度时，便会在竞争中采取非法手段。③自主性。自主权加大，为一些人谋取私利、违法犯罪提供了可乘之机。④开放性。市场经济打破了封闭体系，也打破了国界，为违法犯罪活动提供了诱发因素和条件。⑤盲目性和自发性。市场经济尽管不排斥国家的宏观调控，但在微观上其盲目性和自发性是不可避免的，难免会产生经济形势的波动，伤害一些人的经济利益，打破一些人的心理平衡，造成矛盾冲突。⑥配套改革的相对滞后性。分配不公、收入差距急剧加大和社会保障制度的不完善，导致人们心理失衡，攀比心强，急功近利，有的将权力推向市场，使权力物化，大搞权钱交易。

（3）文化环境因素

文化，主要是指在人类社会发展过程中所创造的物质财富和精神财富的总和，包括的内容极其广泛，习俗、风尚、道德、文艺等，其任何方面所存在的不良因素，对犯罪心理的形成都会产生重要的影响。例如，买卖婚姻、包办婚姻、纳妾、重男轻女等旧习俗，可能导致干涉婚姻自由、重婚、虐待、遗弃等犯罪心理的形成；社会风气不正，可以滋生多种犯罪心理，不正之风助长了犯罪，犯罪利用了不正之风；诲淫诲盗、暴力等反道德文化，最容易刺激青少年萌生性犯罪、流氓犯罪和暴力、盗窃、抢劫等犯罪心理。

（4）精神环境因素

精神环境因素包括社会生活中存在的信念、世界观、价值观、人生观等意识形态方面的不良因素和不良的社会心理因素。精神环境因素和犯罪心理的形成关系密切。例如，有的犯罪人利用某些群众的封建迷信心理，形成诈骗、强奸、杀人、伤害等犯罪心理；有些受神汉、巫婆等人蛊惑，可能形成杀人、伤害、强奸、重婚、虐待、破坏等犯罪心理；在“一切向钱看”的价值观驱使下，可能形成经济犯罪心理；在“老实人吃亏”这种错误的社会心理影响下，有的人可能会产生诈骗、贪污、走私、伪造等犯罪心理。

（5）法制环境因素

法制环境因素主要指刑事立法、司法和法制宣传教育情况以及社会治安状况等因素。刑事立法和司法如果畸重，对某些犯罪人来说，不仅不能矫治其犯罪心理，反而会促进其对刑事法律和政策以及司法机关产生敌对情绪；如果畸轻，就不能发挥刑罚的威慑作用，从而助长一些人产生犯罪心理，使不法之徒更加无所畏惧。同时，不恰当的法制宣传教育，有可能使得某些人从案例中受到启发，从而萌发犯罪心理，或者习得犯罪方式和手段。

2. 微观社会环境因素

微观社会环境因素是一个人生活的具体环境，作为一种具体的社会环境因素，它受宏观环境因素的制约，但又比宏观环境因素更为直接地影响着个体犯罪心理的形成。

（1）家庭环境因素

家庭作为社会的细胞，是未成年人一生中经历的第一个场所，是他们社会化过程的起点。在未成年人社会化的过程中，家庭起着举足轻重的作用，而不良家庭环境对未成年人不健全个性的形成具有原发性的影响。大量研究资料表明，个体犯罪，特别是青少年犯罪，与不良的家庭环境影响有密切关系。与犯罪心理形成有关的不良家庭因素主要表现在以下几个方面：

①结构不完整的家庭，也称之为破碎家庭、缺损家庭，是指缺少父母一方或者双方的家庭。研究表明父母不全家庭的子女，因没有得到恰当的教育，人格会形成逞强好胜、以自我为中心、报复心强，或怯懦、承受能力差等不良人格倾向，这种不良人格可能会导致犯罪。

②不和睦的家庭，主要指家庭成员间的感情失和，包括夫妻感情不和，父母与子女感情不和两种类型。生活在不和睦家庭的孩子，对父母的尊敬和崇拜化为乌有，父母的说教不起任何作用。由于缺乏家庭的温暖和父母的关爱，他们情感上会极其孤独，精神上无所寄托。长期生活在不和睦家庭的孩

子缺乏安全感，挫折感强烈，常感到无所适从、不知所措，处于紧张焦虑之中，易形成冷酷无情、烦躁易怒、玩世不恭、孤独内向等性格，甚至可能出现人格障碍。一旦受到不良环境的影响，他们便会产生违法犯罪心理和行为。

③有犯罪成员的家庭。如果家庭中的父母有犯罪前科，会对子女的成长造成不良的榜样作用。尤其是未成年子女，他们好奇心强，易受暗示和影响，善于模仿别人，可塑性强，缺乏对美和丑事物的辨别能力，意志力薄弱，他们对父母的言行耳濡目染，因而容易重蹈覆辙。

④贫困的家庭。家庭条件过于贫困的孩子往往缺乏正常的家庭生活和文化教育，很容易形成自卑、孤僻、内向、自闭的性格和敌对社会的心理。为了满足在家庭中无法满足的需求，他们往往铤而走险，实施犯罪。

⑤教育方式不当的家庭。家庭教育方式不当会严重影响青少年的心理健康发展。在犯罪的青少年中，尤以家庭教育方式不当占大多数。不当的教育方式主要包括过分溺爱型、放任自流型、简单粗暴型、期望过高型、相互矛盾型等几种类型。

过分溺爱型的家长往往对子女百依百顺、娇生惯养、宠爱有加，甚至爱而不教，不管孩子的要求是否合理一概满足，对待错误、缺点给予纵容甚至包庇和袒护。在这种家庭中成长的孩子往往易形成好逸恶劳、贪得无厌、骄横任性、自私无度等性格特征和不良的行为习惯。放任自流型的家长对子女常常听之任之、不管不问、放任自流。在这种家庭成长的孩子往往易形成放任成性、为所欲为，甚至胆大妄为、任性、冷酷、自傲、目空一切、自以为是、玩世不恭等不良性格特征。具有这样不良性格特征的青少年，社会规范往往丧失对其应有的约束力。简单粗暴型的父母对子女往往采取简单训斥、非打即骂的教育方式。在这种家庭中成长的孩子，易学会用暴力解决问题，为了逃避惩罚，被迫撒谎，形成残忍、粗暴、冷酷、好斗的性格特征，常常感到家庭冷酷无情，视父母为敌，离家出走，到社会上去拉帮结派，寻求“温暖”。期望过高型的父母则往往对子女给予过高期望、施加过大压力。在家长望子成龙、望女成凤的愿望驱使下，不顾孩子的兴趣爱好及身心发展的可能，给孩子提出过高要求，施加过大压力。当这些压力超出他们的承受能力后，则会产生厌倦、逃避、焦虑等情绪和逆反心理，甚至会憎恨父母，产生厌世轻生等过激行为。相互矛盾型的家长在子女教育问题上常常出现不一致、反复无常的矛盾或分歧，在同一件事上有的纵容，有的袒护，有的批评等。教育的相互矛盾导致孩子无所适从，容易造成行为失范。

【实践与运用】

从北京海淀公安分局接到消息，一名不满18周岁的年轻男子李某被警方以涉嫌轮奸刑事拘留。2013年2月22日，北京市公安局海淀分局就此案进行了通报。警方透露，2013年2月19日，海淀分局接到一女事主杨某报警称，2月17日晚，其在海淀区一酒吧内与李某等人喝酒后，李某等人使用暴力殴打和言语恐吓等手段强行开车将其带至海淀区湖北大厦某房间内进行轮奸。据悉，在宾馆房间，杨某不愿意脱衣服，李某等人就对其实施殴打，并强行脱去其衣服。此后，李某第一个对杨某实施了性侵，随后是王某，几人都没有采取安全措施。结束后，魏某和李某两人凑了2000元塞进杨某的包中。几人将杨某带离后，放在路边让其打车离开。经侦查后，犯罪嫌疑人李某犯强奸罪被判处有期徒刑10年，其他几人获刑3年至12年不等。据悉，在一年多前的2011年9月6日晚，在海淀区亿城西山华府小区门口，这个15岁的男孩同朋友就曾将小区业主彭姓夫妇打伤并接受劳教一年。从15岁开宝马车撞人，再到轮奸90后花季少女，如此瞠目结舌的行为，居然是出自一名不到18岁的未成年，这场惨剧是孰之过呢?

（资料来源：《李双江之子等五人强奸案》，新华网，2013年2月22日，http://ent.ifeng.com/idolnews/special/lgf/，2016年8月1日访问）

据悉，李某出生于音乐世家的名门之后，从小就被父母给予了过分的物质生活享受和温室般的过度庇护，并无限纵容了李某不良的个性倾向与行为的发展。如，未到法定驾驶年龄就随意驾驶母亲名下的宝马车，成绩不好仍能入读名校，与同学有冲突受到批评的都是同学，因打伤他人被解除劳教后还获得价值百万的跑车作为“补偿”……李某从小开始显露出的不良个性品质和偏差行为没有受到父母该有的管教和控制，其父母不是积极地进行正面教育和及时给予必要的惩罚，反而是“护犊情深”，利用大人的手段掩盖、淡化孩子的错误，甚至对其错误行为给予了正强化。这些都导致他的自我意识极度膨胀，在父母的溺爱中无条件限制性获得的权势力量和光环效应使他觉得自己有目空一切、任意妄为的强大资本，而对于感恩、对于责任、对他人权益的敬畏感在其意识当中是极其微弱甚至是缺失的，最终导致了上述悲剧的发生。

（2）学校教育因素

学校是未成年人社会化的重要场所。不良的学校教育，可能是学生犯罪心理产生的基础。如，学校教育公平缺失、教育内容的失衡、教育态度和方法上的偏差、学校管理不当、学校普法教育流于形式等，均不利于未成年人的社会化，对未成年人犯罪心理的形成具有重要的影响。学校教育的缺陷主要表现在以下几个方面：

①学校教育公平缺失。在义务教育阶段，学校教育公平缺失，致使某些青少年感知到社会的不公平和个人家庭经济实力及社会地位的重要性，并对其个人未来的发展产生直接的影响。

②学校教育内容失衡。许多学校在教育学生的过程中仅仅重视学生智力方面的培养，而忽略了德育教育。另外，性教育的不健全，使处于青春期的青少年缺乏必要的性知识和性道德教育，这就为性犯罪提供了可能。

③学校教育态度和方式的偏差。一些学校“只重教书，不重育人”，按照学习成绩将学生分为三、六、九等，对“优等生”格外照顾，对“差等生”敷衍了事，任其自由发展，或者将其视为包袱而忽略冷落，甚至进行讽刺挖苦，致使有些学生产生“破罐破摔”的思想，甚至辍学、逃学，混迹街头等。长期下去，促发学生产生强烈的自卑感，在不平衡心理无法得到满足的情况下，可能采取极端犯罪手段。

④学校管理不当。一些学校存在管理简单化、校风不良的问题。例如，教师对学生不负责任，只管上课，不管其他表现，只管校内，不管校外，奖惩不分，纪律松弛，秩序混乱，不正之风盛行等，学生抽烟、打架、酗酒、传看淫秽书刊等，并无有力措施加以制止。

⑤学校普法教育流于形式。许多学校不重视普法教育，没有真正将法制课纳入教学日程，法制课程教学不能落实，导致学生的法律观念薄弱。

(3) 同伴群体的不良交往

同伴群体对儿童和青少年的社会化起着非常重要的作用。正常的同伴群体能对儿童、青少年起到良好的社会化效用。但极少数青少年之所以走上违法犯罪道路，并恶性发展，是与其同伴群体的不良交往息息相关的。由于未成年人的年龄特点，他们在行为上特别容易模仿他人或受其他人暗示而发生犯罪行为。在同伴群体里，相互模仿或暗示现象普遍存在。一些被家庭和学校排斥或抛弃的不良少年，在不良亚文化的吸引和感召下，由于相同的感受聚集起来，通过不健康的娱乐、游荡、交谈等方式形成不良交往的亚文化群体，使个人的犯罪心理得以形成和发展。

(4) 社区环境因素

社区是指聚集在某一地域的社会成员形成的相互交往与关联的社会共同体及其活动区域。所有的人都要在社区中完成其社会化过程，且社区文化、价值观念、社会活动等都会对人产生巨大的影响。因此，社区可能会成为各种犯罪因素“化学合成的反应场”。影响犯罪心理形成的不良居住环境主要有：一是邻里关系障碍，这可能是激发犯罪心理的诱因。邻里矛盾激化，导致产生杀人、伤害、防火、投毒等犯罪心理。二是犯罪者常利用邻里关系，向未成年人灌输犯罪意识，传授犯罪技能和方法，直接教唆犯罪，甚至组织群体犯罪。三是邻里的不良风气和不良习惯，如赌博、迷信等。四是邻里关系疏远，使成员间互不关心，给犯罪分子以可乘之机。

(5) 大众传播媒介的影响

大众传播媒介主要指广播，电影、电视、报纸杂志、书籍、音像制品、广告及网络等公共信息载体。其在一定程度上影响着人们的心理和行为，关系到人们的价值取向和行为选择。各种充斥着暴力、色情淫秽内容的音像制品及网络游戏等包含的行为成为人们模仿的对象，对他们产生了不容忽视的腐蚀作用，甚至可能会对少年儿童走上违法犯罪之路起到“教唆犯”的作用。通过研究表明，媒体内容确实会引起模仿。如，加拿大和美国的性罪犯普遍承认了色性文学对自己性犯罪的影响和作用，其中，强奸犯和猥亵儿童的罪犯看的黄色书刊，要远远多于非性犯罪的男人；童年时看了大量暴力电视节目的个体在成年后因罪获刑的可能性更大。

(三) 情境因素

所谓情境因素，是指直接影响犯罪人形成某种犯罪行为动机的客观环境因素，包括侵害对象、现场其他人、现场条件和气氛、机遇等因素。

1. 侵害对象

侵害对象是指犯罪行为指向的人或物。这是影响犯罪心理形成的一个非常重要的因素。作为侵害对象的人或者物的存在，并不必然引起犯罪动机的产生，但可以起到强化、诱导和促进作用。例如，某人携带的巨款或者衣着暴露、美丽动人的女性，对于社会化过程完全的个体而言，由于有道德感、法制观念等构成的健全的自我约束机制的存在，不会产生侵害或者占有的欲望，而对于社会化过程不完全、个性心理有缺陷的个体来说，由于自我约束机制的弱化，就会产生侵害或者占有欲，并在这种非法欲求的支配下产生盗窃动机、抢劫动机或者性犯罪动机，或者使犯罪动机进一步强化。

2. 现场其他人

现场其他人因素是指除了犯罪人和被害人之外的人，如同案犯和目击者。这是影响犯罪心理形成和行为产生的相关因素。在共同犯罪的过程中，有同案犯参与，就会形成从众、责任分散、竞争等群体心理效应，从而减轻犯罪人的心理压力，致使犯罪动机不断增强。在犯罪现场有无目击者及目击者的态度会直接影响犯罪人犯罪动机的变化。如果视而不见、消极退避，犯罪人则会更加肆无忌惮、有恃无恐，犯罪心理因此得以强化；反之，犯罪心理则会被抑制。

【知识链接】

从众是指群体成员在真实的或想象的群体压力下其行为或信念上的改变，及其伴随的行为方式。也就是说，群体的压力会使得个体改变其行为，并以某种方式来行动，这种行为方式没有群体时，个体是不会这样做的。“真从众”往往是群体所提出的意见或行为方式正合个体心意，或者自己原无固定意向，或者是“跟多数人在一起不会错”的随大流思想。“假从众”则往往是碍于情面或者为了免受群体的指责和惩罚而与群体表面保持一致，但内心仍保持着与群体不一致的信念。例如，群体中某个体不吸烟，也不愿抽烟，但群体中其他人都抽烟，为使自己与大家协调一致也只得抽烟。

（资料来源：俞国良著：《社会心理学》，北京师范大学出版社2015年版）

3. 现场条件和气氛

现场条件是指犯罪行为实施现场的时间、空间、物质环境因素等。犯罪人对现场的选择，总以是否有利于实现犯罪目的，又能确保自身安全为依据。现场氛围，是指带有浓烈情绪色彩的犯罪现场，它影响着犯罪人是否产生心理压力及其程度。例如，被害人激烈反抗、怒斥犯罪人行径，这时犯罪现场被正义的气氛所笼罩，一般对犯罪人会产生重大的心理压力，会弱化甚至促使犯罪人放弃犯罪动机，逃离现场。但也有可能触发犯罪人愤怒或者恐惧情绪，使犯罪动机向恶性发展，产生杀害被害人的行为。现场气氛会感染他人情绪，例如，球迷暴力事件、街头群殴事件等犯罪动机的形成是受现场气氛的感染所致，又如，现场其他人一同怒斥犯罪人的犯罪行径并齐心协力制止犯罪等也均与现场气氛有关。

【知识链接】

感染是指个体通过观察学习和榜样行动，减少了阻止个体以某种方式行动的内心限制，解除了约束。由榜样解除内心约束就是行为的感染。社会学家曾用“感染”的观点，描述了暴徒们的行为，例如，流氓团伙。雷德尔提出了一个有关“行为感染”更为简明的定义。他指出，在感染发生之前，必须存在四个条件：①观察者受到激励，想要以一定的方式行动；②观察者知道如何完成这种行为，但是没有完成它；③观察者看到了一个榜样完成了这种行为；④观察了榜样之后，观察者完成这种行为。我们认为，从一般意义上说，感染是对某种心理状态的无意识、不由自主的屈从。在个体意义上说，感染是通过言语、表情、动作及其他方式引起他人相同的情绪和行为，这里主要是指情绪的传递。

情绪的感染是在无压力的条件下产生的，是一种无意识的和不由自主的屈从，感染者往往产生与发出刺激者相同的情绪，即这是一种情绪上的从众现象。而行为的“感染”不同于从众，在于感染中涉及的冲突发生在个体观察榜样之前，而在从众范式中，冲突发生在个体观察榜样之后。但无论是情绪还是行为感染，都是在受感染者和发出刺激者有相近的背景情况，并在理智制约下完成的。

惠勒等人的研究表明，被试在观察了一位榜样实施侵犯性行为之后，与没有榜样的情况相比，更有可能出现侵犯性行为。在惠勒等人所做的一系列研究中，实验者让“助手”使一部分被试愤怒，而不使另一部分被试感到愤怒。接着指使第二个实验的“助手”攻击第一个“助手”，即引起被试愤怒的“助手”，让被试观察第一个“助手”受到攻击的情况。最后，允许被试攻击第一个“助手”。结果表明，看到过侵犯性榜样的愤怒被试比没有看过榜样的愤怒被试，更具有侵犯性。愤怒了的被试本来就想攻击使其愤怒的“助手”，但感到有约束而不能这样做。榜样的行为减少了这种约束，于是愤怒了的被试就更有可能实施侵犯性行为。

（资料来源：俞国良著：《社会心理学》，北京师范大学出版社 2015 年版）

4. 机遇

机遇是指影响犯罪人形成犯罪心理的偶然的机会。机遇因素可以迅速诱发犯罪人的犯罪心理，如犯罪人见到没有上锁的自行车而迅速产生偷车的动机；也可以促使犯罪人不良心理恶性发展为犯罪心理，如平时品行不端的人，在荒郊偶遇少女而产生强奸动机；也可能使有过犯罪经历的人重新产生犯罪心理，如刑满释放人员，出于哥们义气，又产生犯罪动机。机遇的出现只是一种外在行为，是否产生犯罪行为，取决于个人的态度。

综上，影响犯罪心理形成的各因素间具有互动性，各因素均有着不同的作用，它们作为犯罪心理成因的条件性原因与犯罪心理、犯罪行为之间并不存在直接的必然联系，它们本身并不能自产犯罪，只是为有犯罪心理影响的个体提供可能产生犯罪心理的条件和诱因，至于是否成为个体形成犯罪心理直接和必然的原因，则取决于有这种心理倾向的个体对这些条件和诱因能动性利用与吸收的程度。

第二节　犯罪心理的形成

一、犯罪心理形成的一般过程

一般来说，犯罪人犯罪心理的形成，是一个渐进的、自觉的过程。他们的行为是有意识的行为。我们把这个渐进的、自觉演化的过程和有意识的犯罪行为，作为犯罪心理形成的一般过程来研究。

（一）不完全或错误的社会化与不健全人格的形成

社会化，是指个人学习知识、技能和规范，取得社会生活的资格，发展自己社会性的过程。大多数个体的社会化过程是基本顺利的，但也有少数人在社会化过程中存在着较为严重的缺陷，即出现了不完全社会化甚至错误的社会化，形成了不健全人格，造成适应社会困难，甚至走上违法犯罪道路。

个体社会化的内容相当广泛，如政治社会化、道德社会化、法律社会化、性别角色社会化等。其中，与个体违法犯罪关系最为密切的是法律社会化。所谓法律社会化，就是个体把国家法律这一体现统治阶级和国家意志的、具有强制性的特殊社会规范，变成自己所理解和接受并自觉遵守的行为准则，进而内化为个人心理品质的过程。简言之，法律社会化就是个体学习掌握法律知识、形成法律意识的过程。在不完全社会化或错误社会化进程中，法律社会化的缺陷至关重要。如果说其他方面社会化的缺陷导致了生活能力与适应环境的困难，那么，法律社会化的缺陷就直接与违法犯罪相联系。有学者认为，个体法律社会化的缺陷主要表现在以下几个方面：

1. 没有接受法律知识方面的教育，处于“法盲”或“半法盲”状态。

2. 认知水平偏低，是非不分，难以理解和接受法律规范。

3. 对法律持轻蔑态度，视法律程序为儿戏，不愿尊重与遵守法律。

4. 在遇到法律问题时，轻率地作出决定，不进行法律咨询，以致有意无意地违反法律。

5. 缺乏守法行为习惯，在日常生活中贪图利益，随意行事。

6. 不愿履行法律义务，如拒绝赡养老人，拒交个人所得税等。

7. 由于法律意识不健全，划不清合法与非法的界限，在理解与执行法律规范时发生困难，造成违法行为的产生，如防卫过当、刑事案件私了、因债务纠纷扣留人质等。

所谓人格，主要指个人的心理面貌或心理“格局”，即个人的一些意识倾向与各种稳定而独特的心理特性的总和。人格是个人社会化的产物，是随着个人社会化进程而逐步发展和形成的。我们一般将全体社会成员划分为健全人格与不健全人格两大类。健全人格是社会化程度较高或基本上达到社会化要求的人格，它能较好地适应社会生活，行为方式与社会规范相一致。健全人格者在社会成员中占大多数。不健全人格是经历了不完全社会化或错误社会化而形成的不成熟人格、矛盾冲突人格和反社会人格。其主要表现是：

1. 价值取向偏离，甚至与社会整体利益相悖。

2. 认知水平低，思维偏激，是非、善恶判断力差。

3. 需求层次低，欲望强烈，且不善于通过合乎规范的途径予以满足。

4. 道德和法律意识淡漠，由于受反社会不良文化影响，不尊重社会道德与法律，行为既不受良心谴责，对刑罚惩罚也没有恐惧反应。

5. 品德不良，由自私、缺乏同情心、行为不端发展到冷酷无情、粗野肆虐，恶习难改。

6. 缺乏高级情感体验，道德感、理智感、美感水平低；常常被消极不良的情绪体验占据心头，且缺乏必要的情绪调节控制能力，甚至任其宣泄而对他人和社会造成伤害。

7. 缺乏必要的建设能力，具有不利于社会的消极能力和破坏能力。

8. 自我意识的缺陷，不能客观地评价与调节自我。要么过于贬低自己，产生自卑感，进而自暴自弃；要么过高评价自己，自高自大，不可一世。

不健全人格是产生犯罪的心理基础，存在着向犯罪方向蜕变的可能性。在形成不健全人格的基础上，经过道德上的“下滑”和违法行为的尝试，产生犯罪意向，最后在特定的情境诱因的刺激下，产生犯罪行为。其中，反社会人格是不健全人格的极端表现，是指一部分人在犯罪集团或其他腐朽思想、不良文化的影响下，完全接受了与社会规范背道而驰的反社会观念，养成了恶劣的生活习惯，与正常的社会生活格格不入。

（二）强烈欲求与满足方式的选择

人的需要是多方面的，每个人复杂而多样的需要有强弱程度的不同。比较弱的需要，一时难以产生活动动机，而强烈的欲求常常唤起人的行为动机。强烈的常态欲求并非坏事，它不能决定人犯罪或不犯罪。一个人有了强烈的常态欲求之后，他可以奋发努力，通过合法途径予以满足。只有在欲望非常强烈，满足欲望的冲动迫不及待，并且选择了侵犯他人和社会利益去满足欲望的道路或方式时，才会启动形成犯罪心理的初始环节。

犯罪人的需要有两个特点：一是个人需要与社会需要处于对立地位。犯罪人为了满足私欲，不惜采取非法手段损害他人的合法权益，扰乱社会秩序，破坏国家利益。二是畸形的、膨胀的需要。一个人格健全的人不会无所顾忌地放纵个人的需要，而是首先会考虑各方面条件，自觉地调整个人需要结构，使个人需要符合社会的要求。犯罪人则会不顾及主客观条件的制约无节制地膨胀各种需要，如，物质需要的无节制，享受的欲望脱离个体支付能力；性的欲求违反社会道德规范，侵犯他人的合法权利；在其需要结构中，缺乏高层次的学习、劳动、荣誉、事业成就等精神需要，而对满足感官需求之类的低层次需要津津乐道。

因此，当犯罪人以非法的方式满足与其个人能力不相适应的强烈欲求或被法律所禁止的变态欲求（如吸毒、性淫乱、痴迷于邪教等）时，则会触犯法律，构成犯罪。

（三）犯罪意向的萌发

意向是一种未被意识的或处于朦胧状态的行为动机，它是尚未分化的、没有明确意识的需要，是人心理状态表现出的一种躁动、不安和渴求。犯罪意向是指实施犯罪的意向、冲动或意图，没有明确意识到的违法犯罪需要。个体不完全或错误的社会化导致不健全人格的形成，不健全人格在各种内化机制下，不断吸收外界的消极因素，以他头脑中已有的错误知识和经验进行加工，逐渐融入个性结构之中，反复强化，形成不良行为习惯及个性不良因素，包括错误的认识、消极的情感、畸变的需要、歪曲的自我意识和反社会意识等，这些不良个性因素发展到一定程度，则导致犯罪意向的萌发。

犯罪意向的萌发是犯罪心理形成的标志。犯罪意向被看作犯罪动机形成的最初阶段，是由畸变需要引起的犯罪冲动或行为倾向。尽管犯罪意向暂时不能成为活动的主导动机，但它却表明有关犯罪心理诸因素开始组合、产生向犯罪行为方向发展的动力。随着犯罪意向的加强，很快就会被个体意识到，并可能转化为推动行为产生的主导动机。

犯罪意向的萌发并不意味着马上发生犯罪行为，它只表明个体犯罪心理开始形成。在这一阶段，如果没有外在消极因素的影响和一定环境的存在，这种犯罪心理不可能进入犯罪准备阶段，实施犯罪行为。但是，一旦外界诱因的刺激增强，犯罪机遇的存在和出现，这种犯罪意向便会立即转化为犯罪动机，推动个体实施犯罪行为。从法律意义上讲，在这一阶段，除了内在的犯罪意图外，个体并没有进入实际的犯罪预备，尚未实施危害社会的行为。

（四）犯罪动机的形成和犯罪目的的确定

在多数情况下，仅有犯罪意向还不足以着手实施犯罪，还要经过产生犯罪动机和确定犯罪目的的阶段，才能发生犯罪行为。

1. 犯罪动机的形成

所谓犯罪动机，是专指引起犯罪行为的活动动机，它是行为人推动、引发犯罪行为的内部驱动力。犯罪动机的形成是犯罪心理形成的标志，也是犯罪心理的核心，它将驱使行为人产生有意的犯罪行为。一般来说，犯罪动机的形成，是行为人经过“利弊”权衡，萌生犯罪意向，结合主客观条件选择犯罪方法、手段、目标、对象等内心的过程。即犯罪动机的形成要历经犯罪意向（朦胧的犯罪意图）、行为动机（有了明确的指向和侵害目标）、犯罪决意（由意志决定转向意志执行）三个阶段。由此，我们得知，犯罪动机是以主体的不良需要为基础，以适宜犯罪的外部环境或刺激为条件产生的诱惑力相互作用的结果。

（1）主体的不良需要是犯罪动机形成的基础

犯罪动机如同其他动机一样，形成呈周期性变化，其变化过程为：某种强烈需要→心理紧张→犯罪动机形成→犯罪行为实施→达到犯罪目的（需要的满足）→心理紧张解除→犯罪动机消失（强烈需要的再现→再次产生心理紧张……）。因此，我们可以得知，犯罪动机的形成是由主体的不良需要开始的。主体的不良需要，是以其独特的主观世界对客观事物中腐朽、没落、阴暗面的反映。这种需要常常超越社会历史条件，超越本人条件所允许的范围，把理想中的或电影、电视、小说中描写的被歪曲了的东西当作现实去追求，在享乐主义、实用主义人生观的影响下，把吃喝玩乐当成主体经常的迫切的优势性需要。这种强烈而又低级的需要一旦形成，就会处于一种强烈的紧张不安状态之中，就会千方百计寻找一切机会，甚至不择手段地去满足自己的欲望。这种欲求状态所产生的内部驱力，就成为犯罪动机形成的基础。

（2）诱因是犯罪动机形成的主要条件

主体的不良需要要转化为犯罪动机还必须有适宜犯罪的诱因。由主体需要产生的内驱力，在没有满足需要的诱因时，也只是一种主观意念或者是欲望，只有有了诱因条件，个体才能为满足需要采取行动，愿望才能表现为活动动机去推动行为达到目的。诱因是能够激起有机体的定向行为，能够满足某种需要的外部条件或刺激物。包括以下几个方面：

①适宜犯罪的条件。如，社会治安状况不佳，公共场所秩序混乱；某个单位管理制度不严，疏于防范；某个受害对象缺乏警觉和防卫能力；某地区司法机关对案件的侦破率低，对犯罪活动打击不利等。

②萌发、强化犯罪意向的情境与气氛。如，足球场上球迷的狂热与暴怒，街头暴力事件造成的反常情绪感染，流氓集团内特定的舆论与氛围，观看淫秽录像、参加下流舞会引起的性冲动等，都是刺激、诱发、强化犯罪意向的情境与气氛。

③欲求指向对象的诱引。如，以金钱、美女作诱饵拉人下水，使意志不坚定者难以抗拒诱惑；财务外露或者夏天乘凉时被害人赤身裸体等，使心怀不轨的人迅速产生侵害动机。

④着手犯罪的机遇。即有利于行为人实施犯罪又不易被人发觉的机会和条件，往往具有瞬间性（时间短暂）、契机性（对实施某种犯罪有利）、偶然性（出乎行为人预料）等特点。犯罪机遇的出现，往往成为行为人实施犯罪的“催化剂”和“导火线”。

（3）主体缺乏自我调控机制是犯罪动机形成的主要影响因素

在不良刺激与情境的诱发下，具有犯罪意向的个体，在作出反应之前，需经过个体的意识活动，然后才能进入行为的决定阶段。

可以将违法犯罪人自我调控（或自我控制）的机制归纳为三个要素：①自我监督系统机制，即道德观念和法制观念对行为的调控作用。②认知判断系统机制，即行为人对主客观力量对比及作案成功可能性的判断，以权衡利害得失。尤其是在能否逃避刑罚方面作出判断，然后决定是否作案。③欲求及情绪强度机制。如果犯罪欲求强烈，情绪冲动且爆发力强，则有可能迅速采取犯罪行动，甚至置其他因素于不顾，贸然行事。反之，则踌躇不前，难以形成犯罪动机。例如，青少年犯罪动机的形成，首先是由于微社会环境的不良，当这种不良影响被青少年所接受，就会引起他的内部需要结构的畸变。而这些具有畸变需要结构的青少年，在诱因驱使之下，并不能够形成行为动机，还需要通过自我调控机制的作用，当驱力强大、自我调控无力时，一旦在思想上冲破道德和法治两个关卡，他们的犯罪动机就会迅速形成和恶化，进而转化为犯罪行为。

2. 犯罪目的的确定

犯罪目的是指行为人主观上通过实施犯罪行为所希望达到的结果。它是以观念形式预先存在于行为人头脑中的对犯罪行为所期盼达到的结果，直接故意犯罪的一切活动，都要服从于和服务于犯罪目的。我国刑法学理论认为，犯罪目的是直接故意犯罪的主观构成要件之一。它表现了直接故意的内容，并通过故意实施犯罪来实现。因此，明确行为人的犯罪目的，对于严格依法办事、准确定罪量刑具有重要的意义。

犯罪动机影响犯罪目的的确定，同时，犯罪目的的确定还受当时的主客观条件影响。犯罪目的是在犯罪动机的推动下产生和确定的。一般而言，犯罪动机的指向性决定了犯罪目的的内容，犯罪动机的强度决定了犯罪目的确定的快慢，犯罪目的是随着犯罪动机的变化而不断变化的。不同主体自身能力和条件，及外在的客观环境因素也会决定犯罪目的的内容和实施犯罪行为的手段。例如，已经拥有一定权利者可能是以获得非法巨额财富为犯罪目的，并以“权钱交易”作为实现犯罪目的的手段；而那些已经拥有巨额财富者则可能确立政治性的犯罪目的，并以贿赂官员来获取一定的政治权利等。

犯罪动机和犯罪目的既相互联系，又相互区别。犯罪动机与犯罪目的之间的联系，具体表现为：

（1）产生原因相同。犯罪动机和犯罪目的都来源于行为人过于强烈的或者不良的、畸形的需要，是客观世界对行为人产生消极影响的结果，也是行为人对不良社会环境因素的反映。

（2）两者都对犯罪行为起到重要作用。犯罪动机对犯罪行为主要起激发作用，犯罪目的对犯罪行为主要起导向作用，两者密切联系。

（3）两者表现形式一致。犯罪动机往往表现为一定的犯罪目的，犯罪目的也必然是犯罪动机的反映。在多数情况下，两者是一致的，甚至可以相互转化。例如，财物型动机犯罪产生盗窃、贪污、受贿等犯罪行为，都以非法获得金钱、财物为目的。因此，在分析具体案情时，可将两者结合起来考虑。

（4）两者相互影响。犯罪动机与犯罪目的相互影响，一方面，犯罪动机在形成过程中出现动机斗争时，势必影响到犯罪目的的选择；另一方面，犯罪目的实现与否，也必定会对犯罪动机起强化或弱化作用。

犯罪动机和犯罪目的之间的区别，具体表现在：

（1）犯罪动机是犯罪目的产生的原因，即犯罪动机的形成在先，犯罪目的产生在后。

（2）犯罪动机是一种比犯罪目的更内在、蕴藏更深的心理成分，较抽象，行为人可能对犯罪动机的意识不清晰，但是对犯罪目的意识却很清晰，犯罪目的是犯罪行为追求的客观危害结果，较具体。

（3）犯罪动机向犯罪行为提供动力，主要起激发、推动犯罪行为的作用，而犯罪目的决定犯罪行为的方向，主要起引导犯罪行为向预期目标运行的导向作用。

【知识链接】

（1）犯罪学家库德里亚夫采夫分析了主客观因素在违法行为过程中的相互作用，并绘制了违法行为形成示意图，如下：

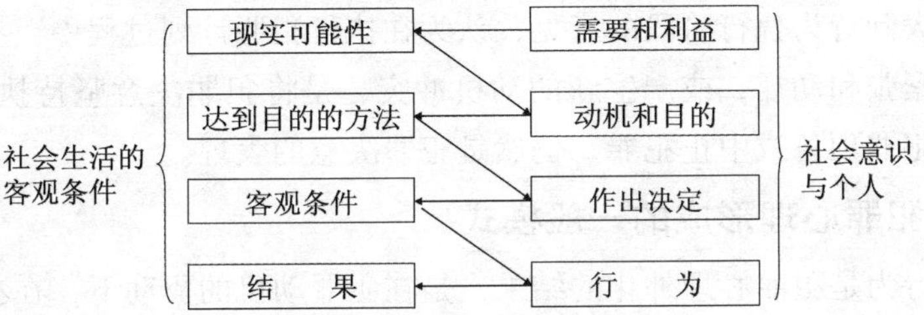

图 3-1 违法行为形成示意图

（资料来源：［苏］库德里亚夫采夫著：《违法行为的原因》，韦政强译，群众出版社1982 年版）

（2）罗大华等人认为，犯罪目的和犯罪动机是紧密联系的，两者在很多情况下是一致的，而在另一些情况下又有区别。犯罪动机、犯罪目的和犯罪行为之间，存在着错综复杂的联系。三者关系见如下示意图：

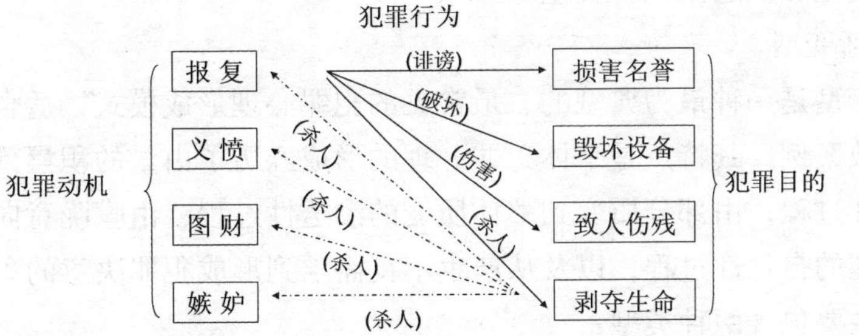

图 3-2 犯罪动机、犯罪目的和犯罪行为三者的关系示意图

从上图中可以看出，出于报复的动机，主体可以选择损害名誉、毁坏设备、致人伤残、剥夺生命等多种目的。上述多种目的，决定了犯罪人采取与其相匹配的诽谤、破坏、伤害、杀人等多种轻重不同的犯罪行为。同一种杀人行为，必定达到同一种犯罪目的（即剥夺对方生命），却有可能出于报复、义愤、图财、嫉妒等多种不同的动机。

（资料来源：罗大华、何为民主编：《犯罪心理学》，中国政法大学出版社 2012 年版）

（五）犯罪决意的形成

当犯罪动机与犯罪目的均已产生和确定时，也就进入了犯罪决意阶段。犯罪决意是指行为人已就实施犯罪行为作出了最后决定。它包括行动手段的选择和行动时机的捕捉两个环节。即在犯罪目的确定之后，行为人还必须考虑达到这个目的的具体手段和途径，犯罪手段确定后，还要考虑何时实施，即捕捉着手实施犯罪行为的时机。犯罪决意一般是指行为的决定阶段，但也有把它扩大到行为执行阶段的意见，认为在执行犯罪计划过程中，有时会产生意志的紧张和动摇，或产生新的动机冲突，是将犯罪决意坚持执行下去，还是停止犯罪预备或中止犯罪，仍然是犯罪决意的表现。

二、犯罪心理形成的一般模式

犯罪行为是犯罪心理外化的结果，是在犯罪动机的驱动下，在犯罪目标的引导下，行为人产生的一种危害社会的行为。就大多数行为人发生的犯罪行为来看，犯罪心理形成过程并非是单一的模式，而是渐进的且存在着不同的模式，大体上可以分为常见模式和特殊模式两种类型。

（一）常见模式

常见模式，是指行为人犯罪心理的形成和犯罪行为的发生基本符合犯罪心理形成的一般过程，是实施犯罪行为比较自觉的一种模式。又可分为渐变型、突变型和机遇型三种类型。

1. 渐变型

渐变型是一种最为典型的、最常见的犯罪心理形成模式，适合我们所见的大多数案例。其特点是个体犯罪心理的形成经历了由量的积累到质的飞跃的渐进性过程，由部分质变到整体质变的渗透性过程，由朦胧意向到清晰的犯罪心理的自觉性过程，以及从产生不良需求到形成犯罪决意的犯罪预谋性过程。主要包含两种类型：

（1）原发型

原发型指从少年时期开始，通过不良交往或违法性尝试，逐渐发展成为犯罪心理的类型，其社会化不完全或经历了错误的社会化，形成了不良人格，始犯年龄较早，犯罪恶习深，矫治难度大。

（2）继发型

继发型是指行为人通常在早期并无劣迹，社会化过程也无明显缺陷，被社会成员所认可，甚至被委以重任，但是在其生活经历中由于经受不住金钱、美色的诱惑，或是受到腐朽错误思想的侵蚀，渐渐腐化走上犯罪道路，形成犯罪心理。此类型犯罪者由于始犯年龄较晚，犯罪恶习相对较浅，矫治的成功率可能会高一些，但仍不能排除其中有一部分已经演变成惯犯、累犯或者罪行十恶的严重者。

2. 突变型

突变型，是指犯罪行为人事先并无劣迹或者预谋，因突发对个人至关重要的情况或受外界环境气氛的刺激而迅速萌发的犯罪心理，并实施犯罪行为。这种犯罪心理的特点是，行为人从产生犯罪意向到发生犯罪行为的时间短，过程迅速，具有突发性，一般无事前预谋，对事变的发生缺乏预见性。同时，犯罪的发生多与突发的情况有关，带有很强的情境性。

最为常见的突变型犯罪心理是由人际冲突引起的，例如，现实中因财产纠纷而引起的矛盾激化、因婚恋不成反目成仇、因恶语相加而发生的口角冲突等。由于情况发生突变，矛盾冲突升级，行为人在不能自控的情况下，往往会激化情绪，采取暴力行为，加害对方而构成犯罪。还有一种突变型的犯罪心理是由特定的气氛引起的，如街头暴力事件，不符合法律规定的示威游行等。其中，相当一部分人是受当时特定环境和气氛的影响。

3. 机遇型

机遇型犯罪心理形成模式是指行为人在接触有利于实施犯罪的机遇之前并没有犯罪意图，在接触了该种机遇之后，才逐渐产生犯罪心理，或突然起意而犯罪。该种模式中，犯罪机遇的出现，对推动行为人产生犯罪动机起到了关键性作用。对于早就具有犯罪意向并趁机实施犯罪者，则排除在这一模式之外。

（1）机会型

机会型是指一些品德不良的行为人，在遇到犯罪机会时经不起诱惑而起意犯罪。尽管机会型行为人事前无犯罪意向，但犯罪机会对其具有强烈的诱惑性和刺激性，促使其萌发犯罪意向，实施犯罪行为。例如，金钱外露，是抢夺抢劫犯罪的机遇；城市死角、偏远路段，是抢劫强奸犯罪的机遇；室内放物或者室内无人，是盗窃犯罪的机遇等。此类犯罪人虽然事前没有意图，但一般属于道德不良的人，在遇到犯罪机遇时就经不住诱惑，从而萌发犯罪动机。

（2）境遇型

境遇型是指出现了诱发犯罪行为的环境和气氛，并具有行为人预料不到的偶然性、突发性与巧合性，从而发生了犯罪行为。境遇在此种犯罪中的作用不可忽视，换句话说，如果没有此种境遇的出现则有可能不至于发生犯罪。例如，行为人受人胁迫、利诱或者属于从属关系不得不参加犯罪；行为人偶然有机会参与一群人或团伙的活动，事先无犯意，在他人教唆或从众气氛感染下，参与犯罪等。该种犯罪类型多见于团伙作案中，与突变型犯罪的人有相似之处。

（二）特殊模式

所谓特殊模式，是指行为人犯罪心理的形成有别于上述的一般过程和模式，或者行为人在实施犯罪时意识状态比较模糊。这是一种在犯罪案例中所占比例较小的犯罪心理形成模式。具体可以分为以下几种类型：

1. 习惯型

犯罪习惯是犯罪者多次作案而形成的一种特殊形态的熟练，由于反复的强化，它便成为犯罪者的自动化行为，有时很可能下意识地去做。当习惯性犯罪者有预谋地进行犯罪时，其动机是有意识的动机，而在某些特殊情况下，由于受犯罪习惯自动化作用驱使，其行为不自觉或者不很自觉地变成了犯罪行为，其犯罪动机便是以犯罪习惯为基础的无意识动机。例如，某惯窃犯经过改造，已有悔恨之心，但是在一特定场合，又会习惯性地将别人的钱包拿到手，事后颇为后悔。这便是“恶习难改”“手痒难耐”的表现。

2. 朦胧型

在实际案例中，我们发现有些行为人产生犯罪行为，并没有经过犯罪意向、犯罪动机、犯罪决意这三个清晰的动机发生阶段，而是由犯罪意向直接引起犯罪行为，且意识状态比较模糊。例如，在团伙犯罪中，团伙成员一般都存在着犯罪意向。当团伙首领发现侵害对象，指挥团伙成员实施犯罪行为时，团伙首领明显经历了由犯罪意向转化为意识清晰的犯罪动机，再实施犯罪行为，而团伙成员只是在团伙首领的指挥下实施犯罪行为，他们并不清楚或并没有清楚地意识到为什么要这样做，企图达到何种目的，没有出现明显的由犯罪意向向犯罪动机的转化。在这种情况下，团伙成员的犯罪动机就较模糊，未能被主体清晰地意识到。

3. 变态型

有些犯罪行为是由变态心理引起的。一些具有变态心理的行为人，他们往往重复同类行为而不能自控，并且明知道此类行为是违法的乃至犯罪的，但仍下意识地去重复它。例如，某些偏执型变态人格者坚信他人迫害而无休止地纠缠、辱骂并袭击“迫害者”；异装癖好者身着异装招摇过市，甚至潜入异性厕所，扰乱社会治安等。

总之，犯罪心理形成的模式多种多样，上述几种模式的划分只是为了学习的需要所作的大体划分，各类型之间仍有重叠和交叉，不能截然分开。

【实践与运用】

2004 年 2 月 13 日云南大学大四学生马某因打牌和同学发生纠纷，在连续 3 日内用铁锤分 4 次杀死同学 4 人，此案震惊全国。

2 月 13 日，马某首先想杀的是老乡兼好友邵某。邵某是他为数不多的好朋友之一，仅仅因为邵某说了一句让他认为很没面子的话："没想到你连玩牌都玩假，你为人太差了，难怪龚某过生日都不请你……"马某便发誓第一个除掉他。当晚，因邵某没有回自己宿舍而免于首先一死。相比之下，唐某死得更冤，他没有参与打牌，牌桌上发生的事情他也毫不知晓，仅仅因为和马某住同一寝室，妨碍了马某在宿舍实施杀人，就第一个遇害。尔后，马某用事先准备好的黑色塑料袋裹住唐某的头，用报纸和胶带包裹尸体，又将尸体塞进了衣柜。一个鲜活的生命顷刻之间消失在自己熟悉的同学手下。

杀掉唐某后，第二天晚饭后，他仍然和几个同学打牌，同学仅感到马某面容有些憔悴，出牌不如平时那样严密。打牌之后，邵某回到宿舍洗脚，马某用同样的方法打死了他。杨某是第三天即 2 月 15 日中午被杀的，他坐在床上津津有味地翻看报纸，等候打牌时，马某一锤下去杨就倒下了。当日晚上，马某又跑到另一幢楼的 402 室把龚某叫到了自己的房间……马某在连续三天的作案过程中，始终心不慌，手不抖，思路清晰，行为有序，心理高度稳定。

2 月 15 日，马某在宿舍处理血迹时，又有一名广西老乡来叫他打牌，当时他头脑中一下闪出"杀死此人"的念头，但随即又否定，想到此人曾经打饭给自己吃过，放弃了"再添一条人命"的想法。随后从昆明火车站出逃。

2004 年 3 月 15 日马某被公安部列为 A 级通缉犯，2004 年 6 月 17 日被执行死刑。

（资料来源：《杀人只因打牌时被怀疑作弊》，新华网，2004 年 3 月 16 日，http：//news. xinhuanet. com/legal/2004 – 03/16/content_ 1368796. htm，2016 年 8 月 1 日访问）

为什么马某这么凶残地杀害了同窗三载且无重大冤仇的同学呢？马某从其平时的表现来讲并不坏，为什么突然做出这么一件惊天动地的大案呢？

首先，社会环境中的消极因素导致马某犯罪心理的"滋生"，尤其是与马某生活息息相关的微观社会环境。马某家庭非常贫困，故无法为他提供大学生活的基本物质需要，让他时常感到经济压力和在经济地位上的低人一等，其家庭成员的文化素质较低也决定了马某无法在家庭中寻找到能有效与之进行思想沟通的对象，相反他肩负的是家庭希望的重任。经济上的窘迫甚至妨碍了他与其他同学正常的人际交往（不能经常参加集体活动，不能时常进行精神放松，如看电影、跳舞、参加生日聚会等)，故有比较强烈的不平衡心理，对家庭和社会有所抱怨，对其他同学特别是处于“强势群体”的同学有所排斥。他表面显得自强、自负，但事实上内心脆弱而自卑。

其次，马某的不健全人格是其犯罪心理形成的“发生器”。致使马某产生犯罪心理的主要因素是他人格中的不良因素，即过分自尊与过分自卑的成分。从马某的往事中可以清楚地看出他还存在严重的自我中心主义，这一点可以从他曾与其奶奶发生的冲突中得到证明。当他在看电视时与奶奶发生冲突后，他在日记中写道：“我好痛恨奶奶，恨死了，恨死了!”满页上写着“恨老人”，而且写了两天。马某这种躲在自我中心小圈子里的人，永远都会感到自己的利益没有得到满足，埋怨、委屈自然会充满心头。过分自尊的人总是需要别人处处维护他的自尊，当自尊需要得不到满足时自卑便产生了。过分的自尊与自卑，让马某特别在乎外界对他的评价，别人不经意的话语甚至玩笑，在他看来都是对他的嘲笑与讽刺，成为伤害他的“利剑”。从马某的大学生活中频繁地与同学发生摩擦的情况来看，他所受到的这种“伤害”是经常且持久的。这些因“伤害”而转化的仇恨情绪一次次积聚起来了，不断膨胀。

再次，被朋友抛弃，丧失精神依托，是马某犯罪心理恶化的“导火绳”。当马某在自尊和被他人尊重的需要得不到满足时，会产生怨恨，并试图去改变这种状况。他喜欢练肌肉，喜欢动武，喜欢打篮球，他认为这是他获得尊重的方法。但现实并没有让他的需要得到满足，于是他便退缩到与电脑打交道，把自己封闭起来。这种不能得到别人尊重、长期处于被忽视地位的状态，对他来讲只能“忍”着，于是他专门收藏了一幅“忍”的水墨画来表达这种心情。然而，在大学生活中，他仍有精神依托，那就是如他一样贫困而又不怎么出色的同学，如邵某等，他认为这些与他同处不受重视地位的同学才是他真正的朋友，才是他可以依托的精神支柱。但是，在案发前几日，马某与邵某因打牌发生纠纷，邵的一句“没想到你连玩牌都玩假，你为人太差了，难怪龚某过生日都不请你……”对自尊心强又极自卑的马某造成了“毁灭性的打击”，他长期以来努力维系而且深深依赖的社交体系骤然崩溃。作为班上唯一的知心朋友，原本同类，同归属于一个群体的邵此时都抛弃了他，马某顿时感到自己的无助、失落，一种强烈的被遗弃感产生了。他深深地感受到“我觉得我太失败了”。他再也忍不住平时积聚的怨恨，他需要发泄。这时，他的犯罪心理极度恶化，产生了犯罪动机，继而推动犯罪行为的发生。

最后，凶残的犯罪行为，是马某犯罪心理巨大释放的必然。马某在“打牌”事情发生之前，早已是“忍辱负重”，无论是自己的贫穷，无法找回的自尊，快毕业的惶然，还是肩负父母，甚至家族的希望重任，他积聚了太多太多的心理压力，有着极其强烈的反抗心理和怨恨情绪，其犯罪意向十分明显。“打牌”事情的发生，点燃了他仇恨的烈火，他把所有的仇恨都集中在他认为最好的朋友邵某身上。犯罪心理学的“挫折—攻击”理论指出，当个体遭受挫折以后常常引起愤怒的情绪，由于认知范围狭窄，找不到自我解脱的方法而迅速产生犯罪动机，引发攻击行为，攻击的对象往往指向使之受挫折者。邵就成了马某的攻击对象，成为他犯罪心理发泄的指向，正如他所说：“最想杀的是邵某”。在犯罪目的确定以后，他就着手犯罪设计，精心准备犯罪工具，寻找犯罪机遇，连续三天锤杀了四个人，其强烈犯罪心理宣泄的结果就是这种凶残犯罪行为的发生。

第三节　犯罪心理的发展变化

犯罪心理形成之后，并不是一成不变的。在主体内外诸因素和情境的影响下，犯罪心理在不断地变化发展。其发展方向主要表现为良性转化和恶性发展两个方面。

一、犯罪心理的良性转化

（一）犯罪心理良性转化的条件

犯罪心理的良性转化，是指在各种积极因素的综合影响下，激起了行为人的心理冲突，积极的心理因素逐渐在动机斗争中占了上风，导致犯罪心理被削弱或者消失，或者处于暂时性抑制状态，最后终止犯罪活动。这种良性转化，可能发生在犯罪行为实施前，也可能发生于犯罪行为的准备、实施过程中，或犯罪活动结束后。要实现犯罪心理的良性转化，是十分艰难而漫长的过程，需要各方面的积极因素形成一种合力。引起和促进犯罪心理的良性转化的条件主要有：

1. 需要产生内部心理矛盾

经过教育、规劝，或受到某一事件的启发，犯罪人头脑中的常态心理被发掘，不良心理被抑制。如理智感、道德感增强，或顾及自己的名誉、前途、事业、家庭，有同情心、怜悯心，对犯罪后果产生悔恨，出现内疚感，同时，那些非法欲望、错误观念、不良行为习惯等受到抑制。此时，在犯罪人心理上出现对立面的斗争，产生心理冲突和良性转化的动力，使犯罪心理体系出现薄弱环节和突破口，在进一步的教育帮助下，能很容易实现犯罪心理的良性转化。

2. 需要有良好的心理状态

良好的心态是犯罪心理良性发展的必要条件。心态犹如心理活动的背景，状态不同，心理活动有很大的差异性。良好的心理状态可促进心理健康地成长，减少或避免转化中出现的反复。保持良好的心态，可以使犯罪人经常处在积极的内心体验之中，自觉抵制不良诱因，克服不良行为习惯，促进其心理良性转化。

3. 需要有促进犯罪心理良性转化的动因

推动犯罪心理良性转化的动因不能是单一的，必须是复合的。既要有积极的外因，如法制健全并得以有效执行、良好的社会风气、正确的舆论导向、科学有效的教育改造、有利的人际交往和积极的榜样等，也要有激发犯罪人的内因，如道德感、责任感、良知、同情心等；既要有意识、观念上的动力，又要有物质、文化生活的保证；既要控制犯罪需要，又要满足合理需求，培植高尚需求。这一系列动因的综合作用，才能推动犯罪心理的良性转化。

4. 需要遵循转化规律

犯罪心理的良性转化，应在犯罪人心理结构的各个方面同时下功夫，引起个性品质的整体改善。同时，犯罪心理的良性转化也要遵循事物发展变化的普遍规律，特别是要遵循量变到质变规律。积极心理因素的增强，消极心理因素的削弱，是一个漫长的量变过程。量变一定程度后，犯罪心理明显减弱甚至消除，良性转化实现，这就实现了质变。因此，帮教工作者对犯罪人要善于疏导，不能强制硬压，要循序渐进，不能一蹴而就，不可操之过急。

（二）犯罪心理良性转化的类型

犯罪心理良性转化过程中，其转化程度不同，有着不同的层次和类型，表现各异，主要有以下几种类型：

1. 渐进型

通过强有力的教育措施、积极的环境影响和本人的主观努力，行为人逐渐认识到违法犯罪的危害，罪责感萌发，并有一定的悔改决心和表现，犯罪心理得到一定程度的抑制。但这种良性变化只是初步的、不彻底的，犯罪人改恶从善的态度还会动摇，甚至还会再实施一些轻微的违法违纪行为，但总的趋势是向好的方面发展。这是比较普遍的情况，大多数犯罪人犯罪心理的良性转化都属于这种类型。

2. 顿悟型

经过强有力的教育或通过某一事件的震撼和启发，使犯罪人对自己犯罪行为的性质及危害猛然醒悟，并以很强的意志力克服自己的不良意识和行为习惯，从而终止犯罪，改恶从善，重新做人。这种类型在恶习不深的初犯和偶犯中时有发生。

3. 反复型

一些犯罪人认识到自己的错误，也有改好的愿望和表现，但由于恶习深，意志薄弱，以致在良性转化进程中经常出现反复，时好时坏，但经过教育均有所悔悟，能继续努力改正错误和恶习，经过时间的推移和几次反复后，终于改好。许多有一定犯罪经历的犯罪人大都属于这种类型。

4. 暂时型

行为人在外部压力和条件限制下，其犯罪心理暂时受到遏制，出现良性转化的情况。但当外部压力减轻以后，伴随着主体内外消极因素的影响，其犯罪心理迅速得到恢复并可能强化。这种类型在惯犯、累犯中较多见。

5. 停止型

犯罪心理结构在不断地弱化之后，终于被打破和消除，实现了良性转化，犯罪行为不再出现，达到了重新社会化和回归社会的目的。

二、犯罪心理的恶性发展

犯罪心理的恶性发展，是指犯罪心理形成后，在主体内外因素的作用下，在犯罪活动中没有得到有效的控制和帮助，犯罪心理变得更加稳定和牢固。这种恶性发展可以发生在长期预谋从事某种犯罪活动的人身上，但更多地表现在多次进行违法犯罪活动的累犯身上。从初次犯罪满足犯罪欲求，再到实施犯罪和再次满足犯罪欲求，犯罪心理必然得到强化进而向恶性发展。犯罪心理恶性发展的结果，是使得犯罪人形成较为顽固的犯罪动力定型，增加犯罪人犯罪动机和犯罪行为的数量，促使犯罪人从初犯发展变化为惯犯、职业犯。

（一）犯罪心理恶性发展的条件

1. 不良诱因的刺激

不良诱因是犯罪心理恶性发展的重要条件。犯罪人在实施犯罪过程中，造成犯罪心理恶性发展的不良诱因有很多，如被害人的引诱、挑逗、侮辱，同伙的拉拢、胁迫、教唆，以及适合于犯罪的机遇等。由于不良诱因的反复刺激，主体原有的不良心理进一步恶变，如错误认识、不良情绪和反社会意识产生，侥幸、冒险心理增强，不良欲求恶性膨胀，自我意识水平降低等。同时，主体因此产生心理紧张和焦虑，使其主观心理状态和外界客观环境产生了严重的不平衡状态。此时，如果主体不能以合法的途径和手段满足其强烈的欲望，解除其心理紧张和焦虑，就会产生犯罪动机，遇到机会便外化为犯罪行为。

2. 非法欲望的满足

大多数故意犯罪是一种获利行为，它能使犯罪人获得财物，发泄性欲，获得地位升迁，释放被压抑的情绪，摆脱不快感受，满足畸形的精神需求等。这些欲望的满足，一方面强化了原有的犯罪心理，另一方面又刺激犯罪人产生新的犯罪欲望和犯罪动机，胃口越来越大，非法欲望恶性膨胀，驱使犯罪人变本加厉地实施新的更加严重的犯罪行为，并反复多次实施这些行为，以致由初犯演变为惯犯、累犯。

3. 惩罚、改造措施不力

如果社会对犯罪打击不及时，就会强化犯罪人的侥幸心理；如果惩罚不当，会使犯罪人产生犯罪合算观念，强化其冒险心理；如果矫正机构或社会对犯罪人的教育改造措施不当，就会强化其逆反心理。所有这些因素都会促进犯罪心理的恶性发展。

（二）犯罪心理恶性发展的特征

一般而言，犯罪心理从形成到恶性发展的过程，也就是从初犯到惯犯的变化过程。在这个发展变化过程中显示出以下特征：

1. 犯罪主动性和自觉性的增强

初次作案的犯罪人，有可能是由于情境诱发犯罪，他人教唆犯罪或同伙胁迫犯罪，其道德观念尚未泯灭，犯罪动机冲突强烈，其犯罪心理带有一定的被迫性特点。随着犯罪活动的增多，犯罪者获得了犯罪成功带来的快乐体验和犯罪经验，使得犯罪心理受到进一步强化，贪婪之心随之急剧膨胀，于是形成恶性循环，犯罪的主动性和自觉性增强，开始自觉地寻找机会，制造犯罪机会，主动策划犯罪，乃至有目的、有组织地去犯罪。

2. 个人欲望更为强烈

初次作案时，通常犯罪人个人的非法欲望是由某种客观刺激所引起的，带有一定的情景性。经过多次犯罪活动后，犯罪人获得了犯罪成功带来的快乐体验和成功经验，对欲望起到了强化作用，使得犯罪人的个人欲望无止境地得到增强，转化为极端的贪婪。随着犯罪频率的增加，他们的非法欲望也逐步增强，又进一步加强了其他犯罪动机，促使犯罪心理进一步恶性发展。

3. 作案经验更加丰富

犯罪人在多次的犯罪活动中，积累了作案经验，提高了作案技巧和逃避侦查的能力，在手段、目的、对象等的选择和应对犯罪情景变化方面，变得更为老练和狡诈。

4. 犯罪动机的多元性

随着犯罪人非法欲望的增强和犯罪经验的积累，他们已不再满足于反复实施同一类犯罪活动，而是向多方向发展。如，有的犯罪人原来只是偷窃，随着犯罪心理的逐步强化，以后又会发展到抢劫、杀人等。犯罪活动从单一方向向多方向的发展，是犯罪心理恶性发展的一个重要标准。

5. 反社会心理的增强

犯罪人初次犯罪往往只是为了满足某些不当需求，而当他们受到司法机关的处罚和社会舆论的谴责后，犯罪人会慢慢地把自己处于和社会相对立的状况，其反社会心理开始形成。随着犯罪活动的发展，社会谴责和惩罚力度的加大，其反社会心理也会逐渐增强，对社会产生强烈的怨恨和不满，开始憎恨社会、报复社会，最终走上与社会为敌的道路。

6. 犯罪人格的形成

犯罪人格是一种严重的反社会人格，是犯罪人在长期的犯罪活动中形成的，具有自私、冷酷、残暴、缺乏道德和法纪观念、行为冲动等反社会倾向的不良个性心理特征。大量的犯罪，以及反社会心理的逐渐增强，使犯罪人的认识、情感、意志等方面发生了畸变，逐渐形成与犯罪相适应的个性心理特征，其犯罪行为也达到了动力定型的程度，就形成了犯罪人格。犯罪人格的形成是犯罪心理恶化到严重程度的表现。

（三）犯罪心理恶性发展的阶段

犯罪心理的恶性发展，一般包括三个阶段：

1. 定型化阶段

犯罪心理通过多次犯罪活动得到强化，逐渐形成了犯罪意识定型化、犯罪方向定型化和犯罪行为定型化，处于这一阶段犯罪人实施的犯罪行为，已不再是偶尔进行的情境性活动，而是相对稳定、巩固的自觉行为，成为其生活中不可缺少的一部分。此阶段的显著特点是：犯罪意识定型化，形成了一套较为稳定的观念体系和行为规范；犯罪方向定型化，从事较为固定的犯罪类型，如盗窃或者抢劫；犯罪行为方式定型化，形成一套固定的犯罪技能。

2. 个性化阶段

经过定型化阶段，犯罪心理得到不断强化以后，各种消极心理因素的有机整合变得更加协调稳固，并沉积为犯罪人格的特征，使人格逐渐发生变化，最终形成鲜明的犯罪人格。在这个阶段，犯罪人的个性心理结构逐渐被犯罪心理吞噬、取代和同化。此阶段的显著特点是：形成牢固的反社会意识，畸变的需要结构，典型的犯罪性格，犯罪行为具有习惯性、连续性、狡诈性、残忍性等特征。

3. 职业化阶段

在这一阶段，犯罪行为已成为犯罪人生活的基本内容和生活的全部意义所在。此阶段的显著特点是：犯罪人以犯罪收入作为主要生活来源；按照犯罪利益需要，选择犯罪方式和内容，犯罪行为向多方向发展；组织犯罪集团，有严密的组织分工，形成具有黑社会性质的犯罪集团，成员一般有公开职业作掩护。

【实践与运用】

杨某，2000年9月至2003年8月，曾横跨皖豫鲁冀4省，疯狂作案26起，杀死67人，伤10人，强奸23人，抢劫大批财物，被冠以“杀人狂魔”之称，于2004年2月14日被执行死刑。

杨某，1970年出生在偏僻山村，家有6个孩子，他排行老四。家境贫困，从小性格内向，平时不爱说话，但学习勤奋，是家中唯一读到高中的人。高中住校时，身体瘦小，成绩不佳，同学们都从家里带粮食来换饭票吃饭，杨某却常常需要煮野菜或是自己烧饭吃，常被同学嘲笑。高二时突然辍学，离家出走，外出打工。挖过煤、搬过砖、做过饭、卖过菜，但想靠劳动养活自己的想法落空，在现实中处处受挫。曾被人敲诈过20元钱，多次遭遇干活拿不到工资的情况。终于有一次，因工资被砖厂拖欠，为了泄私愤，他偷偷把砖厂的一个大铝盆拿出去卖了13元钱，这是他第一次感到钱财来得如此容易。1988年因盗窃被劳教两年。1991年又因扒窃被劳教一年。劳教前，家乡的女友对他海誓山盟，说一定要等他回来结婚。一年后，他被释放，刚好赶上那个姑娘和别人结婚，杨某再次离家出走。1996年，杨某在本县一处偏僻之地碰见一个女人，邪恶的欲火一下子被点燃，试图强奸却遭强烈反抗并被咬掉了一块舌头，他被法院以强奸未遂罪判刑5年。杨某被释放后，与别人结伙进行乞讨盗窃活动，在一次失手后，他决定自己单干，从此开始了独脚大盗的生涯。

杨某对金钱有一种贪婪的追求，有钱就去嫖娼，没钱就去偷，去抢。在一次嫖娼时，小姐一定要他带安全套，而这一切让他觉得是一种侮辱。2000年，杨某残忍地杀害了河南省周口市某村的一对老夫妇。这是杨某所犯下的第一桩杀人命案。正是从这个地方，杨某真正开始了他的罪恶生涯。2000年10月1日，在安徽阜阳市某村庄，他杀死3人强奸1人。2001年8月15日，在河南漯河市某村，他杀死3人强奸1人。2003年4月2日，在山东菏泽市某村，他杀死2人。2003年8月8日，在河北石家庄市某村，他杀死5人……杨某把杀人当成追求刺激的载体，把用抢来的钱去嫖娼当成寻求幸福的手段。在多起案件中，他实际上实施了奸尸的行为。

性格内向的杨某在供述自己曾经犯下的罪行时，非常有表现欲，讲述杀人经过时声音高亢，滔滔不绝，并且表现出惊人的记忆力，回忆起多年前的作案细节时还"津津有味"。在杨某的脑子里，父母的恩情是不可靠的，因为他觉得父母没有尽到教育下一代的责任，没有让自己读完高中，没有钱给他娶媳妇；兄弟的感情是不可靠的，因为他在劳教和被判刑的过程中，没有兄弟姐妹接济他；朋友的情谊也是不可靠的，女友的山盟海誓也是不可信的。

办案民警对杨某提出如下问题，杨某作出了回答：

"你怎么看待那些被你杀死的人?"

"我没想过。"

"你觉得他们该死吗?"

"我不知道。"

"你觉得自己的所作所为，给社会带来了什么影响?"

"社会？什么叫社会？跟我有关系吗?"

"你这一辈子最感激谁?"

"警察。"

"什么？你会感激警察?"

"这是真心话，我自从被抓住以后，警察已经给我买来两套新衣服了。我长这么大，从来没人这样关心我呢。"

（资料来源：《狂杀67人究竟为什么？杨新海连环杀人血案警示》，中新网，2004年2月5日，http：//www.chinanews.com/n/2004－02－05/26/398326.2016年8月1日访问）

从上述案例可以看出，杨某的犯罪心理动机从纵向和横向分别进行了恶变。犯罪动机的纵向恶变表现为其物欲型犯罪动机增强，从小偷小摸到以盗窃为生；犯罪动机的横向恶变表现为不仅有物欲型犯罪动机，还新增了性欲型和情绪型的犯罪动机，进行强奸犯罪和报复杀人犯罪。导致杨某犯罪心理恶化的原因有很多，主要表现为不良诱因的刺激和扭曲需求的膨胀。不良诱因包括：（1）山盟海誓的女友另嫁他人，埋下了仇恨女人的种子；（2）强奸未遂，且被咬掉舌头，形成了既需要又害怕的矛盾心理，最终化作为对女人的报复，故产生了奸尸行为；（3）兄弟姐妹在他劳教判刑时未接济他，使其感到亲情丧失，进而变得冷漠无情，使得仇恨泛化。扭曲需求的恶性膨胀包括：（1）从第一次偷窃成功后，就放弃了勤劳致富的思想，物欲开始膨胀，由初犯变为惯犯。（2）在偏僻处遇到一单身女子，邪恶的性欲膨胀。（3）五年的牢狱生活，其犯罪心理不仅没有得到改造，反而进一步增强，出狱后便组成盗窃团伙，物欲、性欲、仇恨等不当需要逐步增长，有钱就去嫖娼，没钱就去偷，去抢。（4）嫖娼时，小姐一定要他带安全套，让他觉得是受辱，进一步加深了对女性的仇恨，此后杀人、强奸，既达到报复女性，又达到发泄性欲、展示能力、增强自信的目的。（5）各种扭曲需要的聚合膨胀，如身材矮小、家境贫困、做事不成功等造成他具有较强的自卑心理，与女性交往过程中受到的挫折进一步刺痛其固有的自卑，愤恨、报复欲望猛增，金钱的需求、性的需要、报复的需要以及个人成功的需要聚合在一起，相互影响，相互作用，发展成了报复社会的需要、动机和反社会意识。因此，杨某每次作案都是聚合型的犯罪，即杀人、强奸并劫财。

思考题：

1. 分析影响犯罪心理形成的主客体因素。

2. 谈谈你对犯罪心理形成的理解。

3. 根据犯罪心理发展变化的规律，请你提出可促进犯罪心理良性转化的措施。

参考文献：

1. 林少菊主编：《犯罪心理学》，中国人民公安大学出版社 2008 年版。

2. 罗大华、何为民、解玉敏著：《司法心理学》，人民教育出版社 2007 年版。

3. ［美］Curt R，Bartol，Anne M. Bartol 著：《犯罪心理学》，杨波、李林等译，中国轻工业出版社 2009 年版。

4. 许章润主编：《犯罪学》，法律出版社 2007 年版。

5. 罗大华主编：《犯罪心理学》，中国政法大学出版社 2014 年版。

6. 郑友军编著：《犯罪心理学》，四川大学出版社 2008 年版。

7. ［英］Ronald Blackburn 著：《犯罪行为心理学——理论、研究和实践》，吴宗宪、刘邦惠等译，中国轻工业出版社 2000 年版。

8. 刘建清著：《犯罪动机与人格》，中国政法大学出版社 2009 年版。

9. 郑友军、吴海荣编著：《走近犯罪心理——理论与实践》，四川大学出版社 2014 年版。

10. ［美］格兰特·斯蒂恩著：《DNA 和命运——人类行为的天性和教养》，李恭楚等译，上海科学技术出版社 2001 年版。

11. ［美］戴维·迈尔斯著：《社会心理学》，乐国安等译，人民邮电出版社 2016 年版。

拓展阅读书目：

1. ［美］Jerry M. Burger 著：《人格心理学》，陈会昌译，中国轻工业出版社 2014 年版。

2. ［意］恩里科·菲利著：《实证派犯罪学》，郭建安译，中国人民公安大学出版社 2004 年版。

3. 乐安国等编著：《法律心理学》，华东师范大学出版社 2016 年版。

第四章 侦查与讯问心理

第一节 侦查心理

一、侦查心理概述

（一）侦查心理的概念

侦查是指国家侦查机关在办理案件过程中，依照法律进行的专门调查工作和有关强制性措施。侦查活动能否顺利进行，取决于侦查人员对侦查对象心理活动规律的了解程度和侦查人员自身所具备的心理素质。研究侦查过程中的心理活动规律，对于提高侦查人员的破案能力和业务素质、增强侦查破案工作的效率具有重要的意义。

广义的侦查心理研究的是与侦查活动有关的人的心理，具体来说，它研究的是侦查人员的心理、犯罪主体在受到侦查过程中的心理、被害人的心理、证人的心理、审讯心理等。即在侦查过程中与侦查活动相关的人的心理活动都是侦查心理研究的内容。狭义的侦查心理研究的只是侦查人员的心理。本书所讲的侦查心理即为广义的侦查心理。

（二）侦查心理的研究意义

1. 研究侦查心理是打击现代化犯罪的需要

随着社会的进步和科学技术的发展，科学技术不仅可以作为与犯罪作斗争的手段，也可以作为犯罪人实施犯罪和逃避惩罚的有效手段。在比较传统落后的社会形态中，只会带来传统化的犯罪类型。而在生产力不断发展，科学技术水平日益提高的现代社会，在犯罪类型、犯罪手段、犯罪方式方法等方面都出现了智能化、现代化的趋势。这些利用科学技术，甚至高科技所进行的犯罪，是沿用传统犯罪侦查手段、侦查策略所解决不了的。因此，当代社会新的犯罪形势对侦查策略和手段提出了挑战，需要我们从深入分析犯罪人的心理入手，运用科学技术手段，开创新的侦查模式和策略，提高打击犯罪的效率。

2. 研究侦查心理是刑事侦查工作科学化的基础

研究侦查心理的目的是为了给刑事侦查工作提供犯罪嫌疑人的心理活动规律，以及这些心理规律产生、发展变化的过程、性质和特点，揭示犯罪活动中不同个体心理发展的奥秘，并提出相应的心理对策。刑侦工作人员可以根据犯罪嫌疑人心理发展的基本规律，采取对应的心理策略，为侦查破案提供侦查谋略，刻画罪犯，突破侦查过程中犯罪嫌疑人以及各种关系人的心理防线，推进侦查破案工作，促进我国刑事侦查工作的科学化和规范化。同时只有根据心理的发展变化规律去制定侦查措施，才能使刑事侦查工作变被动为主动，变消极为积极，从而提高侦查工作的针对性和有效性。

3. 研究侦查心理是提高侦查人员基本素质的有效途径

由于刑事侦查工作的特殊性，决定了侦查人员在心理素质上必须达到一定的标准和要求。对侦查心理的研究，可以为选拔和培养侦查人员良好的心理素质提供心理学的依据和实施方案，以适应刑事侦查工作的需要。同时，侦查人员掌握一定的侦查心理知识，一方面可以运用它来与犯罪嫌疑人作斗争；另一方面也可以自觉地调节自身的心理活动，在工作中逐步培养良好的工作能力，提升自身心理素质，从而提高侦查工作效率。

二、侦查主体的心理品质

【实践与运用】

李昌钰被誉为“当代福尔摩斯”，其智力过人，思路敏捷，精力充沛，风趣幽默，他精湛独到的刑侦技术、鉴识功力令世界警界瞩目。有太多看似不可能破解的案件在李昌钰敏锐的洞察下成为可能。他遵循“让证据说话，对历史负责”的宗旨，参与侦破8000多件国际重大刑事案件，包括肯尼迪总统谋杀案、辛普森杀妻案等举世瞩目的大案。他侦办过的许多案件，成为国际法庭科学界与警界的教学范例，不少案件因他的鉴定结果而对政局产生至关重要的影响。

这位警界泰斗谈到福尔摩斯是他从小的偶像。小时候为了看福尔摩斯的故事，常常半夜躲在棉被中用手电筒看书。他认为福尔摩斯是小说家创造出来的人物，运用细心的布局及超乎常人的推理能力，掌握许多不可思议的线索，一一破解了各种疑难谜团。而他则是依靠观察、搜集物证、经验及一些运气而破解了一些谜题。因此，每当有人称他“福尔摩斯”时，他都回答道：“福尔摩斯是神话，我是普通人，只是经验多一点，没有那么大的能耐！”他还勉励后来人，虽然当福尔摩斯是困难一些，但只要具有观察及逻辑推理能力、客观的办案态度，并能以科学精神处理事物，当李昌钰是没有问题的。

在一场有关犯罪侦查新观念的报告中，李昌钰表示，案件情报源自现场、物证、人证、资料四大方面。到达现场后，侦查人员应动用视觉、听觉、嗅觉等仔细观察，寻找一些临时性证据，例如现场温度、气味、血迹颜色等。在李昌钰眼中，细节对于案件破获起着重要作用。例如，一名年轻女子被剖腹身亡，按照其体型推算，其体内应含有近4.3升血，但现场收集到的血液仅有近2升，因此此处可能是第二现场；一名女子脸被刺247刀，可能是因恋爱纠纷；一名毒贩头部中两枪身亡，但手上还戴着金表，可能不是抢劫案件等。观察细节加上逻辑推理，便构成了这位“神探”的破案秘诀。当被问及优秀侦查员应具备哪些素质时，李昌钰强调，在工作中，侦查员可能会面对诸多压力、诱惑，一定要保持良好的职业操守。李昌钰鼓励警界新人，人的一生很难预料，但有一件事是永恒的，那就是每天都有24小时。一定要充分运用时间，多看书、多与人交往，不要计较成败得失。哪怕每天向前走一步，一年下来也会获得大提升。他将自己的成功之道总结为：坚持+认真+努力=让不可能成为可能。

（资料来源：新华网，2014年10月15日访问）

如案例所述，一名优秀的侦查人员必须具备良好的心理品质，才能胜任复杂艰巨的侦查工作。侦查心理品质是侦查主体在心理过程和个性心理方面表现出来的本质特征。它是影响案件侦破速度和质量的重要因素之一，也是影响侦查主体心理健康水平的重要因素之一。侦查主体的心理品质是一个综合性的评价体系，它涉及主体心理的各个方面，由多种具体的心理品质所构成。

（一）认知品质

认知是指人认识外界事物的过程，或者说是对作用于人的感觉器官的外界事物进行信息加工的过程。认知品质是侦查主体在侦查认知活动中表现出来的本质特点。由犯罪侦查的特殊要求所决定，侦查主体良好的认知品质应具有以下特点：

1. 观察敏锐细致。侦查活动的第一步就是利用各种感官尽可能地对犯罪现场进行全面的观察，搜集更多的痕迹物证和侦查的线索。在侦查破案中，一个经验丰富、观察力敏锐的侦查员一眼就能把最有价值的残存、痕迹摄入脑海，从庞杂的背景中选取与案件相关的对象，从隐蔽和掩盖着的犯罪心理活动显露出来的蛛丝马迹中看出破绽。在审讯时，通过对犯罪嫌疑人表情、语调、动作、姿态等方面的细致观察，从而了解其真实的内心。侦查人员常用的观察方法有公开观察和秘密观察。公开观察是侦查人员凭自己的感觉或工具对人犯进行的正面研究，它可以掌握人犯的心理，加强人犯的心理压力，并从供述过程中的态度分析人犯是真供还是伪供，揭穿谎言，迫使人犯在审讯中如实交代自己的罪行。秘密观察是在丝毫不暴露意图的情况下对人犯进行的一种研究，它近乎一种自然观察，是在人犯不察觉、丧失警惕的形式下的观察。这种观察便于掌握人犯的真实心理，它主要是通过看守所耳目进行的，也叫耳目观察。

2. 判断准确无误。侦查主体在感知的基础上，必须作出准确的判断，才能推动侦查活动向纵深发展。其中，包括对案件性质的判断，对犯罪动机的判断，对犯罪人数及其个性特征的判断，对侦查范围的判断等。如果不能对这些问题作出准确无误的判断，犯罪案件是不可能侦破的。而且，在很多时候，要求侦查主体作出判断时，不仅要准确，而且要十分迅速，否则，就会贻误战机。比如，追捕逃犯，只有根据有关线索，对其逃跑方向和路线作出快速而准确的判断，才能抓住战机，将逃犯抓获。否则，就会延迟抓获时间，甚至使其逃脱法网，对社会造成危害。

3. 想象丰富开阔。犯罪案件发生后，侦查主体必须根据现场勘查和调查访问所得信息材料，运用科学的想象和联想，推断犯罪动机、犯罪成员情况和犯罪过程，然后再据此展开侦查，搜集证据，用事实来证明想象和联想的正确性，从而对犯罪嫌疑人进行认定或否定。所以，侦查主体的想象力和联想力，对案件侦破有非常重要的意义。侦查主体的想象力只有丰富、开阔，才能在侦查中做到由此及彼，由表及里，举一反三，才能提高侦破效率。侦查主体丰富的想象力，是建立在丰富的经验、阅历和广博知识的基础之上的。一个侦察员经历的案子越多，阅历越丰富，知识越渊博，其想象能力就会越强。所以，发展想象力这种心理品质，必须从学习科学知识、积累侦查经验、增强社会阅历这几个方面狠下功夫。

（二）情感品质

情感是指人们对待事物的态度体验，情感品质是侦查主体在情感活动中表现出来的本质特点。这些特点表现在以下两个方面：

1. 善于控制和调节激情。侦查中由于各种突发状况，侦查主体容易陷入激情状态。侦查主体处于激情状态时，容易失去理智而感情用事，出现过火行为，还会使自己的认识范围缩小、控制自己的能力减弱，不能正确评价自己行为的意义及后果，给案件侦破带来不利。只有恰当地控制自己的激情，才能避免带来不应有的损失。尤其对不良激情，必须采取转移注意力、降低强度、延缓爆发时间等办法予以控制，才能保证侦查工作顺利进行。

2. 保持积极乐观的心境。侦查主体的心境积极与否，对侦查工作影响很大。保持积极乐观的心境，能使侦查主体的主动性和创造性得到充分的发挥，大大提高攻坚能力。如果经常出现消极的心境，不仅会影响自己的干劲，而且会影响团队成员的工作战斗士气。尤其是领导人员，如果心境不好，部属会产生一种压抑感，使其敬而远之，难以进行思想交流，严重影响侦查目标的实现。当然，侦查中不可能事事顺心，处处如意，偶尔出现消极的心境也属正常，但是要及时进行有效的调节，改变对事件的悲观态度，保持良好积极的情绪状态。这样才不至于把消极的心境传染给别人，避免影响侦查活动的正常进行。

（三）意志品质

意志是指人自觉地确定目的，并根据目的调节支配自身的行动，克服困难，去实现预定目标的心理过程。意志品质是侦查主体在意志活动中表现出来的本质特点。这些特点主要是：

1. 自觉性。侦查活动是一种有目的性的主动进攻，因此，侦查主体对自己意志行动的目的理解越深刻，越能自觉地使自己的意志行动符合侦查任务的要求。尤其是意识到自己的意志行动关系到人民的生命财产安全，关系到社会生活的稳定和安宁，就会更加自觉地与罪犯作斗争，不怕任何艰难险阻，做到“明知山有虎，偏向虎山行”，生命不息，奋斗不止，坚决完成侦破任务。侦查主体的意志如果缺乏自觉性，就会在侦查中表现得不坚定，无主见，容易受外界的干扰和左右，或固执己见，一意孤行，把侦查工作引向歧途，陷入被动的局面。

2. 果断性。犯罪案件侦查中，情况千变万化，很多机会稍纵即逝，侦查主体的意志必须具有果断性，才能根据所获信息，明辨是非真伪，准确而迅速地作出决策，赢得宝贵的时间；作出决策之后，又要毫不犹豫地付诸侦查行动，必要时敢于冒一定的风险，决不迟疑后退。当情况突然发生变化，原来的决策已不适应时，则要立即停止侦查行动或延缓行动，并制定出新的侦查对策。侦查主体的意志如果缺乏果断性，就会在侦查过程中优柔寡断，把握不住关键的时机，或只凭主观臆想作出决策，进而轻举妄动，鲁莽从事，使案件迟迟得不到侦破。

3. 坚韧性。犯罪分子实施犯罪行为，一般都有一个预谋的过程，而且从预谋犯罪就开始做反侦查准备，犯罪后又会继续采取反侦查手段，给案件侦破造成很多困难。所以，不少案件反复侦查破获不了。这就要求侦查主体的意志必须有顽强的坚韧性，侦查中要不怕挫折和失败，不怕任何困难，案件不破不罢休。实际上，不少案子都是在看似已无希望的情况下，又重整旗鼓，凭借着坚强的毅力，取得关键性的证据，拿下全案的。侦查主体的意志如果缺乏坚韧性，就会错误地低估自己的侦查水平和能力，遇到挫折和困难就垂头丧气，不敢进取，或放弃主观努力，最终导致侦查工作失败。

（四）个性品质

个性是指一个人的整体心理面貌，即一个人在一定的社会条件和教育影响下形成的经常表现出来的、比较稳定的心理倾向和个人特征的综合。个性品质是侦查主体在个性方面表现出来的本质特点。这些特点主要有：

1. 积极追求成功。追求成功破案，是侦查主体突出的个性特点。强烈的成就动机是推动侦查工作发展的内在动力。实践证明，侦破效率与侦查主体的成就动机有非常密切的联系。具有这种动力的侦查主体，往往不会陶醉于目前的侦查成绩，不会因为一个案件被侦破了而故步自封，往往把眼光放得更远，追求对更多、更大、更疑难案件的侦破。同时不会害怕失败，敢于面对挑战和难题，直到达到目标。因此，优秀的侦查人员都有较为强烈的成就动机。

2. 兴趣广泛持久。浓厚的侦查兴趣，能促进侦查主体的思维活跃，观察敏锐，注意力集中，想象丰富，情绪高涨，因而是案件侦破的内驱力之一。由于犯罪是一种复杂的社会现象，弄清犯罪案件需要涉及社会生活的各个方面和各个领域的知识，因此，侦查主体的兴趣必须十分广泛，才有利于搞好侦查工作。侦查主体的兴趣如果狭窄局限，很多事情就会只“知其然，不知其所以然”，很难把工作搞深搞透。在现阶段，社会犯罪率一直居高不下，侦破一个案件尚需要一种锲而不舍的精神，与整个社会犯罪作斗争就更需要有长期作战的思想，表现出极大的耐心和毅力。所以，侦查主体的兴趣又必须有持久性，才能把侦查工作搞好。侦查主体的兴趣如果缺乏持久性，侦查中遇到困难和阻力，就会发生兴趣转移，难以破案。

3. 乐观自信的性格。性格最能体现侦查主体与众不同的个性特征，它是主体适应侦查环境需要而产生的，具有一定的稳定性。这种稳定性能保证侦查主体有效地进行各种侦查活动。当然，侦查主体的性格不能像侦查能力那样直接决定侦查效率，但它对侦查活动产生的影响，是不容忽视的。爱因斯坦指出，优秀的性格和钢铁般的意志比智慧和博学更为重要，智力上的成就在很大程度上依赖于性格的伟大。就侦查主体而言，乐观自信是必备的个性品质。因为犯罪侦查的特殊性，决定了侦查主体必须要有这样的性格，才能在困难面前不泄气，坚持不懈地把案件查清；才能在侦查过程中，根据所获信息对案情作出独立的判断和分析，相信自己和团队成员的能力和水平，使案件最终被侦破而不至于半途而废。

三、不同阶段的侦查心理及对策

（一）现场勘查心理及对策

1. 现场勘查心理

现场勘查心理是指侦查员为了查明犯罪，对现场的各种痕迹进行实地提取和心理分析的过程。犯罪现场是犯罪人实施犯罪活动的特定空间，无论是侦查人员还是犯罪人，都把犯罪现场看成是至关重要的场所。一些犯罪人在实施犯罪活动之前，往往就已对犯罪现场进行详细考察，并设计出在场的种种活动；也有些犯罪人是临时起意，来不及进行事前计划，但也尽量避免在犯罪现场留下自己的活动轨迹，或有意在现场留下干扰侦查视线的伪装痕迹。犯罪现场对刑事案件的侦查人员也十分重要，现场的所有物体与痕迹都应引起侦查人员重视。正是通过现场反映出的犯罪人活动情况及犯罪人个体特征，侦查人员才能对案情进行准确可靠的分析，进而确定排查范围。

2. 犯罪现场的物质痕迹与心理痕迹

犯罪人在犯罪现场所遗留的活动痕迹，以其表现形式的不同和能否被人们直接感知为标准，可分为物质痕迹和心理痕迹两类。

（1）现场物质痕迹和心理痕迹的含义

现场物质痕迹是指行为人在犯罪过程中造成外界环境改变的一切印痕、迹象等。它包括案发现场物质和物体的增减、位置的移动、结构被破坏等各种变动迹象，同时还包括在作案活动中发生的声音、光亮、烟雾、颜色、气味变化等现象。现场心理痕迹是相对于现场物质痕迹而言的，是指犯罪人作案时反映在现场物质痕迹中的某些稳定的、典型的、可推测的心理特征。在现代犯罪手法多样、犯罪人日益狡猾的新情况下，侦查人员根据有限的物质痕迹有时还不足以判明犯罪的性质、剖析犯罪人的特征。若此时充分运用现场勘查心理策略，注重对犯罪现场心理痕迹的搜集和分析，可以在传统侦查方法对现代多样化犯罪束手无策时为案件的侦破提供一个新的可能线索。

（2）现场物质痕迹和心理痕迹的相互关系

犯罪人作案时，其犯罪行为作用于侵害对象，必然会在犯罪现场留下一定的活动印记或遗留物（如指纹、足印、皮屑、毛发、体液等）。这些活动印记和遗留物一方面反映了犯罪人的作案行为轨迹和行为特点，是犯罪人留在现场的物质痕迹；另一方面也反映了其作案时的心理状态及个性特点（如紧张、慌乱、沉着、狠毒等），是犯罪人留在现场的心理痕迹。物质痕迹和心理痕迹都是现场分析的组成部分，两者既有区别，又有联系。

心理痕迹与物质痕迹的区别：第一，两种痕迹存在的形态不同。物质痕迹是以物理形态存在的，具有直观性，通过人的感官或仪器可以观察；心理痕迹依附于物质痕迹而存在，具有抽象性和间接性，只能通过心理分析来获得。第二，两种痕迹的作用不同。物质痕迹可以直接说明犯罪实施，证明犯罪人，在司法程序中可以作为证据使用；心理痕迹是为进一步获取物质痕迹创造条件，提供线索，其本身并无证据意义。第三，获取两种痕迹依赖的条件不同。物质痕迹的获取更多地依靠感觉器官、仪器设备，需要侦查人员具有敏锐的观察力和较高的物证技术素质；心理痕迹的获取更多地依靠对犯罪规律和犯罪人心理特点的熟悉，需要侦查人员具有较强的心理分析能力和较高的理性思维的素质。

心理痕迹与物质痕迹的联系：第一，物质痕迹是心理痕迹的载体，心理痕迹依附于物质痕迹而存在，只有在对现场及物质痕迹进行详细勘查的基础上，才能分析并获知心理痕迹。第二，心理痕迹与物质痕迹可以相互印证、相互补充。两种痕迹来自同一犯罪现场，共同反映犯罪的有关信息。物质痕迹反映犯罪人的心理痕迹，心理痕迹可以提示我们，犯罪人留下了怎样的物质痕迹。因此，一定程度上，心理痕迹可以弥补对物质痕迹反映的不足。而且心理痕迹与物质痕迹反映的信息应当是一致的，如有矛盾，则需要重新勘查现场，或者进一步对心理痕迹进行分析。

3. 犯罪心理分析技术

犯罪心理分析技术是指通过运用心理学、刑事侦查学、犯罪现场勘查学、法医学、痕迹检验学等学科专业知识对犯罪现场遗留的物质痕迹进行综合分析，推测犯罪行为人各种心理活动内容及个性的技术方法。由于心理痕迹依附于物质痕迹而存在，因此犯罪心理分析必须从分析犯罪现场物质痕迹入手。

(1) 从单个局部犯罪现场痕迹进行分析

犯罪现场痕迹多种多样，这里从心理分析的角度分析几种常见的犯罪现场痕迹与犯罪心理痕迹的关系。

①犯罪人人体痕迹的心理分析

犯罪行为人的人体痕迹是犯罪行为人犯罪时身体造成的痕迹，如手印、足印、气味等。犯罪嫌疑人手印和足印的形象特征、分布状况、动作习惯和规律，这些痕迹不仅能反映犯罪行为人的某些生理特征和职业特征，而且还能反映当时一定的心理状态和个性心理特征。手印的遗留或现场不存在手印，可以从侧面反映出犯罪行为人是否具有反侦查经验和能力，若有手印擦拭的痕迹就表明犯罪行为人的心理素质比较好，也比较细心。例如，在一起室内杀人犯罪现场，侦查人员勘查时发现门框边的墙上留有一个右手的血手印。在现场临时讨论时，多数同志认为，从手印与开门的动作分析，凶手逃离现场时，右手扶墙，左手推开门，应是一个“左利手”。但主办案件的侦查人员认为，从凶手右手掌扶墙的手印痕迹特征来看，恰恰反映的是凶手杀人的惊恐心理。右手扶墙是他的习惯动作，是为了支撑躯体以稳定情绪。经分析，结合现场其他痕迹和现象得出结论：犯罪嫌疑人可能是死者的熟人，而且是初次犯罪。最终的破案结果证明这个分析判断是准确的。再比如，根据在犯罪现场提取的足迹特征，侦查人员能够判断出其性别及身高、体重等，同时依据犯罪心理痕迹分析作出结论：一般情况下，足轻、足慢、步态清晰者为初犯犯罪现场，边走边窃听周围有无动静；步幅大而且力重者为逃出现场时，或因犯罪成功而兴奋，或因恐惧而心怯；步态混乱者大多出于恐惧或有意制造假象。

②犯罪现场工具痕迹的心理分析

犯罪行为人在作案时为了达到预期的目的，常常要使用一定的犯罪工具，而这种工具的使用必然会在现场上留下一定的痕迹。侦查人员通过对犯罪人使用工具的种类、行为动作习惯、施力大小和角度，以及使用工具的熟练程度等进行分析，能获得犯罪行为人的身份信息以及作案动机、作案方式、犯罪时的情绪、个性等心理痕迹。例如，一个单身老人一天深夜被人杀害，犯罪行为人极端残忍地用斧头将其脑袋砍下，现场勘查时发现老人睡觉的木头床缘被斧头顺势砍进约一寸深的口子，口子四周留有被害人的血迹。从这一工具痕迹我们可以分析出犯罪行为人当时是处于高度兴奋的状态之中，他调动了自己生理心理的最大能量，在挥动斧头的一瞬间，他只有一个念头：一定要杀死他。这种心理是仇恨，作案动机是报复。破案后证实了这种分析的正确。

③犯罪手段的心理分析

犯罪手段与犯罪人的年龄、性别、职业、文化程度、经历、犯罪动机等具有密切的关系。

依据犯罪手段分析犯罪嫌疑人的年龄、性别。不同年龄或性别的犯罪嫌疑人所采取的犯罪手段并不相同。如青少年犯罪手段暴力性比较突出，而女性犯罪手段带有隐蔽性和非暴力性的特点。通过犯罪手段分析犯罪心理痕迹进而分析犯罪嫌疑人的年龄和性别，是现场勘查的基本步骤。例如：湖北孝感市某农村一户人家的男孩被杀，从死者的死亡状态来看，死者首先被人勒颈窒息，然后又用榔头在死者头部猛击，经现场勘查分析，仇杀的可能性很大。可是一个未成年的孩子会与何人结下深仇大恨呢？通过调查走访得知，死者平日在学校成绩较差，家里管教不严，死者在生前还成立过“帮派”，欺负其他同学甚至强拿硬要其他同学的文具和钱财。经过对犯罪嫌疑人的排查，侦查人员将目标锁定在与死者年龄相仿且与死者熟识的其他小孩身上，发现死者的邻居男孩不仅与死者在一个学校读书，而且经常遭到以死者为首的其他同学的欺负，犯罪嫌疑人终于浮出水面。依据犯罪手段分析犯罪嫌疑人的年龄和性别，可以加快侦查节奏，在短时间将案件破获。

依据犯罪手段分析犯罪嫌疑人的职业特征。犯罪嫌疑人的犯罪手段，往往反映着犯罪嫌疑人的某些生活习惯和技巧，这种习惯和技巧是在长期的生活或者工作过程中逐步形成且固定下来的，因而具有一定的稳定性。犯罪嫌疑人在实施犯罪的同时，总会有意无意地运用这些象征其身份特征的习惯和技巧，同时也就暴露出犯罪嫌疑人的身份信息。例如，盗窃金柜的案件。如果犯罪分子根据不同型号的金柜，选择从它最薄弱的部位入手，就可以断定其具有钳工或开锁方面的专业技能；如果犯罪嫌疑人只是利用利器和借助蛮力对金柜实施乱砸，说明犯罪嫌疑人对金柜领域一无所知。在锯断窗户入室盗窃的案件中，如果犯罪嫌疑人弄断的锯条多，锯齿不齐、不规则，说明他不是专门从事类似钳工职业的人；相反，如果锯齿均匀、整齐，说明犯罪嫌疑人可能是一个相关行业的专业人士。再如杀人碎尸案，如果肢解部位正确，刀法利落干净，刀痕均匀整齐，没有多余动作，则说明犯罪嫌疑人可能具有人体解剖技能（如外科医生或熟悉牲畜宰杀的人）。

依据犯罪手段分析犯罪嫌疑人的犯罪动机。有什么样的犯罪动机，就必然形成什么样的犯罪手段。在犯罪现场勘查的进行中，观察犯罪手段，对于分析犯罪嫌疑人的心理状况大有裨益。如仇恨杀人案件，犯罪人作案的目的不仅仅是将被害人杀死，而且要在犯罪现场泄愤，所以作案手段极其残忍，被害人身体可能损伤严重，或者可能有多处致命伤，还可能有许多无关物品被破坏的痕迹。对于奸情杀人案件，犯罪人以被害人没有反抗的方式将其杀死，且有可能对被害人的性器官和其他部位进行泄愤侵害。例如，2009 年发生在北京大兴区的灭门案件，一家六口被残忍杀害，甚至连幼童也难逃死劫，家中未见盗窃痕迹，由此可以判断报复杀人的可能性很大。到底是什么样的深仇大恨才下手如此残忍？在对犯罪嫌疑人的排查过程中发现，家中的男主人未在死者之列，而且具备作案时间。经调查，该男子由于长期受到家中妻子老少的排挤，家庭积怨慢慢加深，逐渐产生扭曲心理，报复泄愤之心开始滋长，终于在一天爆发出来，残忍的杀害了自己的骨肉至亲。犯罪动机越强烈，犯罪手段就越残忍，依据犯罪手段分析犯罪嫌疑人的犯罪动机，能够在短时间内锁定犯罪嫌疑人，为破案争取时间。

④犯罪现场物品的心理分析

犯罪现场物品的心理分析，包括犯罪现场遗留物的心理分析和犯罪现场损失物的心理分析。犯罪现场的遗留物，有可能是犯罪行为人的一种故意行为，但是多数情况下是犯罪行为人无意留下的，常见的有犯罪行为人常用的物品、犯罪用的工具及犯罪人身体的分离物等。这些遗留物品不仅能反映犯罪行为人的身份和身体特征，还能反映出犯罪人当时的心理状态等，都是案件证据的直接来源，一般都会引起侦查人员的重视。即使对于那些没有证据作用的现场遗留物，侦查人员也不能置之不理。实际上，有的案件的侦破，恰恰是侦查员们对一些看似无用的遗留物进行认真心理分析，从而找准了案件的突破口。例如，某地发生一起杀人移尸伪造强奸杀人现场案，女被害人衣服被解，裤子被脱，但阴部却遮盖了一把油菜秆。这一把油菜杆本身没有物证价值，却反映了犯罪人一定的心理痕迹，即犯罪人不忍被害人阴部被别人看见。侦查人员通过认真分析研究，认定此案系被害人亲属或有亲密关系的人所为，而且作案人传统守旧，由此便迅速确定了侦查范围。破案后发现，原来是公公与媳妇有奸情，婆婆发现后逼杀了媳妇，后公婆二人将其移尸村外，并伪造了强奸杀人现场，婆婆离开时，用油菜秆遮盖了被害人的阴部。这一遮盖行为恰好反映了犯罪人的心理活动，反映了犯罪人与被害人的关系，从而为确定侦查范围提供了至关重要的信息。因此，侦查人员在收集、分析现场物质痕迹的时候，既要重视有证据作用的痕迹，也要注意无证据作用的痕迹，这样才有可能找到犯罪嫌疑人真实、全面的心理痕迹。

现场损失物是指犯罪现场被盗抢的物品、被损坏的物品和灭失（包括被食用）的物品。一般情况下，现场损失物是犯罪行为人的故意行为所致。从损失物反映出的犯罪心理痕迹可以推断出犯罪行为人的犯罪动机和目的、犯罪行为人的身份和兴趣爱好等。这是因为，作案人在盗抢物品时，往往会有选择性，这种选择性实际上与作案人的个性特征有直接的关系。有的现场损失物能反映出作案人对某类物品有特别的嗜好，如有的喜欢工艺品，有的喜欢古玩，有的喜欢珠宝；有的现场损失物则能反映出作案人与某种行业有特别的关系，或有专门的销赃渠道，如有的专偷高档烟酒，有的专偷养殖场的鱼虾；有的现场损失物能反映出作案人的身份特征、年龄特征、与被害人的关系和生活层次等，如偷盗“三电”设备的，说明作案人往往是团伙犯罪，农民居多；损失物并无多少价值但具有“玩具”性质的，如订书机、回形针、硬币、打火机等，往往是少年犯罪；损失物是大米、菜油、猪肉等食品类物品的，说明作案人是生活穷困的人；损失物是女性内衣裤、胸罩等物品的，则说明作案人性心理变态等。

（2）现场场景心理分析

现场场景，也称现场物态，是指整个犯罪现场的全部现象。这种分析主要看从现场提取的物质痕迹的总体数量、种类、分布状况以及痕迹与痕迹、痕迹与犯罪行为、痕迹与犯罪结果之间有无必然的联系。现场场景往往可以反映出犯罪人作案时的心理状态、犯罪意图、凶残程度、与被害人的关系、习惯行为、犯罪人的心理成熟程度和犯罪技术等多方面的心理特征。例如，如果现场提取的物质痕迹多、杂、乱，且相互之间无因果必然联系，出现这种情况除犯罪行为人故意制造假象外，说明犯罪行为人作案时大脑处于失控状态。这种失控一般有两种可能，一是精神病人在发病期间犯罪，二是在高度兴奋、紧张、恐惧之时，此时的高级神经活动处于紊乱状态之中。这对我们了解作案者精神是否正常，是初犯还是累犯，有重要意义。再如，一起案件现场，一对夫妇和 10 岁的女儿一家三口被杀害，三具尸首都有过度伤害现象，脑袋被砸得变形，脑浆外溢，被害人家里的一部电话机被放在火炉上烧毁，家里财物损失严重。从这些现场现象反映出作案人为人凶残，并且与被害人一家认识，非夺命不可，而那部被烧毁的电话机，则说明作案人的文化程度不高，因为行凶前作案人借用被害人的电话机给自己家里打了个电话，担心电话机里存着被叫电话号码，于是自作聪明进行现场破坏，烧毁了电话机。

（二）缉捕犯罪嫌疑人的心理及对策

缉捕是刑事侦查部门为了加强同犯罪作斗争，推进案件的侦破，在勘查、调查、验证的基础上，按照刑事诉讼法的规定，对重大犯罪嫌疑人进行抓捕的一种侦查行为。这种强制性的措施，既能防止犯罪嫌疑人继续犯罪或出现其他意外事变，又是进行讯问工作的前提。

1. 被缉捕的犯罪嫌疑人的心理及行为反应

【实践与运用】

1998 年，福州一犯罪嫌疑人刘勇和同伙多次持枪伤人，被警方通缉。刘勇为了逃避抓捕在家中挖洞，8 年来几乎每天晚上他都钻入洞中过夜。刘勇说，他曾尝试几次在屋内睡觉，可是每当在夜里听到汽车行驶的声音或是犬吠，他就感到特别紧张，马上得起床钻进洞里。长期的躲藏生活给刘勇带来巨大心理压力，当他获悉他的同伙先后被抓获，有的还被判了死刑时，为了争取宽大处理，2006 年 10 月 3 日，刘勇向福州市城门派出所自首。

由上述案例可以看出，被缉捕的犯罪嫌疑人，在求生欲望和现实压力的矛盾对立中，极力寻找各种解脱途径，由此产生逃避、对抗或自首等不同的心理和行为反应。

（资料来源：新华网，2006 年 10 月 5 日访问）

（1）自首。一部分犯罪嫌疑人作案后，自己主动向公安机关、检察机关投案，交代自己的罪行，并检举揭发同伙或提供其他线索。犯罪嫌疑人产生自首的心理原因，一方面是其犯罪心理结构没有定型，在犯罪行为实施后，原有的道德观、法制观、羞耻感等在其心理活动中开始占上风，产生了悔罪感，并且确信坦白自首可以获得从宽处理。另一方面可能是外界存在着迫使其放弃对抗心理的因素。如公安机关强大的侦破攻势以及有效的法制宣传；了解内情的家人及亲朋好友以情相劝，尤其是一些爱憎分明、法制观念强的父母及其他长辈，一旦得知家中有人犯罪，往往毫不犹豫地劝其自首。这种主体内外因素互相结合、相互作用，可能使犯罪人产生自首的心理和行为。

（2）潜逃。一部分犯罪嫌疑人犯罪后，以秘密逃跑、隐藏的方式，企图逃避公安机关的追查，逃避法律的制裁。犯罪嫌疑人产生潜逃的心理原因，一方面可能是犯罪嫌疑人犯罪心理比较稳固，侥幸心理突出。他们认为，犯罪后只要逃出公安机关的追查视线，时间一长也就可以不再受追究。所以，有些预谋性犯罪嫌疑人，在犯罪预备的过程中就做了系统周密的潜逃心理准备和物质准备。另一方面，外界存在的消极因素对犯罪嫌疑人产生了不良影响，如亲朋好友对其潜逃的支持、犯罪团伙成员的共同决策等。

（3）对抗。部分犯罪嫌疑人在案发后积极了解案件的侦查情况，准备各种应付方法，进行反侦查活动来对抗缉捕，或是在被缉捕过程中，依靠自己手中的武器和占据的有利地形进行垂死挣扎。犯罪嫌疑人产生对抗的心理原因，一方面可能是犯罪嫌疑人已经形成顽固的犯罪心理结构，具有强烈的反社会意识，蔑视国家法律的威严，积累了一定的犯罪经验并掌握一些反侦查的方法，侥幸心理突出。另一方面，在被追剿围困的情况下，其反社会情绪进一步激化，感到绝望，自知求生无望，又不知反悔，在孤注一掷、鱼死网破甚至同归于尽的心理支配下顽抗到底。此外，犯罪嫌疑人之间的利害关系牵制，如认为自首是自寻死路，还会暴露同伙，潜逃等于自我暴露，于是互相串通，对抗缉捕。而且，社会治安不佳、公安机关打击不力或侦破力度不够等，都可能进一步助长犯罪嫌疑人的侥幸心理。

2. 缉捕犯罪嫌疑人的心理对策

（1）攻心夺气，以柔克刚

缉捕人员不直接使用强攻手段，而是在了解犯罪分子心理活动规律的基础上，针对其犯罪心理矛盾的特点，运用各种策略手段，对其施加心理影响，动摇和瓦解其反抗的意志和决心，攻破其心理防线，达到以柔克刚的目的。一是以法攻心。在案件侦查过程中，运用法律武器对犯罪嫌疑人进行法治教育，晓以利害，使其认清前途，端正态度，消除对立情绪，瓦解其心理防线，迫使其交代罪行。二是以理攻心。晓之以理，以理服人，有理有据地进行说服教育，如将其犯罪给国家、社会、家庭和被害人造成的危害讲足讲够，将伦理道德讲深讲透，打动他们的心。三是以据攻心。在侦查阶段，往往经查实的证据少，待核实的线索多，直接证据少，间接证据多。这就要求在以证据攻心时，必须突出一个“巧”字，即使用证据量要少，能以少胜多；使用时机要准，能“牵一发而动全身”；使用方式要含蓄，能使其产生错觉。四是以情攻心。犯罪人也是有血有肉有感情的人，为有效控制其情感，侦查人员要做到以情感人，必要时调动其亲近的社会关系，以亲情、友情等温情来感化犯罪嫌疑人。

（2）打草惊蛇，出奇制胜

打草惊蛇就是以巧妙的手段刺激犯罪分子，使其在惊慌不安之中暴露出罪证，并将其抓获。打草惊蛇实质上是以公开的方式对犯罪嫌疑人的心理施加影响，促其暴露犯罪行为。如，某市发生一起碎尸案。侦查员通过调查分析，发现郭某有犯罪嫌疑。为了“打草”，由派出所出面，以侦查员掌握的并且郭某也承认的被害人车被盗与她有关这一事实为由，找郭某谈话，要其在五天之内找到那个有盗车嫌疑的人。这一“打”，郭某坐不住了，尽管她心里明白询问其盗车之事是醉翁之意不在酒，但犯罪的恐惧心理还是使她暴露出自己的犯罪行踪，白天与同伙密谈，夜间急忙转移血衣和凶器。结果，被当场抓获。

（3）欲擒故纵，虚实结合

一种方式是对犯罪嫌疑人的一些活动装作不知、不理，给人以警方对此案无能为力、无可奈何之感。必要时，还可给其继续作案提供“方便”条件（但绝不是诱人犯罪）。实际上，警方正在暗中抓紧侦查，或部署新的对策，一旦时机成熟就立即行动，获取犯罪证据，抓获犯罪分子。另一种方式是故意向社会或犯罪嫌疑人泄露一些秘密，诱使犯罪嫌疑人据此作出错误的决策，进入设置的圈套。故意泄露的秘密信息根据需要可真可假，亦可真假参半，但更多的应是假信息。因为散布假信息更能打乱其犯罪部署，扰乱其犯罪心理，暴露其犯罪行为。如在侦查的某个阶段，根据需要可散布涉案犯罪分子已被抓获，且证据在握。实际上抓获的犯罪分子并非本案的，而是它案的。当本案的犯罪分子得知此信息，信以为真，就会自鸣得意，放松警惕，可能暴露出犯罪证据，或再次作案被守候的侦查员抓获。

（4）引蛇出洞，设饵“钓捕”

这一战术是针对缉捕对象敏感多疑的心理，事先采取布网设伏、定点守候、严密控制等方法，然后利用内线侦查力量，抓住缉捕对象疑神疑鬼或有所图谋的心理，将其诱入“埋伏圈”并一举擒获。这一战术的实施要领，首先是要“引”好，一定要“引”进缉捕力量的设伏地，防止其中途改变主意；其次是要“诱”好，要投其所好，缉捕对象最想什么，就以什么“诱”，利用各种借口制造错觉，否则，缉捕对象疑窦丛生，警惕性倍增，防卫意识加强，就会打乱全盘计划；最后是要“密”，只有保密工作做得好，没有走漏风声，缉捕对象才会信以为真，从而避免节外生枝。

（5）跟踪盯梢，顺藤摸瓜

这一战术应充分利用缉捕对象的“社会亲和心理”，从监控、跟踪缉捕对象的社会关系入手，尾随其后，严密监视，一旦发现缉捕对象，立即捕获。这与直接抓获缉捕对象有异曲同工之妙，能收到殊途同归的效果。这一战术的实施要领是，严格把握跟踪的原则，即“不暴露，绝对秘密；不脱梢，严格控制”。运用得好，除了抓获缉捕对象，还能将团伙犯罪成员一网打尽。这一战术常用于缉捕案情重大的犯罪嫌疑人。

（6）里应外合，秘密贴近

当潜逃的犯罪嫌疑人落脚于亲友家中时，可采用这一战术。由秘密力量用合法方式混入，摸清情况后发出信息，并采取里应外合的方法，在案犯来不及反抗时将其缉捕擒获。此外，如果发现案犯活动于公园、休闲广场、车站、码头等公共场所，若进行公开围捕，除了易打草惊蛇、误伤群众外，还可能使犯罪分子狗急跳墙，造成重大伤亡和损失。因此，需要把查缉工作寓于日常生活中，选择精干力量，化装成小摊贩、游人、值勤管理人员等，从四面八方将案犯围起来，秘密接近犯罪分子，统一缉捕信号，一齐动手，往往能收到不发一枪一弹就将罪犯捕获的效果。

（7）声东击西，虚留生路

这是伪装主攻方向，争取斗争主动权的一种缉查策略。缉捕人员先用公开的力量将案犯的注意力“引”进来，然后安排精锐力量从背后或侧面擒拿。另外，对已经被包围的案犯，由于其占据着有利地形或条件，不易就地将其擒获，缉捕人员可以故意留下缺口，虚留生路，并暗中设防，布下重兵，待案犯进入即以绝对优势将其缉捕。

（8）伪装突袭，勇猛出击

这一战术运用的前提是已经发现和确认缉捕对象的藏身落脚处所。有了这个前提之后，就要想方设法接近缉捕对象的藏身落脚处所。缉捕人员要借助种种伪装，巧妙、隐蔽地潜伏到缉捕对象身边，在其毫无防备之时，以“猛虎下山”之态突然袭击，将其捕获归案。这种战术实施的要领，首先，要确认缉捕对象，不能缉捕错了；其次，伪装要巧，不能惊动缉捕对象，让其看出破绽，引起警觉，有了反抗意识；最后，突袭动作要猛，有如“老鹰抓小鸡”，以“迅雷不及掩耳”之势，直扑缉捕对象，用“快”“准”“猛”的动作，在最短时间内控制住缉捕对象。

【实践与运用】

长春设饵诱捕王玉明特大绑架杀人案

号称二十一世纪“张子强”的绑架魁首王玉明，男，三十七岁，中学文化，在哈尔滨黑白两道小有名气。张子强特大绑架案披露之后，他收集了大量刊登与张子强犯罪有关的报纸杂志，长期进行研究。然后开始网罗哈尔滨的不法之徒，购买了枪支弹药、汽车等作案工具，并制订了一个庞大的计划，将哈尔滨市和广州市知名的巨贾富豪都列入了他的绑架名单之列，他预谋要将这些巨贾富豪绑架杀害。

1999 年 1 月王玉明及同伙绑架杀害了著名企业家林成武，敲诈抢劫现金两百万元，奔驰轿车一辆。事成后，王玉明给同伙每人十万元，自己拿五十多万元到香港买了最新式的枪支弹药，用五十万元买了可以对付“110”和防暴大队的反侦查科学仪器。案发后，王玉明一伙人突然失踪。

伏击守候。经调查：王玉明于1月24日潜入长春市，住在南关区平泉路一家三楼住户，由歌女裘某陪伴。经裘指认王玉明和同伙康振涛的租房处之后，侦查员通过化装侦查确认屋里没有人，手机充电器插在电源插座上，屋内还有其他衣物，可见王、康二人没走，遂决定四名侦查人员留在屋里守候，走廊里隐藏四人，外围监视六人。七点过五分，康振涛回来开门的时候被抓获。据康交代，王玉明理发洗澡去了，让他先回来准备点吃的。八点四十五分一辆红色出租车停在了楼下，王玉明从车上下来，上楼开门进屋时被侦查员捕获。

设饵诱捕。经过突审，王玉明交代，其同伙几人将到长春会合。经公安局领导研究决定，如果让他回到哈尔滨容易走漏风声，对抓捕其他嫌疑人不利，于是制订了在长春以王玉明为诱饵的诱捕计划，经过开展思想工作王玉明同意配合。二十多名侦查员带着王、康二人秘密住进了长白山宾馆，以401房间为中心包下了几个房间。三十日上午其同伙张伟军打来电话。王说：“你到长春来吧，我在朋友这儿非常安全。”张说：“那好吧，我马上包车过去。”晚上十点左右王玉明的手机响了，张说：“我已到长春，到哪里找你?”“你再打车到长白山宾馆401房间。”不一会儿，张伟军开门被抓获。1月31日下午1时，同伙李文革给王玉明打来电话，他已到长春，过一会儿就到。半个小时之后他来到401门前敲门。没等侦查员开门，李转身就跑，并从旅行袋中掏出大片刀，此时一名侦查员冲出门外，将李文革扑倒抓获。

长春市公安局能在短时间内没用一枪一弹，将案犯抓获。除侦查员具有高度的责任心和使命感外，更主要的是正确地运用了设置饵食、放诱钓捕之战术。实施该战术要根据案情需要和缉捕对象的心理需求，警方先将“诱饵”固定于特定场所，然后释放情报，吸引案犯前来会面，警方则张网以待，警力部署要明显优于案犯。然后采用突然袭击、一招制敌之战术予以捕获。运用这一战术的关键是两个字，即“密”和“诱”。“密”是指查缉民警进入设伏场所要秘密；设伏整个过程要秘密；缉捕行动要秘密；撤离行动也要秘密。化装要符合特定的环境，不能惊动外人。只有行动保密，才能保证“诱”的顺利。“诱”用得好，缉捕对象上钩入网率就高。警方在抓捕暴力犯罪的战斗中，特别要注意有警觉的案犯袭击民警的可能，一定要做好外围的警戒。因为对暴力犯罪分子而言，凡是遇到有阻碍其犯罪和逃生去路的，其仍有可能采用作案时的暴力手段袭击民警。这一点必须引起警方高度重视。

（资料来源：蔡宏光：《两起缉捕案例的成功战斗评析》，载《吉林公安高等专科学校学报》2000 年第 1 期）

第二节　讯问心理

讯问是指侦查人员为揭露和证实犯罪，依法对犯罪嫌疑人进行的调查、核实和追讯活动。犯罪嫌疑人面临起诉及受到刑罚的险境时，必然固守心理防线，讯问的关键在于把握对方的心理活动特点和规律，利用其心理弱点，采取适当的策略，影响和改变犯罪嫌疑人的消极心理。

一、讯问中犯罪嫌疑人的心理变化规律

由于犯罪嫌疑人个性特点不同，犯罪经历不同，犯罪种类不同以及案情的错综复杂性，犯罪嫌疑人在讯问过程中的心理变化是多种多样的。由于讯问的特定形式和目的不同，讯问中双方的动机交锋必然使讯问活动形成独特的规律性，一般需要经历试探摸底、对抗相持、动摇反复、如实供述四个阶段。

（一）试探摸底

【实践与运用】

某经济开发区公安分局抓获了抢劫犯罪嫌疑人张某。在讯问一开始，张某故作镇静，向讯问人员反问："我到底做了什么坏事？只要你们拿出证据来，是我做的我都交代！"待讯问人员拿出一样证据后，他又开始用双眼始终注视着讯问人员，流露出紧张、疑虑、左顾右盼、欲言又止的神态。对于讯问人员的问题，他总是搜肠刮肚寻找、制造某种理由或者情节，回答缓慢甚至沉默不言。讯问人员从讲情理到讲政策步步紧逼主动进攻，嫌疑人张某终于明白自己的消极态度是于事无补的，在沉默了很长时间之后，提出要根烟抽，讯问人员答应他的要求之后，张某终于憋不住了，追问讯问人员："抢摩托车能判几年？我交代了算不算坦白？我还他摩托车能不能从宽？"一连串的发问让讯问人员摸清了嫌疑人张某的心理活动，及时打消了他的顾虑，促其很快交代了自己犯罪的全过程。

（资料来源：刘凯：《侦查讯问心理研究》，山东大学 2008 年硕士学位论文）

从上述案例可以看出，张某的心态就是典型的试探摸底心理表现。犯罪嫌疑人在羁押期间，心理活动比较紧张，情绪波动非常大。他们反复在思考自己到底为什么会被抓获，到底是谁出卖或者揭发了自己，迫切地想了解案情，试图试探讯问人员或者看守人员的态度，以求得内心的平衡。有前科的犯罪嫌疑人常常承认案件事实，否定犯罪性；承认有罪，否定要害、避重就轻；采用投石问路的方法，来试探哪个问题、哪个细节已经被警方所掌握。无受审经历的犯罪嫌疑人则更多是口喊无罪，大喊冤枉，向讯问人员要证据，面对警方的提问步步为营、负隅顽抗。

犯罪嫌疑人的试探摸底往往包括证据、法律和讯问人员三个方面。一是，犯罪嫌疑人自己会反复回忆作案时的每一个细节，思考到底是哪个环节出现了问题，试图自己找到罪行败露的原因及程度。二是，向关押在同一个监室的其他人询问自己的罪行可能会判多长时间，以此来估计案情，自己进行评判，以及估计其罪行有没有从宽，或者得到减轻处罚的可能性及程度。三是，了解讯问人员的习性、脾气及特点，为应对讯问人员的审讯做好充分的思想准备，提前想好自己应当采取的各种应对方法。

随着讯问的不断深入和案情的逐渐明朗，犯罪嫌疑人的摸底则向着有无从宽、从轻处罚的可能性过渡，其行为会发生明显的或一定程度的变化，常见的形式有：一是给讯问人员提出自己如实供述的交换条件；二是在讯问的过程中拐弯抹角或者直接向讯问人员询问刑事处罚会得到减轻的可能性与幅度；三是寡言少语、假装思考，用沉默的方式让讯问人员讲政策，然后获得其需要的信息，来进行利弊的权衡；四是认真听取讯问人员关于“坦白从宽”的政策，对政策表现出浓厚的兴趣等；五是为自己创造从宽、从轻处理的条件，犯罪嫌疑人和讯问人员出现过矛盾的，借机缓解紧张的关系。

（二）对抗相持

【实践与运用】

某市铁路公安局抓获了流窜盗窃犯罪嫌疑人咎某，咎某认为，由于自己是单独作案，并且甲地作案、乙地销赃、丙地窝藏，独来独往，手段高明，公安机关根本不会拿到真凭实据，只要守口如瓶，就能蒙混过去。因此，在讯问过程中，一会儿矢口否认、喊冤叫屈，一会儿巧言诡辩、软磨硬泡，一会儿又谎话连篇、以假乱真。讯问人员通过串并案件，结合分析犯罪嫌疑人咎某行踪，作案手法，盗窃物品特点，行程一千多公里，查获了咎某寄存的三起案件的赃物，拿出了强有力的证据，使犯罪嫌疑人的心理防御体系彻底崩溃，交代了连续作案三十九起的严重罪行。

（资料来源：刘凯：《侦查讯问心理研究》，山东大学2008年硕士学位论文）

以上案例就是典型的对抗相持的心理表现，其产生的原因，有主观和客观两个方面。

主观方面，一是认为自己是一个人作案，独来独往，神不知鬼不晓，或者作案后进行了伪装，认为公安机关不会拿到其犯罪证据；二是个别犯罪嫌疑人尤其是屡受打击的惯犯对公安机关的“坦白从宽、抗拒从严”等宽大政策不屑一顾，对政策的兑现持有怀疑的态度；三是自己感到罪恶深重，形成了畏罪心理；四是有组织犯罪或者团伙犯罪，特别是有些带有黑社会性质的有组织犯罪，害怕因为坦白交代了罪行，其他人员会对自己或者家人报复；五是有的犯罪嫌疑人坚信保护伞的作用，认为自己有强大的后台，讯问人员人微言轻奈何不了自己，抱有侥幸心理；六是团伙犯罪中多数成员都坚信他们之间牢不可破的攻守同盟；七是形成逆反心理的、仇视社会的、有报复社会心态的犯罪嫌疑人往往具有敌对的情绪等。

客观方面，一是讯问人员缺乏了解和掌握嫌疑人心理状态及变化的经验，讯问的方式方法未被犯罪嫌疑人所接受，未建立起心理上的联系；二是讯问人员没有认真地聆听或解决犯罪嫌疑人与亲属、朋友的有关问题，致使其产生了不满情绪；三是讯问人员在讯问的过程中，使用的方法比较简单、粗暴、生硬，甚至采用了刑讯逼供等非法的讯问手段，致使其产生了逆反心理；四是羁押期间因疾病治疗、卫生、生活等条件比较差，引起反感情绪；五是在羁押中受到了同监室其他犯罪嫌疑人的挑唆，致使其产生了拒供的情绪；六是讯问人员在讯问中可能伤害犯罪嫌疑的自尊心，侮辱了他们的人格，致使其产生了敌对情绪等。

通过以上对主、客观因素的分析，在这一阶段，讯问人员和犯罪嫌疑人在讯问过程中的表现往往是，一方面讯问人员对犯罪罪行穷追不舍地进攻性讯问，另一方面是犯罪嫌疑人对其罪行进行的百般抵赖、狡辩和否认。在这种情况下，讯问人员需要特别冷静，以静制动，静观其变，要耐心等待犯罪嫌疑人态度的转变，充分彻底地揭露其罪行，矫正犯罪嫌疑人扭曲的心态，找到证据，打消他的侥幸念头，确保讯问工作的顺利进行。

（三）动摇反复

【实践与运用】

某市公安局刑警支队抓获杀人案犯罪嫌疑人王某。王某自认为是别人雇佣自己去杀人，预谋周密，自己与受害人无利害关系，凶器已被深埋，现场没有留下证据，时隔已九个月，自信有把握抵赖过去。讯问开始时，王某极力进行狡辩，讯问人员在适当时机巧妙地出示了王某遗留在现场的一小段鞋带。王某见谎言被揭穿，罪行已经暴露，再抵赖也是于事无补，不禁叹了口气，低下头，长时间不敢抬头看讯问人员，即使偶尔抬头窥视，也是脸色苍白、目光犹豫、满头冷汗，右手不由自主地捻衣角，呈现出信心动摇、焦虑不安、被击中要害心烦意乱的心理状态。但是，仍没有勇气主动承认其罪行，寄希望于雇主的承诺，前来搭救，长时间沉默不语。讯问人员因势利导，经过几天的法律政策攻心，王某表现得垂头丧气，几次欲言又止。讯问人员认真分析了王某的心态变化，再次有针对性地修改审讯方案，终于攻破了王某的心理防线，向讯问人员作出如实的供述。

（资料来源：刘凯：《侦查讯问心理研究》，山东大学2008年硕士学位论文）

此案例中，王某的心理经过了自信、动摇、反复、彻底放弃四个阶段，最终如实交代了罪行。由于讯问人员使用的攻心政策，巧妙地运用证据，有力地追问，使犯罪嫌疑人开始动摇，思想斗争激烈。一方面，如果不交代自己的罪行，就会落个抗拒从严的下场，另一方面，如果交代了罪行，又害怕受到刑法的严厉处罚，还有同伙的报复。在这种矛盾、权衡、动摇的状态中反复多次后，犯罪嫌疑人才进入了权衡利弊的重要阶段，通常表现为：一是，心理活动处于非常混乱、特别紧张的阶段，往往表现为手足无措，坐立不安，下意识的动作渐多。二是，虚假的供述被戳穿后，感到再欺骗已无用，内心动荡不安，常唉声叹气、垂头丧气。三是，心理被触动，无言以对，低头不语，想交代罪行又缺乏勇气，欲言又止。四是，察觉到犯罪证据已被公安机关掌握，原有的嚣张气焰有所收敛。回答问题时语气已软，有问有答，但对公安机关是否掌握其充分的证据还有疑虑，往往避重就轻，回避主要问题。五是，以探询的口气开始和讯问人员提出坦白交代的条件，讨价还价，或者要求讯问人员给予时间来考虑问题等现象。

一旦出现上述心理动摇的表现，讯问人员就应该立即因势利导，乘胜追击，不给犯罪嫌疑人以喘息机会，及时运用法律政策攻心，并结合证据，促使其向供述的方向转变。如果讯问人员可以准确地把握住这一时机，犯罪嫌疑人就会将其罪行坦白交代。反之，则可能再次出现反复，拒供、乱供、翻供、谎供等现象。

（四）如实供述

如实供述是讯问人员所期望的，但这一阶段是讯问人员和犯罪嫌疑人进行心理决战的阶段，不可掉以轻心。双方经过反复的较量，犯罪嫌疑人最终认识到无法再抗拒下去了，出现了供罪心理，开始交代自己的罪行，这标志着进入了供述罪行阶段。此时，犯罪嫌疑人的心理防御体系逐渐瘫痪，但也要注意其在“避实就虚、趋利避害”心理的驱使下，侥幸心理和畏罪心理并没有被彻底消除，只有极少数犯罪嫌疑人能够“竹筒子倒豆子”，真正彻底地交代其罪行，绝大多数犯罪嫌疑人仍然会出现权衡利弊，供轻罪不供重罪、供假不供真、供同伙不供自己、避重就轻、推脱罪责等种种供述现象，往往像挤牙膏一样，问一点儿说一点儿，有证据的就供，没有证据的就不供，尽可能地少供，能不供的就不供。对此，讯问人员要仔细分析各个犯罪嫌疑人心理特点，进行有计划的揭露，促使其完全彻底地如实供述其全部罪行。

研究讯问过程中犯罪嫌疑人心理变化过程的规律，做到自觉地运用这个规律，为讯问实践服务，对于早日侦破案件，具有十分重要的指导意义。所以了解和掌握犯罪嫌疑人在讯问阶段的心理反应和规律是非常必要的，也是十分重要的。

二、讯问心理策略

讯问策略是指讯问人员在法律允许的范围内为获取犯罪嫌疑人的真实口供，查清案件事实真相而采取的讯问计谋。讯问活动的复杂性和艰巨性决定了讯问人员在讯问活动中必须根据案件的性质、讯问的目的、犯罪嫌疑人受审时的心理状态等来确定和选择合适的讯问策略。讯问是一场犯罪嫌疑人与侦查人员之间斗智攻心的对抗性的活动，讯问的成功与否直接关系到整个案件的走向，因此采取有效的讯问策略至关重要。

（一）改变犯罪嫌疑人认知态度的策略

1. 欲擒故纵，见招拆招

初审时，犯罪嫌疑人在侥幸心理的支配下，认为侦查人员没有掌握证据或证据不足，于是为开脱罪责而编造关于案件的一些谎言。侦查人员虽明知其撒谎，但可装作不知，冷静观察，认真听取并详加记录，以期从中发现犯罪嫌疑人想要回避的问题。当犯罪嫌疑人的谎言越编越离奇，其回避问题的方向已十分清楚时，为不再拖延时间，可采取立即制止其撒谎的策略，使犯罪嫌疑人明白侦查人员是洞悉全局的，继续说谎有害无益，只有主动供述案情才有出路。

2. 将计就计，顺水推舟

犯罪嫌疑人在畏罪心理支配下，在回答问题时十分谨慎、步步为营。当其确信自己的供述可以自圆其说，已骗取侦查人员的信任时，其恐惧感演变为安全感，戒备心理逐渐消除，以至于忘乎所以地说出一些本来千方百计想要掩饰的话。这时，侦查人员不要插话打断其陈述，而要耐心地听其陈述，然后在犯罪嫌疑人没有觉察的情况下，顺水推舟地把话题引向和案情相关的实质性问题。

3. 形成错觉，改变认知

【实践与运用】

在办理一起特大盗窃案中，侦查人员将从犯严某铐起不问，却给主犯王某解除械具并故意和王某有说有笑，多次提讯，吃饭时与王某一起。严某从施讯人态度的冷热对比上误以为王某已交代罪行，很担心王某将罪行全推到自己身上。再讯问严某时，一句“都是要交代的，只是看谁早谁晚了，不是吗?”终使严某按捺不住，主动要求交代，一举破案。

（资料来源：傅文虎：《犯罪心理学在刑事侦查中的运用》，华东政法学院 2006 年硕士学位论文）

如上述案例所示，针对犯罪嫌疑人的心理特点，通过讯问给犯罪嫌疑人提供某种信息，使其产生错误判断，以改变不愿供述的态度。一般来说，人对外部信息的接收是有选择的，通常倾向于接收与自己有关的，或有利于自己的，或符合自己需要、期待的信息。犯罪嫌疑人同样符合这一心理规律。据此，讯问时侦查人员可以适当提供与案情有关的信息，迷惑犯罪嫌疑人，以达到转变其态度的目的。如，一杀人案犯罪嫌疑人希望被害人没有死，以便获得从轻处理，在审讯时，主审人员就说了对被害人尽力抢救等话并引用了被害人生前所写信件的内容，使犯罪嫌疑人产生了被害人没有死亡的错觉，进而主动供述罪行。

4. 引而不发，点到为止

在讯问中，不直接出示证据，但通过问话，给犯罪嫌疑人有力暗示，即犯罪证据已经被警方掌握，而侦查人员之所以不予出示，是为了给对方一个坦白交代的机会。所谓引而不发，实际上是在讯问中，以点到为止的谈话方式，让犯罪嫌疑人领悟到侦查人员不予点破的用意。引而不发的策略可以使犯罪嫌疑人处于动摇的心理状态。如果侦查人员对犯罪嫌疑人的情况判断准确，提问语气沉着坚定，就会给犯罪嫌疑人造成心理压力，使其感到不彻底交代，就没有其他出路。

5. 连续出击，加大攻势

针对拒供态度顽固的犯罪嫌疑人，侦查人员可以有选择地连续出示一组或几组强有力的证据，配合强有力的审讯攻势，给其造成巨大的心理压力，使其丧失拒供信心，形成有利于供述的心理动因。使用这一策略时要注意，证据不是毫无保留地和盘托出，而应留有余地，同时还应结合说服教育、利用矛盾等其他方法，促使其彻底交代。

（二）控制犯罪嫌疑人意向活动的策略

在审讯过程中，犯罪嫌疑人总是把其注意力集中于对抗审讯上，因此审讯人员要运用各种方法把犯罪嫌疑人注意中心从主要防御部位引开，促其暴露防御的漏洞。

1. 缓和气氛，消除戒心

【实践与运用】

犯罪心理学专家高锋教授曾突破一个江南贼王的口供。此人 17 岁开始扒窃一直到 29 岁，长达十多年，累计金额达 120 多万。嫌疑犯在一次扒窃时被抓获，但审讯时拒不认罪，最后由高锋讯问。在讯问一开始，高锋就说："我和一般的警察不太一样，我对破案不感兴趣，但是我对你的人生充满了莫大的同情和关注，今天我们聊一聊。"并把两包烟放在桌上，见犯罪嫌疑人想要抽烟，高说："自个儿来拿啊，还要我给到你手里啊！"表面一个不耐烦的动作，实际上就表达了一种像朋友一样的亲切。审讯过程中高锋教授一再声明："我对你的案子不感兴趣，我们只谈心理，我说得好你回答我的话，说得不好你可以不答。"讯问从九点一刻左右一直到下午三点多钟，被讯问人开始说案子，高锋就跟他说："再声明一次，我对你的破案子不感兴趣，我只对你的心理感兴趣。"这时犯罪嫌疑人就急了，站起来激动地说："我的心理全部是和案子连在一块的，你只要我说心理不说案子，我怎么说得清楚呢？"高锋就说："那就说吧，那我就耐心地听吧。"结果不到一个多小时，就供述了 12 起案子，经迅速查证，3 天之后落实了 9 起。

（资料来源：《检察风云》，2009 年 8 月 19 日访问）

人在孤独心境下，总会设法与外界交流以保持心理平衡，犯罪嫌疑人同样如此。他们在受到拘押后，与外界联系隔绝，身心倍感孤独，是希望有人与他交谈的，但审讯中的威严气氛，审讯人员严肃的态度，又容易使犯罪嫌疑人感到压抑、紧张，产生戒备心理。因此，审讯人员如能适当避开正面强攻，从其愿意或敢于交谈的问题入手，消除犯罪嫌疑人拘束、压抑的状态，缓和审讯气氛，加深双方的心理接触，有助于转移犯罪嫌疑人的注意，消除其戒备心，建立对审讯人员的信任感。如果审讯人员同时加强言语的感染力和说服力，更会使犯罪嫌疑人产生交谈兴趣，并在交谈中透露出我们希望获得的信息。这里的关键是建立对话的心理基础，巧妙地、不动声色地引导交谈的方向。

2. 顺其心态，声东击西

犯罪嫌疑人在审讯中常常是既想逃避罪责，又想表明自己老实认罪的态度，因而对重要罪行或犯罪关键情节极力隐瞒，闭口不谈，但愿意主动交代一些次要问题。声东击西法，就是利用犯罪嫌疑人的这一特点，将计就计，声东而击西，从而转移对方在关键问题上的防备。其方法是，审讯人员对犯罪嫌疑人隐重示轻的企图不予点破，而是顺其心态，向次要问题发起进攻，追讯细节，或从表面看来与主要罪行无关的情节谈起，隐蔽主攻方向，使犯罪嫌疑人思想麻痹，察觉不出审讯人员的真正意图，即为“声东”。当审讯人员通过“声东”使犯罪嫌疑人的注意力发生转移，对主要罪行或犯罪关键情节疏于防范时，立即扭转主攻方向，针对其防御漏洞，直取要害，使其猝不及防，即所谓“击西”。声东击西的关键是要对犯罪嫌疑人的防御重点即“声东”所攻主要方向，加以准确选择，确保能转移犯罪嫌疑人注意力，又不泄露审讯意图，同时看准“击西”的时机。

3. 提高强度，四面出击

有些犯罪嫌疑人为逃避惩处，不分罪行大小，情节轻重，一概否认，全面防御，心理时时处于高度戒备状态。对此类犯罪嫌疑人，可以采用四面出击的方法，使犯罪嫌疑人摸不着审讯意图，抓不住审讯规律，形不成稳定的注意中心，使其顾此失彼，漏洞百出。这一审讯策略的要点是通过在讯问问题时从一个到另一个迅速地、频繁地转移，使其穷于应付，疲于奔命，心理高度紧张，注意力高度分散，至此，审讯人员集中力量，拿出过硬证据，选准突破口，予以攻克。四面出击的关键是保持审讯的强度和速度，使其无法集中精力进行防御。

（三）影响犯罪嫌疑人情绪的策略

情绪对人的活动具有动机作用。积极的情绪，可提高人的活动效能，消极的情绪则降低人的活动效能。影响犯罪嫌疑人情绪策略的采用，就是为了减弱、缓和，甚至消除那些不利于供述的消极情绪，形成有利于供述的积极情绪。

1. 制造紧张与消除紧张

有些犯罪嫌疑人自以为作案手段高明，防御严密或自恃后台过硬，因而存在侥幸心理，没有任何紧张状态，表现为对待审讯满不在乎、轻松自如，有的甚至态度嚣张、公然挑衅。对这类犯罪嫌疑人应采取措施，促其情绪紧张。其方法，一是在犯罪嫌疑人狂妄自大、毫无防备的情况下，突然出示有力证据，伴以义正词严的讯问，指出其所犯罪行的严重性和恶劣态度的后果；二是通过加快审讯强度和速度，缩短犯罪嫌疑人思考如何回答讯问的时间，使其思维活动难以跟上讯问节奏，从而造成情绪紧张。当然，制造紧张，应在法律和人的生理机制许可的范围和限度内，否则疲劳审讯难以保证供述的准确性。也有些犯罪嫌疑人在审讯中顾虑重重，或者对审讯环境以及惩罚的恐惧，因而产生巨大心理压力，情绪极为紧张，思维活动紊乱，造成供述障碍。这时，审讯人员应采取措施，消除其紧张情绪，恢复其心理稳定与平衡。其方法主要是减缓审讯的强度和速度，缓和讯问语气和气氛，讲解法律政策，解除其顾虑，指明其前途；或暂时避开实质性问题，以避免对其心理造成新的不良刺激，对其犯罪原因表示理解，对其失去自由表示惋惜等，这都是较为有效的方法。制造紧张与消除紧张这一策略，要注意宽严结合，刚柔相济，还要对犯罪嫌疑人的具体情况作具体分析。

2. 加快审讯速度与减缓审讯速度

通过加快审讯速度，即快速提问，让犯罪嫌疑人马上回答，不给其考虑时间，可以使犯罪嫌疑人无暇思考对抗审讯的方法和编造谎言，使审讯人员把握审讯主动权。快速审讯持续时间不宜过长，这是因为有的犯罪嫌疑人利用快速审讯快速回答，回避对他不利的情节和问题；审讯人员由于讯问速度过快，无法对犯罪嫌疑人供述的可靠性作出全面衡量；有的犯罪嫌疑人为对抗审讯，有时也故意激怒审讯人员，企图使审讯人员自乱阵脚；有些犯罪嫌疑人由于身体状况及心理条件不佳，也不宜使审讯强度和速度过强过快。在这些情况下，应减缓审讯速度。加快与减缓审讯速度，要灵活掌握。一般认为，加快速度易使犯罪嫌疑人的心理防线出现漏洞，放慢速度则有助于审讯人员洞察犯罪嫌疑人心理，判断供述真伪，思考有效对策。

3. 出其不意，攻其不备

有些犯罪嫌疑人具有反审讯的心理准备，他们往往根据审讯人员可能提出的问题，事先编造口供，对此，审讯人员可以通过突然提出前面审讯中未涉及的问题和犯罪嫌疑人意料之外的问题，或出示某个犯罪嫌疑人以为审讯人员未能掌握的证据，这样常常会使其惊慌失措。此策略关键在于正确分析犯罪嫌疑人反审讯心理，避开其有备，猛攻其无备，给其造成巨大的心理压力。

（四）讯问过程的操纵策略

1. 适当运用恐惧唤醒

恐惧唤醒不是恐吓，而是需要通过合法的手段进行分析与组织事实资料。已有研究证明，影响犯罪嫌疑人的态度改变需要适度恐惧的情绪，适度恐惧的恰当运用能促使犯罪嫌疑人由畏罪拒供转变为畏惧法律的惩罚和良心的谴责，丢掉侥幸心理作如实供述。在讯问过程中，对于唤起犯罪嫌疑人的恐惧心理容易操作，而且也易于实现。一是通过充分讲解“坦白从宽，抗拒从严”进行政策攻心；二是分析其可能要受到的法律惩罚，说明刑事处罚可能带来的各种严重后果；三是尽可能地减少探讨与陈述对犯罪嫌疑人有利的证据，对已经获得的其犯罪证据表现出非常肯定的信心；四是着重强调其犯罪已经造成了非常严重的后果。

2. 单、双面证据的正确运用

所谓单面证据就是指在说服的过程中仅强调正面的或者负面的一个方面；双面证据指在说服的过程中同时使用有利的和不利的理由。可以根据犯罪嫌疑人受教育的程度和原来态度的方向，来决定到底是使用单面证据还是双面证据。在实际的讯问过程中可以进行以下操作：一是在犯罪证据与犯罪事实上，假如犯罪嫌疑人已经知道对其有利的证据存在，那么应当如实地告诉他，否则，不论其受教育程度的高低，在讯问过程中都需要出示更多对其不利的证据内容；二是说服理由如果是建立在事实的基础之上，那么，对受教育程度较低的犯罪嫌疑人应当使用单面证据，而对于受教育程度较高者，则应当使用双面证据；三是对受教育程度较低的犯罪嫌疑人，讯问人员可帮助他作出判断并且让其接受，而对受教育程度较高者，则应当引导他自己作出判断；四是对原来具有拒绝供述态度的犯罪嫌疑人，应当把双面信息的一面内容作为支持原有态度的理由的一部分，并提供更加充分理由的另一面。

3. 合理组织、有序呈现案件信息

信息的组织会影响到认知评价的结果和说服力，信息的组织会影响到态度的改变。不断地增加同一层次的信息量，不仅不会增加说服力，还会降低说服效果。然而，不同层次信息量的增加，会增加说服力。如果想要得到更好的效果，我们还可以采用不同层次说服与运用后果唤起相结合的方式。因此，在讯问过程中应特别注意以下几点：（1）把已经收集到的证据依据真实性和重要性从低到高排成一个有序的序列；(2) 尽量避免同一层次的信息重复地堆积；(3) 根据犯罪嫌疑人不同的情绪反应，相应地增加有罪证据的呈现；(4) 把对犯罪嫌疑人有利的证据依据真实性及重要性从高到低排成一个序列，与在第一步中排成的队列进行比较，应当保证有利于犯罪嫌疑人的最高序列的证据低于有罪证据的最低序列。对确实需要运用双面证据的犯罪嫌疑人，从低到高展示其有罪的证据，这样，将有利于犯罪嫌疑人的证据从高到低进行呈现，逐步增加有罪与无罪证据之间的反差程度。

(五) 敏锐捕捉微表情，洞悉犯罪嫌疑人真实心理

微表情是指在1/5秒内一闪而过的动作，它是揭穿谎言的重要来源，显示出一个人试图掩盖的内心活动。微表情的产生是在外界刺激和大脑神经机制作用下自然产生的反应，属于生理应激反应，是自然发生的，不能被人控制和隐瞒，因而是无法伪造的。这是与表情的最大区别，表情是可以伪装的。研究表明，微表情能够准确反映出一个人的内在真实情感情绪和心理状态。譬如，单肩抖动，意指自身的不自信（当然并不是所有的单肩抖动都是不自信)；注视对方的眼睛，研究表明，当人们在准备说谎的时候，会更专注地去看着对方的眼睛，让对方相信自己的真诚或者更好地观察对方是否相信自己的谎言；回答问题的时候生硬地重复，比方说有人问："你去过她的家吗?"如果被问的人要说谎，他很可能会生硬地回答："不，我没有去过她家。"这种生硬的回答就是典型的谎言；揉鼻子，在说谎者试图说谎的时候，人体的血液会涌到脸上，使鼻子里面的海绵体微微膨胀，说谎者会感到不舒服，所以会不自觉地揉鼻子；把手放在眉骨之间，这是很典型的当人们感到羞愧的时候作出的举动，目的是与对方形成视觉障碍，来掩饰自身的羞愧。因此，如果审讯人员在审讯过程中能够运用微表情的识别方法，观察被审讯人员的微表情变化并结合其口供来辨别真假，排除犯罪嫌疑或查找犯罪行为，就能够在更大程度上避免误判，使真正的犯罪嫌疑人归案。

在审讯过程中，讯问人员要善于用恰当的发问技巧控制谈话氛围和激发犯罪嫌疑人的情绪，同时要对犯罪嫌疑人的微表情进行充分解读，识别犯罪嫌疑人微表情背后蕴藏的丰富信息，准确判断其供述的真伪。

1. 眼部微表情

眼睛具有反映人们深层心理的功能，其动作、神情、状态是最明确的情感表现。在审讯过程中，从犯罪嫌疑人眼睛的动作及所传达的信息来判断其心理感受，主要是根据其目光凝视讯问者时间的长短、眨眼频率的高低以及瞳孔变化。在讯问中，若犯罪嫌疑人视线接触讯问者脸部的时间较短或几乎

不看对方，则可以认为犯罪嫌疑人对讯问者及讯问内容的不认可，试图掩饰自己的行为。眨眼频率也有不同的含义。若被讯问者的眨眼频率过高，一则表示其感到了厌烦，二则表示其认为讯问者是在浪费时间。瞳孔所传达的信息是无法完全用人的意志来控制的。研究表明，讯问中被讯问者瞳孔扩大，炯炯有神而生辉，表示其正处于得意与兴奋状态；瞳孔缩小，神情呆滞，目光无神，愁眉紧锁，则表示其正处于消极或戒备的状态；眼睛闪烁不定，这是一种反常的举动，常被认为是一种掩饰手段或是性格上不诚实的表现。

2. 眉部微表情

眉毛和眼睛的配合是密不可分的，二者的动作往往共同表达一个含义，但单凭眉毛也能反映出犯罪嫌疑人的许多情绪变化。如双眉大幅度提升，是典型的惊讶表情，双眉紧锁，表明犯罪嫌疑人处于困窘、不愉快、不赞同的状态；双眉下压紧皱，表明犯罪嫌疑人处于愤怒或厌恶状态；眉毛向上挑起，表示犯罪嫌疑人意欲询问或存在疑问等。

3. 鼻部微表情

通常而言，鼻部的变化不是很多，但若出现明显的变化则能较准确地反映出犯罪嫌疑人的心理状态。如鼻翼提升，鼻孔扩大，鼻翼两侧形成深沟纹，表明犯罪嫌疑人处于愤怒的状态；鼻翼轻微向上提升并向两侧拉伸，鼻翼两侧形成浅沟纹，表明犯罪嫌疑人厌恶的情绪，对讯问者、谈话内容的不满与蔑视等。

4. 嘴部微表情

人的嘴也可以有许多动作，借以反映人的内在心理状态。比如，审讯过程中如果犯罪嫌疑人紧抿嘴唇，就往往表现出意志坚决，拒供心理严重；噘嘴是不满意或准备攻击对方的表现，或是有意刁难讯问者，企图激怒对方，使讯问者失去权威和理智，企图打乱讯问计划与节奏；咬嘴唇表现为遭受失败，是一种自我惩罚的动作，但有时也解释为自我解嘲和内疚心情的表达；嘴角稍稍向后拉或向上拉，表示在注意倾听，其对谈话内容感兴趣或者表示认可；嘴角向下拉，是犯罪嫌疑人不满或固执的表现。

需要注意的是，在通常情况下，人的面部表情是由面部各个器官的协同运作来表现的。比如，审讯过程中一个极具有攻击性并满含敌意的犯罪嫌疑人，其在讯问中往往会有如下典型的面部表情：睁大眼睛紧盯对方，嘴唇紧闭，眉角下垂，下巴向前伸出。因此，在讯问犯罪嫌疑人时，除要观察面部某一个器官的动作外，还要注意观察面部其他各器官的动作配合，从整体上观察分析犯罪嫌疑人面部表情，从而正确解读犯罪嫌疑人的真实心理状态。

【知识链接】

微表情训练工具（METT）

微表情研究的早期阶段，研究者们都在关注构造有效测量微表情识别能力的工具。2002 年，微表情识别领域取得了重大进展，Ekman 研制出第一个微表情训练工具（Micro Expression Training Tool，METT）。该工具包含前测（Pretest）、训练（Training）、练习（Practice）、复习（Review）与后测（Post - test）5 个部分。其前测程序测量未受训练情况下人的微表情识别能力。其训练、练习与复习三个部分构成 METT 的训练程序，在训练部分，Ekman 用视频方式讲授识别微表情的要点；在练习部分，被试练习使用在训练部分学习到的技巧对微表情进行识别；在复习部分，被试进一步巩固学习到的技巧。后测程序使用了与前测不同的数据集，以测量被试接受训练后的微表情识别能力。前测成绩和后测成绩的差异，反映了被试微表情识别能力的变化。METT 提供训练程序能在 1.5 小时的时间内提高人识别微表情的能力，后测的成绩能较前测平均提高 30% ~40%。

（资料来源：《壹心理》，2014 年 10 月 3 日访问）

三、实施讯问心理策略的媒介之一——讯问言语

言语是一种心理现象。人们之间思想的交流和信息的传递一般都是通过言语进行的。讯问言语是讯问员在对被告人实施心理控制的信息反馈中，传递自己在知、情、意等方面的积极信息，表达自己正确思想的媒介。

由于讯问员的心理谋略一般都是通过言语这个媒介来实现的，因此，讯问言语对心理谋略的实施起着至关重要的作用。

（一）讯问言语的基本要求

1. 合法性

合法性是指讯问言语的选用要受到法律的制约，即讯问员绝不能用引供、诱供、指名指事问供等诱使被告人按自己的意图供述。同时，对被告人“论理论法”时选用的言语，也要符合政策和法律的要求，体现法律的尊严。

2. 情境性

情境性是指讯问员根据被告人特定的个性、教养、经历、年龄和文化水平等，根据被告人不同的心理变化，根据讯问中双方唇枪舌剑、瞬息万变的具体情况，配合谋略采取最有效的讯问言语，即讯问言语应适合情境。

【实践与运用】

某劳改工作干部心胸狭窄，因怀疑妻子行为不端，竟仿照电影《秘密图纸》伪造现场的方法，利用节前开保卫工作会议的间隙将妻子杀害。破案后，侦查人员根据其性格上倔强、孤僻而内向的特点，又有长期从事侦查、劳改工作的经历，侦查员与被告人原来又是同事关系等情况，决定分两步走。第一次讯问先作暗中点破，进行心理启发，给他的心理演变提供充裕的时间。第二次讯问再从具体问题入手，利用证据进行刺激，逐步展开讯问。这次讯问中有这样一段笔录：

问：X X，你叫我怎么对你发问呢？(两人原来是同事，现在关系变了。这样说是为了消除对方的对立情绪)

被告人一言不发。

问：那我就不客气了。

被告人继续保持沉默。

问：我要正式讯问你了。

问：你当然明白，我们是把你当作杀人犯抓起来的，你说该怎么解决这个问题？

答：我这个原告人，却成了被告人，你叫我怎么来解决？

问：我叫你怎么解决？我叫你按照原来设计的那套办法来解决。(暗中点破)

被告人不服气地摇头，不回答。

问：X X 哇，《秘密图纸》这部电影对你的影响太深了，料你是不会马上交代的。但愿你考虑一下你子女的问题，如果你有一个好的态度，和你一起工作过的老同志是会照顾他们的。你好好权衡一下吧。(暗中点破，“间接使用证据”)

最后一段话合情合理，促使被告人扪心自问，但仍未交代罪行。

第二次讯问有这么一场激烈的舌战。

问：你 9 点 5 分讲完话离开会议室到哪里去了？

答：到厕所大便去啦。

问：什么时候回会议室的？

答：大约 9 点 15 分回来的。

问；你近来身体有病吗？

答：没有。

问：既然没有病，为什么改变了你大便的习惯时间？你大便的习惯时间是在早上起床以后。这个习惯你已有20多年了，这一点大家都了解，你还能撒谎掩盖事实吗？

答：这是你的分析。

问：你也是内行，根据对死者胃内残食的检验，她的死亡时间在上午9点25分左右。罪犯行凶时间应该是9点15分左右，而这正是你不在会议室的时间。你回会议室的确切时间是9点20分，会议室到你家里来回只需要六七分钟，你在家里待了八九分钟，这段时间此足够你作案的了。

答：你的时间安排完全是推测。

问：你对这件上衣胸前的血迹如何解释？

答：这有人证明，是我进入现场时，一时激动，抱着她呼叫时沾着的血迹呀！

问：沾上去的血迹，应该是块状形，喷溅上去的血迹，由于质料的差别，或是爆炸点状，或是群点状，这点常识你也懂，你这件黑色毛呢制服上有你故意沾的血迹块，为什么又有喷射点状的血迹呢？

（资料来源：金瑞芳著：《审讯心理学》，杭州大学出版社1990年版）

至此，被告人理屈词穷，不得不交代了谋杀妻子的全部罪行。适合题旨和顺应情境是加强言语表达效果的两个密切相关的基本原则。在讯问中，只有紧紧扣住这一案件的特定“题旨”，时刻掌握被告人心理状态变化中的某一“情境”，才能达到预期的效果。

3. 严密性和逻辑性

讯问员讯问言语的严密性和逻辑性是建立在思维的严密性和逻辑性基础之上的。即讯问员只有在思维过程中严密遵守逻辑规律，严格符合逻辑规则，才能使用严密性和逻辑性较强的讯问言语进行讯问。即以结构严密、条理清楚、层次分明，有理有据，说服力强的言语，配合心理谋略对被告人心理实施积极影响，从而达到突破口供的目的。

（二）讯问言语的选择

讯问言语的选择也称择语。讯问言语的选择应与心理谋略的谋划决策同步，这样才能紧密配合谋略，控制被告人的心理。根据审讯实践，讯问言语一般应选择以下几种：

1. 模糊言语和精确言语

（1）模糊言语

模糊言语是指由模糊词或模糊词组组成的，所表达概念的内涵和外延难以明确规定的，且隐含多种判断的言语。讯问中对模糊言语的使用，常与造成错觉同步进行。利用被告人“做贼心虚”的心理弱点和某些主观愿望，凭借其犯罪过程中的某一情节，用模糊言语向其发出隐含着多种判断的信息，从而让其产生错觉，并作出错误判断。如，对一起盗窃案被告人的讯问，讯问员一开始就用模糊言语发问：“你在盗窃作案时，还有干得不够利落的地方，你在现场留下了什么东西?”这句话中的“盗窃作案”就隐含着本案以及除本案以外所作的多起案件等多种判断，这句话中的“东西”隐含着指纹以及除指纹以外的其他物品、痕迹等多种判断。而被告人“做贼心虚”，公安机关以为自己在本次盗窃案中现场所留指纹已被警方拿到，因而不得已交代。

（2）精确言语

精确言语是相对于模糊言语而言。精确言语是由精确词或精确词组组成的，所表达概念的内涵和外延明确的言语。讯问中使用精确言语是指以掌握的确实证据材料为基础，以对案件的某一情节或细节的确认为前提，并就这一情节或细节用精确词或精确词组组成的言语向被告人提出问题，使其处于一种无法狡辩的处境，迫使其产生供述动机进而交代。

讯问中对精确言语的使用较普遍，常与“先发制人，重点突破”“直接使用证据”等同步进行。如初审中趁被告人惊恐混乱，来不及防备之机，先发制人。“X 年 X 月 X 日下午 7 时 30 分前后这段时间你在哪里?”这里用的便是精确言语追问嫌疑人在发案时间内的去向。由于所表达的内涵和外延都十分明确，被告人一听便会立即意识到自己在作案时间内的活动已被公安机关掌握。再如，对一起强奸案的审理，经调查，有可靠的证据确认被告人右手食指两侧伤痕是作案时被被害人咬伤所留。据此，决定直接使用证据并用精确言语问：“你右手食指两侧的伤痕是怎样留下的?”当被告人狡辩说：“这是被铁钉戳破后留下的。”讯问员又用精确言语问：“铁钉怎会戳破你右手食指的两侧呢？显然是被咬伤的。”迫使被告人无法抵赖，低头认罪。

2. 强刺激言语和委婉言语

（1）强刺激言语

强刺激言语的特点是言简意赅、切中要害、直截了当，具有震慑作用。一般用于被告人明知公安机关已经掌握其定罪证据但仍顽固抗拒的情况。当其继续狡辩时，用强硬的话语告知我们有确实证据证明其所犯罪行，并与出示证据相结合。这种强烈的刺激能使被告人产生一种迅雷不及掩耳之感，从而被迫交代罪行。

强刺激言语一般配合“先发制人，重点突破”“直接使用证据”等策略使用。如，一起碎尸案的被告陈X，明知同案人张X已被逮捕，但讯问中点到张X时，他却否认认识此人。在再次讯问时，讯问员以强刺激言语配合“先发制人，重点突破”，直截了当地告知：“你的罪行已经彻底暴露了！”接着使用证据，出示张X交出的作案工具——匕首以及他让张X藏匿的血衣等罪证。然后用强刺激言语问：“看看，这是什么？你的同伙可是要争取主动的！”此时，陈X再也无法掩饰内心的恐惧，被迫交代。

（2）委婉言语

委婉言语是相对强刺激言语而言的，指讯问员不是直截了当地将所有要表达的意思说出来，而是用委婉曲折的方法烘托或暗示给被告人。如，畏罪心理严重的被告人对“逮捕”“拘留”“抓”“杀人”之类的话十分敏感，受到这类话的刺激就会联想到被判重刑。因此，讯问员如用这种言语对其进行刺激，不但不能促其交代，反而会增强其畏罪心理，从而造成顽固拒供的局面。对这类被告人，讯问时应以运用委婉言语为主。如，在初审时，将问话“你想想，你为什么会被逮捕？”或“你想想，你为什么会被拘留？”等，改为“你想想，你为什么会到这里来？”；在对杀人案件被告人进行讯问时，将问话“你是如何杀死他（她）的”改为“你是如何动手的”等，更能缓解其畏罪心理。

3. 借喻言语和借代言语

（1）借喻言语

借喻是比喻的一种类型。借喻言语运用于讯问，是指讯问时用喻体——作比的事物，代替本体——被比喻的事物，即直接把本体说成喻体，而本体不再出现。如讯问员欲让被告人意识到其妻子已受审并交代，便“引而不发”地用借喻言语说：“要知道，你的家庭成员并不是铁板一块。”这里借喻体“铁板一块”比喻本体“攻守同盟牢固”，并直接把喻体“铁板一块”说成本体“攻守同盟牢固”，而本体“攻守同盟牢固”并不出现。这样，讯问员虽没有直截了当地说出其妻已交代，但所用的借喻足以暗示这一点，促使被告人迅速意识到妻子已说出真相，自己如不交代难以过关。

（2）借代言语

借代言语是指讯问时不直接说出所要表达的人或事物——本体，而借用与它有密切相关的人或事物——借体来代替。借代与借喻既相异又相同。异点是，借代的借体与本体之间有实在的联系。一般而言，这种联系比较密切，而借喻的喻体与本体是本质不同的事物，二者没有实在的联系，更谈不上有密切的关系，只不过根据它们之间具有的相似点，通过联想把它们联系起来罢了。相同点是，两者都能对被告人起到积极暗示的作用。如被告人想试探其妻是否受审并交代，便问："我老婆在家身体好吗?"讯问员便"引而不发"地用借代言语告知："你老婆的态度比你好。"这里借"态度"代"受审并交代"，借体"态度"与本体"受审并交代"之间有实在的联系，因此强烈地暗示其妻"受审交代"这一实质。显而易见，被告人立即意识到老婆已经说出了实情。如此看来，虽然喻体"铁板一块"与本体"攻守同盟牢固"之间没有实在的联系，但是因为它们之间有相似之点，所以同样能对被告人起到强烈的暗示作用。至于借代言语和借喻言语的具体用法，应根据案情和被告人的表现等具体情况，灵活运用。

4. 双关言语

双关言语是指利用某些词的多义性，使言语含有双重意义，起到言在此而意在彼的作用。讯问中运用双关言语是指利用词的多义性的特点，构成双重意义的言语，向被告人提出问题，一语双关，暗示公安机关已掌握其罪证，从而使其产生如实彻底供述的动机并如实供述。例如，对一名流窜犯的讯问实例，讯问员说："你这个演员当得不合格，露了马脚。"此话一语双关，表面上是指其在演戏时露了马脚，其实是暗示已露了破绽。在"间接使用证据"时，也常以双关言语配合。如对盗窃案被告人的审讯："你家樟木箱上的钥匙有几把?"表面上问其樟木箱上的钥匙，其实是暗示其藏匿箱中的赃款已被查获，促其交代。再如，对一名盗窃案被告的讯问："你不要装哑巴了?"使被告立即意识到抢劫哑巴的犯罪事实已暴露。

四、实施心理谋略的媒介之二——无声语言

无声语言包括姿态、手势、表情等，是一种非言语的语言，是一种广义的语言。它与有声语言——言语共同构成人类交际手段的媒介——语言。

美国心理学家艾德华·霍尔在他的《无声的语言》一书中说："无声语言所显示的意义要比有声语言多得多，而且深刻得多。"他们研究后认为，人们谈话时大约有35%的内容是用无声语言来表达的。这是因为经过理性加工后表达出来的人类言语，往往不能直率地表露人的真正意向，即所谓说出来的言语并不等于存在于心中的语言。

讯问中的无声语言是指讯问员通过姿态、手势表达一定的意思，配合讯问言语向被告人传递信息，并与讯问言语共同构成对被告人实施心理谋略的媒介。

（一）讯问中无声语言的特征

1. 独特性和灵活性。即讯问员在不宜直接用言语表达的情况下，可以独特地以形喻义，灵活地向被告人传递特定的信息，从而达到控制其心理的目的。如，一盗窃案的被告，害怕公安机关取到他在现场留下的指纹，而公安机关并没有取到。如果用言语表达不当，易造成引供、诱供、指名指事问供等。此时，如果讯问员走到他身边，拿起他的手指看一看，这个独特的动作便可灵活地向被告人传递其现场指纹可能已被公安机关拿到的信息，从而既可使其意识到罪行的败露，又能进退自如。

2. 补强性和深刻性。即它能增强讯问言语的表达效果，从而深刻地将谋略作用于被告人的心理。例如，当讯问员"引而不发"地说："那你交代除盗窃以外的事。"此时以无声语言配合：眼睛紧盯着被告人，使被告人望而生畏，从而增强讯问效果，深刻地将"引而不发"的谋略作用于他的心理，迫使其从公安机关咄咄逼人的态度中意识到隐瞒的罪行暴露了。

3. 沟通性和感染性。它能以一颦一笑、一举一动等各种表情配合情感控制，与被告进行思想沟通，并增强言语的感染力，迫使其交代罪行。

（二）讯问中无声语言的种类

1. 姿态语言

姿态语言包括仪表、坐姿、站姿以及其他动作。讯问员能通过这些姿态表达自己的意思，向被告人传递一定的信息，从而达到心理控制的目的。

首先，仪表。这里指讯问员年龄、举止、衣着打扮等方面的仪态外表。如时值中年、举止端庄稳重、气宇轩昂、着装整洁等，能对被告人心理施加积极影响，从而使他产生敬畏感。反之，如果"毛头小伙"、不修边幅、歪戴警帽或敞胸露怀等，会给被告人带来消极影响，从而使他产生轻蔑感或轻松感。这是因为，当被告人获得讯问员在仪表方面的第一印象时，就力图对他的大量特征作出判断。同时，往往会把年龄、举止、衣着等与经验、阅历、知识联系起来加以判断，认为年长的讯问员经验、阅历、知识等也相应地"长"一些，又认为举止端庄、衣着整洁的，其经验要丰富些、阅历深一些、知识也广一些等。因此，讯问员年龄相当，也能给被告以积极影响。年轻讯问员如注意举止、衣着等仪表，同样也能使被告人产生敬畏感。

其次，坐姿。指讯问员坐的姿态。如坐姿端正，表情威严，能对被告人传递一种威慑力。坐姿前倾，表示正注意倾听被告人的供述或表示相信被告人的交代，让其继续往下讲；坐姿后倾，表现出对供词漠视、轻蔑的态度，会给其带来心理压力。同时，切忌坐姿歪斜不正、坐时双脚抖动等，以免给被告人造成一种轻浮感，从而不利于其供述。

再次，站姿。指讯问员站立的姿态。站立端正自然，不失威严，使被告人产生敬重感。切忌站立时双脚交叉、双手叉腰，似乎一副想打人的架势，以免使被告人误认为讯问员要搞刑讯逼供。这样，会使其产生抵触情绪，从而拒供。

最后，行姿。指讯问员走动的姿态。如讯问员边讯问，边来回走动，直至走近被告人，表示不相信其口供，从而给其增加心理压力。但有时在对被告人进行情感控制时，边问话边来回走动，也可增加情感控制的感染力，有利于沟通思想和心理交流，促使被告人在对感化的体验中交代问题。讯问员也可走近被告人看看他的手和鞋，暗示其在现场留有的手印或脚印已被公安机关掌握。

2. 手势语言

每个人在说话时都有自己惯用的手势动作。讯问员的手势动作能含蓄地表达讯问意图。如讯问时手势自然适度，与讯问气势协调，能使被告人产生讯问员稳重有度之感；如讯问时有力地挥动手臂，表明讯问员对其讯问是胸有成竹的，会使其感到不交代难以过关；如讯问时摆弄手中的笔，表示正在琢磨其口供的真伪；如边听边翻阅手中的案卷，表示不相信其口供等。切忌满意时挥舞手臂，愤怒时拍桌擂案。这样会使被告人对讯问员产生一种轻慢无能的感觉，影响其供述。

3. 表情语言

表情是人对某种刺激内心感受的外表流露。

第一，面部表情语言。扬眉，表示对被告人的交代较为满意。皱眉，表示对被告人的交代是不满意的。抿嘴，表示正琢磨讯问谋略。淡漠，表示对被告人交代不动声色，公安机关使被告人无法从公安机关表情中摸到任何底细。和颜悦色，表示对被告人爱护、挽救等。喜形于色，表示对交代十分满意。怒气冲冲，表示对被告人抗拒态度的不满。应注意不要轻易扬眉或喜形于色，以免让被告人摸到底细；注意节制怒气冲冲的表情，以免形成僵局；同时，切忌神情沮丧，以免让被告人感到公安机关无能，从而增强其抗拒意志。

第二，眼神语言。两眼逼视被告人，能使其望而生畏，从而有利于戳穿其狡辩、伪供等反讯问伎俩。两眼漠视被告人，表示对被告人的拙劣表演不屑一顾。目光凝视被告人，表示公安机关对突破其口供胸有成竹。目光温和，其实是讯问员在用眼睛对其进行教育、感化、挽救，促其幡然悔悟。

第三，笑的语言。哈哈大笑，表示狠狠揭露被告人的弥天大谎。轻蔑地笑，表示对被告人的撒谎持轻蔑态度。真诚的笑，也表示对被告人教育、感化、挽救等诚意。微微地笑，表示对交代感到满意。与点头，扬眉一样不能轻易流露这种表情，运用不当会让被告摸清底细。

五、犯罪心理测试技术在讯问中的应用

（一）心理测试技术的含义及原理

心理测试技术（Polygraph）俗称“测谎”，是指测试人员运用一定的仪器和方法，搜集被测人的生理及其他信息，进行心理评价的过程。“测谎”的基本原理是人在说谎时心理变化必然引起一些生理参数（如皮肤电、心跳、血压、脑电波、声音）变化，这些生理参数通常只受植物神经系统制约而不受大脑意识控制。通过测定这些生理参数变化，就可以判断是“真实”还是“谎话”。

（二）犯罪心理测试的常用指标

心理刺激触发生理反应主要体现在皮电、血压和呼吸三个生理指标上。

1. 皮电。皮电是皮肤电阻或电位的变化，某种刺激（例如痛刺激）引起反射性的皮电变化称为皮电反射。人类皮肤电反射主要表现在手足掌心部位，其传出神经为交感神经。由于皮肤电反射在人类可以灵敏地反映心理情绪变化，所以这一反射也称为心理电反射。

2. 动脉血压。由于心脏射血是间断性的，因此在心动周期中动脉血压发生周期性的变化。植物性神经系统中交感神经的兴奋可使心率加快，射血增加，外周血管收缩，而导致血压上升；副交感神经兴奋则起相反的作用。人在有压力的情况下动脉血压会产生规律性的变化。

3. 呼吸运动。呼吸运动是一种节律性的活动。正常情况下男性以腹式呼吸为主，女性以胸式呼吸为主。大脑皮层可以随意控制呼吸，发动说、唱等动作，在一定限度内可以随意屏气或加快呼吸。大脑皮层对呼吸的调节是随意呼吸调节系统，下位脑干的呼吸调节系统是不随意的自主节律呼吸系统。正常情况下，人可以控制呼吸，但是人在无意识控制呼吸时，呼吸的特征与人体验到的心理压力存在一定的对应关系。

（三）常用的犯罪心理测试方法

虽然测谎仪的运用是测谎技术的核心，但是对谎言的探测、罪犯的判定同时要依靠测谎过程的其他成分。不同的测试技术在很大程度上由其测谎问题的选择、设置方式来定义。目前，世界各国普遍采用的测谎检查方法主要

有控制问题检测法 CQT（Control Question Test）、犯罪知识测试法 GKT（Guilt Knowledge Test）和紧张峰测试法 POT（The Peak of Test）。

1. 控制问题检测法

控制问题检测法通过比较相关问题的反应与即使不说谎的受测者也会产生反应的控制问题的反应来进行。控制问题如："你是否从你工作的地方偷过一件小东西?"或者"你是否轻微违反过交通规则?"这样的所谓可能说谎问题被假设为能像案件相关问题一样激起受测者对诚实的关注。说真话的受测者对这些控制问题的关注程度可能高于那些案件相关问题，因为他们对案件相关问题的诚实回答会感到十分焦虑，而对那些他们的确有过的"不良"行为的问题存在焦虑。那些在有关调查事件上说谎的受测者对案件相关问题投入更多的关注，以致产生更强的生理反应。在控制问题检测中，一个犯罪者在案件相关问题和用以产生必然说谎的控制问题上都说谎，而一个无辜者只在控制问题上说谎，在案件相关问题上不说谎。控制问题背后的检测原理是，无辜者会在案件相关问题上显示出等于或小于控制问题的反应，而犯罪者会在案件相关问题上显示出大于控制问题的反应。

2. 犯罪知识检测法

这种检测方法包含了只有调查者和当事人知道的有关案件细节的问题，测试问题以多项选择的形式呈现。比如，在一个入室盗窃案件的调查中，测试问题可能是："行窃进入的位置在哪里?"（1）前门?（2）后门?（3）窗户?（4）阳台?其中只有一个信息是与实际情况吻合的。如果一个否认所有事件信息的受测者在准确描述案件的关键信息上表现出最强烈的生理反应，那么这个受测者将被认为具有犯罪嫌疑。由于这种测试形式要求测谎员知道那些作为问题主题的特定案件的细节知识，它不能用于一些保密性较高的安全性行业测试。

3. 紧张峰测试法

这种方法的应用范围一般是已知被测对象是作案人，要进一步确定犯罪的具体情节和程度。如已知犯罪嫌疑人做的是一起杀人案，问题是想了解他以前是否还做过类似的案件；如已知他贪污，想了解贪污的具体物品和数额。实践中紧张峰测试法常和其他方法结合起来使用。

（四）犯罪心理测试在侦查讯问中的作用

1. 配合侦查排查，筛选犯罪嫌疑，调整侦查范围，突出重点对象。摸底排查是侦查工作的重要步骤。案发后，侦查人员根据现场勘查和调查访问获得的情况进行分析判断，确定侦查范围。这个范围内的对象往往较多，使用测谎技术进行排查，是一种事半功倍的侦查措施，既可以提高效率，节省人力物力，又可以使大多数无辜者很快摆脱嫌疑，得到解脱。这样从侦查初始阶段就可以杜绝冤假错案，减少刑讯逼供。

2. 鉴别犯罪嫌疑人是不是涉案人，排除无辜，澄清事实。这是测谎技术最重要和最基本的功能。在案件侦查中，经过各方面的努力发现了重点嫌疑对象，这是刑侦工作的重要成果。但往往这些对象仅有若干嫌疑依据，而没有确凿证据，因而既确认不了又排除不了，致使刑侦工作无法向前继续推进。在这种情况下，应及时使用测谎技术，对该嫌疑人进行测谎鉴定，确定其是否知情，是否为作案人。如果测试得出认定结论，将有可能使案件侦查取得突破性进展。如果测试得出否定结论，将有助于迅速排除该嫌疑对象，及时矫正侦查方向，重组警力，以便尽快发现新的嫌疑对象。在实践中经常用准绳问题测试法和犯罪情节测试法对犯罪嫌疑人进行测试，以发现其是否知情，是不是作案人。

3. 案件在测谎结论能充分认定的情况下，有助于坚定审讯人员信心，同时对犯罪嫌疑人形成强大的心理压力，为突破案件创造有利条件。使用测谎仪本身就可以给犯罪嫌疑人造成一定的心理压力，结合政策教育和使用证据等方法，动摇瓦解犯罪嫌疑人的心理防御，促使其交代问题或者说明事实真相。使用时，测谎人员通过反复说明和强调测谎仪的科学性、客观性、公正性和有效性，并利用犯罪嫌疑人对测谎仪的神秘感，使其认识到测谎仪是灵敏的，不容欺骗的，担心如果自己说谎，可能被当场识破、揭穿而暴露自己，从而加重了心理压力。实践中，确有一些犯罪嫌疑人在测试过程中或测试后不久就交代了罪行。

4. 在确认了作案人的基础上，通过测谎，可帮助侦讯人员解决口供与证据之间、口供与口供之间的矛盾，也可印证侦查中的假定和推理，及时调整侦查方向，进一步为侦查提供线索。在案件侦查中，有时确认犯罪嫌疑人就是作案人已有充分根据，但犯罪嫌疑人拒不供认或伪供，致使案件中有的情节无法查清。这时如对嫌疑人进行测谎，通过分析，辨别真伪，就可以排除过去口供中的虚假部分，有助于对证人证言、被害人陈述等证据的核实，使口供与证据相符，以保证证据的准确无误。测谎结论在我国虽然还不能作为诉讼证据使用，但通过测谎，可以印证、支持、加固现有证据体系的可信度和证明力，从而使侦讯人员获取犯罪嫌疑人口供的信心更加坚定。这时候的测谎还可印证侦查中的假定和推理，以便及时调整侦查方向，可能测出一些调查线索，诸如赃款赃物的去向下落、作案人数、同案人是谁等，为调查提供方向，为审讯提供依据，如果运用合理还可能迫使犯罪嫌疑人如实供认。在这一过程中，经常用紧张峰测试法（POT）结合其他方法对犯罪嫌疑人进行测试，以了解其作案情节和过程。

5. 有助于深挖余罪和掌握有无其他犯罪，进而瓦解犯罪嫌疑人的抵触和抗拒心理。测谎过程的“测试后效”往往使犯罪嫌疑人的心理防线彻底土崩瓦解，主动供述或彻底忏悔。在侦查中，有时根据现场痕迹、物证或其他证据、线索，认定了犯罪嫌疑人一两宗案件。根据分析，嫌疑人远不止作这一两宗案，有若干作案方式、手段相似的未破案件疑为该嫌疑人所为，但又无直接证据确定哪些是，哪些不是，因此审讯时自然目标不明，力度不够，嫌疑人不肯交代。这时，如果用疑为该嫌疑人所为的未破案件的现场情况特别是未被公开的细节，对嫌疑人进行测谎，就可以确定哪些案件是其所为，哪些不是其所为，从而为审讯提供依据和方向，大大增强审讯力度，有助于深挖犯罪，侦破系列案件。

（五）犯罪心理测试的对象及过程

由于犯罪心理测试对象的心理素质、智力程度、生理精神状况等都对犯罪心理测试结果有一定的影响，因此犯罪心理测试的适用对象有一定的限定性。从侦查心理学的角度说，犯罪心理测试对象应当是与案件有关的人员，包括犯罪嫌疑人、被害人、举报人及相关的证人、知情人。而从生理学和病理学的角度来说，以下几种人员不适合进行犯罪心理测试检查：1. 处于饥饿状态的；2. 明显的疲惫或睡眠严重不足的；3. 寒冷而身体发僵或炎热而出汗过多的；4. 身体受伤或者正处于疼痛状态或处于其他病理状态下的（如正在感冒发烧、咳嗽；患有精神病或犯罪心理测试时精神病发作；患有心脏病或高血压）；5. 刚进行过长时间谈话或者审讯的；6. 测前言行明显处于酒精或毒品作用之下的人；7. 服用抑制神经的药物没超过 12 小时；8. 怀孕三个月以上的妇女、16 周岁以下的少年儿童及机能严重衰退的老年人；9. 智商过低或呆傻的人。

犯罪心理测试还必须遵循以下的科学操作程序：

1. 测试前的准备工作。首先，详细了解案情，深入收集与案件有关的材料。犯罪心理测试人员最好要到犯罪现场或案发地亲自进行调查或勘查，以获取第一手资料，从而为犯罪心理测试问题的编制、设计和操作提供依据。其次，要了解犯罪心理测试对象的个人情况。包括个人的一般情况，如被测人的个人简历、生理心理状况、文化水平、社会交往关系、社会职务、活动范围等，以及个人对案件事实和具体情节的态度、看法、观点等。不符合犯罪心理测试条件的应当停止犯罪心理测试工作。再次，制订犯罪心理测试方案。犯罪心理测试人员应选择好犯罪心理测试的时间和地点，选择犯罪心理测试的编题方法，并设计好提问的问题，还要与讯问人员协商制订配合的方案。最后，应当与犯罪心理测试对象进行测前谈话。通过测前谈话平息其紧张情绪，消除其对犯罪心理测试仪的恐惧感，使其了解犯罪心理测试的过程、要求，回答问题的内容、方式等，并确保其理解每一个提问的含义。

2. 正式测试。测试时，给被测人带上传感器，并对其宣布注意事项，然后由测试者问话，每组问题要问两至三遍。犯罪心理测试人员要态度严肃、语调平稳、口气和蔼，不允许有指控审讯的痕迹，并注意观察被测人的脸部表情等。

3. 测后讯问。当犯罪心理测试结束后，犯罪心理测试人员应立即对测试进行分析、评断。若认为犯罪心理测试对象有说谎的迹象时，侦查人员应当按照先前指定讯问计划对其进行突审，此时是犯罪嫌疑人心理波动最大的时候。但应当注意，犯罪嫌疑人说谎并不证明其就实施了犯罪行为。所以，侦查机关要做好测后讯问工作，这样才可能获取有价值的证据。

4. 制作犯罪心理测试结论报告书。犯罪心理测试结束后，犯罪心理测试人员应当出具犯罪心理测试结论报告书。报告书应当包含如下内容：案情简介、犯罪心理测试的时间和地点、犯罪心理测试人员及在场人员、犯罪心理测试的主要目的、犯罪心理测试人员分析判断的结论及依据、另附上犯罪心理测试图谱和数据。最后，由犯罪心理测试人员签书盖章。

【实践与运用】

“测谎”侦破放火案

2010年6月5日凌晨2时许，某村陈某的家连同前屋的商店，被突如其来的大火烧得支离破碎，陈某和妻子季某都不同程度地被烧伤。据季某讲，凌晨两点多，听到屋中有哗哗漏水的声音，后来闻到汽油味儿，就和陈某往屋外跑，正出门时火着了起来，陈某的头部、颈部、胳膊还有腿部被烧伤，季某左腿被烧伤。后经过清点，陈某家中及商店内的物品和3万元现金被烧毁，损失总价值十万余元。警方经调查认定这是一起故意放火案件。6月5日上午，当地刑警大队迅速对火灾现场进行勘验、检查。火灾中心现场为陈家四间北屋，其中东边三间为商店，西边一间为陈某与季某的住房。现场屋顶除陈某与季某住的那间外，其余全部烧毁。调查发现犯罪嫌疑人是在自西往东数第二间房顶北侧揭开瓦并扒洞，向房内倒入汽油点燃房屋的。

案件发生后，专案组人员围绕受害人的家庭、工作、交际等情况，展开拉网式排查。首先排查了全村人员及现场周围重点几户人家，但未发现可疑情况。之后询问受害人季某及与其有矛盾的对象。专案组先后调查、传唤了赵凤盈（化名，男，32 岁，季某怀疑赵凤盈为其商店竞争对手）、赵继亮（化名，男，28 岁，季某怀疑赵父赵凤福与其公公有矛盾）、孙会心（化名，男，37 岁，是赵凤福的妻侄）、邢生辰（化名，男，45 岁）等人，但均未获得与本案有关的信息。专案组人员还对四周邻村及周边公路、医院、加油站等逐一走访调查，同时调取了该村及周围各村的监控录像，均未发现可疑情况，案情一度陷入僵局。

专案组在侦查工作一筹莫展的情况下，向中国人民公安大学武伯欣教授求助。武教授应邀来到当地后，首先对发案环境进行观察，然后对这起纵火案进行了犯罪心理痕迹动态分析。在此基础上采用认知综合方法编写测试题目，题目共56道，涉及自我认知、动机因素认知、犯罪过程认知、现实心态认知等方面的问题，并传唤赵凤盈、赵继亮、孙会心、邢生辰等 9 名嫌疑人接受测试。通过同一套题目重复测试，排除赵继亮、孙会心、邢生辰等 8 人在本案中的涉案嫌疑，而赵凤盈在测试时对全部涉案目标题有显著相关特异心理生物反应，因此认定赵凤盈在本案中具有涉案嫌疑。该嫌疑人在以下心理测试题目上有显著相关特异心理生理表现：给陈家放火的人，是案发几天前想干的？是哪天晚上干的？给陈家放火，是因为有矛盾？为了挣钱的事？是因为他那商店碍事？三十多岁的人放的火？十几岁的人放的（有同伙可能）？清楚几个人干的？两个人干成的？是自己干的？是叫别人干的？作案人用的油，是家里存的？作案人那天晚上，是十一点多动的手？是后半夜一点多动的手？是从东边矮墙上的房？有人帮忙？作案人点火，是用的打火机？是用别的东西点的（打火机点燃某物扔向汽油）？放火以后，是参与救火了？

（资料来源：王梦琦：《浅析犯罪心理测试技术在一起放火案调查中的应用》，载《净月学刊》2013 年第 3 期）

思考题：

1. 犯罪现场物质痕迹与心理痕迹的关系是什么？
2. 如何进行犯罪现场心理分析？
3. 常用的缉捕心理策略有哪些？
4. 犯罪嫌疑人在审讯过程中有哪些心理特点？如何进行应对？

5. 侦查讯问过程中如何运用犯罪心理测试技术？

参考文献：

1. 梅传强主编：《犯罪心理学》，中国法制出版社 2014 年版。

2. 郑友军编著：《犯罪心理学》，四川大学出版社 2008 年版。

3. 李锡海：《侦查心理品质的特征、构成及培养》，载《山东公安专科学校学报》2000 年第 1 期。

4. 徐俊文著：《犯罪现场之犯罪心理痕迹解读技术》，中国人民公安大学出版社 2006 年版。

5. 蒲莹：《论犯罪心理痕迹分析在现场勘查中的应用》，中国政法大学 2010 年硕士学位论文。

6. 罗大华主编：《犯罪心理学》，中国政法大学出版社 2014 年版。

7. 汪新发：《缉捕战术在刑事侦查中的运用》，载《湖南公安高等专科学校学报》2003 年第 5 期。

8. 李锡海：《几种重要的侦查心理战术研究》，载《江苏公安专科学校学校》2001 年第 4 期。

9. 刘凯：《侦查讯问心理研究》，山东大学 2008 年硕士学位论文。

10. 李安、房绪兴著：《侦查心理学——侦查心理的理论与实践》，中国法制出版社 2005 年版。

11. ［美］保罗·艾克曼著：《情绪的解析》，杨旭译，南海出版公司 2008 年版。

12. 陈铭：《初探突审中的微表情运用》，载《政法学刊》2013 年第 2 期。

拓展阅读书目：

1. 王怀旭主编：《侦查讯问学》，中国人民公安大学出版社 2004 年版。

2. 姜振宇著：《微表情——如何识别他人面部真假》，长江文艺出版社 2015 年版。

3. 万宏伟等著：《犯罪嫌疑人心理测试要点例解》，中国检察出版社 2014 年版。

第五章　提起公诉与询问心理

第一节　提起公诉的主体——检察官

根据我国《刑事诉讼法》第 172 条的规定，提起公诉是人民检察院代表国家将犯罪嫌疑人提交人民法院，要求人民法院通过审判追究其刑事责任的一种诉讼活动。在司法实践中，人民检察院对侦查终结的案件，经过依法审查，认为必须对被告人追究刑事责任时，由检察人员代表国家向人民法院提起公诉，并出庭支持公诉。《中华人民共和国检察官法》第 6 条规定，检察官的职责包括代表国家进行公诉，因此，在我国提起公诉的主体是检察官。

一、检察官应具备的心理素质

心理素质，是指人们在先天生理基础上，经过后天的社会实践锻炼所形成的基本稳定的心理特点以及与之相关的潜能。心理素质并不是天生具备的，它的形成有其一定的社会基础。一般而言，人的心理素质主要由智力因素和非智力因素构成。其中，智力因素，如注意力、记忆力、思维力、想象力等；非智力因素，如情感、意志、性格等。

作为公诉人的检察官，心理素质是检察官素质的重要组成部分，它对检察官的政治素质、业务素质、职业道德素质的形成都有非常重要的作用。这里所说的检察官应具备的心理素质，是指检察官的职业心理要求，并非探讨个体检察官的心理特征，是从检察官这一职业的一般性入手，阐述作为公诉人的检察官应该具备的心理素质。

（一）智力因素

1. 良好的注意力和记忆力

公诉是一项业务性极强的法律活动，检察官必须具有全面的法律知识和丰富的公诉经验，而知识的取得、经验的积累都是以检察官具有良好的注意力和记忆力为前提的。即便是公诉活动本身也需要检察官具有良好的注意力和记忆力。

开庭审理前，作为公诉人，检察官不仅要对案情、证据反复推敲，对相关法律规定仔细研读，注意各种有关细节，及时发现问题，而且要准确记忆这些信息，避免因粗心大意或记忆模糊造成失误，出现错漏。在开庭审理中，更需要检察官保持高度的注意力，认真地听取庭审中各方的发言，获取说话声音和形体语言的细微之处所传递的信息的情感含义，充分认识到没有说出来的话完全可能与已说出的话同样重要；积极主动地概括总结对方的意见，细心观察庭审中的情况，并将这些庭审中的信息准确记忆。如，起诉书认定的犯罪事实在讯问、质证中是否受到质疑，是否受到新的证据影响；出庭作证的证人所作证言是否与原证言一致，是否存在矛盾；辩护人提供的证据是否合法、真实、与本案相关联，辩护意见中对指控事实、适用法律以及定罪量刑所持的异议、理由和依据是什么；控辩双方的论辩焦点主要是什么，属于哪类问题等。这些庭审信息对公诉人都至关重要，是检察官在庭审中作出快速反应并沉着应对的基础和前提。当然，这并非要求作为公诉人的检察官要关注和记忆所有庭审信息，公诉人的记忆需注意两点："一是要做到真实客观、全面具体、准确清楚；二是要注意提纲挈领，去粗取精。公诉人要善于提炼观点，既要做到没有遗漏，又不能事无巨细地罗列。"

2. 严密的逻辑思维能力、说理能力

"严密的逻辑思维能力主要是指检察官在审查案件及出庭公诉的过程中思考、判断事实、证据及其内在关联等问题时应具备的能力。"公诉案件由控方承担证明被告人有罪的责任，因此，检察官需要在充分了解案情、证据、法律规定的基础上遵循逻辑思维规律，运用概念、判断、推理等思维形式，作出有理有据的有罪论证。这一论证思维在审查起诉中，要按照犯罪事实清楚、证据确实充分的标准，全面客观地审查犯罪事实和证据，分析犯罪的性质、类型、社会危害性以及所触犯的法条，最终决定是否起诉。在出庭公诉中，要明确阐释提起公诉的罪名，并通过举证、质证、辩论对提起公诉的罪名加以证明。

无论是审查起诉还是出庭公诉，检察官的所有论证都必须符合思维的规律，不能自相矛盾，违反逻辑。如果分析、论述问题的逻辑出现了问题，就很容易让对方抓住"把柄"，如此也就很难说服法官。严谨的逻辑思维不仅能够帮助检察官在审查案件的过程中及时发现证据不足，以便进一步补充侦查、完善证据，而且有利于发现被告人、辩护人的逻辑漏洞。此外，庭审现场也是很好的普法基地，公诉人不仅要指控犯罪，还要对犯罪予以释法说理，让犯罪人真正认罪伏法，让每一位旁听的群众受到法律教育。因为，说理能吸引听你说话的人去思考，要比枯燥的法律条文更具说服力、更深刻。总之，作为公诉人的检察官只有拥有严密的逻辑思维和较强释法说理能力，才能在出庭公诉中保持头脑清晰、条理清楚、目光敏锐，抓住事物的本质和关键，灵活应对庭审中各种纷繁复杂、曲折离奇的情形，才能沉着完成公诉任务。

3. 高超的运筹决策能力、预判能力

运筹，一般是指人们在从事实践活动中，科学地进行筹划和布置，用最少的人力、物力获取最大实际效益的心理活动，因此，运筹能力也就是涉法获取最大效益的能力。对于公诉活动而言，检察官在开庭审理前需要熟悉案件的全部情况，还要在开庭前积极听取辩护人的意见，并对认定的事实、证据的合法性了然于胸，对庭审作一定的预判，积极应对庭审中可能出现的新证据、新问题，以保证庭审中的举证、质证都严谨有序。同时，检察官也要抛开自己的证明逻辑，对辩护人可能提出的辩护意见以及庭审中可能出现的各种情形进行预测，并拟定相应的应对方案，以防在庭审中陷入被动。公诉人的角色，决定了检察官在庭审中活动内容多，承受压力大，因此，作为公诉人的检察官需要具有高超的运筹能力，才能对提起公诉的案件进行细致分析，构建起支持公诉的证据链条，在公诉中一击而中，公诉成功。

决策是指对若干准备行为方案进行选择，以便采取最佳方式达到预期目标的过程，它是人们在对客观情况的分析判断的基础上，所决定采取的行动。检察官的决策能力是指检察官运用科学的思维，对公诉活动中出现的各种情况作出最优化决定的能力品质。在审查起诉时，检察官需要判断罪与非罪、此罪与彼罪、罪重与罪轻、证据是否真实可靠、是否存在非法取证的情况等疑难复杂的情形；在庭审中，也会随着控辩双方的激烈论辩推动庭审出现各种可能，对此都需要检察官正确决断、灵活应变。此外，“随着检察改革的不断深入，检察官的决策能力要求也越来越高，过去那种检察官办案，集体讨论，部门领导把关，检察长审批的程序将逐渐被取代。犯罪嫌疑人是否应当采取强制措施，是否决定不起诉，是否提起公诉，是否提出抗诉，是否实施法律监督等，都需要检察官独立作出决策，决策的正确与否直接决定办案的质量和效果”。

(二)非智力因素

1. 强烈的正义感

正义感作为非智力因素中的情感因素直接关系到一个人对事物的认识,关系到一个人的人生观和价值观。正义感既是一种法律情感,也是一种朴素的道德情感。正义感对于不同群体的人意义不同。对于作为公诉人的检察官而言,正义感不仅是职业道德准则的基本要求,而且是一种职责要求。

检察官的正义感要求检察官在提起公诉时,首先,忠于事实和法律,做到以事实为依据,以法律为准绳。既不滥用公权力随意对犯罪嫌疑人提起公诉,也不因法律以外的因素而不予起诉;既不夸大或缩小犯罪事实,也不在证据上弄虚作假。其次,要求检察官要客观公正,秉公执法,不枉私情,不谋私利。作为公诉人,检察官应当以追求事实真相和公正司法作为基本目标。检察官在进行诉讼活动中不能从主观倾向出发,更不能从追诉犯罪的主观意向和追诉方的诉讼利益出发,必须按照法定程序,客观、全面收集证明犯罪嫌疑人、被告人有罪或者无罪、犯罪情节轻重的各种证据,特别是对无罪证据、罪轻证据不能隐瞒。最后,要求检察官树立控辩平等意识。开庭是查清事实,阐述观念,并非是打击被告人、挫败辩护人。控辩对抗是手段,不是目的。检察官出庭公诉,是代表国家,其出发点应是维护社会的公平正义,而不是完全站在被害人的角度置被告人于不利之境遇。因此,检察官不能利用自身作为国家机关占有更多诉讼资源的优势去压制辩护人。法庭上的正义,需要控辩双方平等地进行对抗。

2. 坚定的意志

出庭公诉,就是要求检察官在法庭上逐步织就一张严密的法网,证实被告人的罪行。这张网只要被辩护人撕出一条口子,就可能面临公诉失败的风险,因此,检察官在法庭上不仅要有较高的专业水平,而且要有坚定的意志,检察官是否具有坚定的意志品质对做好公诉工作具有重要的作用。当然,良好的意志品质不是天生就有的,而是在实践中逐渐锻炼培养出来的。

检察官应具有的意志品质包括:自觉性、坚韧性、自制力。首先,自觉性。检察官意志的自觉性是指检察官对其行动的目的及意义有正确的理解,并能主动地支配自己的行动使其服从于活动目的的意志品质。它反映了检察官坚定的立场和崇高的信仰。其次,坚韧性。意志的坚韧性是指人们在执行其决定时以坚韧不拔的毅力克服一切困难的品质,具有坚韧性意志品质的检察官,在公诉过程中能以坚强的毅力战胜各种艰难险阻,坚定不移地完成公诉任务。最后,自制力。这是指灵活的控制自己的情绪、约束自己的动作和语言方面的品质。自制力反映着意志的抑制职能。出庭公诉意味着与被告人当面对质，与辩护人针锋相对。有些被告人在庭审中翻供，甚至诬陷办案人员，要求将相关证据予以排除，或者无端要求重新鉴定以拖延时间。有些辩护人也会在细节处大做文章，旁征博引，给公诉人带来巨大压力。此时，面对剑拔弩张、瞬息万变的庭审环境，公诉人需要保持绝对的冷静，控制好自己的言行，对于犯罪结果明确但起因复杂的案件，要主次分明，充分体现公诉人主导地位，防止因外界刺激而引起过激行为，导致损害检察机关的形象，影响法庭活动的正常进行。

3. 良好的气质修养

气质是个体相对稳定的个性心理特征之一，是指在人的认识、情感、言语、行动中，心理活动发生时力量的强弱、变化的快慢和均衡程度等稳定的人格特征。由于公诉工作本身的特点和需要，作为公诉人的检察官应符合一定的气质要求。

首先，在态度方面，检察官面对每一次公诉都要抱有积极主动、认真负责的态度。检察官所持的工作态度直接关系到公诉的质量和效果。公诉中可能会遇到非常复杂、棘手的案件，检察官只有不畏困难，积极投入公诉工作中，才能在法定期限内尽快理清案情，形成证据链，深入调查案件，发现细节，避免出错。此外，检察官在工作中还要抱有谦虚诚恳的态度，在审查起诉时虚心接受周围同事的建议，在庭上耐心听取辩护人的辩护意见。其次，在心态方面，检察官在出庭公诉时要控制好自己的情绪，保持平稳的心态。检察官既不能将个人的情感带到法庭，也不能使个人情感随庭审情况的变化而失控。例如，面对辩护人的故意刁难、以言相激、挑拨，检察官不能产生急躁、愤怒的心理，要淡化公诉人与被告人的对抗，做到表情自然亲切，要表现出一切尽在掌控中的感觉；面对突然提出的新证据或者是原有证据被排除时，检察官不应紧张、慌乱，要学会克制，不冲动，保持一种自信、开放、乐于交谈的态度。最后，在表达方面，检察官应具有较强的表达能力。检察官以国家公诉人的身份出庭，其口头表达能力给人以最直观的检察官形象。检察官的发言不仅要层次清楚、观点明确，而且要用语规范，严谨有据，不夸大其词，不过分渲染，语气铿锵有力，干脆果断，语速适中，表达流畅自如，节奏把握详略得当，忌啰唆。具体在表达时还要注意一些技巧，如集中锋芒，突出重点等，还要注意利用声音的力量去感染庭审，如发音吐词清晰，音量控制适当，论述停顿有力，除了让人听着省力、舒服外，还可以凸显权威、自信，增加影响力。

【实践与运用】

公诉足坛腐败窝案的幕后事

2012 年 2 月 16 日，被法院一审判处有期徒刑五年零六个月的陆俊，表示服判不上诉。

在陆俊等非国家工作人员受贿案的庭审环节，包括讯问、举证、质证，公诉专案组成员以理服人、条分缕析、自信从容的庭上形象给许多人留下深刻印象。该院公诉一处处长李琦介绍，当时的庭审辩论非常精彩，有关领导在观摩后表示："庭审录像可作为业务培训的教学资料！"

检察官解读公诉技巧

在丹东审判的涉足球案开庭前，专案组对每起案件都是准备两套庭审提纲，一套是被告人认罪的提纲，另一套是不认罪的提纲。同时还要根据庭审现场情况灵活运用公诉技巧，掌握节奏。当日庭审中，公诉人发言流畅从容，不纠缠细枝末节，始终牢牢掌握庭审主动权，从而首战告捷。公诉人的表现也博得法官、律师、旁听群众的一致好评。此外，为了便于法庭有针对性地质证，提高庭审效率，检察官们还运用了分组举证法、综合答辩法等公诉技巧，按照犯罪构成要件的事实组合，多媒体展示证据，对影响定罪量刑的主要辩护意见，经归纳总结分门别类地进行详尽的答辩，对枝节性的辩解和辩护意见则点到即止，这使得几起案件庭审重点突出、节奏紧凑，取得了非常好的公诉效果。

检察官讲述背后的付出

为了尽可能提高阅卷效率，专案组成员采取了"五加二"模式，仅用一周时间即完成了对陆俊、黄俊杰、周伟新案的证据材料审查任务，共审查案卷 30 余册，证据材料近 2000 份。在一周时间内，专案组都吃住在一间专设的办公室。由于沈阳距离丹东 277 千米，每次往返都需要 6 个小时，专案组提审犯罪嫌疑人需要考虑到沈阳市看守所的会见时间，有时天还没亮就出发，在下午四点半之前要结束提审，中午根本顾不上吃饭。

2010 年 10 月，公诉专案组依法介入足球案后，公诉专案组检察官姜秀娟扔下家里准备高考的孩子，一心投入办案中，几个月后，她感觉自己的一条腿经常不听使唤，回不了弯，但她硬是坚持到 2011 年 5 月这批案件提起公诉后，才到医院检查。一拍片子发现，膝盖骨上面游离出一块拇指盖大小的骨头碎片，医生建议她立即手术，可她觉得准备庭审的过程非常重要，而且她还负责指导几位具体承办人，她决定继续咬牙坚持。

一年来连续、大量阅卷，公诉一处处长李琦的眼底黄斑病变得非常严重，开庭那几天，眼睛异常难受，李琦仍旧是每天开庭结束后，陪着承办人苏凤琴在单位加班到深夜，这也导致了他的眼疾加重。

案件承办人苏凤琴患有严重的腰肌劳损，为了尽快审结案件，她每天都要在桌前坐上12个小时，庭审那几天腰病犯了，她忍着疼痛连续两天公诉四个案件，而让大家看到的，是她自始至终端庄的坐姿。

（资料来源：《检察日报》，2012年4月1日第1版）

在足坛腐败的这起案件中，作为公诉人的几名检察官用顽强的意志克服了生活上和工作中的种种困难，高效地完成了公诉任务。他们在庭下的认真、坚持和庭上的自信、从容都体现了新时代检察官良好的心理素质和专业素养。

二、检察官出庭支持公诉的准备

出庭支持公诉，是人民检察院在法院开庭审判公诉案件时，派员以国家公诉人的身份出席法庭，支持依法追究犯罪的活动。根据2012年《刑事诉讼法》的规定，人民法院审理公诉案件，人民检察院都必须派员出席法庭。检察官出庭支持公诉的主要任务是揭露并证实犯罪以维护公共权益。

为保证公诉活动的顺利进行，公诉人在出庭支持公诉前应做好充分的准备。根据公诉人出庭公诉时的具体任务，检察官在出庭支持公诉前应制作公诉词、拟定讯问被告人、询问证人的提纲、制订质证的方案以及公诉意见书等。但是，《刑事诉讼法》的修改对公诉人出庭支持公诉前的准备工作提出了新的要求，出庭支持公诉的检察官需要对定罪公诉、量刑公诉、程序公诉给予同等重视，需要更新的法治理念来引导公诉工作，需要更加专业也更加丰富的知识和科学的方法来支持公诉。

（一）严格审查相关证据

公诉人提起公诉需要相应的证据作为支撑，且支持公诉的证据必须是合法取得的。新修改的《刑事诉讼法》确立了非法证据排除规则，因此，公诉人提起公诉必须对支持公诉的相关证据进行严格审查，以免在开庭公诉时因重要证据被排除而陷入被动局面。具体而言，公诉机关应该做好如下准备：

1. 明确区分瑕疵证据和非法证据

瑕疵证据和非法证据均属于广义的非法证据范畴，但是，非法证据与瑕疵证据之间存在根本区别。非法证据与瑕疵证据的根本区别在于违法的严重程度不同。一般认为，二者区别的标志在于取证手段是否侵犯了被追诉人的基本宪法性权利。例如，《刑事诉讼法》第54条规定，采用刑讯逼供等非法方法收集的犯罪嫌疑人、被告人供述和采用暴力、威胁等非法方法收集的证人证言、被害人陈述，应当予以排除。《人民检察院刑事诉讼规则（试行)》第65条规定，刑讯逼供是指使用肉刑或者变相使用肉刑，使犯罪嫌疑人在肉体遭受剧烈疼痛或者在精神上遭受痛苦以逼取供述的行为。刑讯逼供给人造成严重的肉体上的痛苦，严重侵犯了人的宪法性权利，因此，刑讯逼供所取得的证据应坚决予以排除。根据《最高人民法院关于适用〈中华人民共和国刑事诉讼法〉的解释》第73条第2款第（1）项规定，勘验、检查、搜查、提取笔录或者扣押清单上没有侦查人员、物品持有人、见证人签名，或者对物品的名称、特征、数量、质量等注明不详的，经补正或者作出合理解释的，可以采用。此规定中，由于物证的获取方式存在瑕疵不会直接侵犯人的基本权利，因此，经过补正之后可以被采用。当然，如果不能合理补正，就应当予以排除。总之，明确区分非法证据与瑕疵证据直接关系到证据能力问题，非法证据不具有证据能力，瑕疵证据于补正后具有证据能力。

2. 及时排除非法证据

为了使庭审效率不因非法证据排除规则的确立而降低，非法证据的排除应尽量在开庭审理前完成。无论是检察机关自侦案件还是由公安机关侦查的案件，检察官在准备公诉之前都有义务对相关证据进行审查，以尽早排除非法证据。《刑事诉讼法》对待非法证据的态度十分明确，即果断排除，因此，检察官在出庭公诉前的准备中需要对各类证据进行仔细审查，认真鉴别。鉴于言词证据容易受各种主客观因素的影响而出现虚假或失真的情况，检察官在提起公诉前的证据审查过程中，需要对犯罪嫌疑人的供述、证人证言、被害人陈述等言词证据认真审查，分析是否存在刑讯逼供、暴力、胁迫取证等情形，做好随时排除以非法手段所获取的言词证据。尤其是对一些无言词证据的支持就可能导致定罪困难的案件，更应该加强审查，确保相关言词证据的合法可用。

3. 适当补正瑕疵证据

果断排除非法证据的结果可能使很多案件丧失了定罪的关键证据，在此情况下，可以用于定罪量刑的各类证据显得十分珍贵，哪怕是一些瑕疵证据，只要不属于非法证据，皆可以被补正后用于支持公诉。当然，“补强的前提要建立在对瑕疵证据的客观真实性认真审查的基础之上，不可不防的是，存在某些瑕疵证据确实是伪造的可能性，如伪造见证人签名，又如实际情况是一人讯问，但最终签名又显示是两人在场，检察官在审查证据时必须提高警惕，以免受到虚假证据的干扰”。只有真实性确定的瑕疵证据，才应当恰当补正，切不可因为支持提起公诉的证据不足，而不经审查对一些看似存在瑕疵的证据进行补正。而对于一些真正的瑕疵证据要及时发现，并补正，尽量避免在开庭公诉时由法院要求后才进行补正，既是为了保证庭审的集中进行，提高庭审效率，也是为了使公诉工作顺利进行，树立良好的公诉人形象。

（二）积极应对证人、鉴定人出庭问题

《刑事诉讼法》对证人、鉴定人以及有专门知识的人出庭作证的有关问题予以明确规定，并明确了证人保护和作证补助问题。故检察官需从以下方面积极应对证人、鉴定人等出庭作证工作：

1. 认真审查证人证言，拟定询问提纲

基于对诉讼风险的考虑，诉讼各方对关键证人出庭作证制度并不完全持欢迎态度，公诉人也不例外，但这种不欢迎的态度实则是应当摒弃的。为更好地查明案件事实，推进庭审的实质化，关键证人出庭作证是应当推崇的，公诉人对此应积极应对。在司法实践中，出庭证人原则上都是在案卷材料中已经作出书面证言的人，这为公诉人充分掌握证人的立场、观点提供了便利条件，审查书面证言是应对证人出庭最为重要的庭前准备工作。作为公诉人，在公诉准备活动中应对已经附卷的证人证言进行认真审核，发现其中的矛盾、纰漏，必要时应当重新询问，核实相关情况。对于发现疑问的证人证言，要积极做好应对证人出庭的准备。在认真审查言词证据甚至是当面询问证人的基础上应进一步细致拟定询问证人提纲，一来进一步梳理言词证据，二来也避免证人出庭可能带来的诉讼风险。在拟定询问提纲时，不仅要对本方询问的问题预先设定，也要预测辩方可能提出的问题，做全面考虑。当然，询问提纲只是根据现有证据所制订的初步思路，庭审中不应局限于此。

2. 重视对鉴定意见的审查

关于如何面对鉴定人和专家证人的问题。新《刑事诉讼法》将“鉴定结论”修正为“鉴定意见”后，公诉人也要转变对这一证据类型的认识，高度重视对这类证据的审查，庭前要加强与鉴定人的沟通，做好出庭解释工作的准备。与法院的积极沟通也成为必要，在实践中摸索形成对证人、鉴定人资格审查、询问规则、言词证据采信等一系列规则体系，确保公诉工作顺利进行。

3. 提高庭审应变能力

面对庭审中瞬息万变的情形，即使制订了比较详尽的询问提纲，也难免会有意料之外的情形出现，公诉人需要做好应对庭审变化的准备。随着庭审实质化的逐步推进，控辩双方在法庭上的对抗激烈程度必然增强，双方对被告人的讯问、证人询问技巧也要不断提高，公诉人不能简单依赖庭前制订的书面提纲，必须根据庭审的实际情况随机应变。因此，公诉部门要加强公诉人询问技巧方面的训练，进行必要的知识准备和技能培训，灵活应对庭审中可能出现的各种情形。

（三）做好量刑公诉准备

2010 年，最高人民检察院公诉厅制定了《人民检察院开展量刑建议工作的指导意见（试行）》，积极推行量刑建议制度。同年，最高人民法院、最高人民检察院、公安部、国家安全部、司法部又联合制定了《关于规范量刑程序若干问题的意见（试行）》，进一步规范量刑活动。可见，量刑建议制度对公诉检察官并不陌生。但是，一直以来检察院的量刑建议权并未得到充分行使，检察官出庭支持公诉主要还是定罪公诉，起诉书主要还是对定罪的论证，而忽略量刑问题。

2012 年，修改后的《刑事诉讼法》第 193 条第 1 款规定：法庭审理过程中，对与定罪、量刑有关的事实、证据都应当进行调查、辩论。该条款虽未明示公诉人要提出量刑建议，但是对量刑问题进行法庭辩论势必需要公诉方和辩护方发表量刑意见，该规定实际使量刑建议制度在法律中进一步被确认，在实践中也被重新重视并认可。此外，新《刑事诉讼法》规定适用简易程序的公诉案件也需要检察院派员出庭，而适用简易程序的案件大多在定罪方面比较明朗，无需控辩双方过多发表意见，双方的争执也就主要落在了量刑上。一旦所有的公诉案件不仅要有定罪公诉还要有量刑公诉，出庭支持公诉的检察官即面临着巨大的挑战。

面对新法的规定，出庭支持公诉的检察官要在观念上有所转变，应将定罪公诉与量刑公诉置于同等重要的地位。而要提出比较准确、有参考价值的量刑建议，则需要公诉人在出庭公诉前认真准备。首先，要全面收集关于量刑的证据。有关被告人量刑问题的证据既包括纯粹的量刑证据，也包括定罪量刑混合型证据，既包括从重处罚的证据，也包括从轻、减轻处罚的证据。对此，公诉人都必须秉承一颗客观公正的心，将其全面收集。其次，仔细审查案件的细节之处，例如犯罪嫌疑人的一贯表现、身份、作案动机等。最后，对辩护人可能发表的量刑辩护意见进行预测，并提出相应的应对意见，进一步确认公诉方所发表的量刑建议准确。一般辩护人都不会放过对量刑的辩护，也会在法律之外寻找众多可能影响量刑的因素进行辩护，对此公诉人都要有一定的应对策略。

（四）做好庭前会议准备

2012年《刑事诉讼法》规定的庭前会议程序给予了控辩审三方信息交流的平台，借此程序，公诉人可以得知事实争议点和辩护律师或法官要求证人出庭的情况，并在庭前会议之后做好准备工作。但是，对于公诉人而言，庭前会议制度既是机遇，也是挑战。目前法律尚未对庭前会议给予明确定性，公诉人在庭前会议中发挥的作用还非常有限。有学者提出庭前会议应定位为正式庭审的预备庭，为了更好地与正式庭审相衔接，公诉人在庭前会议中的重要职责之一便是与辩护方全面交换证据。据此，为保证控辩双方在庭前会议的信息交流之中信息对称、控辩平等，检察官应将支持公诉的证据收集齐全，特别是将补充侦查后重新获取的证据等信息一并收集并展示，并将存在疑问的证据明示予以讨论。出庭公诉的检察官应充分利用好这次证据交换的机会，为开庭审理做好准备。

第二节 询问被害人和证人心理

一般情况下，询问是针对刑事犯罪的被害人和证人进行的。法律上的询问是指侦查机关为了查明案件基本情况，发现侦查线索，获取证人证言，依法向被害人和证人了解和查证核实与案件有关问题的一项侦查措施，其目的是获取破案线索和追诉犯罪嫌疑人的证据。

一、被害人陈述心理

被害人在证明犯罪活动中有着非常重要的、直接的证明作用，是证明犯罪的一个重要组成部分。从另一个角度来看，被害人又是一个特殊的证人，一个以自己直接遭受的侵害作证的证人。因此，他能直接证明犯罪行为的轻重、犯罪的性质和种类。可见，被害人是重要的询问对象，获取被害人的陈述是刑事诉讼活动的重要环节。

然而，由于被害人在遭受不法侵害后，其心理状态会发生很大的变化，如人在受到侵害以后可能会产生报复心理，这种报复心理就会转换成控告的动机和其他的复仇行动等。不同动机的控告和陈述心理，对于能否证实犯罪有着重要的影响，如实的控告和陈述，案件就能得到正确的处理，诬告和错告就会出现冤、假、错案。侦查人员询问被害人的任务就在于保证控告事实的准确性，杜绝诬告、错告的虚假性，维护法律的尊严。

（一）被害人陈述的概念

被害人陈述，是指刑事案件中的被害人就自己遭受犯罪行为侵害的事实以及与案件有关的其他情况向公安司法机关所作的口头或书面陈述。按照我国《刑事诉讼法》第48条的规定，被害人陈述是刑事证据种类之一，只要经查证属实，就可以作为定案的依据。被害人陈述的内容主要包括被害人受犯罪行为侵害的事实和后果，自己的感受或者了解到的有关犯罪嫌疑人的情况，以及与案件相关的情况等。

【实践与运用】

李某在吴某家的卧室内，从吴某的手包中盗走人民币6000元。案发后，为获得更多的退赃，也为报复李某，吴某伙同其妻江某向公安机关谎报被盗人民币56800元，又找来第三人曹某向其转述虚假案情，并请求其以现场目击者的身份向公安机关提供上述证言，承诺事成之后给曹某3000元的好处费。曹某当时不在案发现场，但其对吴某深信不疑，答应为其作证，向侦查机关出具了虚假证言。案发后吴某、江某、曹某等人因涉嫌犯伪证罪被逮捕。

（资料来源：朱显：《关于被害人虚假陈述的案例分析》，兰州大学2010年硕士学位论文）

由上述案例可见，被害人陈述是重要的刑事证据之一，由于被害人是犯罪行为的直接受害者，虽对案件事实有着客观、全面的了解，但有时因种种原因被害人陈述并不总是客观的、真实的。上述案例中，吴某伙同其妻江某在其钱财被他人盗窃后，本应通过正常途径解决，但为图报复，故意捏造出数额特别巨大的钱财被盗（夸大）的犯罪事实，同时用金钱收买曹某某对案件有重要关系的情节故意作虚假证明，向公安机关作虚假告发，意图使他人受到更为严厉的刑事追究。为此，在使用被害人的陈述作为证据定案时，必须进行综合分析和判断，要经查证是否属实。

（二）被害人陈述的特点

1. 被害人陈述可以直接地、形象地证明案件事实。被害人是直接遭受犯罪行为侵犯的人，对犯罪活动的过程了解较为清楚。被害人的陈述一般能够比较全面地提供有关犯罪行为发生的时间、地点、方法、手段以及危害后果等诸多信息。在侵犯人身权利以及部分侵犯财产权利的案件中，被害人往往与犯罪分子有过直接的接触。在此情形下，被害人还能够揭示犯罪行为人的人身特征，甚至直接指明犯罪嫌疑人的身份。被害人陈述所具有的这种能够直接揭露犯罪、证实犯罪的功能是其他证据很难具备的。

2. 被害人陈述可能夸大犯罪事实。作为犯罪行为的直接受害者，被害人虽然对案件事实有着客观、全面的了解，但被害人陈述并不总是客观的、真实的。由于被害人是案件的当事人，与诉讼的最终结果具有法律上的利害关系，因此，被害人陈述往往带有明显的倾向性，夸大犯罪事实。例如，被害人出于对犯罪嫌疑人的愤恨和报复心理，往往会夸大后者的主观恶性及其犯罪手段、情节的恶劣程度，以期能够严惩犯罪分子；再如，被害人为了获得更多的补偿，可能会夸大犯罪行为给自己带来的损失等。侦查人员在收集和审查证据时，必须对被害人陈述所具有的倾向性保持应有的警觉，以免受到被害人的感情和情绪误导。

3. 被害人陈述有误证的可能性。与被害人受主观倾向指使，故意作虚假陈述不同，误证是指被害人并非出于故意，而是由于感知、记忆、表达等方面的原因造成陈述内容的失实。例如，被害人由于精神高度紧张、感觉迟钝、记忆衰退、意识混乱、出现幻觉等原因，而导致陈述不实，甚至完全与事实相悖。误证虽然不能客观地反映案件事实，但与伪证不同，侦查人员应当注意加以区别。

4. 被害人陈述有诬告的可能性。有的人为了陷害他人而故意捏造事实，伪造证据进行诬告，这类所谓被害人的陈述，可能部分是假的，也可能全部都是假的。

针对上述情况，在使用被害人的陈述作为证据定案时，必须进行综合分析和判断，确定陈述的真伪和证明力。

（三）被害人陈述心理的常见类型

1. 强奸案件的被害人陈述心理

强奸案件的被害人在各类案件被害人中比较典型，其心理的独特性较突出，我们对其研究也较为深入。归纳起来，强奸案件的被害人在陈述、举证时，有以下几种心理特征：

（1）常态心理。具有这种心理的被害人，出于对自己人身权利的维护和对犯罪嫌疑人的愤慨，或者是惧怕再遭伤害，往往在受害后能够及时、主动地向公安机关报案。她们在受到侵害时多有不同程度的反抗，陈述其受害过程时常常心情激愤、痛苦万分、泪流满面，情绪比较自然，这种证言陈述较为真实可靠。

（2）羞耻心理。在某些案件中，被害人对犯罪嫌疑人的侵害，因羞耻心理，不敢向公安部门控告，对犯罪嫌疑人的犯罪行为持容忍态度，不揭露，不告发。究其原因，有的是为保全自己的名誉，为自己的前途着想，对被侮辱的事实、情节，不愿向他人提及；有的因自身曾有不光彩的经历；有的害怕事情宣扬出去，遭到他人的误解等。在这种心理的支配下，宁愿忍气吞声，而不愿诉诸法律。这类被害人在侦查人员询问时，往往不愿涉及案件事实，尤其是痛苦的情节，不愿向侦查人员提供线索，或者轻描淡写，甚至犯罪嫌疑人在被抓获作出供述的情况下，被害人为保全名誉还矢口否认，不愿提供证明材料。

（3）愤恨心理。有些被害人由于遭到犯罪嫌疑人的蹂躏和摧残，对犯罪嫌疑人深恶痛绝，恨之入骨，她们在陈述受侵害的过程时，一般情绪冲动、怒不可遏。因而，往往对犯罪嫌疑人实施犯罪的手段和自己的反抗行为言过其实、有意夸大，并强烈要求对犯罪嫌疑人从严惩罚。对于这种证言，要冷静分析、客观对待。

（4）恐惧心理。恐惧心理是被害人的主要心理之一。具有这种心理的被害人，由于受到暴力、胁迫或者其他手段的威胁，使其恐惧不安、慌乱紧张，失去了正常的感知。在陈述受害过程时往往记忆模糊，甚至出现错觉、混淆等，所陈述的内容可能与事实有出入。有的被害人害怕遭到报复、家长打骂以及担心影响工作、生活和自己的荣誉，不仅被侵害时不敢呼救反抗，而且被侵害后，也不敢声张、报案，有的在被多次侵害后才进行检举、控告。这种被害人在解除其思想顾虑后的证言，一般来说较为可靠。

（5）幼稚心理。幼稚心理常见于年幼的被害人身上，这类被害人由于年幼无知，辨别能力差，容易受到家长、老师等外界因素的影响，有的受害后也不知被害，或受害后不懂如何保护自己，不能主动控告，往往是司法机关追查询问，才道出真相。对于这种被害人应耐心劝导，提高其认识，对于其陈述要慎之又慎、认真对待，使其证言起到客观的证明作用。

（6）顾虑心理。被害人遭到犯罪嫌疑人的侵害，虽对犯罪嫌疑人怀有极大的憎恨，希望犯罪嫌疑人得到应有的惩罚，但顾虑重重，不愿如实陈述的一种心理状态。产生顾虑心理的原因，有的过去曾有检举揭发而被打击报复的经历，有的担心如实陈述后，犯罪嫌疑人得不到法律的制裁反而遭到打击报复，有的因爱面子，担心揭发后会影响自己的名誉、前途，还有的因有把柄、隐私被犯罪嫌疑人掌握，怕揭发了犯罪嫌疑人，自己的隐私也暴露等。对有顾虑心理的被害人，司法人员应先予耐心开导，打消其顾虑，使被害人相信法律能打击罪犯，保护无辜，维护其名誉，才能使被害人主动如实陈述。

（7）恻隐心理。部分案件中，被害人由于与犯罪嫌疑人平时关系和睦，犯罪嫌疑人只是因一时冲动而侵害了被害人，或被害人也有一定的过错，或考虑到犯罪嫌疑人受到法律制裁将给其及其家庭带来严重后果，于心不忍，因恻隐之心产生怜悯，在这种情况下，被害人愿意原谅犯罪嫌疑人的犯罪行为，不希望其受到法律制裁，因而常采取私下解决的方法。因此，当司法机关询问时，往往采取消极态度，予以搪塞。

2. 侵财案件的被害人陈述心理

侵财案件在各类犯罪中所占的比例较大，而被害人的如实陈述对于及时揭露和证实犯罪至关重要。这类被害人由于财产的损失而带来精神上的痛苦，其心理特征有以下几种：

（1）愤恨心理。当被害人受到犯罪嫌疑人的无故侵害，使其在财产上遭受损失，精神上遭受损害，则产生极大的愤怒、憎恨心理。他们会谴责、诅咒犯罪嫌疑人，因而在向司法机关陈述时，一般能积极提供线索，协助司法机关破案，其陈述一般比较真实、可靠。

（2）懊悔心理。懊悔心理也是这类被害人较为普遍的心理反应。对犯罪嫌疑人愤恨之后，他们往往对自己的疏忽大意、软弱无能、无知轻信等感到深深的懊悔，特别是被犯罪嫌疑人花言巧语欺骗而上当的被害人，更是懊悔不已，恨自己太糊涂、太愚昧，不能识破其骗人伎俩。

（3）补偿心理。补偿心理是财产被害者又一个较为普遍的心理反应。由于财产受损，他们很希望能够追回损失。有的被害人更注重自己利益的得失，如果犯罪嫌疑人给其经济补偿，他们则不愿追究其刑事责任。

3. 暴力案件的被害人陈述心理

暴力案件被害人是指由于受到暴力威胁、袭击而身心受到伤害的被害人，如报复伤害、行凶抢劫、暴力强奸等被害人。这类被害人不仅身体受到伤害，而且精神因遭受惊吓也受到严重打击，由此产生一系列的心理变化。

（1）恐惧、畏缩心理。恐惧心理是许多暴力被害人的普遍心理，是受到暴力伤害后，被害人对这种外界强烈的身体伤害和精神刺激产生的心理状态。被害人回忆被害过程，对于犯罪嫌疑人的凶暴残忍、毒辣手段，很长时间心有余悸。恐惧心理在一定的时间内会产生持续的影响，导致被害人情绪极不稳定。畏缩心理是一部分被害人因过度恐惧而产生的情绪反应。他们的意志被犯罪嫌疑人的嚣张气焰所打垮，完全失去反抗能力，唯恐招来更大的不幸，企图通过逃避来遗忘自己遭受的痛苦。有的暴力犯罪使被害人因恐惧和畏缩心理不敢告发犯罪嫌疑人，他们忍让、躲避，避免遭受更大的打击。对于侦查人员的调查，他们顾虑重重，不敢提供线索，不敢揭发犯罪嫌疑人。对待这种心理状态的被害人，要先行开导，增强被害人的勇气和信心，消除恐惧心理和畏缩心理，使其有安全感，化消极心理为积极心理，使其陈述准确、客观。

(2) 强烈复仇心理。部分暴力被害人在被害过程中，迫于压力他们不能或者不敢反抗，被害后，他们期望法律能为他们伸张正义，给犯罪嫌疑人以严厉的制裁。在报复心理支配下，有的受害人因受伤害，情绪激愤而失去理智，用非法的手段报复犯罪嫌疑人及其亲友；有的犯罪中的被害人向司法机关的陈述既有真实可信的一面，也可能失实、夸大，甚至虚构，其动机是想利用法律对犯罪嫌疑人实施严惩，以求得心理的平衡。

总之，被害人心理是复杂多变的，有时以某一心理特征为主，有时几种心理特征并存。因此，掌握了被害人的各种心理特征，侦查人员询问时就可以采取适当的方式方法，化消极心理为积极心理，使司法机关能及时、准确地获取证据材料。

二、询问被害人的方法

由于被害人陈述是一种言词证据，是“人的产物”，其陈述内容是被侵害的客观事实反映在自己头脑中的主观印象，通过回忆用言词表达出来，不可避免地在感知案情、记忆案情、陈述案情各阶段中受到一些主客观因素的影响，如时间、光线、语言表述能力、情绪等因素，这些因素都可能导致其陈述的真实性被削弱。鉴于此，在了解被害人心理特征的基础上，理解询问被害人的基本原则，避免不恰当的询问方法，掌握恰当的询问方法和策略，具有重要的理论和实践意义。

(一) 询问被害人的基本原则

1. 及时

被害人在遭受犯罪行为的不法侵害以后，其心理状态是错综复杂的，也是不稳定的，一旦受到外部信息的干扰，他们就会从利害关系、利弊得失角度衡量自己的控告行为，就有可能改变原来的态度。因此，在案件发生以后应当及时询问被害人，时间越早越好，防止被害人变卦，排除不必要的障碍。另外，由于被害人对当时的案发情景记忆比较清楚，及时询问可以防止被害人因为时间过长被遗忘，同时，及时询问更能接近当时的客观事实。再者，如果被害人被伤害住进了医院或者生病住进了医院，更应当抓紧时间及时询问，防止被害人出现其他意外，造成无法挽回的后果。

2. 全面

由于被害人与犯罪嫌疑人关系不同，被害人对自己遭受的侵害所持的态度不同，所以就有可能对犯罪事实的陈述夸大或者缩小，影响案件事实的真实性和客观性。因而，在询问被害人时应当全面细致地问清楚案件的来龙去脉，能够涉及的细节尽量不要轻易放过，防止因工作不到位，进行二次返工。全面细致地问清楚案件的每一个细节，不仅有利于掌握全面的案件情况，而且还有利于问题的暴露，便于及时地发现问题，解决问题。再者，还需要对被害人陈述的来源、内容和情节、被害人和犯罪嫌疑人的关系以及被害人的品行和人格特征作全面细致的了解，以便作综合分析。

3. 准确

由于主客观因素对被害人的影响，不能正确或者不能完全正确地反映客观事物，经常出现错误的认识或者出现对客观事物的错觉，这样就可能造成对客观事实的歪曲。因此，必须把握被害人陈述的准确性，从逻辑角度追根溯源，发现逻辑矛盾应当及时追根究底，不放过任何一个可疑的细节。

4. 严守程序

询问被害人的目的主要是获得能够证明案件真实情况的被害人陈述。为了获得有效的被害人陈述，侦查人员在询问被害人时，必须遵守法律规定的程序。根据《刑事诉讼法》第 122 ~ 125 条的规定，询问被害人应当遵守下列程序：

第一，询问的主体。询问被害人由不少于两名侦查人员进行。侦查人员要想向被害人了解案件事实情况，必须亲自向被害人询问，而不能委托他人向被害人询问。非侦查人员无权向被害人通过询问了解案件情况，其他人员询问时，被害人有权拒绝回答。

第二，询问的地点。一是现场、被害人所在单位、住处或者被害人提出的地点。侦查人员在现场询问被害人时，应当出示工作证件，到被害人所在单位、住处或者被害人提出的地点询问被害人时，应当出示人民检察院或者公安机关的证明文件。二是人民检察院或者公安机关的办公场所。根据案件情况，在必要的时候，可以通知被害人到人民检察院或者公安机关提供证言。

第三，遵守个别进行的原则。询问被害人应当个别进行，同一案件有多名被害人需要询问时，应当对每个被害人分别进行询问，其他被害人不得在场，并分别制作询问笔录。不能同时同地询问多个被害人，更不允许以开座谈会或集体讨论的方式进行。因为被害人作证是将其所见所闻案件事实情况陈述给侦查人员，如果有其他被害人在场的，可能造成被害人之间互相影响证言，可能会使被害人产生顾虑而不能如实陈述自己的所见所闻，从而影响到被害人陈述的客观真实性，影响到侦查人员对被害人陈述的审查判断。

第四，告知如实提供证言的义务。询问被害人，应当告知其应当如实地提供证据、证言和有意作伪证或者隐匿罪证要负的法律责任。其目的是促使被害人如实提供证据和证言，加强被害人作证的责任心，防止被害人作伪证或者隐匿罪证。同时，侦查人员还应当告知被害人依法享有的各种诉讼权利，并根据实际情况给予被害人及其近亲属人身权利和财产权利的特殊保护。

第五，询问的内容。询问被害人，一般应先让被害人就其所知道的案件情况进行连续、详细全面的叙述，然后对其所陈述不清或矛盾的地方，以及其他需要查明的事实情节，再进一步进行询问。在被害人所陈述的内容与案件无关时，侦查人员可以进行适当的引导。对被害人陈述的内容，应当询问其来源和根据，并注意查明被害人在案发时的主观条件和客观情况。询问被害人时，侦查人员不得向被害人作提示性或者暗示性的发问，以暗示被害人应如何作答；不得向被害人泄露案情或者表示对案件的看法，影响被害人作证；更不得以暴力、胁迫、引诱、欺骗等非法方法逼取被害人陈述。

第六，询问笔录与书面证词要求。询问笔录应当交被害人核对，对于没有阅读能力的，应当向其宣读。如果记载有遗漏或者差错，被害人可以提出补充或者改正。被害人承认笔录没有错误后，应当签名或者盖章。侦查人员也应当在笔录上签名。被害人请求自行书写供述的，应当准许。

第七，询问未成年被害人应当遵守的特别规定。根据《刑事诉讼法》第 270 条的规定，询问未成年被害人，应当通知未成年被害人的法定代理人到场。无法通知或法定代理人不能到场，也可以通知未成年被害人的其他成年亲属，所在学校、单位、居住地基层组织或者未成年人保护组织的代表到场，并将有关情况记录在案。到场的法定代理人可以代为行使未成年被害人的诉讼权利。到场的法定代理人或者其他人员认为侦查人员在询问中侵犯未成年人合法权益的，可以提出意见。询问笔录应当交给到场的法定代理人或者其他人员阅读或者向他宣读。询问女性未成年被害人，应当有女工作人员在场。

【法条链接】

根据《公安机关办理刑事案件程序规定》（公安部令第127号）（2012年12月3日公安部部长办公会议通过，自2013年1月1日起施行）规定，在侦查中，询问被害人、证人应遵守以下条例：

第八章　侦查

第三节　询问证人、被害人

第二百零五条　询问证人、被害人，可以在现场进行，也可以到证人、被害人所在单位、住处或者证人、被害人提出的地点进行。在必要的时候，可以通知证人、被害人到公安机关提供证言。

询问证人、被害人应当个别进行。

在现场询问证人、被害人，侦查人员应当出示工作证件。到证人、被害人所在单位、住处或者证人、被害人提出的地点询问证人、被害人，应当经办案部门负责人批准，制作询问通知书。询问前，侦查人员应当出示询问通知书和工作证件。

第二百零六条　询问前，应当了解证人、被害人的身份，证人、犯罪嫌疑人、被害人之间的关系。询问时，应当告知证人、被害人必须如实地提供证据、证言和有意作伪证或者隐匿罪证应负的法律责任。

侦查人员不得向证人、被害人泄露案情或者表示对案件的看法，严禁采用暴力、威胁等非法方法询问证人、被害人。

第二百零七条　本规定第二百零一条、第二百零二条的规定，也适用于询问证人、被害人。

（附：第二百零一条　讯问笔录应当交犯罪嫌疑人核对或者向他宣读。如果记录有遗漏或者差错，应当允许犯罪嫌疑人补充或者更正，并捺指印。笔录经犯罪嫌疑人核对无误后，应当由其在笔录上逐页签名、捺指印，并在末页写明"以上笔录我看过［或向我宣读过］，和我说的相符"。拒绝签名、捺指印的，侦查人员应当在笔录上注明。

讯问笔录上所列项目，应当按照规定填写齐全。侦查人员、翻译人员应当在讯问笔录上签名。

第二百零二条　犯罪嫌疑人请求自行书写供述的，应当准许；必要时，侦查人员也可以要求犯罪嫌疑人亲笔书写供词。犯罪嫌疑人应当在亲笔供词上逐页签名、捺指印。侦查人员收到后，应当在首页右上方写明"于某年

某月某日收到”，并签名）

（资料来源：《中华人民共和国公安部令》，中国政府网，http：//www.gov.cn/gongbao/content/2013/content_2332778.htm，2016年8月1日访问）

（二）询问被害人不当的方法

1. 紧追询问式

对被害人陈述的有些观点，尤其是对那些超出自己想象的陈述，往往认为被害人未讲实话，横挑鼻子竖挑眼，连珠炮似的发问，恨不得一口气把所有问题都搞清楚。“他怎么认识你的？他怎么去找你的？找你想干什么？他为什么会去找你？”这种把被害人当成被告人，变询问为审问的做法十分有害，容易引起被害人反感，达不到预期效果。

2. 责难询问式

由于对被害人缺乏必要的同情心和正确的态度，总认为被害人肯定也有过错，因而容易忽视询问被害人的意图而误入歧途：“都是人家不对，难道你就没有责任？”如此责问的结果，不是转移了“话题”，便是误导了“思维”，而且会陡然增加被害人的思想压力，影响其全面陈述。

3. 恐吓威胁询问式

常见于那些被害人羞于启齿或实在说不清楚而一时犹豫不决的情况：“你到底说不说？如果不讲我们今天就不问了，回去就把他（指被告人）放出来”等。这种取证方法极易左右被害人，会导致他们少说、不说或乱说一气。

4. 居高临下询问式

多见于被害人有一定责任而又顾虑重重、说话吞吞吐吐的情况。询问人往往摆出一副居高临下的面孔：“我告诉你，今天你非说不可，你要明白，不是我们求你，是你求我们。”询问人这种“高高在上”、咄咄逼人的问话，极易引起被害人的反感和对立情绪，对取证不利。

5. 轮番轰炸询问式

那些涉及隐私案件的被害人，对被害时的情节不堪回首，甚至“恐忘不及”，回忆本身就变成了一件极为痛苦的事情。本想极力淡化以致早日遗忘，无奈张三来问、李四来谈，一次又一次地询问，强化了被害人的痛苦记忆，增加了精神痛苦的程度，将引起被害人不满。这种询问式典型表现为，对同一被害人，就同一问题，在一段时间内反复询问。公安机关询问，检察院交谈，之后法院又来：“你把前几次讲过的受害细节再说一遍。”这种问式使不少受害人闻“谈”色变，甚至一些人为报案“后悔莫及”。造成此种问题的原因，除了忽视对被害人的保护以外，一是因为第一次谈话谈得不够全面、准确，造成“一人多次”、一谈再谈；二是司法相关人员对法律规定的理解不准确，造成了“多人多次”的你谈他谈我也谈。

6. 公开询问式

这对涉及隐私案件的被害人来讲，是又一“深恶痛绝”的方式。而一些询问人往往不注意这一点：“我们是某司法机关的，他俩是你们村里的，都不是外人，下面请你把被侵害的详细过程讲一遍。”此询问式逼得被害人要么避重就轻，谈粗不谈细，要么随便应付，造成“陈述不一”，影响证据的使用，使调查走弯路。

7. 诱证询问式

此询问式多发生于询问那些文化水平较低或年龄较小、叙述表达能力较差的被害人。“你是不是看到他里面穿了一件海军衫?”此种询问式早已为法律所禁止。它不但影响到证词的可信程度，容易导致冤假错案的发生，也容易使自己在诉讼中陷于被动局面。

8. 臆测询问式

“屋里有好几个人，他敢这样对待你?”这种“想当然”做法的危害是不言而喻的。它不仅难为和左右被害人，还会引起被害人的不信任和不合作。

9. 反问询问式

这多见于办案的新手，由于经验不足，想走捷径而采用。“你说是他作案，你有什么证据?”此问式的目的并无不妥，但这种问法极不可取。它不仅容易堵塞言路，使被害人认为少说为佳，还在无形中增加了被害人的举证责任与思想负担。

此外，还有讨价还价询问式、先入为主询问式、漫不经心询问式等，不再一一列举。毋庸讳言，种种错误询问方式方法的存在，与询问人员业务不熟不精、对法律理解不全面、不能完全理解被害人并尊重其人格息息相关。有些侦查人员在调查中，没有考虑被害人在遭受犯罪人侵害时的处境和心情，不了解不同的被害人由于个体差异（年龄、知识、阅历、性格、应变能力、反抗能力等），在受害时会有各种不同表现。有的头脑清楚、冷静，牢记罪犯的特征；有的则被恐怖所控制，不敢喊、不敢动；有的在短时间思维停顿，记忆出现空白；还有的会处于昏迷半昏迷状态，等等。在这些情况下，要求所有被害人都能清晰、准确、全面地描述那“不堪回首”的场面，不仅不可能，而且还潜伏着一定的危险。因此，我们要重视对被害人的询问方法和技巧，根据其思想情况和心理特点，有针对性地采用询问的策略和方法。

（三）询问被害人的具体策略和方法

1. 耐心接待，细致询问

由于被害人初次控告和陈述通常是在我们不掌握任何案件事实的情况下进行的，我们应仔细听取陈述，不宜插话多问，这样既可避免重复查证，又符合陈述证据的规定要求。然而，被害人的陈述往往并不全面细致的，有的还会出现疑点或不近情理之处，因此，在被害人陈述后，还需尽可能全面准确地了解案件的细节之处。如，在被害人陈述后，要确定被害人所陈述的内容是自己亲身感知的，或是经他人转述的，还是自己的想象和推测。如果被害人是就直接受害的事实经过所作的陈述，应当分析被害人在受害当时的情况下，感知内容的可能性，如光线强弱、与犯罪行为人距离远近等；如果是经他人转述的内容，应向转述之人进行调查、核实；如果是被害人主观想象或者推测的，则应考虑是否要排除在诉讼之外，能否作为认定案件事实的根据。

在询问被害人了解案件事实时，应按照案件的时间、地点、手段、情节过程、动机、后果以及嫌疑犯目标等问题适时提问，尽力搞清，不可简单粗糙，听其自然，更不能态度生硬，主观臆断。同时要审查判断被害人陈述的内容是否合乎情理，被害人陈述的相关情节之间有无矛盾，如果被害人所陈述的内容不合情理或者在时间、地点、环境、后果等方面存在矛盾，就需要及时进一步地进行询问和查证。

2. 循序渐进，婉转引导

通常情况下，被害人容易受到暗示的影响，尤其在其感知记忆内容不够清晰的情况下，容易对暗示答案的提问作出侦查人员“需要”的回答。因此，在询问过程中，应根据案情和被害人的具体情况，采取循序渐进，婉转提问的方法展开询问，禁止侦查人员使用包含暗示答案的诱导性问题进行提问。但是，为了帮助被害人恢复记忆或者为其他事项的询问奠定必要的基础，侦查人员可以利用相关案件的背景信息、被害人先前的陈述片段等线索，对被害人陈述进行引导。如被害人是在偶然所到之处被劫持强奸的，可先问被害人是否到过被劫持经过的某个地方或强奸地点；如被害人是在购买物品的途中或者看病、走亲戚的路上被拦路抢劫的，也可从这些有关的人和事谈起等。采取这种方法，由被害人主动谈出被害的情节过程，是比较真实可信的。

3. 针对心理特点，消除思想顾虑

在对被害人经过初步询问后，还应根据供述和调查访问中获取的被害人的个性特点及家庭情况，研究判断影响其陈述时的心理状态，有针对性地进行思想疏导工作。

对出于某种原因顾虑重重而隐瞒被害事实的被害人，要向其讲明公安机关对犯罪嫌疑人依法处理的决心，讲明只有如实陈述被害经过，协助公安机关收集有力的证据，才能使犯罪嫌疑人受到法律的严惩，保护被害人的合法权益。如，针对强奸案中的被害人普遍存在维护个人及家庭的名声以及维护家庭关系、恋爱关系的心理，她们既要求严惩犯罪嫌疑人，又要求维护名声，予以保密。侦查人员应该尊重和理解被害人这种合情合理的要求，明确告诉其公安机关对隐私案件依法不公开判处，一定予以保密，以消除其顾虑。在实际工作中，对于性犯罪或者涉及性行为的案件，询问被害人时，无论是侦查人员的选择方面还是具体提问方式和内容方面，都应予以特别注意，尽量由同性别侦查人员进行询问，选择适当的询问时间和地点，尽量不扩大案件知情面，询问时应当避免使用刺激性或者淫秽语言，避免询问与案件无关的情节，避免反复多次找其询问等，尽可能保护相关人员的隐私和维护他们的尊严。

对出于对犯罪嫌疑人的愤恨或私欲而有意夸大和歪曲被害事实的被害人，侦查人员应该向其讲明公安机关“依法办案”的含义，讲明有关办案程序，依法律规定处理，不能感情用事。如果发现被害人提供的有关犯罪材料的内容不实或者部分有出入，在询问过程中，有计划有步骤、适时婉转地予以揭露，使其作出回答，暴露违反客观规律的虚假内容，并要求其实事求是地纠正过来，重写材料时注明与原材料有不符合的地方。如果被害人不肯纠正，侦查人员要想办法说服教育，阐明案件事实是不以人的意志为转移的客观存在，这种客观存在是任何人无法改变的，使其相信公安机关有能力有方法，依靠广大人民群众和调查研究搞清案件事实真相，并用案例进行疏导和启发，使其自觉纠正。最后还可对其说明，出于某种原因错告的，与陷害不同，前者是批评教育，后者却是触犯刑律的违法犯罪行为，这样说明的目的在于使被害人消除因陈述事实而惧怕承担法律责任的思想顾虑。

一般被害人都存在痛恨犯罪嫌疑人、要求严惩犯罪嫌疑人的强烈意向，但也有些被害人在受害后，由于种种社会或自身因素的复杂影响，反而对犯罪嫌疑人产生恻隐之心，在陈述时表现为替犯罪嫌疑人开脱、包庇或者轻描淡写，隐瞒其犯罪事实。如，有被奸淫和被强奸的女青少年由于心理不健康、思想不成熟，被害后经不起来自各方的诱惑，由被害人变成犯罪同伙，成为害人者。还有的犯罪团伙成员开始被侵害，后来为了取得心理平衡，捞回被侵害的财物也参与盗窃、抢劫团伙，成为犯罪嫌疑人。因此，侦查人员应认真分析产生这种心理的动机和目的。如果属于受社会及自身的因素影响，在询问时，应向其晓以利害，严肃指出如果有意替犯罪嫌疑人开脱罪责，包庇犯罪嫌疑人，将会受到法律的制裁。同时，侦查人员也应注意所谓的"被害人"是否是犯罪嫌疑人的同伙，企图蒙混过关，逃避打击。

总之，在询问受害人时要根据具体情况，因人因案而异，选择好通知的形式与询问的时间、地点、方式、方法，设身处地、耐心地做好被害人思想工作，以诚感人，讲清如实陈述的法律要求与重要意义，表明惩罚犯罪、保护人民、严格执法的决心，消除其紧张和畏惧心理，消除被害人的各种顾虑，尽力创造一个良好的环境与气氛，以确保询问被害人的谈话质量。

三、证人心理与询问方法

证人是指根据公安机关、人民检察院和人民法院的要求，陈述自己所知道的案件事实情况的人，是了解案件真实情况的第三者，是当事人以外的诉讼参与人。证人就自己所了解的案件情况向司法机关所作的陈述，被称为证言，证言是证人经过对客观事物的观察、感受、思维，即感受器官和大脑机能把客观事物转变为主观印象而构成。虽然询问证人是公安、检察、审判机关办理案件中的一项重要法律活动，法律也规定证人有如实提供证言的义务，可实际上并不是所有的证人都能履行义务，其证言也不都是可靠和可信的。因此，研究证人证言的特征和证人的心理活动规律，对司法机关调查取证有着非常重要的意义，从心理学的角度寻求正确的询问方法，可以帮助我们及时收集确凿证据，提高办案质量。

（一）证人证言的形成

证人证言就是法律所涉及的客观事实，以自己的主观意识和对客观事实的记忆所作的陈述。证人证言的形成过程，由证人对法律所涉及客观事实的感知阶段、记忆阶段及陈述阶段构成。

首先是感知阶段，即证人以他的感觉器官感受案件事实及与案件事实有关联的其他事物。受生理、心理、生活经验等主观因素和案件所处客观环境的影响，证人感受案件事实的深浅程度不同，导致证人知道案件的客观情况存在差异。

其次是记忆阶段，即证人将其感受到的案件事实记下来储存在大脑中。记忆是人脑对所经过的事物的反映。对感受到的案件事实记忆的质量好坏，除了直接取决于证人的记忆能力外，感知的频度、时间均会影响大脑储存案件事实的质量。

最后是陈述阶段，即证人将其储存在大脑中的案件事实用口头或书面的形式向司法人员表述出来。表述主要受证人语言文字能力的影响，证人如果语言文字能力强，表达清晰，其证言的证明力就强，反之则不然。我们在向证人提取证据的时候，也会遇到证人的动作表示，如点头、摇头、耸肩、摆手等，这些动作虽然能表达一定的意思，但始终不是语言的陈述，因此，应当让其转化成直接的语言表示，以尽量获取完整可靠的证言。

（二）证人证言的主要特点

证人证言的形成过程，决定了证人证言的主要特点有：

1. 证人证言是由知晓案件情况有关内容的自然人所作的陈述。这是证人证言的本质特征。证人证言的内容是由证人通过对案件情况的感知、记忆、陈述而形成的。一般来说，证人必须对案件情况有亲身感受。耳闻目睹了案件有关情况，是以知道案件的真实情况为基础的，且能够正确表达自我意志，就案件事实如实作客观陈述。如精神病人或年幼者不能辨别是非，不能正确表达意志，其所作的证人证言是无效的。

2. 证人证言的真实性、可靠性受到多种因素的影响。证言不像物证，不是案件事实本身，而是证人对客观事物的主观反映，其真实性和准确性要受主观和客观方面的各种因素的影响，如证人的认识能力、表达能力、道德品行和感知案件的环境等。因此，证人除了陈述案件事实外，有可能会对没有直接感受到的案件情况作出自己的分析推断。如，某一杀人案件的目击证人对该杀人案件经过的表述："那个男人在追那个女人，当时那个男人手里没有拿任何东西，当男的追上女人的时候，用一块大石头向那个女人的头上砸去，那女的当时就倒了下去。那个男的用来砸那个女人的石头可能是在地上捡的。"这里石头的来源就是证人的推理、判断。证人对案件的判断分析不是对案件事实的客观陈述，只能供司法人员参考，司法人员应尽可能地结合其他证据对证人证言进行审查判断，确定其真实可靠以后，才能作为定案的证据使用。为此，《刑事诉讼法》第59条规定："证人证言必须在法庭上经过公诉人、被害人和被告人、辩护人双方质证并且查实以后，才能作为定案的根据。"

【知识链接】

目击证词是否可靠

截至2013年，美国的昭雪计划（Innocence Project）共收集了超过300个无罪却被误判为有罪的案例，其中3/4是缘于受害人或目击者的错误指证。虽然绝大多数目击者并不存在故意作伪证的念头，然而受到各种信息干扰产生的错误记忆，在某种意义上是让他们作了伪证。目击者指认犯罪嫌疑人为什么不靠谱？首先，我们记忆和识别陌生人相貌的能力其实很差。记忆常常会被想象中的图示、假设以及一些其他因素干扰和扭曲。人们在努力回忆某些东西时，脑海中的图像可能会“选择性丢失”，那么大脑中丢失的这部分记忆就会被其他的东西所代替。当人们在承受巨大压力时，尤其是受到暴力或者生命受到威胁时，人们的记忆也可能会被扭曲。

其次，如果要求目击者同时观看多张照片，指认犯罪嫌疑人，那么目击者会找出和记忆中最“像”的那个人，使得记忆可能出现偏差。Steblay等在2001年的实验表明，传统的队列或者照片的展示方式不利于证人的辨认。传统的展示方式是将所有的待选对象同时展示在证人面前，让证人辨认，这样证人会在不确定的时候通过比较，选择最符合犯罪分子特征的人。按照学者的建议，应该让证人逐个辨认，逐个排除。这样可以降低错误辨认的概率。

再次，侦查人员询问的类型、方式与气氛对证人证词可靠性具有较大的影响。比如，在多个嫌疑人照片中询问“哪个人”？这就暗示这些照片中一定有一个是犯罪嫌疑人，目击者就会选择一个最符合印象的，而不会说“我不知道”。Richard曾在研究中设计了一系列引导型问题，每一对问题中都分别包含着意思相反的词语，比如：高与矮。被试对象被分为两组，各回答一组问题。例如提问第一组被试：“作案的人有多高？”提问第二组被试：“作案的人有多矮？”第一组被试对作案者身高的估计平均为一米七三，而第二组被试的估计平均为一米六二，两者相差十分明显。

在意识到目击者的记忆也会出错后，法律界也在慢慢出台相关规定。2012年7月，美国新泽西州最高法院根据记忆研究的结果推出新规则：陪审团应随时警惕记忆的不完美性和目击证人的易错性，并将这些问题纳入常规考量。也许将来单一目击者的证词重要性将会降低，而多个目击者的证词互相对比得到的结果更为可靠。

（资料来源：《目击者证词在这种情况下相对可靠》，neurotimes脑科学时代的科技与人文网，http：//neurotim. es/page/2015－12－23/258/，2016年8月1日访问）

（三）证人的心理特征

1. 主动作证的心理特征

主动作证是指感知案件情况的证人，在侦查人员调查取证时，积极配合侦查人员，主动陈述案件情况的行为。从形式上来看，主动作证是一种积极的行为，是证人自觉履行作证义务的体现，但从实质意义上来看，主动作证的证人并非都提供了真实的证言。一般来说，他们提供的证言有三种，即真实证言、误证和伪证。具体心理动机特征主要表现在以下几个方面：

（1）伸张正义。我国自古就有“路见不平，拔刀相助”之说。证人出于对犯罪的憎恶，对被害人的同情，为了伸张正义、揭露犯罪而主动作证。这种证人动机高尚，不畏权势，刚正不阿，可信度高。

（2）义务感。我国法律明文规定，作证是每个公民应尽的义务，因此，责任感强、法律意识明确的证人，在案发后或被要求作证时，往往能够积极主动地向司法机关提供证言，而不畏惧任何权势和压力，可信度高。

（3）友情。有的证人与一方当事人是朋友关系，为了保持和朋友间的正常交往，往往在案发后主动出面作证。出于这种作证动机的证人，作证时带有情绪色彩，其证言一般是有利于他要维护的一方当事人。在这种情况下，作伪证的可能性较大。

【实践与运用】

“谎称救女童被狗咬”诈捐

2015 年 9 月，网上流传这样一篇新闻，利辛县城关镇李营庄张宏宇称，在 9 月 1 日 21 时许，女友李娟下班路上看到两条大狗追赶一名 10 岁左右的小女孩，李娟在驱车追赶大狗后，反而被大狗扑倒在地撕咬，直至昏倒在路边。家住李营庄附近的张宏宇的朋友闫某下班路过时，发现了倒在血泊中的李娟，赶忙将她扶起，并打电话通知张宏宇，随后李娟被送到南京军区医院救治，为此张宏宇盼被救女孩家人出来作证，希望爱心人士伸出援助之手，帮助其妻子渡过难关。“利辛女子深夜因救女童被恶狗咬成重伤”一事立即引发关注，伤者家属收到善款超 80 万元。但不久此事件迅速发生逆转。利辛警方称，伤者是在狗主人家里喂狗被咬，并非如伤者丈夫所说是在路边救人被咬，而闫某因为朋友关系而帮忙为其作证。2015 年 11 月 4 日，张宏宇已因涉嫌诈骗被刑拘，同时，“帮忙证明李娟确实是为了救人才被狗咬伤”的男子闫某以及利辛县电视台一名工作人员因“实施诈骗的共同犯罪嫌疑人”被警方控制。

（资料来源：《利辛一女子为救女童被狗咬成重伤真相曝光》，新华新闻网，2015－10－21，http：//www. ah. xinhuanet. com/2015－10/21/c_ 1116891250. htm，2016 年 8 月 1 日访问）

案例中的“路人”闫某发现了躺倒在路边的李娟，并拨打了 120 急救电话。当真相大白后，闫某成了公安机关的调查对象。据悉，闫某与张宏宇并不是很熟悉，只是因为张接手了自己的养猪场，两人才相识。当张找到闫某请求帮忙时，闫某起初内心是有顾虑的，但因看在两人相识的关系上，“心软”且“可怜”张，于是他接受了张的建议：“要是有记者采访，就说是在路上发现李娟的”作了伪证。自张宏宇被曝光后，被公安机关以涉嫌作假证两次传唤闫某。警方的调查和记者的采访让他身心俱疲并后悔不已。因此，在实际审查中，当证人与当事人相识，且案发后主动要求作证时，侦查人员要尽可能地结合其他证据对证人证言进行审查判断，确定其真实可靠以后，才能作为定案的证据使用。

（4）报复。有的证人与一方当事人素有积怨，当其发现仇人被卷入某一案件中时，往往幸灾乐祸、喜不胜喜，立即产生报复动机，于是主动向公安机关提供证言。这种证言对案件的事实和情节大多有夸张之词或虚构，其目的是使与他有仇的一方当事人蒙冤受屈。

（5）满足自我需要。有的为了自我显示，有的为了从中牟利，有的为了赢得别人的好印象而主动作证。这种证人虽然能够主动作证，但其证言不免会出现真中有假、实中有虚的成分，甚至有可能无中生有。

2. 被动作证的心理特征

被动作证是指证人主观上不愿作证，但迫于来自办案机关或案件当事人的压力而作证的行为。其特点是：在案件侦查、审理之初，证人不主动向司法机关提供自己所了解的案件情况，并且不愿意让人知道自己了解某些案情，直到侦查人员发现该人了解案情，对其进行启发教育后，或由上级领导的求情、协商等，感到不出面作证于己不利时，才出面作证。

被动作证的心理动机特点是证人不想作证而又不得不作证。具体表现主要有以下几个方面：

（1）证人碍于当事人或其亲属的情面。其本意是不愿作证的，但由于亲朋好友的求情，碍于情面不得不作证。

（2）对当事人双方持和事佬态度。这种人一般与犯罪嫌疑人或被害人均相识，既不想包庇或得罪犯罪嫌疑人，也不想为被害人伸张正义，只是由于案件引起强烈的社会反响，或侦查人员的多次询问，感到内心不安，慢慢萌生自责感，不得已而出面作证。

（3）事不关己。证人与当事人双方均无利害关系，因而对任何一方的利益均持漠不关心的态度，只是由于侦查人员的多次询问及说服教育，认识有了提高，才同意作证。

（4）怕作证影响自己的切身利益。有的证人怕作证耗费时间精力，特别是一些个体经营者，怕作证影响自己的经济收入，因而不愿作证。后因侦查人员多次询问，感到不作证将给自己带来更多不利，迫不得已而作证。

3. 拒绝作证的心理特征

拒绝作证是指了解案情的人，不仅不主动向司法机关提供自己所了解的案件情况，而且在受到司法机关多次询问后，仍然拒绝向司法机关提供证言的行为。

其表现形式包括：一是不说明理由，拒不理睬司法机关的传唤通知；二是借口有病或工作忙，不到场作证；三是虽然到场，但有抵触情绪、对立情绪，公开表示不陈述；四是表明自己怕遭报复的恐惧、担心心理，明确表明不敢作证；五是以自己案发时不在场为借口，或表示记不清、回忆不起来而不作陈述。

（1）畏惧心理。具有这种心理的证人大多是案件的重要知情人，与犯罪分子或被害人及其亲属有一定利害关系，害怕自己提供证言后受到某一方的报复。还有的对侦查人员可以讲情况，但不愿签字画押，害怕出庭作证，遭打击报复。因出于自我保护而不愿作证。

（2）报复心理。由于与被害人有积怨宿仇，出于报复目的而不作证。

（3）羞愧心理。具有这种心理的证人多数是隐私案件的被害人及其亲属。这些人虽然是犯罪行为的受害者，对犯罪嫌疑人也有刻骨仇恨，知道有关犯罪事实和犯罪嫌疑人的情况，从心理上也希望公安司法机关从快从重严惩犯罪分子。但是，她（他）们又害怕事情公开之后影响自己的家庭、名誉、婚姻和前途。因此，询问时多回避作证，不肯提供案件情况。吞吞吐吐，在主要事实上不肯承认被害，甚至矢口否认。

（4）无关心理。具有这种心理的证人大多与犯罪嫌疑人和被害人非亲非故。与案件没有利害关系，事不关己，闭口不谈，以免招惹是非，引来麻烦。一些案件的主要证人，有可能被公、检、法等部门三番五次询问，反复核对案情，同样一件事，一个细节，往往重复十几遍，耗时费力，还招致议论，“多一事不如少一事”是不少证人得出的教训。

(5) 私欲心理。具有这种心理的证人私心杂念较重，在得到了犯罪嫌疑人或其他关系人的某些好处之后，或在证人危险时曾经帮助过证人，证人感到作证后对不起犯罪嫌疑人，因而昧着良心拒绝作证。

(6) 抵触心理。具有这种心理的证人主要是在对作证的立场和观点、认识和情感等方面与侦查人员存有芥蒂，而不愿作证，或因为侦查人员的询问态度和方法欠妥，引起证人的反感情绪。

(7) 怜悯心理。具有这种心理的证人出于一种无原则的同情心，对犯罪嫌疑人的处境感到可怜，不忍心因自己提供真实证言而使犯罪嫌疑人受到惩罚。

(四) 询问证人中存在的问题

1. 用语不当妨碍证人陈述

(1) 打断证人陈述。询问证人时，证人是根据记忆对案情作陈述的，但若证人的陈述被侦查人员以各种形式打断，其记忆或陈述思路也会被打断，由于有价值的线索往往来自证人最初的陈述，因此，妨碍证人顺利完成这一陈述可能会丧失有价值的线索。

(2) 过度使用简单问答模式。侦查人员在询问证人过程中提出的问题通常可归为两种模式：一是开放式问题，即涉及多项信息，必须展开回答的综合性问题；二是封闭式问题，即涉及单项信息，只需简略回答的细节性问题。开放式问题有助于侦查人员从宏观上把握案情的全貌；封闭式问题能使侦查人员从微观上了解案情的细节。两者各有所长，不可偏废。但在侦查实践中，有的侦查人员却厚此薄彼，过多地使用封闭式问题，这就导致如果侦查人员提问时遗漏了某个问题，与之相应的信息就会丧失。

(3) 问题提出的顺序不当。即侦查人员提出问题的顺序与证人回忆和描述案情时大脑思维活动的过程和特点不相吻合。由于侦查人员提出的问题顺序不当，随意偏离证人正在表述的大脑图像，使证人难以专一地、连续地、完整地完成某一特定大脑图像的表述。显然任意随便提问的方式可能以某种形式，或多或少地妨碍证人连续地、系统地回忆。

(4) 提问的语言技巧不当。一是使用否定性措辞，即侦查人员不以肯定形式提问，而以否定形式提问。二是使用非中性措辞。这种问法给人的印象是，侦查人员是想证实某种假设。三是使用不恰当的语言形式，即侦查人员提问时使用的语言形式要么过分正统、拘泥，要么过分偏颇、难懂。四是妄下判断性评论，即侦查人员对案情或证人作判断性评论，这种评论除了使证人产生戒心之外，不会给询问工作带来任何帮助。

2. 侦查人员态度不妥，未能做好证人的思想教育工作

询问证人并不都是十分顺利的，常常会遇到困难的局面和多方面的干扰破坏，如证人表露与己无关不愿作证或怕报复不敢作证，怕担责任不愿或作出不肯定的回答等情况，这就需要侦查人员有不畏困难、耐心细致的工作作风，否则，难以达到询问目的。在实践中，有的侦查人员缺乏做好证人思想教育工作的方法，一方面缺乏对证人心理的研究，因而无法做到对每个证人采取有针对性的询问策略；另一方面，不愿做深入细致的思想教育工作，则不能获得可靠有效的证言。

3. 询问时间、地点的选择不当

询问证人在时间上，除紧急情况外，一般选择证人比较方便或有空闲、证人情绪稳定、证人精力充沛的时间及时询问，这样作证人易于接受并可以专心致志地回忆询问的内容。在环境上，应当选择有利于保密并使其感到安全、安静，证人可以无拘无束地谈话的地方。如果侦查人员不注意询问时间、地点的选择，在证人繁忙的时间到证人住处或工作单位取证，不考虑证人询问地点是否对证人产生不利影响，就极易引起证人反感，从而达不到询问证人的目的。

4. 无节制地反复询问

反复询问包括反复提问和多次询问两种情况。反复提问是指每次询问时对与案件有关的问题重复进行提问。适用多次询问的情形主要有以下四种：一是甄别证人陈述内容的真伪，二是证人有遗忘的事项或有新的情况出现，三是案件疑难，四是为了从拒证者口中获取证言而对其进行再次询问。多次询问与反复提问也应当根据案件的具体情况开展，否则，极易引起证人反感，拒绝作证。例如，遇到疑难案件，多次询问那些重要的证人，甚至达10余次之多，证人极易产生厌烦情绪，进而拒绝出证。

5. 多人集中询问

多人集中询问有三种情况：第一种情况是将两名以上的证人集中在一起同时进行询问。这种方法不仅违反了法律规定，而且极易造成询问材料的虚假。因为证人之间的相互影响、情感交流、信息传递都会使证人不能独立地陈述自己的思想。第二种情况是多名侦查人员同时对一名证人进行询问。按照有关规定，侦查人员在进行询问时不得少于两人，但如果参加询问的侦查人员太多，谁想到什么就问什么，就会影响证人的正常思维和回忆。第三种情况是在询问过程中变换询问的侦查人员。如果变换不同的侦查人员则容易使证人难以迅速适应，从而导致心理不安，进而影响到询问进展。

6. 使用违法违规方法获取证言

在侦查实践中，有极个别侦查人员为了破案或其他目的而使用违法违规方法获取证人证言。一是采取威胁的方法。二是采用体罚的方法。三是采用引诱、欺骗的方法。这些方法可能会使一些证人违背事实，按照侦查人员的意志提供情况，也可能会导致一些证人拒绝作证。

（五）询问证人的正确方法

1. 因人而异，对症下药

在司法实践中，对主动要求作证的证人，询问时应特别注意向他们讲明法律的严肃性，增强证人的责任感；对不愿作证证人的询问，应侧重于向他们宣传公民作证的法律义务，教育他们摆正法与情的位置，提高其对犯罪危害性的认识；对于拒绝作证或有心理障碍的证人的询问，则应帮助他们消除各种消极心理影响，甚至可对证人采取一些保护性的措施，调动其作证积极性。

对女性证人的询问，要抓住女性敏感而易动感情的问题，激发其真实陈述的动机；询问未成年人时要选择恰当的地点、人员和用语；老年人反应迟钝，询问时要尊重对方，保持思路清晰，注意启发，消除其陈述顾虑；询问工人、农民应注意先谈话后记录，消除其紧张、拘束心理；询问机关干部、知识分子时，要举止庄重，讲究政策和方法；询问从事经济、商业活动的证人，要言简意赅，不拖延时间。同时注意，对于不同年龄、职业、文化程度等特点证人的询问，需要注意用证人易懂、易理解的语言进行，使得他们能够听懂所问的问题，从而作出相应和明确的回答。

2. 察言观色，稳定情绪

观察询问对象的情绪是了解询问对象心理的最初步骤。询问对象一定程度的情绪流露，往往能反映出他们的心理状态。在实际工作中，侦查人员通常能够从证人的表情、神态举止和回答中发现其了解案情的程度或知情不露的表现。同证人要建立良好的心理接触，消除证人不必要的紧张情绪，使其情绪稳定正常。对于一些情绪激动、心情激愤的证人，则应设法控制询问节奏，以柔和、委婉的询问语气对他们的情绪进行调节；对于一些情绪低沉、消极的证人，则应调动他们的陈述兴趣和积极情绪。如果证人情绪不稳定，表现出焦虑、悲哀、抑郁、焦躁不安等消极情绪，就会影响取证的质量。

3. 时间恰当，及时可靠

询问时间从时效性而言，最及时的询问是在案发现场对目击者进行询问。侦查人员对现场的快速反应就是在最短的时间内找到了解事件经过并且对侦查工作能提供有用信息的目击证人，争取在证人保持清新记忆的情况下及时予以询问。如果询问证人不能在案发后立即进行，侦查人员在选择询问时间时则应考虑到时间段对证人心理的影响。方便证人是保证询问成功的重要因素，因而询问人员不能因为询问时间的选择不当而丧失询问心理的优势。我国法律没有从时间上就询问证人作出具体规定，但在实践中，侦查人员一般不限于在正常上班期间进行询问。需要指出的是，在上班期间询问的，应当取得证人所在单位或雇主的支持；在非工作时间询问的，则不得剥夺证人应有的睡眠时间或严重影响其重大私事的安排，而且应选择证人情绪比较稳定的时候进行。

4. 选择场所，注意环境

证人接受询问的环境是多种多样的。如询问地点，有在室内的，也有在室外的，有在犯罪现场的，也有在证人住所、工作单位的。由于询问的地点环境不同，势必影响到证人的心理活动。一是对回忆的影响。询问环境干扰太多，例如噪音，无关人员观看、走动等，则会影响证人回忆的顺利进行。二是对情绪的影响。不同的询问地点会使证人表现不同的情绪状态。在证人熟悉的环境中询问，证人情绪平稳，容易将自己的所见所闻毫无保留地陈述出来。如在办案机关或犯罪现场进行询问，证人情绪紧张，严重时出现抑郁状态。询问未成年人时，更要注意场所的选择，一般安排在他们熟悉的环境中进行，比如在其家中或学校询问，同时，还可邀请其教师、家长参加，力求不使其产生恐惧、紧张情绪，保证未成年人能如实地反映所了解的真实情况。三是对作证动机的影响。如果证人对询问环境不满意，则会对证人的作证动机产生消极影响。如在证人工作地点询问，因周围同事太多，证人会担心不能保密，而不愿陈述或者有保留地陈述，如果作证环境隐蔽，则有助于证人消极作证心理的转变。因此，在向证人提取证言的时候，在满足司法要求和没有干扰的前提下，也应当尽量满足证人对地点的选择，应当极力避免在那些会导致证人记忆能力降低、容易分散证人注意力或者阻碍证人全面叙述案情愿望的情境下询问。

5. 尊重人格，以诚相待

在询问中，侦查人员不同的态度对证人的心理活动会产生不同的影响。尊重人格以诚相待的询问态度能促成侦查人员同证人保持良好的关系，使证人对侦查人员产生好感和信任，便于证人回忆，转变证人的消极作证心理，而高傲自大、粗暴严厉或者讽刺挖苦等态度则会引起证人的反感，加重证人的紧张情绪，强化证人的消极作证心理。侦查人员同证人在询问过程中建立一种相互信任、相互尊重的良好关系十分重要。如果缺乏这种良好的关系，证人得不到应有的尊重，不仅消极作证心理得不到转变，而且证人的积极心理有时还会向消极方面转化。特别是对那些与案件有某种牵连的证人，侦查人员也要一视同仁，以诚相待，尊重人格，态度和蔼，语言恳切，方法得当，使证人感受到侦查人员的通情达理，秉公办案，因而支持配合，积极作证。

6. 科学询问、有条不紊

询问证人虽没有严格的程序模式，但整个询问过程依然可大致分为准备阶段、交流阶段和结束阶段。

准备阶段可以分两种情形：一是询问人员在与证人正式见面之前的准备；二是与证人见面后、正式开始询问案情之前的准备。见面之前的准备主要是通过案卷及其他材料先行掌握基本案情（以确定询问了解的目标）、证人的基本背景（如证人与当事人的关系、证人的社会声誉、家庭环境、职业状况和主要兴趣爱好）等。见面之后的准备则是通过重视、同情、尊重和客观的态度，与证人建立一种和谐的合作关系，从思想感情上与对方拉近距离，消除证人的陌生、紧张和戒备心理。

在交流阶段，侦查人员的主要任务是通过证人的陈述和提问来收集有价值的信息。我国《刑事诉讼法》要求，询问证人时，需要告知他应当如实地提供证据、证言和有意作伪证或者隐匿罪证要负的法律责任。侦查人员对这一法律责任的告知应做到既认真又不恐吓，以免引发证人的紧张或反感情绪。为了确保询问的质量，侦查人员可明确地将侦查需要告知证人，必须使证人明白侦查破案所需要的信息类型。如，为了获取关于犯罪嫌疑人的详细描述，侦查人员可以对证人这样讲：“为了能够侦破这个案件，我们需要获取该犯罪嫌疑人的尽可能详细的信息，请你尽可能详细地向我描述一下他的面部。你可以想象我现在正在画一幅该犯罪嫌疑人的画像，我唯一的信息来源就是你所作的描述。请告诉我你所能记住的关于该犯罪嫌疑人的一切情况。”待证人陈述完毕后，侦查人员才开始提问。提问时使用的问句必须简洁、清晰，能让证人理解其内容。在询问具体细节时，侦查人员应当把握询问的导向，既不能直接就此进行提示，也不宜将证人引入只对问题作出简单回答“是”与“否”的情形。通常情况下，证人容易受到暗示的影响，尤其在其感知记忆内容不够清晰的情况下，容易对暗示答案的提问作出侦查人员“需要”的回答。因此，在询问过程中，禁止侦查人员使用包含暗示答案的诱导性问题进行提问。但是，为了帮助证人恢复记忆或者为其他事项的询问奠定必要基础的情形下，侦查人员可以利用相关案件的背景信息，证人先前的陈述片段等线索，对证人陈述或者回答提问进行引导。

当有关的案件信息收集完后，意味着询问的工作已经结束，询问目的已经达到，此时侦查人员可以通过回顾的方式结束询问。回顾即侦查人员向证人宣读询问笔录以确认询问笔录的完整性与准确性，这不但能够使侦查人员检验自己记录的准确性，而且给证人提供了一次额外的机会，使其能够通过再次检索记忆来发现新的信息。在询问结束时，侦查人员还应当对证人的合作及其为配合询问而付出的努力表示感谢。

7. 学会听，善于听

要取得询问的成功，除需准备充分和经验丰富之外，侦查人员还应当善于听取证人的陈述。这里的“善于听”并不是指纯粹地让证人讲、询问人被动地听，而是能够理解证人所陈述内容的含义并从中发现有价值的信息。要成为一个“善于听的人”，要求“听者”在他人陈述时作出积极回应。在“听”的过程中，听者可用肢体语言向证人传递一个信息：侦查人员对证人表示关注，并对其陈述的内容很感兴趣。另一种“善于听”的技巧是，侦查人员对证人陈述的内容予以复述或者释义。这样可以借机核对证人陈述内容的准确性，以确保询问交流的质量。

【知识链接】

提高证人证言可靠性的方法

目前，关于如何唤醒证人的记忆，用哪些策略和方法能有效避免证人记忆受到污染，且应用和可操作性较强，并有实证研究支持的技术主要有两种：催眠技术和认知询问技术。

催眠作为侦查技术，其运用始于20世纪50年代，美国最早将其用于刑侦人员的教育训练和犯罪案件调查。Reiser的一项关于600多起刑事案件的研究结果表明，约3/4的案件借助催眠获得了补充信息，其获得信息的准确率约为90%。但催眠在犯罪案件调查中的应用一直饱受争议，焦点主要有两个：一是催眠对犯罪嫌疑人的适当性问题。目前，多数国家规定催眠技术只能用于自愿接受催眠的证人和被害人。二是催眠获得信息的有效性问题。催眠获得的信息存在不准确和歪曲细节的可能性，因此，案件侦查阶段通过催眠获得的信息，需在进一步的侦查中进行核实和验证，以避免该方法使用的风险性。

20世纪80年代，美国心理学家Fisher和Geiselman提出并发展出一套专门针对证人询问的技术——认知询问技术，简称 CI。其基本假设是：个体储存在记忆中的信息，可能因各种原因不能被有效提取，案件调查者可以运用认知心理学的方法帮助他们唤醒并有效提取记忆。认知询问技术包括四个核心程序：案情环境背景的重建与恢复；案发过程中细节的回忆；以不同叙述方式或顺序进行回忆；从不同角度或从其他人的角度进行回忆。

Geiselman 等对认知询问、催眠和警察标准询问进行了比较研究，他们让 89 名被试观看一段模拟暴力的录像，48 小时后将被试随机分为三组，分别接受不同形式的询问。结果表明，接受认知询问和催眠的被试能回忆出更多的案件信息，三种技术在虚假信息的数量上没有显著差异。Aschem ann 的研究表明，与德国警察的标准询问相比，认知询问能获得 38% 的信息增量。Fisher 在进一步研究的基础上提出（升级版）的认知询问技术，简称 ECI。与 CI 相比，ECI 最大的变化是强调调查人员询问方式、角色和理念的转变，强调调查人员应该由（提出要求者）转变为（主动引导者），更加强调调查人员与证人之间平等、友好和合作关系的建立。

（资料来源：刘志宏、刘林：《证人证言可靠性的心理学研究》，载《中国人民公安大学学报［社会科学版］》2011 年第 6 期）

思考题：

1. 检察官应具有怎样的心理素质？
2. 面对新修改的《刑事诉讼法》，检察官出庭公诉应该做好哪些准备？
3. 针对不同的被害人陈述心理，在询问时需注意哪些事项？
4. 谈谈你对不同证人作证动机的认识。

参考文献：

1. 李爱君著：《审查起诉重点与方法（修订本）》，中国检察出版社 2014 年版。

2. 常艳：《论检察官职业道德基本准则——公正》，载《中国检察官》2010 年第 15 期。

3. 张书华著：《公诉方略》，吉林大学出版社 2009 年版。

4. 王国枢著：《刑事诉讼法学（第 5 版）》，北京大学出版社 2013 年版。

5. 赵桂芬主编：《侦查心理学》，中国人民公安大学出版社 2008 年版。

6. 吴克利主编：《审讯心理学（修订版）》，中国检察出版社 2012 年版。

7. 张耀宇：《关注“公安机关侦查人员合法取证指引”之证人证言、被害人陈述篇——询问证人、被害人：规范+保护》，载《人民公安报》2014年3月10日。

8. 王爱东：《询问被害人的不当方法种种》，载《人民检察》1994年第8期。

9. 韩平：《侦查询问证人中的策略探究》，载《辽宁警专学报》2009年第7期。

10. 方斌：《论侦查询问中的交流技巧——以证人和被害人为中心》，载《中国刑事法杂志》2013年第1期。

11. 陈光中主编：《刑事诉讼法（第5版）》，北京大学出版社2013年版。

12. 张凤阁主编：《出庭公诉新方略》，中国人民公安大学出版社1998年版。

13. 徐伶利：《非智力因素在出庭公诉中的作用》，载《孝感学院学报》2007年第5期。

14. 王冲、孙琳、王云鹏：《新刑诉视野下公诉庭前准备工作研究》，载《政法学刊》2013年第6期。

拓展阅读书目：

1. 陈复军著：《和检察官面对面全国检察机关依法治国典型案例访谈录》，中国检察出版社2015年版。

2. 于南生主编：《在理论的边际检察官眼中的新刑事诉讼法实施》，中国检察出版2014年版。

第六章　刑事审判心理

刑事审判是人民法院依法受理公诉案件、自诉案件、上诉案件和申诉案件，在审判人员的主持下，和公诉人（或自诉人、上诉人、申诉人）、被告人、辩护人及其他诉讼参与人的参与下，通过庭审，对案件的犯罪事实和证据进行审查、核实后，对被告有罪或无罪以及法律适用作出裁决的过程。审判过程中各个参与人的心理活动十分复杂，本章着重探讨法官和辩护律师的心理活动，被告人的心理活动将在下章进行相关论述。

第一节　法官的心理

一、法官的心理素质要求

法官在审判过程中具有独特的地位，其行使司法权，组织和协调审判过程，听取各方当事人的意见并作出具有法律效力的裁判。法官作为一个整体参与诉讼活动，其既是自然人，又是社会人。在公众眼里，法官是法庭中的核心人物。审判期间，在所有参与司法活动的人中，法官的地位最为显要，最受人尊敬，也最有权力。西方国家曾经树立起对法官偶像的概念化尊崇，强调法官行为具有天然的合法性和正义性。法官的心理素质对他们的本职工作具有重要影响。曾经有司法心理学家研究法官的“个人风格”对他们工作效率的影响。例如，史密斯和布卢姆伯格发现，法官大体可以分为两种类型：一类是智力学者型，另一类是墨守成规唯命是从型。这两类法官在工作中风格差别甚大，受过良好教育的智力学者型法官几乎在疯狂地工作，周末及夜间也加班，而且会引起其他法官的对抗情绪；而平庸的墨守成规唯命是从型法官则在工作中表现得更加传统化，但他们仍然具有较高的办事效率。

那么，法官需要什么样的心理素质呢？对此，已有一些学者进行过研究。例如，我国台湾学者蔡墩铭先生在其《审判心理学》一书中提出，法官的心理素质要求有十项，即仁爱、自制、谦虚、精细、勤勉、忠诚、勇气、牺牲、缄默、反省。罗大华教授主编的《刑事司法心理学理论与实践》一书中则将法官的心理素质概括为良好的人格素质、优秀的职业素质、高超的能力素质。

【实践与运用】

"庭前独角兽"——邹碧华

"世间已无九步法，法官当如邹碧华""燃灯者邹碧华""他的离去是上海乃至中国司法界的一个损失"……各界人士对已故法官邹碧华的职业道德和职业品质给予了高度评价。

邹碧华担任法官22年，先后处理或参与处理了社保基金追索案、房屋维修基金案等一系列大要案。2008年，邹碧华因参与社保基金专案被上海市委嘉奖。邹碧华还参与了物权法立法讨论，多次前往最高人民法院参与合同法、公司法等重大司法解释的起草，多次承担最高法院全国重点调研课题，获得全国法院系统优秀调研成果特别奖，十多次获得全国或市级调研奖项。邹碧华著有《要件审判九步法》《公司法疑难问题解析》《基层法院可视化管理》等十多部著作。在法学专业刊物上发表论文四十余篇，主持了大量全国、上海法院的重点调研课题。其中，《要件审判九步法》在法律界引起轰动，很多一线法官评价"本书逻辑清晰、思路严密，审判时按图索骥，大大提高了办案效率"。邹碧华率先在长宁法院搭建诉讼服务平台，挂牌成立了全市首家"诉调对接中心"；建立便民电话，方便群众诉讼；亲自接待群众来访，答疑解惑。

在长宁法院担任院长期间，邹碧华还大力推行法院效率管理试点，率先研发执行流程、信访、工作台账等信息管理系统。担任高院副院长后，他在全国法院首创案件权重系数理论，亲自设计多项审判管理评估指标，为进一步健全科学评估体系突破瓶颈。他分管信息化工作后，主持制订了上海法院信息化建设三年规划，综合运用互联网、"大数据""云计算"等信息技术，推动上海法院信息化建设的步伐，为上海法院信息化走在全国前列做出重大贡献。党的十八届三中全会对司法体制改革作出重大部署，上海法院是中央确定的首批试点单位之一。

（资料来源：解放网，2014年12月12日访问）

通过案例可以看出，一个优秀的法官，是一个对法律专业知识有着深刻理解、对法律适用方法能够娴熟运用的法官；而一个卓越的法官，是在优秀的基础上，以更通透的眼光、更宽广的胸怀、更明确的职业价值目标，在力所能及的范围内，通过自己的行为推进法治理想实现的法官。本书按照心理学的相关原理，从法官的认知、感情、意志以及个性品质几个角度对法官的心理素质加以探究。

（一）认知方面

认知，是个体认识客观世界的信息加工活动。感觉、知觉、记忆、想象、思维等认知活动按照一定的关系组成一定的功能系统，从而实现对个体认识活动的调节作用。认知在心理学中是指通过形成概念、知觉、判断或想象等心理活动来获取知识的过程。在裁判活动中，法官的认知活动贯穿于案件事实的建构、裁判规范的发现及事实与规范的匹配三大过程。一方面，案件事实构建和裁判规范的发现建立在法官对事实和法律认知的最初信息基础之上。另一方面，认知也是法官在诉讼活动中了解他人情绪情感、性格特征和人际关系的基础。社会心理学家认为，认知是个人对他人心理状态、行为动机和意向作出推测与判断的过程。据此，认知是法官在办案过程中把握当事人心理特征、有效采取诉讼策略和审判技术、制订审判方案的前提。法官的认知不仅包括法官对案件事实和法律的认知，还包括法官对社会的认知。法官应当具有的认知能力主要包括以下方面：一是法官应当具有较好的感知和良好的注意品质；二是应有较强的观察能力；三是应有较强的记忆思维能力。

1. 法官应具有较好的感知和良好的注意品质

一个刚参加审判工作不久的人，或许因老练的法官能够在审阅案卷时发现许多自己察觉不到的情节而感到惊奇。其实，这就是因为老练的法官对有关的刺激物具有较好的感知能力。所谓感知，就是感觉和知觉这两种心理现象的简称。感觉和知觉属于对客观事物的认识过程的组成部分，是为了弄清客观事物的性质和规律而产生的心理活动。感觉是指人脑对直接作用于感觉器官的客观事物的个别属性的反映，知觉是指客观事物直接作用于人的感觉器官，人脑对客观事物整体的反映。感知对于法官办案十分重要。首先，与案件有关的人和事是法官感知的源泉和反映的内容，感知是法官对案件事实和法律规范进行认知的基础。其次，感知是法官学习法条和法条发现的基础。法官是决定案件处理的主体，法官认知活动中包含着法官对法条的感知。法官对法条的认知是法官习得法条的心理活动，始于感知，终于储存。

由于感知是法官获取外界信息的必要条件，但仅仅有较高的感知还不足以确保法官对外部事物的警觉。还需要依赖于另一个条件，即注意。注意是心理活动对一定对象的指向和集中。注意有两个基本特征，一个是指向性，是指心理活动有选择地反映一些现象而离开其余对象。二是集中性，是指心理活动停留在被选择对象上的强度或紧张度。指向性表现为对出现在同一时间的许多刺激的选择；集中性表现为对干扰刺激的抑制。

在审判活动中，良好的注意品质主要体现在集中注意的形成与对注意进行有效的分配、转移。注意的集中就是使意识活动深入所要了解的事物（具体的案件情节）中去，这是形成注意的关键一步。否则虽然产生了指向，也会因为没有集中，出现“视而不见，听而不闻”的结果。注意的分配是指在同一时间内把注意分配到两种以上的事物中。所谓“眼观六路，耳听八方”就是对注意分配的恰当描述。审判中注意从一个客体转向另一个客体的过程叫注意的转移，一般而言，注意转移的难易和快慢取决于原来注意的紧张度，以及引起注意的事物的性质和需要转移的时间。注意的分配与注意的转移是紧密联系的，一个法官常常要在同一时间内完成数项任务，必须同时注意许多方面传来的信息，否则就不能获取大量有价值的案件信息。在审理工作中，有计划的注意分配与有目的性的注意转移是十分必要的。因此，法官应当同时具有较好的感知和良好的注意品质。

2. 法官应有较强的观察能力

观察是有目的、有计划、有方向、比较持久的知觉。整个案件审理裁判活动都离不开观察，法官如果没有周密的、精确的、系统的观察，就不能收集大量有价值的事实材料，并从中发现新的规律，完成案件事实的建构。在审判工作中，优秀法官通常能够通过观察，了解当事人或被告人的道德品质、个性特征、平时表现情况等，然后才能做到公正判决。

从主、客观型来看，主观型的人在观察事物时常常将自己主观设想和推测带到对事实的观察中去，以致造成观察失实；客观型的人在观察事物时，很少受自己主观偏见、愿望、情绪和心境的影响，在没有掌握充分证据材料以前，一直是耐心细致地观察和思索，不随意作出任何结论。因此，法官应该使自己成为客观观察型的人。从分析、综合型来看，分析型的人习惯观察事物的各种细节特征，但容易忽视对事物整体和相互关系的观察，“只见树木，不见森林”导致观察的片面性；综合型的人则习惯于观察事物的一般特性，从整体的角度去考察事物的特征，但往往忽视对案件中各种细节的观察，容易对观察的对象理解得很笼统，不适宜做细致的取证工作和技术检验，在复杂疑难的案件前面，难以抓住重点；而分析、综合型的结合可以兼具以上两者优点，既立足整体又着眼细节。因此，法官最好是分析与综合的结合型。

3. 法官应有较强的记忆思维能力

记忆与思维是人的高级认知活动，是法官顺利完成任务的保障，法官应当具有良好的记忆和思维能力。

(1) 记忆

人感知过的事物、思考过的问题和理论、体验过的情绪和情感都会在头脑中留下痕迹，并在一定条件下呈现出来，这就是记忆。法官在审判中感知过的事实证据和规范法条，思考过的问题，训练过的动作，体验过的情感，以及采取过的审判措施，在事情经过之后，并不完全消失，而会在大脑皮层留下过程痕迹。当引起兴奋的刺激物离开以后，在一定条件的影响下，这些痕迹仍然能重新活跃。这样，法官就能再现已消失的对象的表象。所以，记忆是法官大脑的一种反映形式，它反映审判活动过程中发生过的事物。

法官通过阅卷、讯问被告人、开庭审理等活动，对案件事实中的人和事物进行感知，获取案件事实信息，再通过记忆在头脑中贮存下来。记忆在法官的整个心理活动中处于突出的地位。法官的任何一个心理活动和心理现象都离不开记忆的参与。记忆将法官心理活动的过去、现在和将来连成一体，使案件审理顺利进行。此外，法官对法条的掌握和运用也离不开记忆。对于法官而言，对法条的记忆比对事实记忆更为重要。

【知识链接】

法官对法条的记忆

法官对法条的记忆具有以下几个特点：一是主要为语义逻辑记忆。法官对法律条文规则的记忆是以法条的意义为参照，是以法条涉及的语词、法律概念、法学原理为内容的记忆，包含着法官严密的思维逻辑过程，是法官学习法律知识、提高法律水平的重要途径。二是法条记忆包含了感觉记忆、短时记忆与长时记忆。法官对法条的记忆包含了这三种记忆状态。法官在审判实践中，遇到法律问题时经常会临时翻看法律适用手册，查阅有关法律规定，接触到有关法条规定时，法官首先通过视觉感知法条，形成感觉记忆。在感觉记忆中，法条信息是未经任何加工的，按刺激原有的物理特征在法官头脑中编码。法官记忆法条的三种类型若按信息加工的理论来划分，它们的关系是：法条刺激引起感觉，其痕迹就是感觉记忆；感觉记忆中呈现的法条信息如果受到法官的注意就转入短时记忆；短时记忆的法条信息若得到法官的及时加工或复述，就转入长时记忆。最近的心理学研究表明，长时记忆的信息是以组织的状态被贮存起来的，主要以意义的方式对信息进行编码，通过整理、归类、储存并提取。法官长时记忆储存的法条信息时间长，可随时提取使用，与短时记忆相比，受干扰小。因此，在司法实践中，长时记忆对法官司法审判能力的提高作用更大，运用更广泛。三是既有外显记忆，又有内隐记忆。在司法实践中，法官在审判活动中往往会因受到先前学习所获得法条信息的影响，或者因先前对法条知识的系统学习而使当下案件的审理变得更加容易，这种不知不觉的现象就可以认为是法条的内隐记忆在法官头脑中起了作用。

（资料来源：人民教育出版社师范教材中心组编：《心理学》，人民教育出版社 1999 年版）

（2）思维

如果说感知是法官获取信息的通道，记忆是对获取信息的保持，那么思维是法官对案件事实从感性认识上升到理性认识的必要途径。思维是人的心理过程中最为复杂的心理现象之一，法官的思维是法律性思维。但究竟什么是思维以及什么是法律思维，心理学家和法学家均存在不同的看法，至今尚没有统一的定义。在法学界，对于法律思维有不同的表述，如：王泽鉴先生认为，法律思维是依循法律逻辑，以价值取向的思考、合理的论证，解释适用法律。葛洪义教授认为，法律思维的核心是法律语言，等等。李安教授对目前法学界关于法律思维的表述进行了归纳，他认为，目前人们对法律思维的定义主要从以下三个角度界定：一是以法律思维的功能来界定法律思维，将法律思维表述为法律适用、解决法律问题的具体办法；二是以法律思维的组成或特性来界定法律思维，认为法律思维的核心是法律语言，或认为法律思维的要素是判断、解释等；三是以法律思维的类型来解释法律思维的内容。目前，法学界对法律思维的表述，从不同角度揭示了法律思维的内涵，但也反映出存在的分歧。一般来说，法官的思维具有以下几个方面的特征：

第一，思维的间接性。思维的间接性是指人通过其他事物为媒介来间接反映外界事物。比如，法官在建构合同诈骗案件事实的过程中，通过行为人有无签订履行合同的能力、有无履约的实际行动、事后对资金款项的处置等外在行为表现推断行为人在主观上是否具有非法占有他人财物的诈骗犯罪故意，靠的是法官的思维，体现了思维的间接性。法官对法条信息的思维活动可以把本来无直接关系的不同的法条或法条信息联系起来，从超越感知觉提供的法条信息，去揭露法条内在的本质和规律性，也靠推断。思维的间接性，使法官的认知能力突破了时空的限制，从具体的一事一物的认知的局限性中摆脱出来，拥有断案的智慧。

第二，思维的概括性。思维的概括性是指通过建立事物之间的联系，把一类事物的共同特征抽取出来，加以概括，得出概括性的认识：一切法律概念、原理、规则，都是法律思维概括的结果，都是法律人对客观事物的概括的反映。思维的概括性能够帮助法官认识同一类事物或案件或现象的本质特征，能够帮助法官在多次感知的基础上发现案件事实与事实之间内在联系的必然性，舍弃它们之间那些偶然性的外部联系，摆脱对个别案件情节的直接依赖而转向更深刻、更正确地反映案件的本质，在对案件和有关法条进行感知的基础上，做到“去粗取精，去伪存真，由此及彼，由表及里”。

第三，思维必须要借助于语言来实现其特性。思维的间接性和概括性均借助语言来实现，语言是思维以及记载和巩固思维结果的工具。文字语言是法官思维的物质载体，法官对法条的思维是借助于法律语言进行的。法官对法律语言文字的概括性，使法官的认识摆脱了具体法条局限性和对具体法条的直接依赖性，并在思维的概括活动中形成法律概念和法律命题，这就无限地扩大了法官对法条的认识范围和加深了法官对法条的了解。在现实生活中，法官对法律问题的思维活动经常是以概念陈述命题的形式起作用。

第四，法律思维是逻辑思维与直觉顿悟的综合。所谓直觉思维，是指法官根据自己对法条和法律问题的直觉进行法律判断，直接把握法律事物的本质和规律的非逻辑抽象思维形式。直觉、顿悟一般表现为，经过长期的思索，猛然觉察出事物的本来意义，进入一种走出混沌的清晰状态，往往会伴随着一种恍然大悟的感觉。直觉、顿悟相对于思维定式而言，是一种跳跃式、非理性的思维方式。它既是一个突变的过程，又是一个思维定式被打破的过程。从理论上讲，在直觉顿悟或者灵光一现之时，原有的不正确的思维定式被迅速地打破，人们会在一瞬间摆脱不正确的思维方式，找到正确的思路。关于直觉思维在法律发现与司法判决中的作用，实际上已经引起了一些法学家的关注，他们研究认为法官在司法判决中运用了直觉思维的作用，这种直觉思维有的称之为“法感”。例如，德国法学家伊赛和美国法学家弗兰克都表达过类似的观点，即认为法官的判决是建立在感觉与直觉之上。弗兰克还提出，“法庭的判决像其他判断一样，无疑在多数情况下是暂时形成的结论倒推出来的”，“法官的判决取决于一种预感”，“建立在法官训练有素的直觉”之上，在这个过程中具有决定性意义的是法官的个性。

所以，感知是记忆和思维的基础，而思维又需要建立在记忆上。从感知到思维，认识的运作也从简单到复杂，人们获得对事物从感性到理性的认识。因此，法官的整个认知要求是案件事实构建与裁判规范发现必不可少的，也是法官心理素质的关键部分。

（二）情感和意志

1. 情感

情感是人对客观事物的态度体验及相应的行为反应，是法官对于客观事物是否符合自己需要的主观态度和内心体验。法官在审判活动中接触不同的案件，审理活动取得不同的裁判结果都会产生相应的情绪，这种情绪对整个裁判工作起到一定的影响，有时甚至会促进裁判或阻碍裁判工作。在生活中，我们经常将情感和情绪作为同义词来使用。喜、怒、哀、乐、忧、愤、爱、憎等都是不同形式的情绪、情感。不过，情绪更倾向于法官个体基本需求欲望上的态度体验，往往与自然需要（如吃、住、睡等）相联系，而情感则更倾向与法官社会需求欲望上的态度体验，与法官的社会需要（如职业荣誉、地位、成就等）相联系。在行为过程中，情感和情绪的主要区别在于，情感侧重对行为目标的生理评价反应，而情绪是对行为过程的生理评价反应。

法官的情感主要表现为法官对司法审判形成的道德感、理智感和美感。

（1）道德感，是法官依据一定的道德标准评价自己或他人行为、思想、意图时产生的态度体验。作为法官，从法律的角度思考问题是其天职，但也要学会从道德、良心上去反思自己的言行和裁判活动，不断增强道德感。这样，才能不断矫正行为，使自己保持良好的品行操守。法官的道德感是一种内在精神力量，左右着人们对某种思想、观念、行为的接受与拒绝。陶冶法官的道德感就是把抽象的、外在的法官道德知识，变为个人内在的心理要求，这是树立道德信念、形成道德品质的必要因素。

（2）理智感，是法官在认知案情和评判案件的智力活动中所产生的情感体验。例如，对新类型案件表现出来的好奇心、对未知现象表现出来的求知欲、对成功解决重大疑难复杂案件所产生的喜悦或愉快、对难办案件表现出来的焦虑不安等，都是理智感的表现形式。理智感对认识的产生和发展能起极大的推动作用，能够激励法官去熟悉案情，寻求案件的答案。热情也是一种强有力的稳定而深厚的理智感，它能使法官坚持不懈地做好审判工作。

法官的工作热情取决于法官个体对审判活动的社会意义的认识。培养和发展法官对审判工作的深刻理智感，具有十分重要的意义。

（3）美感，是依据一定的审美标准评价事物所产生的情感体验。例如，看到锦绣山河、感受良辰美景时的各种情感都属于美感。法官对许多客体能形成共同的评价，体验到美感。对品质和行为也能引起美的体验，如真诚、公正、坚强、可靠等人品因受到人们的普遍认同，被认为是美的。审判是一种善良而公正的艺术。审判的公正性，能引起人们对美的体验，所以法官的美感与公正的现实密切相关。由于美感渗透主观意向，因此，不同的法官有不同的美感。法官美感的形成有赖于法官的审美能力，而审美能力的培养则取决于长期的知识经验的积累与实践训练。

2. 意志

意志是人类特有的心理现象，是主观能动性的体现。法官意志，对于法官高质量完成审判活动，实现公平正义、践行“能动司法”具有重要作用。所谓意志，是指为了达到目的，自觉地调节与支配自己的行为，并同克服困难联系在一起的心理过程。法官的意志在整个审判活动中有重要作用。首先，意志可以使法官的认识活动更加广泛、深入。法官在进行各种针对案件事实或法律规范等内容的审判认知活动时，总要碰到困难，要实现认识活动的目的，就需要意志的努力。其次，法官意志也可影响情绪、情感，对情绪、情感有着控制和调节作用。最后，意志能够影响法官的自我修养程度。由于意志的最大特征是和克服困难联系在一起的，或者说对于克服困难而言，意志是最活跃最起作用的一个因素。那么，对于颇具风险与困难的司法审判工作来说，意志成为一个法官必不可少的心理因素。在克服自身缺点、自我完善中，意志的作用不可忽视。只有那些意志坚强的法官才会正视自身的弱点，并下定决心勇于改进，使自己人格逐渐趋于完善。

法官的意志表现为法官对自己行为的调节与控制，与法官意志相关的比较稳定的方面，就是法官的意志品质。具体包括：（1）自觉性：是一种能够清醒地意识到审判行为的目的和意义，能够主动地支配行动，使之符合审判目的和法律要求的意志品质。（2）果断性：是一个法官善于在深思熟虑的基础上，适时而坚决地作出决定和裁判决策的意志品质。（3）顽强性：是一种为实现既定目的而持续努力拼搏的意志品质。（4）自制力：是法官调控自身行为方向的意志品质。具有良好自制力的法官能够抵制外界诱惑，能够独立自主地坚定自己的法制信仰，克服干扰，将公正审判进行到底。

【知识链接】

认知、情感与意志的辩证关系

认知、情感与意志是人类的三种基本意识形态，对应反映三种基本的客观存在：事实关系、价值关系和行为关系。认知、情感与意志的辩证关系在根本上取决于事实关系、价值关系与行为关系的辩证关系。

1. 情感是一种特殊的认知，意志又是一种特殊的情感

客体对于人的生存与发展的意义也是客体的一种关系属性，只因为它有着特殊的意义，才与其他关系属性区别开来，因此，价值关系是一种特殊的事实关系，情感是一种特殊的认知，行为关系是一种特殊的价值关系，意志是一种特殊的情感。从广义角度来看，知、情、意都是法官的一种认知活动，只是各自侧重于不同的角度，情感侧重于从意义的角度进行认知，意志侧重于从行为效应的角度进行认知。

2. 认知、情感与意志相互区别

其主要区别是：认知一般是以抽象的、精确的、逻辑推理的形式出现，情感一般是以直观的、模糊的、非逻辑的形式出现，意志一般是以潜意识的、随意的、能动的形式出现；认知主要是关于“是如何”的认识，情感主要是关于“应如何”的认识，意志主要是关于“怎么办”的认识。如果把情感与认知割裂开来，就会使情感没有客观依据而变成了“公说公有理，婆说婆有理”；如果把情感与认知混淆起来，又会使情感失去公正性而变成了“成者为王，败者为寇”；如果把情感与意志割裂开来，就会使惰感成了空洞的情感；如果把情感与意志混淆起来，又会使情感成了糊涂的情感。

3. 认知、情感与意志相互依存、相互联系

没有事实关系，价值关系就成了无源之水，没有价值关系，行为关系也成了无源之水，因此认知是情感的源泉，情感是意志的源泉；事实关系以价值关系为导向，价值关系又以行为关系为导向，因此认知以情感为导向，情感以意志为导向；情感最初是从认知中逐渐分离出来的，反过来它又促进认知的发展，意志最初是从情感中逐渐分离出来的，反过来它又促进情感的发展；认知、情感与意志相互渗透、相互作用、互为前提、共同发展。

（资料来源：陈增宝著：《法官心理与司法技巧》，中国法制出版社 2012 年版）

（三）个性品质

个性是指个人区别于他人的、稳定的、独特的、整体的特性。个性，不

仅体现在一个人的信念、理想、世界观上，也体现在一个人的兴趣、能力、气质和性格上，它反映一个人基本的精神面貌。良好的个性品质是法官维持公正裁决的心理基础。

1. 无私无求，无畏无惧

无私，是指不以职权而谋利；无求，是指不求私利而损公。无求则无惧，无私则无畏。法官能公正裁判，无私无求是前提。理解无求无私时，要辩证地分析。法官应求实，求公正，求学识，求经验。求则进，不求则退。无畏无惧，是说法官在审判案件时，坚持忠于法律制度，忠于人民利益，忠于事实真相，不怕困难艰险，不畏财势权势，斗邪恶，公正裁判，不枉不纵。对无畏无惧，可以归纳为以下六项内容：无畏惧于恶（邪恶），无畏惧于损（损失），无畏惧于艰（艰难），无畏惧于悔（改正），无畏惧于势（权势），无畏惧于诽（诽谤）。

2. 自省自律，谨慎行事

自省，是指经常自我反思，检讨过失，总结经验，汲取教训；自律，是指高标准严格要求自己，规范自己的言行举止。自省自律，加强身心修养，是法官应具备的优秀品质。人非圣贤，孰能无过？有过则改，有错则纠，是对人民高度负责的精神，也是社会主义法制的要求。庭审中，法官自省自律，有助于优良心理品质的发挥，工作认真负责；结案后自省自律，静下心来，严格审慎自我，以发现不足，及时弥补。案经审判，裁判结果有时会涉及国家、社会利益，有时会涉及当事人、相关人员的权利、义务和被告人的祸福，甚至生命，所以法官在审判中应该谨慎行事。刑事案件情节错综复杂，如若不慎，要么会放纵罪犯，要么会冤枉无辜。实践也证明，谨慎则明，不慎则暗。

3. 勤奋博学，多思善谋

审判中，法官要接触各种类型的案件，接触不同类型的人，作为法官要具有十分广博的知识。勤学，是勤奋学习，日积月累，活到老，学到老；博学，是广泛学习，学文化、学法律、学管理、学科技、学历史；向前人学，向书本学，向同志学，向实践学。博览群书，涉猎广泛，努力丰富自己的知识。多思是善谋的基础，只有善谋才能成功驾驭好庭审活动。当然，多思不是当断不断。当断不断，必生祸乱；多思也不是优柔寡断，优柔寡断，则一事无成。多思善谋，可提高办案效率，保证办案质量。庭审中，控辩双方，站在不同角度积极举证、质证，证据是否能证明案件事实，要靠法官确证、认证。两种截然相反的证据，不能同时采纳，但可同时否定。这个肯定或否定结论之得出，靠法官多思。只有多思，深思，才能判断正确。

二、影响法官定罪量刑的心理因素

在司法过程中法官的定罪行为受到法律规则的限制，法官在量刑上却有极大的自由裁量权，同案不同刑期的现象大量存在。在实际的案件审理中，每一宗案件的处理情况都可能出现法官本人的心理因素影响对罪犯量刑的状况。

（一）个性特点

【实践与运用】

有一起发生在加利福尼亚州的票据伪造案，一名24岁中等智商，并不成熟的男子用一张金额为145美元的支票到营业部兑现，被告人认罪，但没有能力承担责任。他因夜盗罪被处缓刑期间的表现差强人意，因而作为特例受到缓刑执行官的严格监督。被告人酗酒，近年来境况更差。法官们提出了不同的意见：舒内格法官认为被告人没有被捕记录和暴力历史，建议对此人适用3年缓刑，条件是须接受酗酒和情绪方面的治疗，这样对其心理上帮助有助于他复归社会和家庭。罗斯·A·卡基特法官赞成监禁，认为“这个家伙需要真正的震慑，收监服刑对他有益并促其反省”。斯德利法官则主张直接判处被告人在拘役所服刑；因为他尝过缓刑却效果不佳。爱德华·P福格法官提议为被告人提供某种职业培训，最终有助于他回归社会。

（资料来源：王迎付：《法官个人因素对判案影响之考量》，苏州大学2006年硕士学位论文）

在上述票据伪造案中，有的法官较宽容，有的较严厉，有的注重社会稳定，有的体现对个人关怀，有的倾向于对犯罪行为的惩罚。同一案件、同一被告人、同样的案情和证据，不同的法官提出了不同的建议，折射出法官们的个性，也是法官自身的一次最好的陈述。正如爱因·兰德所言，内心之中有一法庭，也要求人们作出判断：这就是根据客观的事实。当法官在作出宣判时，无时无刻不在考验自己。

蔡墩铭先生曾指出：“审判官之判断，可谓为一种人格判断，于是依其人格如何，其判断之结果自有差异。纵人格非固定不变，然而成人以后之人格，几已成为定型，从而，同一人格者所为之判断，易趋于一致。”审判官之人格大致上可分为两类，即客观型与主观型。属于客观型之审判官富于感受性，其虽被动接受刺激，但能正确予以记录，对双方当事人所提出之证据资料可予以公平之衡量，并能比较相反之意见，借以判断何种意见可采，以此形成被告人是否犯罪之心证。属于主观型之审判官受直觉之影响，遂有意或无意以此为选择证据或判断证据之方针。由于此种审判官早已凭其直觉、直观形成心证，是以对于当事人所提出之证据资料或双方当事人所进行之辩论，不感兴趣，如此仅凭直觉所为之判决，不免陷于错误。

此外，人对于他人不当行为的反应，有的显得严厉，有的显得宽容。这种不同的反应也体现了人的不同个性特点。法官如果属于严厉者，则有可能在量刑时偏于从重；如果属于宽容者，则有可能偏于从轻。而且，独立性的强弱也会影响法官量刑。独立性较低（即顺从性较高）的法官，在审理案件的过程中易受外界干扰。如，在量刑时，检察官的求刑意见、辩护律师有关量刑的意见，甚至与法庭审判工作无关的人的意见等，都有可能对最终的量刑决定有影响作用。现代社会，媒体往往报道社会发生的重大案件或社会一些成员关注的案件，有时媒体竟然对犯罪人的行为给予不当的评价。独立性不强的法官在这个时候如果接触了此类媒体传播的内容，则可能在量刑时受到影响。

而根据心理学的观点，个体的气质类型是在某一类人身上共有的或相似的心理活动特征有规律的结合。通常把个性气质分为胆汁质、多血质、黏液质、抑郁质四种类型。对于胆汁质的法官，有着豪放、爽朗、勇于进取的个性品质，但易粗暴、任性、高傲、听不见不同意见，这类法官往往先入为主，容易把情绪宣泄在判案过程中。对于多血质的法官，有着朝气蓬勃、满腔热忱、足智多谋的个性品质，但较易存在朝三暮四、粗心大意等不良品质，在办案过程中容易忽视某些情节，甚至重要情节，造成冤假错案。对于黏液质的法官，有着以诚待人、工作踏实、顽强等优良品质；但在办案过程中易墨守成规、谨小慎微、固执己见。对于抑郁质的法官，有着敏感、机智、认真细致、自尊心强、自信心足等个性品质，这类法官容易发现案件事实的细节和当事人情感的细微变化，劝导说服工作有耐心，但往往优柔寡断，容易贻误判案的最佳时机。

（二）情绪

情绪是人对客观事物是否满足自己物质和精神上的需求而产生的主观体验的心理活动。它是人对客观事物需要的反映，包括喜、怒、哀、乐等。一般来说，凡是符合并满足人的某种需要的客观事物，会使人产生积极肯定的情绪，反之则会产生消极否定的情绪。

情绪对人的认知和行为有着重要的影响，这是心理学研究后得到的定论。当一个人处于积极的情绪状态时，往往会倾向于以较为积极的、热情的眼光看待（认知）当前的事物，并多半会以宽容对待他人。当一个人处于消极的情绪状态时，则往往倾向于以较为消极的、冷峻的目光看待当前的事物，并多以严厉的方式对待他人。在对法官情感是否会对定罪量刑产生影响的问卷调查中，超过六成的法官认为会产生影响。在个别访谈中，受访法官表明：在刑事审判中法官的情绪对判决有重大影响。这些情绪包括对某类犯罪的厌恶或容忍，对被告人或被害人的厌恶与同情等。例如，有法官表示因家中曾遭遇被盗而对盗窃犯罪分子极其厌恶，因此，对盗窃犯的判刑较为重；例如，有法官表示被告人在法庭上表现得可怜或比较可恶，甚至是容貌的好或坏，通常会引起法官的同情或厌恶，从而影响刑期的长短。

由此可见，法官在审理案件时，如果自己当时处于某种情绪状态，那么就有可能在判断案件的严重程度和作出量刑决定的过程中，受这种情绪状态的影响。情绪自我能力较弱的法官，在量刑时受自己当时情绪状态的影响会更为明显。研究表明，正面情绪对心理和行为过程起着协调作用，负性情绪则对心理和行为过程起着破坏、瓦解或阻断作用。在司法过程中完全排除法官情绪对定罪量刑的影响是不现实的，关键在于理性防范与控制情绪因素对定罪量刑的消极影响。所以，我们要注重学会对自己情绪的调整和控制，自觉培养定罪量刑过程中所必需的正面情感，自觉提高情感状态的修养水平。同时，也要进一步加强相关制度的保障，如建立完善的判决说理机制、完善错案追究机制，建立法官心理分析制度，建立类似英美的陪审团制度等，这些都值得我们不断地去研究和探讨。

（三）定型化效应

“定型化效应”，也叫“刻板印象”。定型化效应是指个人受社会影响而对某些人或事持稳定不变的看法。如：我们常认为老年人是保守的，年轻人是易冲动的；北方人是豪爽的，南方人是善于经商的等。刻板印象的形成，主要是由于我们在人际交往过程中，没有时间和精力去和某个群体中的每一个成员都进行深入的交往，而只能与其中的一部分成员交往，因此，我们只能“由部分推知全部”，由我们所接触到的部分，去推知这个群体的“全体”。它既有积极的一面，也有消极的一面。积极的一面表现为：在对具有许多共同之处的某类人在一定范围内进行判断时，不用探索信息，可直接按照已形成的固定看法即可得出结论，这就简化了认知过程，节省了大量时间和精力。消极的一面表现为：在被给予有限材料的基础上作出带普遍性的结论，会使人在认知别人时忽视个体差异，从而导致知觉上的错误，妨碍对他人作出正确的评价。

因此，在审判实践中，定型化效应可以帮助法官简化对对象的认知过程，有助于法官对诉讼中的当事人或其他诉讼参与人迅速作出事实判断，有效地完成法律裁判。但这种对某个群体的总体刻板印象往往很不准确，因为它过于泛化，忽视了个体之间的差异。也强调了某些特点，尤其是非常容易夸大优点或缺点。在司法实践中，刻板印象容易使法官对事物或人的认识僵化、保守，法官一旦形成不正确的刻板印象，用这种定型去衡量一切，就会造成认知上的偏差，如同戴上有色眼镜去看待外界的事物。如：如果法官头脑中有了什么样的人会犯什么罪的心理定型，则可能倾向于先入为主地断定属于这种类型的被告有罪，且会倾向于从严量刑。在不同法官的头脑中定型化效应的作用、特点是不同的，文化水平高、思维方式好、有正确世界观的法官，其刻板印象是不“刻板”的，是可以改变的。要纠正其消极作用，关键是要求法官努力学习新知识，不断扩大视野，开阔思路，更新观念，培养良好的法律思维方式。

【知识链接】

刻板效应心理实验

苏联社会心理学家包达列夫，做过这样的实验，将一个人的照片分别给两组被试看，照片中人的特征是眼睛深凹，下巴外翘。给甲组介绍情况时说“此人是个罪犯”；给乙组介绍情况时说“此人是位著名学者”，然后，请两组被试分别对此人的照片特征进行评价。评价结果，甲组被试认为：此人眼睛深凹表明他凶狠、狡猾，下巴外翘反映着其顽固不化的性格。乙组被试认为：此人眼睛深凹，表明他具有深邃的思想，下巴外翘反映他具有探索真理的顽强精神。为什么两组被试对同一照片的面部特征所作出的评价竟有如此大的差异？原因很简单，是人们对社会各类人有着一定的定型认知。把他当罪犯来看时，自然就把其眼睛、下巴的特征归类为凶狠、狡猾和顽固不化；而把他当学者来看时，便把相同的特征归为思想的深邃性和意志的坚韧性。

（资料来源：MBA 智库百科）

（四）“洞穴之喻”——心理偏见

【实践与运用】

在一起伤害案中，被告人甲因与乙某的妻子有暧昧关系而在家遭到乙某的暴力打击，在实施防卫时甲用水果刀将乙某刺成重伤。在审理这件案子时，初审的主审法官一开始就对被告人表现出了一种非同寻常的仇视态度和莫名其妙的幸灾乐祸，结果被告人甲某以故意伤害罪被判刑五年，并赔偿乙某的一切经济损失。虽然二审时此案得到纠正，但一审法官何以作出如此判决？经调查发现，该法官曾经历过婚姻上的挫折，其家庭因第三者插足而破裂，因此对第三者痛恨厌恶至极。

（资料来源：刘国庆：《从心理偏见审视刑事冤案成因》，载《苏州大学学报》2015年第1期）

“洞穴之喻”是指：“当专注于中央视觉时而失去了周边的视觉，导致形成一个狭小的像圆形隧道一样的视野。”此种隧道视觉的思维方式表现为心理偏见，在刑事审判中，它于无形中影响着审判人员对案件的认知及审判行为。由上述案例可以看出，法官的心理成见对刑事判决的消极作用非常大。在审判中法官的意志一旦被其心理偏见左右，他就会失去其职业应有的冷静态度，往往先入为主、主观臆断、偏离法理。此时，法律的严肃性和权威性就只好让位于执法者的个人情感，法律所要求体现的公平和正义也只能屈从于执法者个人的好恶。除了过往在人际关系中遭遇的挫折导致某些法官形成心理偏见，法官出身的社会经济地位所形成的心理偏见也会对刑事判决产生影响。一个具有良好社会经济地位出身的法官，也许会有一种身份和人生价值上的优越感，对与之社会经济地位相去甚远的另一群人产生高高在上甚至蔑视的心态，因此他对一个出身寒微的被告人就可能表现得颐指气使，极为挑剔苛刻。反之，一个出身贫寒的法官对一个社会经济地位比较优越的被告人可能也会表现得不近法理，因为他可能由于家境的贫寒而受到过有钱有势者不少的欺辱，此时正是一次扬眉吐气的机会。以上两种心理偏见，都可能导致枉法裁决。此外还有诸如性别、年龄、民族、所受教育程度、先前从事的职业、传统观念等因素，都可能造成法官的心理偏见，影响法官的司法行为，从而导致一些不同寻常的判决出现。

第二节 辩护律师的心理

一、影响法庭辩护的心理因素

在刑事诉讼中，辩护是一个十分重要的程序，是指刑事案件的犯罪嫌疑人、被告人及其辩护人反驳对犯罪嫌疑人、被告人的指控，提出有利于犯罪嫌疑人、被告人的事实和理由，以证明犯罪嫌疑人、被告人无罪、罪轻或应当减轻、免除处罚，维护犯罪嫌疑人、被告人合法权益的诉讼活动。辩护心理是指在刑事诉讼活动中，辩护人的心理过程、心理状态和个性心理的总称。律师是最主要也是最有能力切实保障犯罪嫌疑人、被告人合法权益的辩护人。鉴于篇幅有限，本章仅就辩护律师在刑事案件一审前后的各种心理进行阐述。

（一）庭审前的辩护心理

由于辩护成功与否，关系到被告人的合法权益能否得到维护，在一定程度上也关系到法律能否得到正确实施，因此，即使一位经验丰富的律师，也要认真做好庭审之前的各项准备工作。在这个阶段，辩护律师的心理表现在以下几个方面：

1. 律师参与刑事辩护活动的动机

辩护人中除少数是被告人的亲属、朋友外，绝大多数是从事法律服务工作的专、兼职律师。律师接受被告人或其近亲属委托或法院指定后，首先产生了辩护动机。不同律师参与刑事辩护的动机不尽相同，大致可以分为以下几种：

（1）正义感。大多数律师接受委托（或指定）为被告人辩护是出于维护被告人的合法权益，维护社会主义法制尊严的正义感。这是律师作为法律工作者的职业情感。在这种正义感的驱使下，辩护律师对出庭前的各项准备工作一般会表现出很高的热情，庭审过程中会针对指控和公诉人的发言依法据理力争，出庭后还会尽力做好善后工作。

（2）金钱。一些律师对经济效益考虑较多，追求实惠的意识在他们的头脑里占主导地位。对承办刑事案件，他们觉得报酬太低又得冒风险。极个别律师把委托人私下给的好处费的多少，作为支撑辩护卖力与否的动机。基于这种动机参与刑事辩护的律师，有的马虎应付了事，使辩护工作流于形式，有的自称能“包打官司”，不顾事实和法律，缠诉不休。

（3）敷衍。由于个别法院在处理案件过程中存在着“先判后审”使庭审走过场，对待律师的态度是“你辩你的，我判我的”，不尊重律师的辩护意见甚至不尊重律师的人格的现象，导致少数律师对刑事辩护失去热情，令他们觉得即使准备再充分，辩护得再好对案件的裁判也无济于事。基于这种动机，律师接受委托（指定）参与刑事辩护纯粹是为了应付和例行公事，因而在各项具体活动中表现出应付、搪塞的情况。

（4）成名。少数律师“成名”意识较重，总想通过刑事辩护显示自己的才能和与众不同之处。具有这种动机的律师往往为了显示自己的能力，与公诉人对着干，纠缠于一些细枝末节，甚至抓住公诉人的一两句话穷追猛打，对公诉人进行嘲弄和人身攻击；有时明知自己无理，为了显示能耐仍一味狡辩，胡搅蛮缠。

2. 辩护律师的认知

出庭前，辩护律师要解决的主要问题就是对案情的认知。辩护律师对案情的认知，是在侦查、审讯和检察机关公诉的基础上进行的。由于辩护律师的职责要求从维护被告人合法权益的角度去认识案件，发现公诉人提起公诉时的缺陷、疏漏和不足，因而对案情存在着一个重新认识的过程。因此，只有对案情有了较为清晰的认识，辩护律师才能据此提出辩护意见，从而维护被告人的合法权益。

辩护律师通过阅卷和调查取得对案情的认识，大致分为以下几种情形。

（1）认为起诉的事实缺乏依据。公诉人确认的罪行经不起推敲，事实不清，证据不足，证据与证据之间不能互相印证，甚至前后矛盾，被告人的行为不构成犯罪。

（2）认为起诉的事实或定性与被告人的实际情况有出入。被告人所犯的不是起诉书指控的重罪，而是另一个轻罪。如被告人犯的是抢夺罪，而起诉书指控为抢劫罪。

（3）起诉的事实清楚，证据确凿，被告人构成犯罪无疑，但存在从轻或减轻的情节。如被告人已满14周岁不满16周岁，自首、中止、未遂等。

（4）起诉的事实基本存在，但有些赃物价值的计算有出入，这在经济犯罪案件中较为常见。如走私货物价值的计算、盗窃的物品（特别是工业原材料）价值的计算、盗伐的林木的价值计算等。

3. 辩护律师的情绪

情绪与认识相伴。一定的认识活动总是伴随一定的情绪，没有情绪成分的认识活动是不存在的。辩护律师的辩护活动也是如此。辩护律师在阅卷、会见被告人以及访问被害人、证人等过程中，都会产生情绪体验。对案件的事实有了基本的认识后，辩护律师就会对辩护的难度进行估量，同时产生积极的或消极的情绪体验。

律师通过阅卷和调查，如果认识到起诉书所指控的事实不存在，或指控的罪行与被告人实际所犯罪行出入较大，有较明显的从轻、减轻、免除刑事责任的事实和情节，且案件的背景不复杂，就会产生积极的情绪，认为案子好办，有辩头儿，因此自信心增强。在这种情绪的支配下，辩护律师会把整个身心投入辩护工作之中去，竭力收集有利于被告人的事实和证据，尽心组织材料，提出被告人无罪、罪轻、从轻、减轻或免除刑事责任的材料和意见，去维护被告人的合法权益。

律师通过阅卷和调查，如果认识到起诉书的指控事实清楚，证据确凿充分，内心会产生畏难情绪，认为这样的案子几乎没有什么可辩性，再用劲也是白搭。或者尽管认识到案件有出入，但案件背景复杂，上级领导对案件判决有授意，即使辩护也难以改变判决结果。这些消极情绪一旦成为主导情绪，律师就会在辩护工作中采取应付的态度，可能使被告人的合法权益得不到很好的维护。

（二）庭审过程中的辩护心理

庭审中与出庭前相比，情境有了较大的变化，如原来没有直接接触的审判人员和公诉人员与辩护律师之间有了直接的心理接触；被告人、被害人、证人、鉴定人等也相继出场亮相；公开审理的案件，还有许多旁听群众等。因此，法庭上心理活动十分频繁，心理相容和心理冲突也随之产生。

1．庭审过程中辩护人的心理状态

辩护人开庭前的一系列准备工作将在出庭时得到检验，对于事关自己工作成败的开庭审判，辩护人自然是十分关注的，其心理活动也十分复杂、活跃。

（1）责任感。辩护人接受委托，出庭为被告人辩护，对于保护被告人的合法权益自然具有一定的责任感。特别是当辩护人经过一定的调查了解，认为属于冤案错案时，其对于维护被告人合法权益的责任感和胜诉意识就会更加强烈。在这种情感和意志的支配下，在法庭辩论中就会竭尽全力，如果法庭作出了不利于被告人的裁判，还会在征得被告人同意的情况下，争取上诉。

（2）应付。有些案件，被告人的犯罪事实清楚，证据确实充分，罪行严重，又没有任何可以从轻、减轻刑罚的理由，根据法律和办案经验，辩护人预测被告人被判处重刑无疑。在这种情况下，在法庭辩论中，辩护人往往采取应付的态度，一般不与公诉人在对被告人的定罪量刑上展开辩论，只是在某些枝节问题上发表意见，或是一般性地提请审判人员在量刑时考虑到被告人能够如实交代罪行、认罪态度好等。

（3）自信与理智。富有经验且有声望的辩护人，在面对“有理可辩”的案件或缺乏经验的年轻的公诉人时，自信心很强，辩论中不急不躁，沉着冷静地阐述自己的辩护意见。即使公诉人有不理智的辩论行为，辩护人也能以理智的态度与其辩论，对公诉人以礼相待，不讽刺挖苦，不纠缠细枝末节，对公诉人的发言认为正确的地方表示肯定，认为不对的予以指出，根据事实和法律予以辩驳，不强词夺理，做到有理有利有节。基于这种心理，辩护律师在法庭上一般能处理好与公诉人及审判人员的关系，也会得到旁听群众的拥护，效果一般很好。

（4）紧张与激动。刚从事辩护工作的辩护人，特别是年轻律师，由于缺乏经验，再加上法庭的威严，众多旁听群众在场，心理上不免紧张。如果碰上有丰富工作经验的公诉人，紧张心理更会加剧。这种过分顾虑自己的辩护能力和过高估计公诉人水平的想法，往往导致辩护律师的紧张和焦虑，头脑中的兴奋和抑制过程失调，思维效能降低。在辩护人与公诉人进行唇枪舌剑的辩论中，如果公诉人言语不当，可能会伤害辩护人的自尊心，导致辩护人情绪激动，使其不能组织起有效的辩护意见，甚至出言不逊，作出一些不理智的辩论行为。

（5）争强好胜。在这种心理支配下，有的辩护人纠缠一些细枝末节，或抓住公诉人一两句不得体的话不放，搞得公诉人十分难堪，甚至会发展到把法庭变为炫耀自己口才、为自己争“面子”之地，忘记了律师应有的职责。这种心理的极端表现形式就是：个别辩护人不顾事实和法律，将大量被否定的和未经查实的证据在法庭上加以使用；任意歪曲法律条文，硬往有利于被告人的方面解释，生怕输了“官司”会影响自己的“声誉”，因此，即使在明知被告人有罪或不具备法定从轻、减轻或免于刑事处罚的情节时，也仍然在法庭上作无罪或罪轻的辩护。

2. 辩护人与公诉人在法庭辩论中的心理冲突

由于辩护人与公诉人在法庭辩论中的角色不同，使双方形成对立、竞争的交往关系。辩护人着重从维护被告人合法权益的角度开展辩论，公诉人的职责是从维护国家、社会和被害人利益的角度，要求法庭对被告人依法予以惩处。由于控辩双方的职责不同，在法庭辩论中必然产生心理冲突。

（1）认识上的冲突

①犯罪事实认定上的冲突。由于控辩双方的职责不同，看问题的角度也就不同，因而在对被告人犯罪事实的认定时，有时难免产生分歧：辩护人认为不构成犯罪，公诉人则认为构成了犯罪；辩护人认为是一罪，公诉人认为是数罪。

②证据认定上的冲突。在法庭辩论中，辩护人的任务是论证被告人无罪或罪轻，公诉人的任务是论证被告人有罪和罪重。由于控辩双方在法庭辩论

中任务的差异，在对某些证据的可靠性、合法性和证明力的认识上有时就会产生分歧。

③适用法律上的冲突。由于控辩双方关于被告人的犯罪事实和证据的认识方面存在着分歧，在法律的适用方面也将产生分歧。即使对犯罪事实和证据的认识方面意见一致，在定罪量刑时关于具体法律条文的适用方面，也可能产生分歧。辩护人和公诉人在辩论过程中产生某些认识冲突是正常现象。审判人员认真分析这些认识冲突，对于全面地认识案件，从而做到正确判决，是非常有益的。

（2）情绪上的冲突

控辩双方在激烈的法庭辩论中，由于双方或某一方的情绪失控，因而出现不尊重对方人格、以势压人的现象，或出于争强好胜而进行强辩、狡辩，从而导致双方情绪的冲突。这不利于法庭辩论的正常进行。对此，审判人员应当审时度势，及时进行调控或制止。

（3）意志上的冲突

辩护人和公诉人都希望通过法庭辩论，充分阐述自己关于对被告人定罪量刑的意见，希望审判人员予以采纳，达到自己的诉讼目的。由于控辩双方对于审判结果在认识上存在分歧，必然引起双方的意志冲突。例如，辩护人认为被告人无罪而被判有罪，或认为量刑过重，就会动员被告人上诉；公诉人认为被告人有罪而被判无罪，或认为量刑过轻，就会依照法定程序抗诉。

综上所述，在庭审阶段，辩护律师的心理活动虽然十分复杂、活跃，但辩护律师要达到维护被告人合法权益的目的，需要十分注意保持良好的心理状态，而且应当适时进行自我心理调节。

（三）宣判后的辩护心理

从开庭到宣判，有许多案子都要相隔一段时日。在这段时间，绝大多数辩护人都有一种期待心理，总是希望法院能够采纳或部分采纳自己的辩护意见，有一个较好的判决结果。宣判后常见的辩护律师心理有以下几种：

1. 满足。当宣读的判决与辩护律师的估量、推测相去不远，大致相符时，就会产生满足的心理状态：感到自己的一番辛苦得到回报，自己的劳动得到了承认，内心产生一种满足感，并常常溢于言表。有些涵养较深的律师会脸上露出微笑，一些年轻的律师甚至会因过度兴奋而失态。

2. 惊奇。有些较复杂、疑难案件，辩护人本人预测辩护意见被采纳的可能性不大，甚至不会被采纳，而宣读的判决却采纳了辩护人的意见，使其感到意外，惊奇感随之产生。在这种情况下，有时会怀疑自己是否听错。当得到证实后，情绪很快就会从惊奇转变为愉悦乃至兴奋。

3. 失望。当宣读的判决与辩护律师的预测相去甚远，其先前预测辩护意见会被采纳而事实上未被采纳时，就会从庭审后自我预测所引起的满足、愉悦很快转变为失望，顿时觉得自己劳而无功，得不到承认，从而产生不快。

4. 平静。对于一些原来预测辩护意见不太可能被采纳的案子，或者原先对辩护抱着应付态度的律师，由于事先有心理准备或对判决不抱希望，因此能够保持较平静的心理状态。

总之，在辩护活动中，辩护人应当通过实践不断地锻炼自己，扬长避短，发挥自己良好品质的优势，努力克服自己的缺点和不足，最终做到情绪稳定、意志坚韧、对人诚恳、立场明确、依法办事、有理有节，以维护被告人的合法权益。

二、不同类型刑事犯罪的辩护心理

（一）为初犯、累犯辩护的心理

依据犯罪人的犯罪经历、反社会程度、对社会的危害程度，可以将犯罪人分为初犯和累犯。初犯和累犯是相对而言的，初犯应当包括偶犯，累犯则应当包括惯犯。

1. 为初犯辩护的心理

初犯，顾名思义是指第一次犯罪的人。即犯罪人第一次实施了《刑法》所禁止的行为并将受到刑事处罚。初犯往往都是偶然失足而犯罪，如因一时激情冲动而犯罪，因受牵连而犯罪，因不懂法而犯罪。初犯在实施犯罪行为时往往是紧张害怕、盲目冒险、茫然无知或者心存侥幸；实施的犯罪行为暴露，被采取了强制措施后，则显得懊悔不已、心惊胆战、恐惧万分，害怕受到不公正的过重的刑罚处罚。

为初犯进行辩护，辩护人要针对初犯的犯罪心理，被采取强制措施后的诚惶诚恐的心理特征，做好辩护工作。首先是全面了解案情，这是辩护前期必须具备的心理准备。只有全面了解案情，才能找准辩护的方向。其次是了解和分析犯罪背景因素，这对了解和认识犯罪原因，分析犯罪危害，有着不可忽视的作用。对影响公诉人、审判人员对案件的认识也有着较大的作用，即可能通过分析初犯的原因，从情感上影响公诉人、审判人员，从而达到量刑时在刑罚幅度内，得到较轻的处罚。再次是将初犯的法定从轻、减轻、免于处罚的条件，全面准确地提出来。初犯的从轻、减轻、免于处罚的情节相对较多，如犯罪中止、自首、立功等，辩护人应当全面准确地提出来，供合议庭参考。最后是掌握初犯目前的心理状态，针对其不同的心理状态，做好思想工作，教育其认识犯罪的危害性，从而认罪服判，争取其配合辩护人的工作。同时也让其了解有关的法律知识，了解案件的可能前景，做好接受刑罚的心理准备。

【实践与运用】

20世纪80年代初期，江南某市发生一起轮奸案。其中一名被告人系医学院一年级的学生，周末回乡，被同学拉上一起去聚会，在轮奸案中仅为递上一杯茶，被判处四年徒刑。律师为其辩护时甚为同情。他是在同学的一再要求下，才参加这次聚会，而这几个同学则早有预谋，准备了安眠药，将郊区镇上的一名女孩带到预定的地点，将安眠药放在茶中，将女孩灌倒后实施轮奸。轮奸时诸某在场，首犯让诸某将放有药水的茶杯递上，诸某因此成了帮助犯，又因其知情不报，被刑事拘留。律师了解案情后，对其因受牵连犯罪，从一个新入学的天之骄子而沦为被告人感到非常遗憾。在对其犯罪行为予以揭露批判的同时，积极为其争取较轻的处罚。在严峻的形势下，由于律师的工作影响了法官的心情，诸某被判处四年有期徒刑。帮助初犯最大限度争取改过自新的机会，是辩护人应具备的心理，也是辩护成功的重要心理因素。

（资料来源：闻风：《律师心理研究》，苏州大学2003年硕士学位论文）

2. 为累犯辩护的心理

我国《刑法》第65条规定："被判处有期徒刑以上刑罚的犯罪分子，刑罚执行完毕或赦免以后，在五年内再犯应当判处有期徒刑以上刑罚之罪的，是累犯。"累犯对社会的危害较大，认罪服判的可能性不大。累犯的作案具有习惯性、长期性、疯狂性。累犯犯罪行为暴露，被采取强制措施后，其心理一般较为稳定。由于累犯有着多次受到刑罚处罚的经历，因此往往重新犯罪后并没有太多的恐惧心理，较多的是抵赖心理。

为累犯辩护，辩护人应当具备以下心理素质：一是辩护人要有体现法律面前人人平等的心理素质。法律面前人人平等，累犯同样有权利要求辩护人的辩护帮助，辩护人可以为其解释法律，提供法律知识方面的帮助，可以为其提供是否受到刑讯逼供或司法人员其他违法行为的申诉控告。二是辩护人要有从法律规定的角度，为累犯提供有关案情调查剖析的心理素质。不能因为被辩护人是累犯，为社会所不齿，而对其案情中有利于累犯的情节忽略不计。三是辩护人要敢于揭露犯罪，宣传法律、教育罪犯，辩护人为累犯辩护时，应当首先为法治服务，其次依法为累犯提供法律帮助，再次是揭露其罪行，帮助其认识犯罪的危害，教育其服判，争取累犯认罪，得到公正处罚。

【实践与运用】

潘某1992年6月犯故意伤害罪被判有期徒刑3年，刑期到1995年5月。1995年1月潘某因减刑被提前释放。2000年元宵节期间，潘某酒后寻衅滋事被刑事拘留，委托亲属聘请律师为其提供法律咨询和辩护。对潘某是五年内又犯罪，还是刑满释放已超过五年再犯罪，是否构成累犯，刑侦和公诉人对此认识不一，潘某很担心影响量刑。有人认为潘某原来的刑期从1992年5月至1995年5月，此次犯罪发生在2000年2月，原判刑期期满应到2000年5月，没有超过5年，应当认定为累犯。潘某原判刑期3年，从1992年5月至1995年5月。服刑期间潘某表现较好被减刑，刑期到1995年1月执行完毕，故应从1995年1月起计算5年，到2000年1月止。潘某2000年2月再犯罪，超过了五年，不应视为累犯。律师的意见为合议庭采纳，潘某没有被认定为累犯，没有从重处罚，这是一起典型案例，辩护人没有因为潘某是累犯，曾经犯罪而不为其依法据理力护。

（资料来源：罗大华主编：《刑事司法心理学理论与实践》，群众出版社2002年版）

（二）主犯、从犯辩护的心理

刑事犯罪案件中列有主犯和从犯的，必然是犯罪集团，或者是共同犯罪。共同犯罪是指二人以上共同故意犯罪。犯罪集团是指三人以上为共同犯罪而组成的较为固定的犯罪组织。在共同犯罪或犯罪集团中，起组织、领导作用的首要分子，或者在共同犯罪中起主要作用的为主犯。在共同犯罪或犯罪集团中起着次要作用、辅助作用，或被胁迫参加犯罪的为从犯。在辩护中，对主犯和从犯的辩护，要根据主犯和从犯的犯罪地位、犯罪作用、危害程度、犯罪心理等综合加以分析，区别对待。

1. 为主犯辩护的心理

主犯或首要分子归案后自感罪行严重，承担的法律责任重大，可能被从重从严惩处，其心理状态以顽抗为主。主犯的心理状态首先是“哥儿们义气”。自认为实施犯罪前，共同犯罪或犯罪集团的成员之间有过山盟海誓，绝不出卖朋友。这种心理约定关系支配着主犯，因此更易抱侥幸心理。其次是害怕重罚的心理。因为主犯在实施共同犯罪中的作用和地位，决定了他必然受到重罚，因此产生顽抗心理。再次是避重就轻的心理。明知无法逃避处罚，却千方百计抵赖罪行，推卸责任，企图将自己降到“从犯地位”。

辩护人为主犯辩护时以分析主犯的心理状态作为辩护基础。一是应当掌握全部案情，客观分析主犯在实施犯罪行为中的地位和作用，依法帮助其认识罪行的严重性，可能承担的法律责任，促使其打消侥幸心理、顽抗心理、抵赖心理。二是动员其主动交代侦查、公诉、审判机关没有掌握的罪行，争取有立功表现。这些法定的从轻或减轻处罚的情节，是可以获得承认，受到从轻或减轻处罚的。三是依法帮助主犯对其他共犯供述中，将责任推到主犯身上的不实之处提出抗辩。对侦查、公诉、审判机关的指控主犯的犯罪事实、情节中错误之处寻找证据，推翻错误的认定。辩护人对主犯的辩护心理，应是不因其主犯而厌恶，帮助其认罪服判，帮助其得到公正而恰当的处罚，以彰显法律的不枉不纵。

【实践与运用】

某外贸企业发生一起贪污、挪用公款的犯罪案件。企业分管财务的经理助理、财务科长、主办会计三人长期多次共同实施贪污、挪用公款炒股的犯罪行为。案发后经理助理、财务科长之间互相推诿，企图将主要责任推给对方。律师受经理助理委托担任辩护人。为了辩明两人之间的责任，律师分析了每一次作案中首先提议的是谁，实施犯罪时是谁指使的，主动承担伪造单据或者指使伪造单据的是谁，获利后确定分配意见的是谁，各自所得赃款的具体数额大小，有无单独作案或某次未参加作案等情节，以确定各自的责任大小主次。经核对证据，证明在作案中起主要作用的是财务科长。经理助理虽也担任过财务科长，后又是直接主管，但多数作案是财务科长提出犯罪动议的，如何伪造单据，用虚假发票报销，多数是财务科长策划或实施的，故认定财务科长是主犯。律师的辩护意见被合议庭采纳。

（资料来源：闻风：《律师心理研究》，苏州大学 2003 年硕士学位论文）

2. 从犯的辩护心理

从犯是在共同犯罪中起次要作用或者辅助作用的犯罪分子。由于从犯在犯罪中的作用相对次要，受到的处罚较轻，被采取强制措施后，其心理状态与主犯不同。有的从犯是被迫参加犯罪活动，故能主动交代犯罪事实，揭发主犯的罪行；有的从犯认为罪行不重，有主犯担着，采取无所谓的态度；也有的从犯非常恐惧，害怕受到处罚而避重就轻，将犯罪情节全部推到主犯身上，企图逃避处罚。

为从犯辩护应以教育引导为主，帮助不同心态的从犯端正态度，坦白犯罪事实，认清犯罪危害，接受刑法处罚。从犯的主观恶性较小，犯罪行为较轻，容易感化。因此，律师在辩护活动中要多教育，多挽救，依法帮助其寻找从轻、减轻或免除处罚的法定条件，对其他同案犯推卸责任的行为以事实予以驳斥。对确因胁迫，或者偶然因素被卷入共同犯罪的，要以事实加以证明，从法律上予以阐明，从情理上对公诉人、法官施加影响，从而达到从轻、减轻、免除处罚的辩护目的，维护犯罪人的合法权益。

【实践与运用】

张某是某大学学生，他们的中学同学从家乡来校宿舍借宿，称是路过。临走时将一盒东西交其临时保管。不久家乡的警察来到学校找到张某，要他交出保管的盒子，并以窝藏毒品罪将其刑事拘留，以从犯论处。该学生的父亲委托律师代为法律咨询和代为辩护。律师了解到张某接受盒子时，那个中学同学并未告诉他盒子中藏的是何种物品，后来他也没有打开盒子看个究竟，因此他并不知道代为临时保管的是毒品。律师将此情节告知侦查人员，要求再次核实。那位中学同学也供述，委托保管时确实没有将盒子中藏有毒品的事实告诉他，只是临时放几天，然后来取走自己吸食的。核实后侦查人员查证该青年学生一贯表现较好，无吸毒史，也无其他违法犯罪纪录，因其不知代为保管的是毒品，不构成犯罪，将其释放，并做好学校的善后工作。

（资料来源：罗大华主编：《刑事司法心理学理论与实践》，群众出版社 2002 年版）

（三）普通刑事犯罪、恶性刑事犯罪的辩护心理

普通刑事犯罪是指刑法中规定的侵犯公民人身权利、民主权利、妨害社会管理秩序等犯罪。恶性刑事犯罪是指危害国家安全、危害公共安全以及普通刑事犯罪中情节恶劣、危害严重、处罚较重的犯罪。

1. 为普通刑事犯罪辩护的心理

为各类犯罪中情节较轻、社会危害相对较小、刑法处罚较轻的刑事犯罪的辩护，是最为常见的刑事辩护案件。这类刑事犯罪触犯的罪名多达 280 多种，犯罪手段、犯罪形式也是多种多样，侵犯的客体也不尽相同，但是可以归纳为两类，一类是侵犯自然人的人身权利，另一类是侵犯社会管理秩序。普通刑事犯罪嫌疑人、被告人被采取强制措施后，往往会产生畏罪心理、侥幸心理、戒备心理、抗拒心理。为普通刑事犯罪嫌疑人、被告人辩护，除要做一般刑事辩护的心理准备和基础工作外，还要针对其抗拒心理、畏罪心理、侥幸心理、戒备心理，采取相应的辩护准备措施，对犯罪证据充分确凿的犯罪嫌疑人、被告人，则应以证据揭露，动员说服其认罪坦白；对初犯、偶犯的畏罪心理则应以法律规定解释教育为主去打消他们的心理顾虑；对心存侥幸的犯罪嫌疑人、被告人则应当揭露多于教育，打消幻想。

2. 为恶性刑事犯罪辩护的心理

恶性刑事犯罪，是对社会危害严重的刑事犯罪，是对自然人的人身权利的严重侵害，对社会秩序的严重破坏的犯罪。严重刑事犯罪的嫌疑人、被告人的心理特征是极端自私、极端残忍，其疯狂的犯罪欲望，驱使其实施暴虐的犯罪手段。这些犯罪嫌疑人、被告人，由于不计后果地放纵自己的行为，以凶残的手段实施犯罪，严重地危害国家安全，破坏社会秩序，危害公民的人身安全。其对社会的严重危害决定了他们归案后的心理，他们往往对辩护不抱什么希望，只是流于形式，但又不愿放弃，或者心存一丝侥幸而同意聘请辩护人。因此，为这类犯罪嫌疑人、被告人辩护，辩护人的心理状态有以下几个特点：首先是高度重视的心理。恶性案件的社会影响很大，犯罪的案情复杂，犯罪嫌疑人、被告人受到处罚很重，因此，辩护人应当高度重视辩护的每一个环节。尤其是犯罪嫌疑人、被告人将受到严惩，对其犯罪情节，一定要一丝不苟地全面掌握案情，才能不枉不纵地提出辩护意见。其次是不因恶性案件的犯罪嫌疑人、被告人而厌恶，要保持法律面前人人平等的态度，依法提出辩护意见。再次是运用证据，揭露批判、教育感化犯罪嫌疑人、被告人。

【实践与运用】

江南某市发生一起凶杀案件。何某在外地打工，夏天回乡探亲。闷热的夏夜无法入睡，鬼神使差地在夜色中闲逛，逛到一户从事农资销售的个体户门口，突生歹念。他想到自己尚未成家，父母为其只砌了两间新平房，空空荡荡，何不到其店内偷一把。于是回家拿了绳子、榔头等工具，窜到个体店内，没想到惊醒了主人，惊慌中将主人杀死，未抢到一分钱，连夜逃往无锡，在女朋友的劝导下准备回乡自首。在去自首的路上被抓获归案，律师就其自首一节，请求免其一死，虽没有为法庭采纳，但宣判死刑后，何某当庭仍对律师的辩护鞠躬致谢。

（资料来源：罗大华主编：《刑事司法心理学理论与实践》，群众出版社2002年版）

第三节　刑事被告人的心理

一、被告人接受审判时的心理特征

审判是人民法院依据法定程序对被告人进行审理和定罪量刑的过程。对被告人而言，审判是决定其命运和前途的关键时刻。在审判过程中，被告人的心理是极为复杂的。有些被告人开始后悔自己在讯问中的如实供述，并积极寻找新的防御措施；有的被告人急切渴望判决的早日到来，以尽快摆脱这种处在不可知状态的焦虑心理等。

（一）被告人在审判中的心态

【实践与运用】

据中国之声《央广新闻》报道，嫌疑人绑架被害人后索要5000万赎金，将被害人关进铁笼沉入百米湖底，嫌疑人逃亡海外被抓回，警方耗资百万打捞尸体。经过长达三年的追捕和调查取证，这起轰动一时的“6·10”凶杀案于2015年2月11日上午再次在杭州中级人民法院开庭审理。

2012年6月10日晚上19时许，被告人胡方权为向被害人张宏索取债务，将张宏带离杭州。同年6月11日至8月31日期间，胡方权指使被告人张崇宣、金朝国、傅雄武等人在温州市永嘉县、丽水市青田县等地寻找住宅关押张宏，并联系张宏亲友汇款，期间胡方权多次威胁、殴打张宏。截至2013年8月15日，胡方权共计向张宏的亲友索得人民币620万元。2012年8月31日晚，被告人胡方权伙同被告人金朝国、张崇宣等人将张宏带出后关入铁笼，并驾车运离。该皮卡车行驶至滩坑水库北山大桥，胡某伙同张崇宣、金朝国一起将关在铁笼中的被害人张宏从北山大桥上推入滩坑水库中。

公诉方认为，胡方权、张崇宣、金朝国三被告人的行为均已触犯《中华人民共和国刑法》第238条、第232条，犯罪事实清楚、证据确实充分，应当以非法拘禁罪、故意杀人罪追究三被告人刑事责任。其他几名被告则被指控触犯非法拘禁罪。胡方权、金朝国、等人属于累犯，应当从重处罚。

法庭上，控辩双方就相关证据和罪名展开辩论。在被害人尸体被成功打捞等证据较为明确的情况下，法庭上第一被告人胡方权矢口否认自己故意杀人，称已经释放了张宏。胡方权辩护律师许兰亭：“他自己始终认为是把人放了，根本没有到桥上把笼子扔进水里，再一个就是死因不明，法医鉴定是死因不明，生前入水还是死后入水不明。所以我们对故意杀人作无罪辩护，对非法拘禁罪表示认可。”第二被告人张崇宣在法庭上含糊其辞，不正面回答法官提问。张崇宣表示，自己知道铁笼掉入水中，其他什么就不知道。其辩护律师的辩护意见认为，张崇宣属于非法拘禁的过程中过失杀人。第三被告人金朝国则承认以胡方权为主，实施了将被害人张宏装入铁笼并推入水库中的犯罪行为，但对自己所起的作用予以推脱，其辩护律师蓝清认为，金朝国系从犯，认罪态度较好，同时不排除非法拘禁过程中过失致人死亡的可能。

（资料来源：新华网，2015 年 2 月 12 日访问）

如实陈述和辩解，本身是被告人或者说犯罪嫌疑人的权利，毕竟面临被判死刑或被判生存的可能任何人都有趋利避害的心理。审判时法庭的庄严气氛，公诉人的起诉，被害人的控诉，证人出庭作证对质，旁听者（包括被告人的亲友、熟人）的自发反应，审判长主持下的法庭调查和法庭辩论，造成一个很严肃的审判态势。这种态势对被告人往往形成巨大的心理压力。此时被告的心态往往有如下表现：

1. 注意力高度集中。由于审判对被告人来说是利害攸关的重要时刻，所以，他一般都是全神贯注地听取各方面的意见和陈述，认真地进行思考和辨别，很少出现分心的现象。特别是在法庭调查和辩论阶段，被告人更为全神贯注，字斟句酌。

2. 强烈的羞耻感。由于被告在法庭上暴露了自己的卑劣动机和丑恶行为，使被告人感到自己的人格受到了损害，于是产生了强烈的羞耻感。其表现是面红耳赤，低头不语，惴惴不安，其中尤以初犯为甚。有些犯罪的青年人，平时目无法纪、颠倒是非、道德败坏，但他们也知道其丑行只有在自己的同类中才能得到赞赏，广大人民是深恶痛绝的，因此在法庭上也会产生羞耻感。

3. 忏悔心理。除了少数惯犯或罪大恶极的犯罪分子外，一般被告人在受害人出庭作证或者出示物证时，都会产生忏悔心理，感到对不起受害人和社会。例如，有的被判处死刑的杀人犯，在最后陈述中要求法庭转达他对被害人家属的歉意，希望大家把他作为反面教员，引以为戒。

4. 对抗心理。被告人出于对刑罚的畏惧、对面子的维护、对法庭掌握证据的充分性的怀疑等原因，总是要竭力地回避和抵赖自己的罪行，不到万不得已绝不承认。即使证据确凿而无法抵赖时，也要从犯罪的动机、情节、客观原因等方面为自己辩解，以求减轻刑罚。这是大多数被告人在审判中的一般心态。

5. 恐惧沮丧。在法庭的审判过程中，随着被告人的犯罪事实被一一揭露和认定，以致最后宣判，被告人的恐惧和沮丧心理会逐渐加剧，尤其对所犯罪行可能被处以重刑或极刑的犯罪人更是如此。其外部表现是语塞、战栗、颓唐、站立不稳，甚至大小便失禁。

应该指出，被告人在审判过程中的上述心态并不是孤立存在的，而往往是结合在一起的。在一定的时间和情况下，某种心态会占据主导地位。对于不同的犯罪人，如初犯、惯犯、轻罪犯、重罪犯、青年罪犯和中年罪犯等，其心态也可能会有很大不同。

（二）被告人在判决后的心态

审判长宣布判决结果时，被告人情绪紧张，注意力高度集中，因为这关系到自己的前途和命运。当判决宣布完毕后，被告人的心态各异，主要有以下几种：

1. 稳定型。通过从案件发生到侦查、审查起诉、审判的整个过程，有些被告人已经充分认识到自己的犯罪事实对社会造成的严重危害和所必须承担的法律责任。当法庭判决的定罪和量刑与其预测相似时，大都能服从判决，并希望尽快投入监所服刑。也有少数被告人在侥幸心理作用下会提出上诉。如果上诉结果对自己更加有利，则会暗自庆幸；若维持原判，一般都能平静接受。

2. 抵触型。有的被告人在接到判决结果后，认为法院不应当为自己定罪或者认为判刑过重，往往会产生很大的抵触情绪。有的被告人通过当场叫冤、大哭大闹、捶胸顿足等方式表达情绪；有的会诬蔑审判人员办案不公、侦查中存在刑讯逼供、证人提供虚假证言等；有的则长吁短叹，借宿命论以自我安慰。多数有抵触心理的被告人要求上诉，希望上级法院能撤销原判，从轻判决。

3. 悔恨型。判决后的悔恨心理是一般被告人所共有的心理状态，但有积极和消极之分。积极的悔恨是悔恨自己不该从事犯罪，给社会带来危害，给家人和被害人带来痛苦，也毁了自己的前途。消极的悔恨则是悔恨自己的作案手段不够高明，或后悔在作案时心慈手软，以致留下隐患，或后悔自己不该听信侦查人员的劝说，全部如实供述，使自己落得如此下场。

二、被告人的自身特点对审判的影响

这里所说的“被告人自身的特点”是指被告人的外表、他在早期的活动经历、他在社会上的名声以及他从前的犯罪记录等。这些方面的信息对案件审理结果会发生一定影响。律师们实际对这些因素很清楚，他们总是试图在审判期间利用这些因素的有利方面，同时却又不得不面对这些因素的不利方面。例如，在许多犯罪审判中，辩护律师常既占据允许被告人站在证人的立场上讲他自己的经历的优势，又处于向陪审团出示被告人不受欢迎的举止或过去违法活动的记录的劣势。

（一）被告人的外表

由于社会经验的作用，使人们在心理上对什么样的人会表现什么行为产生“定式”。心理定式会产生对人的偏见。所谓偏见，在这里是指证人对人或事物所具有的片面看法、不公正态度。偏见常常比较顽固，它是个体对特定的人、特定的事物的一种定型看法。有的南方人（或北方人）认为南方（或北方）什么都比北方（或南方）好，就属于一种偏见。偏见对查明事实有害，特别是在刑事案件的审理中更是如此。例如，如果法官、陪审团、证人认为凡是留长发、穿喇叭裤的男青年都会行为不端，那么他就有可能因这种偏见而倾向于认定具有这种外表的青年被告有犯罪行为。又如，人们通常会认为，长相凶恶、残暴的人可能会实施暴力犯罪；长相漂亮、穿戴整洁的人往往被认为不会犯罪；那些长相漂亮、讲话动听的人则被认为可能会犯诈骗罪。

司法心理学的一些实验研究表明，被告人的外表明显地与法庭确认他是否有罪有关。外表有吸引力的被告人（如长得美貌、英俊、穿戴整洁，谈吐文雅等）更有可能被认为无罪。在实际审判中，也存在类似的倾向。斯图尔特 1980 年报告了他对一位被告人所受到的判决情况的调查材料，结果表明，外表没有吸引力的被告人更多地被投进监狱。尽管这种因偏见带来的不公正处理会因采取一些其他措施而在一定程度得到纠正，但是其对法庭审判带来的干扰却是显而易见的。通常的情形是，被告的衣着式样是法官们评被告人的其中一个方面。在许多地方，在拘留所等待审判的被告人衣着不整地出现在法庭上。由于这些是花不起钱付保释金的被告人，所以他们总是来自经济地位低下的阶级而且受控罪行严重。有的辩护律师也指出，衣着不整会引起陪审团对他们产生偏见。

（二）被告的社会吸引力

所谓被告人的社会吸引力，是指他们的社会处境、人品等对他人的吸引力。具有社会吸引力的、在社会上获得成功的人，除了在大街上有优势之外，在法庭上也占有优势。这种事实的确令人不安，因为毕竟审判应该没有偏见，尤其是对被告人的社会地位更应这样。已有的一些实验室研究和其他形式的研究发现，这些“非法的”因素确实在判断被告的罪行、应受的惩罚方面有不利影响。美国司法心理学家兰迪和阿伦森（M. Landy & L. Alonson）1969 年研究了改变被告人的社会特征对于审判一起因疏忽而在交通事故中致人死亡案的影响。研究中，研究者让一个小组的被试听到的对被告人的描述是关于他有社会吸引力的一面：

桑德是一位64岁的保险经纪人，他在同一家保险公司连续工作了42年。桑德对谁都很客气，而且被认为是一个好职员。桑德是个鳏夫，他的妻子因患癌症而于八年前去世，尔后他都是和儿子、女儿一起度过圣诞节的晚上。当事故发生时，桑德的腿猛撞在方向杆上，这使得他伤得很重，桑德的行车记录表明在过去五年中他接到过三次违章通知单，其中两次属于妨碍交通。

第二个小组的被试所听到的有关被告的描述则用了较少的有社会吸引力的字眼：

桑德是一个33岁的看门人。他在两个月之前开始干这份工作。雇用他的许多公司对他并不了解，但是他却被邀请去参加这场晚会。桑德离过两次婚，他的第一位妻子和他生有多个孩子，她再婚后桑德便带着他们。他打算在女友的寓室里和女友一起度过圣诞节的夜晚。这次事故对桑德的身体影响很小，他被撞得向上窜了一下，不过没有受大伤。桑德在过去五年中有两次犯罪记录：侵入住宅和服药闹事。他的行车记录表明在过去五年中接到过三次违章通知单。

实验结果表明，由大学生模拟的陪审团对于无吸引力的被告的判决比对有吸引力的被告的判决要严厉些（12年对9年）。

随后，雷诺兹和桑德尔斯（H. Leinuozz & M. Sanders）1973年把年龄、受伤情况、社会吸引力等因素作用分别分析后发现，社会吸引力对于断案的影响是重要的。西格尔和兰迪（H. Sigall & D. Tandy）把社会吸引力和受伤情况两因素分开，再次发现了社会吸引力的重要作用，描述为“友好而热情”的被告比描述为“冷漠而不好接近”的被告人判刑时间短3年。卡普兰和凯默里克（T. Karpoo & N. Kamolic）1974年的研究获得了类似的结果，即描述被告人品质的形容词不同则得到的处罚也不同。在交通事故案件中仅仅改变两个品质标记便影响了对被告人的看法、对罪行的判断，以及最后的判决结果。

（三）被告人的人格特点对审判的影响

在美国，有的州法院允许把被告人的人格特点和道德品质作为证据在法庭使用。例如，加利福尼亚州最高法院就提出过，被告人的好品质与确定犯罪的可能性有关，了解被告人品质证据的目的在于展示他的倾向，指出推断他可能会去犯受到指控的罪或可能不会去犯这种罪的依据。尽管法庭对于使用这类证据有一套复杂的管理规则，但却允许被告提供与受控的违法活动有关的品质的证词。例如，当被指控犯了暴力罪，被告人便可以提供他具有息事宁人的品质的证词；当被控犯了贪污罪，被告人便可以提供他具有诚实的品质的证词等。只有在对品质问题进行辩护时，起诉方才可以提供反驳辩护内容。为避免传闻证据带来的复杂局面，品质证据总是以描述被告人在社会中的名声的形式提出来。在一般情况下，证词除了提及与被告人受控罪行直接有关的内容外，其他内容则不允许提及。

在法庭上使用品质证据所依据的隐含人格理论与心理学中传统的人格理论有许多相同之处。这两种理论都认为：人的行为反映了一定的、简单的人格品质，并认为这些人格品质是行为的主要决定因素，而且它们在儿童期和青年早期就在每一个个体身上基本稳定下来了。因此，如果能够精确地评定一个人的这些品质，那么就应该能够解释他在各种情景中的行为。临床交谈、人格问卷测验得到的证据、从个体在他生活的社会中的其他成员对他形成的印象，便能对他的人格作出评价，而且有利于对他今后的行为作出预测。

【知识链接】

品格证据

我国立法上并没有品格证据这个概念。英国1898年《刑事证据法》第1条指出，品格（character）包括声誉和以某种特定方式行为或思考的倾向。墨菲（Murphy）认为，品格是指一个人在其所居住的社区或熟悉他的人群中所享有的名声；或者指一个人以某种特定方式行事的性格倾向；或者指某人生活中的具体事件。一般认为品格证据是证明一个人性格特征的证据，关键是如何恰当地划定品格证据的外延。我们评论一个人的性格特征必然是通过观察其所实施的一个个具体的行为而得出的。具体事件的累积，会形成具体的证人对该人的性格特征的意见。一定范围的人，都对该人的性格特征有相同的评价或意见，就会形成关于该人的多数人评价或名声。其弊端在于一个品行败坏的人是否必然在每一件事上不诚实，在逻辑上，并没有无懈可击的必然联系。由于品格证据证明力较低并转移对主要问题的注意力、容易引起不公正的偏见，根据一个人的品格而不是行为来定罪被认为是一种道德上的错误等方面的原因。因此，国外有些国家认为品格证据一般不具有可采性。这是西方慎重地适用品格证据，甚至将品格证据的适用限定得极为狭窄或者完全取消的原因。

虽然我国立法中尚没有关于品格证据的系统规定，但这并不意味着司法实践中品格证据一律不被采用。事实上，被告人品格证据在犯罪预防、定罪、量刑以及罪犯矫正领域已被广泛地“悄悄”采用。例如，在侦查阶段，公安机关确定犯罪嫌疑人时，一般会对那些品格不良的人群开始实行排查；在审查起诉阶段，检察机关考虑采取附条件不起诉等措施时，会将犯罪嫌疑人的品格好坏作为重要的参考因素；在审判阶段，法官进行量刑时亦会用被告人品格来衡量其主观恶性及人身危险性等；在刑罚执行阶段，品格证据对减刑和假释起着非常重要的作用，适用减刑、假释一般被告人要确有悔改表现等品格证据的支持。又如，我国刑法规定，累犯从重处罚，有前科劣迹的被告人可以酌情从重处罚等，也在一定程度上体现了对被告人品格证据的采用。

（资料来源：宋强著：《我国刑事证据规则体系构建研究》，法律出版社 2007 年版）

思考题：

1. 影响法官定罪量刑的心理因素有哪些？
2. 结合案例分析不同类型刑事犯罪的辩护心理。
3. 被告的自身因素会对定罪量刑产生什么影响？

参考文献：

1. 罗大华主编：《刑事司法心理学理论与实践》，群众出版社 2002 年版。
2. 闻风：《律师心理研究》，苏州大学 2003 年硕士学位论文。
3. 吴俊毅著：《辩护人论》，台湾地区正典出版文化有限公司 2009 年版。
4. 徐伟、鲁千晓著：《诉讼心理学》，人民法院出版社 2002 年版。
5. 人民教育出版社师范教材中心组编：《心理学》，人民教育出版社 1999 年版。
6. 陈增宝著：《法官心理与司法技巧》，中国法制出版社 2012 版。
7. 陈彦君：《定罪量刑中的法官情感分析》，载《新乡学院学报》2009 年第 6 期。
8. 林崇德主编：《司法心理学》，人民教育出版社 2012 年版。

拓展阅读书目：

1. 马军著：《法官的思维与技能》，法律出版社 2010 年版。
2. 蔡墩铭著：《审判心理学》，台湾水牛出版社 1983 年版。
3. 罗大华等著：《司法心理学》，人民教育出版社 2007 年版。

第七章　刑事附带民事审判心理

我国的刑事附带民事诉讼（以下简称刑附民诉讼），是指司法机关在刑事诉讼过程中，在解决被告人刑事责任的同时，附带解决由遭受物质损失的人或人民检察院提起的，由于被告人的犯罪行为所引起的物质损失的赔偿而进行的诉讼活动。刑附民诉讼既有公法属性，也有私法属性，是由刑事被告人的犯罪行为所引起，以追究被告人的刑事责任为前提，并在刑事诉讼过程中予以解决，但要解决的问题是民事赔偿问题，赔偿的确定，适用民事实体法规定。因此，刑附民诉讼不同于单纯的刑事之诉或民事之诉，而是具有两者内在联系而形成的基本不可分与相对可分的合并之诉，是以刑事诉讼法的规定为主，遵循刑事程序优先的原则，但又具有一般民事诉讼的某些特征，有其自身的内在规定性和独立性，所确定的法律责任均通过民事责任予以落实。

刑附民诉讼制度的设立，有利于正确处理刑事案件，保护国家、集体和公民的合法权益，减轻被害人或被害人家属的诉累并保障其及时获得赔偿，提高诉讼效率，节省司法资源，维护司法判决的统一性和严肃性。越来越多的法官日益重视刑附民案件的调解，希望通过调解促进案结事了，维护社会稳定和谐。然而，近年来，刑附民案件已经成为基层法院审判工作中数量最多、情况最复杂、处理难度最大的一类诉讼案件。尤其在新的刑事和解制度实施以后，刑附民案件的审判调解工作面临着更大挑战，对法官的专业水平和综合素质也提出了更高要求。

刑附民案件的审判过程，实际上是各方当事人心理活动动态变化的发展过程。其不仅考验法官的司法能力、审判经验和技巧，更考验法官对复杂、多元而又各怀所需的原告、被告心理状况的洞悉与把握，对不同阶段控辩双方的心理需求、状态及特点的因势利导，是法官引导原告、被告双方进行博弈、多方寻求平衡的过程，也是法官自身人格品质、审判理念、司法技能、审判技能接受现实考验的过程，这受到多重因素的影响。一旦成功处理，对案件圆满结案将产生事半功倍的效果，而一旦处理不慎，也将导致出现拒绝调解、调解无效、抗诉、多方上访、负面舆论等多种不如意局面，因此，需要法官稳住立场，顶住压力，知己知彼，讲究方法，多方权衡，调解优先，审慎判决。

第一节　原告的心理

所谓原告，原指为了保护自己的民事权益，以自己的名义向人民法院提起诉讼，从而引起民事诉讼程序发生的人。刑附民诉讼案件中的原告，是指以自己的名义向司法机关提起附带民事诉讼赔偿请求的人，一般是合法权利受损者，是有理诉讼者，在整个刑附民诉讼中具有十分重要的地位和作用。

根据《刑事诉讼法》和有关司法解释的规定，以下主体均有权提起附带民事诉讼：因犯罪行为遭受物质损失的公民；因犯罪行为遭受物质损失的企业、事业单位、机关、团体等；当被害人是未成年人或精神病患者等无行为能力人或者限制行为能力人时，他们的法定代理人可以代为提起附带民事诉讼；当被害人死亡时，其近亲属可以提起附带民事诉讼；如果是国家财产、集体财产遭受损失的，人民检察院在提起公诉时，可以提起附带民事诉讼。

一、原告的角色特点

【实践与运用】

李某与崔某是高中同学，考入不同的大学后仍保持恋爱关系。金某是崔某的大学同学，明知崔某与李某的关系，仍执着追求崔某。崔某亦未明确拒绝，并多次与金某约会，至关系逐渐亲密后，觉得金某才是自己的真爱，遂向李某提出分手。李某甚觉突然，不同意分手，后得知是金某追求崔某所致，于是对金某怀恨在心。在多次劝留崔某未能挽回其心之后，李某携刀约见崔、金二人，并当着崔某面用刀捅金某胸、腰二处数刀致其倒地后逃走。

金某被送进医院，经抢救虽脱离生命危险，但右肾被刺穿弓状动脉最终被摘除，经法医鉴定为重伤。案发后李某被逮捕并以故意伤害罪被提起公诉。

庭审时，金某情绪激愤，他认为李某与崔某虽为恋爱关系，但并未登记结婚，从法律上讲，他追求崔某并无过错，就算李某不舍崔某也应冷静协商，理智解决问题，而李某却持刀暴力伤害致其留下终身伤残，他强烈要求法院严惩李某，并同时提起附带民事诉讼，要求赔偿医疗、康复营养费用合计 40 万元。

（以上案例由湘潭大学李丹老师编写）

从案例中金某的处境及表现可看出，其心理特点正是基于该角色的特殊性而产生。所谓角色，是社会心理学中的一个重要概念，它源起于演员在戏剧中扮演的不同角色的活动，是在特定的社会结构中，处于某个特定的位置时，某人所执行的职能。不同角色处于关系中的不同地位，有不同的需求，承载着不同的使命和要求。刑附民诉讼中的原告，由于在实体权益中往往承受着意外地被侵害或有损伤的伤痛，因此，常常呈现如下特点：

（一）权益受损，主动诉讼，权益保障优先

刑附民案件的成立，始于原告提出的主动诉讼，这种主动性是以原告的现实境遇为前提而引发的。虽然原则上法律要求诉讼当事人在法庭上的诉讼地位完全平等，诉讼权利和义务相互均衡，但程序法律在追求解决实体问题和保护实体合法上的最终目的和宗旨是不容否认的。原告在诉讼中的权利有一定程度的优先性，即基于法律和司法活动、审判方式均以率先保障原告的诉讼权利为己任。法律和法官必须在保证原告实体权益得以确认的情况下，才由此延及其他诉讼当事人的权利保护问题。

（二）循法有度，遵循诉讼要求，权利实现有限制

虽然法律和法院会因原告的实体权益被他人侵害而有所偏爱和同情，但法律对原告的诉讼要求和权利实现也有不少限制，如原告需如实陈述案情、无故不到庭可按撤诉处理等，这些限制一方面是为了保证诉讼效率和质量，另一方面也是对其他诉讼当事人权利的相应保护，避免原告控告权利的绝对化对其他当事人的实体权益的损害。尤其对一部分受损在先，报复在后或诉讼请求过度夸张或在案件发生过程中也应承担部分责任的原告，法院必须公正判决。

（三）情绪激愤，诉求迫切，力求公正速决

原告的起诉目的无非是寻求法律保护，或为早日获得受损权益的相关赔偿，或为尽快解决争议中需要法律给予明确决断的地方，获得应有的“名分”。因此，自原告察觉到个人权益受损而对方又无意主动弥补，只能通过

法律诉讼程序还自己公正时，往往情绪焦急，诉求迫切，期待被法律公正以待，尽快合理裁决结束纷争，恢复到正常的生活。只是，原告理解的“公正”，往往会不自觉地带上“自我保护前提下的利益最大化”的期待，而这部分又会使原告减少时间、金钱的投入，及时获得法律保护，满足速战速决的内心需求。

二、原告的心理特征

【实践与运用】

张某与王某为同村邻里，常年因两家中间的一条过巷存在宅基地争端而口角不断，村支部书记多次出面调解未果。这年腊月底，临近过年，张家在过巷杀猪，将一大盆猪毛血水与猪粪等秽物倒在过巷中，用水随意冲洗了一下就回家做饭宴请亲友去了。因地势低洼，脏水秽物流到王家一侧。王某发现后认为张家欺人太甚，于是与其子拿着锄头到正在吃饭的张家论理，要张家赔礼道歉。张某认为王某不看场合、小题大做，于是起身对骂，与其妻一起欲将王某赶出家门。王某恼怒挥起锄头打翻张家饭桌，张某见状操起一把矮凳砸向王某后脑，王某趔趄倒地，口吐白沫、昏迷不醒。

张某亲友见状急忙拉住张某，并将王某送到医院，经诊断为颅脑骨折并颅内出血，经抢救脱离生命危险，但留下右侧偏瘫，经法医鉴定为重伤。

王某将张某告上法院，要求法院严惩张某，并赔偿自己伤残损失55万元，否则也要将张某打成瘫痪以解恨气！王某认为，张某倾倒杀猪秽物到其家巷侧，挑衅在先，面对质问不肯赔礼在后，还欲将其强推出门，他是被辱无奈才打砸饭桌，实是情有可原，现被张某下重手打成终生残疾，天理不容。

（以上案例由湘潭大学李丹老师编写）

如案例中王某的境遇所示，无论犯罪嫌疑人主观上是故意还是过失，对原告的侵害都是直接的，造成的损伤都是不可逆的。由于遭受了不法侵害，原告正常的心理、生理活动和需要受到阻碍，自然产生自我防卫心理，继而推动原告以不同的行为方式传达当前处境带来的愤怒、悲痛、控诉、报复等需求。从心理现象的角度来看，原告的心理特征受原告角色特点的影响，受到犯罪侵害客观事实的制约，又受到个体心理状态、个性特点、情绪稳定性、身份背景等因素影响，并且在诉讼的不同阶段还可能出现一些不同的目标及表现。

原告的一般心理特征常常表现为，认知上以“被害者”“无辜受害人”

"都是他的错"等为主要定位，情绪上往往以痛恨、愤怒、悲伤、恐惧、委屈等为主要表现，行为上的表现形式就更为丰富，控告、错告、诬告、夸大描述、严重化事件、加倍索取补偿等。对原告而言，其内心需求常常首先是报复，最大程度、最大范围地严惩犯罪嫌疑人，其次才是最大限度地挽回损失，追寻自我保护基础上的受益最大化。

（一）愤恨、惩戒心理

对犯罪人的愤恨是每个被害人的共同心理，大多原告深知，自己的权益损害与犯罪嫌疑人的为非作歹、作奸犯科有关，遭受侵害后，被害人及其家人通常会对被告人因极度憎恨而非常愤怒，希望法律严惩这些害群之马，以儆效尤，如果可以，恨不得处以极刑，以解心头之恨。

（二）积怨、报复心理

由于受到犯罪嫌疑人的无端侵害，人身和精神遭受严重伤害，或财产蒙受巨大损失，原告们往往激愤至极，如果前期还与犯罪嫌疑人有不快周旋，往往恨不得把对方千刀万剐，从而产生报复心理。"宁愿一分钱不要，也要严惩被告"就是这种报复心理的直白表达，这种被害人往往对法律条文的宣讲、旁人的劝解一律拒绝。具有此种心理的被害人很难接受调解。

（三）补偿、还我公道心理

当个体遭受侵害时，很多原告都有急切的索赔心理，他们愿意接受调解，常常有意无意夸大事实和危害、夸大自己受侵害的程度以及遭受的损失，以求对犯罪嫌疑人重罚，并得到补偿。有的甚至提出很高的赔偿要求，并以满足这种要求作为调解的条件，否则要求法院加倍严惩，以示公道。

（四）依法惩办，请求保护心理

这类原告相对比较理智，懂得依法惩治罪犯，并对公安司法机关及国家法律有信任感，能积极主动、如实客观反映案件事实，协助公安机关揭露和打击罪犯。他们了解案件的情况，并且能以受害的亲身感受和所见所闻，证明犯罪行为人所作所为的性质和特点。他们提起刑附民诉讼就是希望法院能够保护自己的权益，这也是部分被害人及其家属的心理，这种心理比较有助于法官的调解工作。

三、原告的诉讼动机及常用策略

（一）原告的诉讼动机

原告为何提起刑附民诉讼，直接影响到诉讼活动的效率和质量，影响到对方合法权益的保护和法院审判工作的效果。一般而言，原告的诉讼动机和愿望，是以保护自身合法权益为基本内容，但不同原告的自身文化、法律素养、经济条件、生活背景及生存状况等各不相同，因而就呈现出动机多元，需求迥异的实际形态。常见的诉讼动机主要有“求利”“求名”“求安全”“求严惩解气”四种。

1. 求利型动机，主要以权力和利益的实际保护或获益为内容，目标旨在实现权益保障，得到利益或一定程度的经济补偿，希望个人利益得到最大收获。这类原告在诉讼过程中，会非常强调自身受损的利益，非常关注对方需要给予的物质补偿，甚至有漫天要价的情形出现。

2. 求名型动机，主要以名誉、地位、身份保护为主要内容，目标旨在法律上恢复主体的良好声誉或地位，确认自身合法的名誉、地位或身份，人格尊严得到最好的尊重。也有以恢复名誉为主、获得经济利益为辅的双重需要。常见的诬告后伤害案，很多原告一心所为的就是要通过法院还自己清誉，即典型的求名型动机。

3. 求安全型动机，往往是以人身安全得到最优保障为目的。对于那些生活在同一区域又经常有个人纠纷的当事人，在个人权益受到损害后，希望通过法律维权，实现个人人身、财物安全的最优保障，以期往后不再受到不法侵害。

4. 求惩罚解气型动机，往往不重实际经济利益，而重“制恶”“出气”的动机，持有这类诉讼动机的主体一般在受害过程中，承受了肉体或精神上难以承受的痛苦，如被强奸的被害人，内心往往愤恨至极，宁可经济利益受损，也要让犯罪嫌疑人得到应有的，甚至更严重一些的惩治，以解心头之恨。

此外，很多原告并非只是在一个重要的诉讼动机的支持下提起诉讼，其内在可能还有多重诉讼动机同时在发生促动作用，如既想获得经济利益，维护自身的名誉地位，又想让对方的恶行昭告天下，接受法律的严酷裁决等。法官如能有的放矢，洞悉原告的主要诉讼动机，其他问题就迎刃而解。然而，根据美国社会心理学家杜加克斯等人研究所示，人们一般倾向于增加回报，减少代价，因此，“如果说民事执行是骨头案，那么刑事附带民事执行是骨头案当中的骨头案”，一旦诉讼开始，各类复杂的情形都可能发生。

（二）原告的常用策略

诉讼活动最突出的特点之一就是对抗与周旋。在诉讼过程中，为得到法院或法官更多的支持或内心偏向，帮助实现胜诉，达到维护自身合法权利和利益的目标，原告的常用策略往往从以下三个角度展开：

1. 示弱，强化悲惨境遇。古代常说的“一哭二闹三上吊”，在原告的诉讼过程中被使用，往往是为了示弱，显示甚至夸大表达自己由于遭受犯罪侵害而处的悲惨境遇，增加其内在的同情得分，继而影响法官的心理偏向。

2. 先发制人，先声夺人。充分做好诉前准备，先动手以制伏对方，如先提出自己的主张和理由，表明自己对争议问题的认识和态度，提供充足的证据材料，使之能够自圆其说，给对方提出反面意见制造困难，虚张声势以压倒对方。这种策略容易引起法官注意，并在法官脑海里形成倾向性认识，先声而夺人之心。

3. 究其弱点，直击要害。对案件中涉及的被告存在的非常明显不合理、不合法之处，不是旁敲侧击，而是重点强调，一语破题，直接切入，不留余地，直击要害，得理不饶人，死死咬住，以究其法律责任，回避自身责任，相应提出更多的赔偿要求。

第二节　被告的心理

在一般民事诉讼中，被告往往是指被原告诉称侵犯其民事权益或与原告发生民事争议，而由法院通知应诉的人。刑附民案件的被告，往往是指对犯罪行为造成的物质损失负有赔偿责任的人，通常情况下也是刑事诉讼的被告人（包括公民、法人和其他组织）。由于刑事诉讼与附带民事诉讼间的审判结果可能会相互影响，需要法官统筹结合，求得平衡，因此，在审判过程中被告的心理往往处于被法律强制的状态中，渴望从轻处罚，渴望以罚代刑，内心复杂多变，起伏不定。

值得注意的是，在有些特殊情况下，应当赔偿物质损失的刑附民案件被告，可能不是承担刑事责任的被告人。根据最高人民法院《解释》第 86 条的规定，刑附民诉讼中负有赔偿责任的人包括：未成年刑事被告人的监护人、未被追究刑事责任的其他共同致害人、已被执行死刑的罪犯的遗产继承人和共同犯罪案件中案件审结前已死亡的被告人的遗产继承人、其他对刑事被告人的犯罪行为依法应当承担民事赔偿责任的单位和个人等，且如果刑附民诉讼的成年被告人应当承担的赔偿责任其亲属自愿代为承担，应当准许。

一、被告的角色特点

作为刑附民案件中的被告角色，依我国《刑事诉讼法》的规定，其在审判阶段所处的角色处境就是被审判的位置，必须接受法庭审判，如实陈述自己作案经过，始终受到法律规范的束缚，一旦刑、罚状况可能相互影响时，又常会在不同审判阶段或审判裁决可能中，内心动荡不已。被告的这一角色地位，往往决定了被告在审判过程中的相关表现。

（一）被动而消极

没有人会自主自愿、心甘情愿沦为被告的角色。所有的被告都源起于原告提起的法律诉讼，非当事人自我造就，是不得已成为“被告”的角色。作为纠纷争议中违法行为的实施者，财、物或人身损害的责任人，被告在诉讼中的态度往往被动而消极，抗拒对方要求，逃避履行法律义务，回避承担更多法律责任，甚至会想方设法利用法律空隙拖延诉讼和执行。

（二）抑制而防御

处于被告角色的个体，所有行为都将受到法律的束缚，都不能突破法律允许的范畴，面对法律的庭审情境，会本能地采取以防御为主的对策。无论是有罪被告，还是无罪被告，在审判阶段都处于某种压力和威胁之下，即他被指控为犯有某种罪行，对他人造成了某些财、物或人身的伤害，需要他承担相应的法律责任或经济补偿，这对所有被告来讲，无疑都是一种巨大的压力和威胁，会产生强烈的抑制感受，进而防御、回击、逃避，力争减少一切刑或罚的可能性。

二、被告的心理特征

【实践与运用】

刘某有赌博恶习。夏日某夜，刘某光顾赌场输光所带现金后回家，路过一栋民宅时，看见二楼一房间未关窗户，遂起盗心，搬过一个垃圾桶借力攀爬进入室内，见屋主夫妇床上睡得正酣，便开始在楼上楼下轻声翻找财物，偷得现金千余元。后看到有辆摩托车停在楼下大厅，就轻轻返回二楼屋主卧房偷得摩托车钥匙下楼，谁知摩托车钥匙遥控解锁声音太响，惊醒了男屋主赵某，遂开灯下楼查看。

刘某自知行迹败露本想开门溜走，怎奈大门上了反锁，情急中怎么也打不开，只得躲到角落杂物堆里。赵某听到响动更加警觉，顺手操起一把车链锁防身，并朝角落可疑处大喝，刘某见无法躲藏只得应声哀求，请屋主放他一马。赵某上前将刘某按倒在地，刘某继续求饶。女屋主邓某闻声亦从卧房出来探看，赵某马上要其打110报警。刘某听闻要报警马上情急，奋力挣脱欲夺门而逃，赵某亦拿起车链锁欲捆住刘某手脚，刘某几经翻滚挣脱朝二楼急奔，欲从窗户出逃，女屋主惊叫着躲入厕所，赵某见状快步追上，扯住刘某一只脚，刘某急欲脱身，转身另脚一蹬将赵某踹翻，从卧房夺窗逃走。谁知赵某往后摔倒头部着地，当场昏迷，急送医院经开颅手术抢救才脱离生命危险，后经半年康复治疗虽最终出院，但嗅觉功能永久丧失，经法医综合鉴定为重伤。

不久，刘某归案，被检察机关以抢劫罪提起公诉，赵某强烈要求法院严惩罪犯，并提出附带民事赔偿36万元。刘某情绪低落，认罪悔过，但认为自己的行为也情有可原，恳请宽恕。一是，屋主赵某晚上不关外窗给自己留下可乘之机；二是，自己惊醒屋主后，确实是想中止犯罪逃离现场，未想伤人，只是因房门反锁才未能离开；三是，自己全程都未反抗，而是一直哀求屋主放过，若非赵某意欲报警并穷追不舍，他不会在楼梯上蹬翻赵某；最重要的是，自己根本没想到赵某摔下后头部受伤，这只是一个意外，赵某若早点对他网开一面就根本不会受伤了。因此，在受伤住院这件事上赵某自己也要承担责任，而自己本意只是想偷点东西，根本没有抢劫的故意，不该定比起刑点更高的抢劫罪。

（以上案例由湘潭大学李丹老师编写）

审判过程中，被告的角色注定是被动的，他们自案发后被捕，到刑事案件的不断查证，再到刑附民案件的一并诉讼，这种不断被审讯的过程实在是一种虐心的煎熬。他们从被抓捕的那一刻起，即心生害怕和恐慌，每日在忧虑和各种猜测中度过，既担心犯罪坐实，又担心刑罚过重，还担心赔付无力应对，因而，在案件的不同时期心理状态可能发生改变。

刑附民诉讼被告的一般心理特征常常表现为，认知上易存侥幸心理，管他最后如何，先尽力试试再说，能逃避责任就逃避责任，能争取轻刑就争取轻刑，多花钱也无所谓，实在不能轻判，能争取少赔偿就争取少赔偿，拒不接受既要重刑又要重罚；情绪上，往往以恐慌、担忧、害怕、孤独、悔恨等负面情绪为主；行为上，往往抵抗、逃责，在力争自我保护的前提下使损失最小化。

（一）恐惧心理

无论有罪或无罪被告，一旦涉疑，即引起心理上的恐惧不安，害怕刑罚等。而作为刑附民案件的被告，他们更害怕重刑的制裁，以及由此引起的种种不利于自己的后果，必然容易产生逃避威胁、摆脱压力的各种防御举措。

（二）侥幸抵赖心理

现实中大多被告心存侥幸，会有意抵赖，希望把责任推给对方或他人，以减轻自己的罪责，甚至不惜编造谎言、歪曲事实、推卸责任。他们侥幸、投机，抱着试一试的心态，妄图抵赖，尽力减轻，甚至逃避法律的惩罚。这实际上是一种以自卫为目的的、趋利避害的本能表现。

（三）不满对抗心理

一部分具有反社会心理的被告藐视法律、气焰嚣张，表现为态度顽固，认知偏执，胡搅蛮缠，毫无悔改之意，有严重的对抗情绪，冥顽不灵。而另一部分有不满甚至气愤心理的被告，主要源自自认为自己无罪、自己的罪责较轻、造成的后果责任在对方等，认为自己是被冤枉的，对原告提起的附带民事诉讼概不接受，极为气愤，心理不平衡，不接受调解，不服从判决。

（四）悔罪心理

少数被告在作案的冲动狂躁消失或失误发生以后，由于良知尚未完全泯灭，自知损人害己，心生悔恨愧疚之意。悔罪心理就是犯罪人事后由于良知再现产生的罪责感，其必然转化为主动认罪、投案自首、认罪伏法而接受责罚，甚至以经济补偿的方式赎罪。

三、被告防守反攻的心理对策

事实上，被告的性格特点、价值观念、是否有过犯罪前科、对法律的认识水平、案件中的主观恶性程度、原告掌握的证据情况等诸多因素都会影响被告在刑附民案件中的心理状态，进而呈现不同的特点。

然而，无论是哪种被告，只要进入诉讼程序，被动防守中必然要生起反攻之心，极少的被告一味坦白从宽，“坐以待毙”。司法实践告诉我们，被告的防守反攻是他们的“天性”，只是这种天性带有当事人个性化的特征，从而表现得千差万别。有些人是以优势的事实条件在有利的时机突然据理反击，而另一些人则无明显可以使用的事实条件帮助其反败为胜；有些人心理承受力更差，慌乱不已，没了分寸，反击显得没有章法，另一些人则心明眼亮，原告一丝一毫的逾矩之行都一一记下，在适当的时刻给予有力反击。

（一）邀功抵过，妄图从轻发落

一部分被告在案发前有功名、有成绩、有声望，在案件审理过程中，不断对案发前或案发中自己的处境、成绩大谈特谈，意在引导法官全盘考量，看到自己的成绩，理解自己只是没有把握好界限才无意犯下了错误，希望能功过相抵，达到从轻处罚的目的。

（二）目标转移，力图推诿回击

很多时候，被告虽在案件中扮演了“罪魁”的角色，却也很难断定原告在期间没有任何责任。恰好相反，很多时候正是原告的一些表现才为犯罪提供了成功的可能。被告反诉旨在影响原告的思路，转移法官的视线，规避自己应负的法律责任，回避自己的过错。他们往往绕开被掩盖于合法权益之下的不甚光彩行为，将其他几件并无密切关系的事实或行为牵拉在一起进行反诉，或紧紧揪住原告在案发过程中的部分不妥言行，或拿出事前不愿拿出的证据，一举回击报复或推诿责任，以达到各让一步，减轻处罚的目的。

（三）否认违法，企图顽固抵抗

“不见棺材不落泪”，是此类被告的鲜明写照。只要原告没有上呈确凿的证据，部分被告就誓死坚持反抗，希望能侥幸过关，甚至有的被告面对证据仍作无理对抗，盲目顽固，坚持己见。一方面，他们对犯罪事实存在否认，即否认有违法事实的发生和存在，另一方面，他们否认事件间因果关系的存在，认为自己所实施的行为与导致对方损害之间并无因果关系，此外，对自己行为属于犯罪行为的性质予以否认，从而拒绝承担相应的法律责任。

第三节　法官进行民事调解的心理学方法

根据《中华人民共和国法官法》第 2 条规定，法官是“依法行使国家审判权的审判人员，包括最高人民法院、地方各级人民法院和军事法院等专门人民法院的院长、副院长、审判委员会委员、庭长、副庭长、审判员和助理审判员”。在我国，各级法官均是依照法律规定程序产生，是司法权的执行者，在审判过程中享有独立的、中立的、法定的裁判权，忠实执行宪法和法律，全心全意为人民服务。

在刑附民诉讼案件中，法官是案件的社会结构（如：谁控告谁？谁处理这一案件？谁与案件有关?）中的主要构成元素之一。如著名法学家德沃金在其《法律帝国》第一章所强调的，“经常，人们由于法官的一个点头中所得到或失去的，是大于众议院或参议院所制定的法律”。可以说，各种审判活动均关乎和影响人民群众的福祉。任何一个走进法院、选择用法律途径解决矛盾纠纷的公民都必然希望裁判的过程和结果是“可预测的”，即信赖法官将会根据“真实的事实”“正确的法律”依法作出“公正的裁决”。

法官作为司法中“人的因素”，并非机械地适用法律，而是综合多种因素作出判决。法官的审判心理将直接决定案件的客观公正与否。伴随2012年3月14日第十一届全国人民代表大会第五次会议《关于修改〈中华人民共和国刑事诉讼法〉的决定》的颁布，期间关于当事人刑事和解相关政策的出台，将法官调解工作的重要性推上了又一至高地位，使得法官在刑附民诉讼案件中的调解智慧与艺术，将直接影响整个案件的发展进程及圆满告结。

【法条链接】

中华人民共和国刑事诉讼法

（1979年7月1日第五届全国人民代表大会第二次会议通过；根据1996年3月17日第八届全国人民代表大会第四次会议《关于修改〈中华人民共和国刑事诉讼法〉的决定》第一次修正；根据2012年3月14日第十一届全国人民代表大会第五次会议《关于修改〈中华人民共和国刑事诉讼法〉的决定》第二次修正）

第五编　特别程序

第二章　当事人和解的公诉案件诉讼程序

第二百七十七条　下列公诉案件，犯罪嫌疑人、被告人真诚悔罪，通过向被害人赔偿损失、赔礼道歉等方式获得被害人谅解，被害人自愿和解的，双方当事人可以和解：

（一）因民间纠纷引起，涉嫌刑法分则第四章、第五章（第四章：侵犯公民人身权利、民主权利罪，第五章：侵犯财产罪）规定的犯罪案件，可能判处三年有期徒刑以下刑罚的；

（二）除渎职犯罪以外的可能判处七年有期徒刑以下刑罚的过失犯罪案件。

犯罪嫌疑人、被告人在五年以内曾经故意犯罪的，不适用本章规定的程序。

第二百七十八条　双方当事人和解的，公安机关、人民检察院、人民法院应当听取当事人和其他有关人员的意见，对和解的自愿性、合法性进行审查，并主持制作和解协议书。

第二百七十九条　对于达成和解协议的案件，公安机关可以向人民检察院提出从宽处理的建议。人民检察院可以向人民法院提出从宽处罚的建议；对于犯罪情节轻微，不需要判处刑罚的，可以作出不起诉的决定。人民法院可以依法对被告人从宽处罚。

（资料来源：中国政府网，http：//www.gov.cn/flfg/2012－03/17/content_ 2094354. htm）

一、影响法官民事调解的主要因素

“以事实为依据，以法律为准绳”，向来是法官办案要求严格遵守的基本原则。然而，心理学的研究表明，对事件的感知和记忆往往是非常主观的，容易受到歪曲。任何审判结果均是法官审判心理的外部表现，是审判者自以为“理性”的抉择。虽然审判要求以事实为根据，但实际案件事实的形成却是建立在审判者所“构建的事实”之上的；尽管审判要求以法律为准绳，可实际的运行却是以审判者对“法律的理解”为标准。可以说，审判实际是法官对周围环境整体观察的结果，是与其个体内在标准相比较而作出的判决。

刑附民诉讼案件是刑事诉讼与民事赔偿诉讼的特殊结合，其民事调解结果往往与刑事处罚具有关联性，即一旦当事人达成了调解协议，往往意味着可能对刑事部分的从宽处理。最高人民法院《关于刑事附带民事诉讼范围问题的规定》第4条就明确规定，“被告人已经赔偿被害人物质损失的，人民法院可以作为量刑情节予以考虑”；《人民法院量刑指导意见（试行）》也将被告积极赔偿被害人经济损失、取得被害人或其家属谅解作为酌定情节在量刑时予以考虑。实践中，对于被告有经济能力且愿意赔偿被害人物质损失的附带民事案件，法院往往以调解结案；对于被告没有经济能力或者不愿意赔偿的附带民事案件，法院经调解后仍不能达成调解协议的，则与刑事部分一并判决。因此，法官在刑附民诉讼案件中的调解情势对整个案件审判的影响显得极为重要。

【知识链接】

囚徒困境与博弈论

“囚徒困境”博弈是1950年由图克提出的，为大多博弈学说所引用。其理论假设是：警方抓住了A、B两个合伙作案的嫌疑人，但警方缺乏足够的证据指控他们，于是，为了得到口供，警方将犯罪嫌疑人分别关押，造成其无法串供。警方给两人以同样的选择机会，并告诉两人另一个被关押者也有同样的机会。这个机会就是：如果两个犯罪嫌疑人都不坦白，则法庭会以证据不足而对他们各判1年；如果两个都坦白，各判刑8年；如果其中一个坦白另一个不坦白，则坦白的放出去，不坦白的判刑10年。这时，每个囚徒都有两种战略，坦白或不坦白，而“纳什均衡”就是两个囚徒均选择坦白，因为不论对方如何选择，个人最优选择都是坦白。在A的理性思维中会考虑，“如果B不坦白，我坦白，那么我被放出，而此时不坦白要被判10年，故坦白比不坦白好；如果B坦白，我坦白的话判8年，而不坦白我被判10年，此时坦白也比不坦白好”。因为在给定A囚徒坦白的情况下，B囚徒的最优战略也是坦白，这样最终A、B两人各被判8年，否则在假定A囚徒选择坦白的情况下，B囚徒选择不坦白便会被判10年。

我们把“囚徒困境”中囚徒的选择分成三种：最高追求结果（不判刑）与其次追求结果（判8年）和最次结果（判10年）。囚徒最想追求的就是不判刑的结果，可是当囚徒坚持选择追求不判刑，就要应对可能同时出现的最次结果即被判10年。为规避风险，囚徒退而求其次选择被判8年。

在分析调解过程时，引入这样一个博弈论学说，有助于法官深入认识调解的本质。因为当案件当事人面临选择调解而非判决时，同样面临着力争自身利益最大化和规避风险的最优战略选择问题。首先，基于调解的双方本身就是利益的双方，每一方利益的获得均是基于对方利益的丧失，调解的结果就是通过这种博弈达到一种均衡。其次，最高追求结果的实现总是需要付出一定的代价，可能是败诉的风险，也可能是诉讼成本过高。加上调解过程中，当事人总是面临着信息不对称的境遇，基本事实、诉讼请求、答辩意见、证据情况、心理变化、适用法律、法官自由裁量权等均可能影响裁判结果，一方判断自己胜诉的可能信息往往是不全面的，根本无法达到100%，从而让裁判结果常常显得不可预测。这就需要当事人在诉讼过程中不断作出新的判断和选择，于是，次位选择往往就成为调解的有力突破点。

（资料来源：百度百科，http：//baike. baidu. com/link？ url = xjcQyv17T2bu8lmlOZB - 7UUovTmyf - z68IhRWuyJrJVqmLTT6nufD485gjg3inwZvygzmAc0AfZPEobKFsd85q）

虽然在调解过程中，法官还是保留了裁判者的地位，但身份已经悄悄转换为居间斡旋者，是提供对话机会和搭建桥梁的人。只有原告、被告利益在此消彼长的调解让步过程中最终达成一致，和解才可能发生。这就需要法官不仅要始终保持中立、客观，还需要敏锐的观察力，全面了解当事人的利益追求，唯此才能促成双方理性选择调解。

然而，法官首先是一个独特的社会人，其次才是一名法官的身份。作为一个普通人，法官的心理状态同样不可避免地会受到各种因素的影响。法官预先存在的知识结构、生活经验、个人阅历、对案件的先前理解、认知偏好、审判观念、个性特质、沟通技能，甚至当时的审判动机、心理状态、审判目标及奖惩机制等多种因素，都会影响法官在调解过程中的表现。

（一）法官的个人特质

毫无疑问，法官的决策首先是一个充满法官个体色彩的心理活动。法学家弗兰克（JeromeFrank）的司法判决公式“D（判决）=S（围绕法官和案件的刺激）×P（个性）”，即很好地说明了法官的个人特质对案件审判可能带来的巨大影响。面对同一个案件，不同法官可能有不同的调解或审判风格，诸多因素都可能导致不同法官面对类似案情时会有不同的反应。例如，有的法官在意志上十分坚韧，在调解过程中，能够坚持己见，不容易受外界因素的干扰，但又可能过于主观、固执已见；有的法官情绪强度大，难以自控，在调解过程中，容易感情用事，受自己在调解当时的情绪影响或是被诉讼参与人的情绪所感染，作出不够冷静的应对；有的法官善于沟通、协调、柔软有度；有的法官则更直接、有棱角、刚性，在与当事人交流过程中，可能造成截然不同的调解效果。因此，个体碰巧遇到的审理个案的法官具有怎样的个人特质，对整个案件的调解效果会有重要影响。

（二）法官的成长历程

每个个体不可避免地会受到自己成长历程的影响，每个人都是带着自己的过去走到今天的，法官也一样。不同的成长经历、认识阅历、知识累积会造成对问题的不同看法，不同的法律修养或专业素质水平会造成不同的问题处理方式，个体的职业价值取向、内心道德尺度的差异、内隐的刻板印象等，都会影响法官在案件调解过程中的倾向和表现。因此，有的法官对某些个体特质属性有刻板印象，将一些本没有必然联系的因素连接成一种因果关系结构，从而影响案件的处理方向；有的受过往案件处理图式即一种人们对于外部世界的已经内化了的知识单位的影响，直接左右当下案件的处理；有的法官重视判决对社会秩序的影响，有的则重视对当事人的合法权益的维护；社会阅历尚浅的年轻法官往往严格遵循法学理论判案，勇于坚持自己的观点，却容易冲动，各方面考虑不全；社会经验丰富的老审判员虽情绪相对稳定，能够权衡各方面的利弊，但容易过于保守，从而导致法条的误用和偏离等。

（三）当时的案件情境

1. 审判动机。尽管审判人员应当始终代表社会的公平和正义，但其毕竟是由普通人担当的，因此不可避免地会掺杂有一定的个人动机。如职责完成动机、止恶扬善动机、荣誉感动机、满足私利动机等，不同动机下，法官可能有不同的行为表现。如果是在不良动机的驱使下可能造成审判失当，调解不力的情况，如审判人员有可能出于不正当的交易、徇私报仇或迫于形势压力，屈服于外界的压力等。

2. 案件当事人的调解心理。研究表明，被告的外在特征或语言表述能力、身份角色等会影响到法官的审判，当事人对调解的不同心理，更是会影响到法官的调解进程。一部分当事人心理价位高，不愿调解又羞于明示，造成有调解而无结果；一部分当事人对法官的信任不够，担心法官调解舞弊，暗箱操作，犹豫不决；还有一部分当事人并非真心调解，而是利用调解玩弄战术，或为获得更多信息，或为争取更多时间，造成调解进程极为不顺。

3. 社会舆论影响。当案情比较重大、影响比较广的刑事案件发生以后，往往会引起群众强烈的情绪反应。群众可能会就案件的裁决结果作出符合其道德观的设想，这种情况容易对案件审判人员造成很大的影响。有的法官为平息民愤，照顾公众情绪，容易盲目采纳公众的主张，影响案件调解方向和进程；而有的法官会受到对于社会赞扬渴望的影响，过于关注媒体对案件中自己意见书的描述，从而影响自己的行为，出现“格林豪斯效应”。

【知识链接】

美国《纽约时报》驻最高法院记者琳达·格林豪斯在长达三十年的记者生涯中，一共发表了近三千篇署名新闻稿，涉及最高法院的判决与日常运作，乃至大法官之间的个人关系。1998 年，她还因此荣获美国新闻界最高奖普利策奖。

三十年间，格林豪斯结识了十余位最高法院大法官，并与几位保持着良好的个人关系，其中，她最熟悉的莫过于 1970 年进入最高法院的布莱克门大法官。布莱克门几乎是他那个时代最乐意接待记者的大法官，其他任职时间更长、撰写判决意见更多的大法官，在“时报”上出现的频率都不及布莱克门。有人认为，布莱克门之所以特别受《纽约时报》青睐，主要原因在于他与“时报”记者琳达·格林豪斯关系密切。而格林豪斯之所以如此眷顾布莱克门，一方面固然是因为布莱克门乐意接受采访，另一方面也是因为格林豪斯希望以自己的报道，促使保守派与中间派大法官向自由派迈进。

大法官们的判决和意见越是倾向于自由派，格林豪斯的报道就越正面，她的肯定与鼓励，与大法官的开明程度成正比。

因此，精明的联邦上诉法院法官劳伦斯·希尔伯曼指出，法官会受到对于赞扬的渴望的影响。哪里对这种司法虚荣的奉承都赶不上《纽约时报》，哪个人对于它的鼓励都不及哈里·布莱克门。于是，有人利用琳达·格林豪斯的姓名，将报社记者与大法官之间的这种关系，称为“格林豪斯效应”(Greenhouse Effect)，与英文的“温室效应”一模一样。如果将外界的鼓励比作阳光滋润大法官“生长”，“格林豪斯效应”还真与“温室效应”有几分相似。美国学者（LawrenceBaum）的实证研究表明，多数法官进入最高法院后，会日趋开明，确实会受“格林豪斯效应”的影响，布莱克门是其中最典型的例子。所以，“格林豪斯效应”又可以称为“布莱克门效应”。

（资料来源：沈志先主编：《调解精品案例选》，法律出版社2012年版）

二、法官进行民事调解的心理学方法

【实践与运用】

罗家与胡家是同村，虽相邻而居，但因之前的琐碎小事存有旧怨，互不来往。有一年，罗家修建鸭舍发展养殖，买来数百只鸭子放养田间，偶尔越界到胡家田里觅食，胡家颇有意见，当面告诫罗家把鸭子管好。罗家认为胡家小题大做，回称：“鸭子是畜生，长腿自己走，你跟他计较什么?”将胡家顶了回去，胡家甚是气愤，以后但凡看见鸭子进入其田就谩骂驱赶，罗家也听之任之。

春来，农家田里放水发秧苗，胡家为防鸭子啄食青苗，提醒罗家管好鸭子，最好把鸭圈养起来，罗家认为没有必要，未予理会，胡家见此干脆买来老鼠药撒在田间。第二天罗家鸭子进到胡家田间啄食青苗，胡家也懒得管，果然下午近百只鸭子陆续毒发死去。罗家见到鸭子大批死掉，心痛不已，细查发现是胡家田间下毒所致，顿时火冒三丈，纠集同村罗姓家族亲友十余人拿着死鸭到胡家找说法，要求赔偿损失。胡某也不示弱，马上喊来村里本姓亲友七八人，双方各不相让，都说对方欺人太甚，争吵中罗某和胡某开始动手扭打起来。胡某妻子（江某）见己方人少怕吃亏，就跑到家里拿出一盆石灰，向罗某脸上撒去，罗某毫无准备，眼中进了石灰，一怒之下冲过去一脚踹向江某。江某躲闪不及被踹中并摔下屋前坪两米高的陡坡，动弹不得。胡家众人马上罢手，一边报警，一边将江某送进医院，经检查江某骨盆粉碎性骨折，经法医鉴定为轻伤。

该案经公安机关侦查终结，检察院以故意伤害罪向法院提起对罗某的公诉，胡家同时提出附带民事赔偿3.6万元。法院法官在综合了解案情后，认为缘起邻里纠纷的这起故意伤害案件适用刑事和解制度，于是将刑事和解相关政策法条向原、被告当事人双方介绍。

起初，原、被告双方都不认可，原告胡某认为罗某打伤人赔钱是应该的，要是赔了钱就少判刑那不是“用钱买命”？他甚至怀疑是不是法官收了罗家好处才故意如此；而被告罗某也不服气，明明是他家受了损失，被胡家毒死了鸭子，他自己眼睛还差点被江某撒石灰弄瞎，江某不慎跌伤是自作孽，法官不查清事情缘由，还要他积极赔钱，取得胡家谅解，他觉得法官明显是偏袒胡家。

对此，法官一方面对双方当前的情绪感受表示理解，并积极引导，缓和对抗情绪，另一方面又将法律条文详细向双方当事人解释，还将以前处理过的成功和解案例详加解说，接着，法官还找来村干部和罗、胡两家有威望的长辈，一起分析案情，请他们也出面做工作，终于获得了原、被告的信任，愿意考虑刑事和解。

但接下来，双方在赔偿金额方面又出现了大的分歧。罗某坚持要把被毒死鸭子的损失款从赔偿款中扣除，而胡某却认为他多次好心提醒，罗某就是不听，纵容他家鸭子毁其青苗，这个损失他绝不接受。面对这一情节，法官又多次从中做工作，双方仍是坚持己见，和解希望又渐渺茫。无奈，法官也只得表示遗憾，于是干脆放一放，不再去做双方工作，而是让他们冷静思考下，看是否会有所醒悟。

果然，经过一段时间的等待和思虑后，原、被告最初以为法官促成他们刑事和解是其必需的职责，渐渐发现，法官其实并不一定需要他们和解也可以作出判决，一旦判决下来，罗某面临牢狱之灾，胡某的治疗赔偿怕也难顺利到位，而两家从此将更加仇视对方。这一局面让他们难以安心，毕竟乡里乡亲，抬头不见低头见，双方面临的都是不希望出现的结局。在认识到自己其实才是和解的受益人，且必须积极抓住和解机会之后，双方先后找到法官表示愿意让步和解以早日结案。

在再次征得原、被告双方刑事和解的自愿意识表示后，法官将死鸭的损失按主次责任进行了划分，并与公安机关、检察院一起主持制作了和解协议书。最终罗某被判有期徒刑1年，缓刑2年，胡家获赔治疗费等各类损失4万元整，双方均表示愿意接受此项判决。

（以上案例由湘潭大学李丹老师编写）

判决和调解都是人民法院行使审判权的重要方式，判决的价值固然不容置疑，而调解也具有其独特的功能价值。司法能力不是简单的庭审技巧，而是理念、知识、经验和技能有机结合的本领。善于裁判的能力和善于调解的能力，都是重要的司法能力。如上案例所示，法官坚持“调解优先、调判结合”的工作原则，加大调解、协调、和解工作力度，力争用和谐的方式化解社会矛盾纠纷，努力实现案结事了人和，这已成为当今司法工作的重点。

然而，主持刑附民诉讼的调解是一门艺术，并非简单地向当事人摆事实、讲法律、说政策，就能调解成功。很多刑事法官精通定罪量刑，但欠缺民事审判经验和调解方法，何况刑附民调解比单纯的民事调解更为复杂。刑附民诉讼调解能否成功，与主持调解的法官所采用的策略、方法往往有直接关系，方法得当，调解成功率高；方法失当，不仅难以促成调解，甚至有可能引起新的矛盾，使案件处理陷入被动。

实质上，调解过程就是法官与当事人之间心理互动的过程，需要法官洞悉不同类型当事人的心理和个性特征，针对不同心理、因人制宜确定调解对策，以有效促成调解。实践证明，了解、把握当事人的心理，平衡当事人利益，赢得当事人信任，运用心理学的相关原理与方法能够有效帮助化解纠纷，缓和矛盾，定纷止争。

（一）情绪处理为先，良好关系打基础

在刑附民案件中，案件的成立是以原告利益受损，甚至受到伤害为前提的，因此，刑附民案件涉及的当事人及其亲人家属的心理比普通民事案件更为复杂，双方的矛盾对立更加尖锐，一开始往往带有很强的情绪反应，正如案例一开始原、被告的反应所示，调解根本无法进行。因为处在极度愤怒、想要报复情绪中的当事人，是很难接受调解，更不会与对方主动和解或撤回起诉的。

因此，法官首先要充分了解案情，评估调解可行性，以理解当事人情绪、疏导情绪为先，协商、调解置后。法官在主持调解时，应该注意从面部表情、语言语调、身体动作等方面观察当事人的情绪，从缓解和调节当事人情绪入手，通过转移法、宣泄法、隔离法、调整需要等方法，先对当事人的情绪进行疏导，帮助当事人疏通内心淤堵，充分表达内心所怨、所恨、所愿，再帮助其分析证据、讲解法律、明了利弊，使其正确对待挫折、调整态度，积极引导当事人形成调解意愿。其次，“亲其师”方能“信其道”，法官需要积极与当事人建立良好的互动关系，形成“自己人效应”。法官在调解时尽力从当事人立场出发表达理解与诚恳的建议，要真诚地注意对方细

节，有法有度，引发对方的认同感，从而使对方把法官当成自己人，信任法官，愿意接受法官的调解。

（二）抓住内心所需，因人而异做工作

情绪流露仅是内心需求的一种外显表达信号而已，每一种情绪的背后都隐含个体的真实需求。满足个体需求，产生积极、肯定的情绪，反之，消极、负性的情绪代之。每一起刑附民诉讼案件的当事人都有着一段曲折的经历，案件不同，当事人文化素质、生活阅历以及在案件中的过错责任等各不相同时，法官要善于根据这些因素把握当事人心理，准确分析其心理预期、底线及特殊的、合理的与不合理的诉求，在调解过程中寻找突破口和关键点，促使双方达成调解。

首先，法官要学会观察，能够洞察和把握当事人的心理，透过情绪、表达方式、外在特质等方面，把握当事人最核心的内心需求。对待愤怒报复型、补偿型、请求保护型、抵赖型、反社会型等不同心理需求的当事人，选用不同的工作着力点，如愤怒报复型重情绪疏泄和引导，补偿型重“漫天要价”的调整，抵赖型重事实及举证，反社会型以政策攻心为主，辅之情理引导法、换位思考法、法律政策教育等。其次，法官要学会倾听和交流，对不同类型当事人，有针对性地调整交流方式，充分尊重当事人，因势利导做工作。如对待性格外向的当事人，应注意观察其情绪变化并加以引导，对其在调解中缺乏考虑的地方及时提醒，减少对方随意反悔的可能性，保障调解的有效性；对于性格内向的当事人，重在让其敞开心扉、说出自己的想法和要求，再逐步对其不合法需要进行调整引导，贯彻自己的思想和意志；对待老年人，交流节奏应缓慢、稳健，而对年轻人则可节奏放快、情绪激昂一些；对于缺乏法律知识的人或者文化程度不高的人，需用简明、朴实的语言，并尽可能将抽象的法律规定用简单、形象的语言进行解释。法官要因人制宜选择交谈技巧，为促进调解创造良好的心理条件和调解基础。

（三）寻找可用资源，调动力量齐“维和”

法官在调解过程中，需要以国际通行的自愿、透明、合法、公正等原则为准则。然而，刑附民案件的调解不单单是法院的工作，而是一项由各方面共同参与的综合性工程。目前“多元化诉调对接机制”主要用在民商事调解中，在刑事审判领域少有人论及。这要求法官在工作中，不但要充分发挥审判人员的聪明才智，还要针对刑附民诉讼案件的特点，借鉴和运用民事案件“多元化调解”的经验和做法，灵活引入人民调解等机制，建立诉调对

接，要想方设法调动当事人身边一切可以调动的力量协助做调解工作。如案例中，法官邀请罗、胡两家有威望的长辈，一起分析案情，请他们也出面做工作，其实就是充分发动当事人所在单位、街办、社区、村组以及双方当事人亲朋好友的力量协助调解，必要时还可邀请公诉人参与调解，多方形成合力，以最大限度地促成调解。

(四) 区别对待，有的放矢

解决矛盾必须要有针对性，有些案件是被害人一方不了解法律和政策，不了解案件的起因和被告人罪行的轻重程度，有些案件是被告人一方不能满足被害方的赔偿要求，导致案件调解陷入僵局。就如案例中，一开始原被告都对案件和解有自己的误解。这些当事人存在的法律盲区，使得其在调解中进行选择与博弈的过程异常艰难。面对当事人的不同特点与案情的特定变化，法官在调解过程中应当帮助当事人不断地寻找有效的“纳什均衡点”，即让双方当事人从自己的利益出发与对方达成协议，其结果对双方均有利。法官在调解过程中，应当分析具体情况并区别对待处理，运用适当的策略和调解方法解决问题，对当事人说明案件事实，解释法律，分析道理，讲解政策，准确把握当事人的心理状态，耐心地说服当事人接受调解结果。可以先商讨一些双方能够达成一致意见的事项，待消除对立情绪后，再讨论争议问题，调和矛盾；在摸清被告人赔付能力的基础上，积极引导双方当事人换位思考，充分尊重双方当事人及其家属的意见，尤其要尊重被害人一方的意见，尽量满足被害人一方所提出的合法合理诉求，促进双方的矛盾化解与调解达成。

(五) 接纳不能调解的案件

用心调解可以增加调解的概率，但“用心就能够调解”其实是一个谎言。利益最大化永远是当事人的追求，而只有为规避某种风险，“囚徒困境”的博弈才显现出来，调解其实只是当事人的其次追求结果。

常见的不能调解的案件，往往有三种情况：一是被告人及其亲属没有赔偿能力；二是命案中双方积怨颇深，对立情绪强烈，被害人亲属要命不要钱的；三是被告人犯罪情节恶劣，后果严重，其亲属对“保命”不抱幻想。据统计，第一种情况占80%以上。有赔偿能力的大多在审判阶段已予赔偿，剩下的主要是没有赔偿能力的才会移送执行局（庭）执行。由于刑附民诉讼案件损害的是原告的切身利益，有可能受主客观因素的影响，加上刑附民执行案件执行难源于恶性案件多，95%以上附带于故意杀人、故意伤害

(致人死亡)、交通肇事、抢劫和寻衅滋事等案件中，几乎100%涉及“命案”和重伤害。因此，法官需要酌情评估调解的可行性，接纳实在无法调解的案例。

三、法官进行民事调解的注意事项

美国学者戈尔丁认为：“调解需要一种高于运用法律能力的特殊技巧。”调解无疑对法官的综合素质和司法能力提出了更高的要求。由刑附民诉讼案件调解自身的特点所决定，双方当事人调解协议达成的过程就是一个利益博弈的过程。对于被害人而言，其面临着自己的诉讼请求是否在被告人赔偿能力之内的博弈，而对于被告人，其面临着调解后能否取得被害人谅解以及刑罚上能获得多少减缓的博弈，他们的最终目的都是使自己的利益最大化。因此，刑附民诉讼案件的调解，不仅需要法官洞悉双方当事人的博弈困境，注意方式方法，还要切实了解自身不良调解心理可能带来的负面影响，将调解当作一门艺术，不断提升、总结，以更好地促进案结事了。

(一) 法官的不良调解心理

并非所有的法官都能在调解中具有良好的心理状态，并能够始终如一地保持良好的心理状态。其动机、目的、心理反应、心理过程等往往容易存在这样、那样的不良倾向，可以是由心理素质问题引起的有失法官人格、尊严和形象的表情、举止与言谈，也可能是世界观、人生观和价值观方面的偏离而引起的不良审判动机、目的及行为，有主观和客观的因素困扰，也有文化修养限制和物质需要的压力。而且，中国法官还不得不面对熟人社会、人治传统、法制缺陷、经济落后、文化汇流、国民素质、观念冲突、竞争失范等一系列因素带来的影响。

1. 动机不良。不同法官面对不同案件当事人的情感和态度也不一样。不良动机者，往往利用职权谋取私利，审判之前就有了更多的内心偏向，金钱、关系、人情无不影响着这类法官的调解初衷。

2. 表露情绪。随意表露自己的情绪，意味着法官缺乏应有的心理素质，缺乏应有的职业训练和法律文化的修养，没有足够的自制力。法官将自己工作、生活中的某些刺激引起的不良情绪反应带入调解过程，影响调解气氛和效果。

3. 角色偏位。从现代司法理念来看，法官只是争端的第三方和独立裁判者。然而，有权即意味着有身份和地位。包括很多法官在内的社会成员更多地将法官视为官员，出现了角色偏位。他们自以为是“官”，缺乏应有的责任感和认真态度，还有的更有官僚作风，对当事人的诉求不屑一顾，无意投入调解。

4. 陈腐守旧。面对社会的快速发展，很多法官不思更新，墨守成规，不喜学习，工作思路落后，处理案件的方式方法不适应形势发展要求，思维方式不良、信息更新不良、精神状态不良，造成当事人对公平和正义感觉无望。

5. 自卑畏惧。法官作为学识与德行的象征，公正的使者，必然要具备自信、坚定、果敢、沉稳的性格，然而，现实中，每一个法官都有自己的真实的内心。有的法官不善言辞、不懂调和，有的法官性格软弱，无力应对冲突，这些势必影响调解进程。

（二）调解的艺术和智慧

所谓艺术，是指富于创造性的方式、方法，是取得良好心理效应和社会效果的手段，凡为达到理想效果而采取的一切方式、方法，均在工作艺术的范畴之类。在刑附民诉讼案件调解过程中，法官的心理素质、组织能力、协调能力、个人素养，如语言、举止、表情与风度等，无不在其间发挥着重要作用，凝聚着法官个人的魅力与智慧。为更好地取得调解效果，多方关系都需要更好地了解和理顺，分阶段、有重点地逐层攻破。

1. 正确处理调解与判决的关系。自愿、合法原则是刑附民诉讼案件调解始终应当遵循的原则，为避免片面追求调解结案率以及“以判压调、以调拖判、以判诱调”等现象的发生，法官应当本着调解优先、调判结合的原则，准确把握调解与判决的关系，对于双方当事人意见分歧太大调解不成的，应当在法律规定的范围内及时判决。

2. 正确处理赔偿与量刑的关系。赔偿与量刑是刑附民案件原告和被告关注的焦点，因此也是法官促成双方达成谅解的着力点。实践中，一些被告家属往往要求法官明确赔偿以后能够轻判几年或者要求法官承诺确定的从轻幅度。遇到这种情况时，法官绝不能在从轻幅度上作出任何具体保证和承诺，相反要设法打消他们这种“以钱赎刑”的观念和想法，正确认识民事赔偿的性质和意义，对于并非真诚悔罪而是想借赔钱逃避刑法处罚的，应综合考虑、审慎量刑，正确处理赔偿与量刑的关系，实现既坚持刑罚威慑力又贯彻宽严相济司法政策的统一。

3. 引导刑附民原告合理把握诉讼预期，锁定被害人方要求。理想的诉讼调解制度应具有促成和保障必要纯粹性合意形成的功能，但这并不意味着一切如当事人所愿，形成纯粹性合意。因此，作为调解主持人的法官，其作用是非常关键的。在刑附民诉讼案件中，很多原告对诉讼结果的预期远远超过法律规定能够支持的范围。所以，法官对原告应充分行使释明权并进行引导：一是对相关法律规定的释明，告知原告合理确定索赔数额，锁定被害人方要求。二是告知被告的经济条件，以便被害对执行前景进行预测。就这一现实问题向原告做出明确的释明仍是必要且有利于维护其合法利益的，也将对推动双方达成协议起到积极作用。第三，告知原告方被告的量刑要求，这也是调解时原告需要考虑的重点。诉讼调解实质上是法官引导原、被告双方进行博弈的过程。所以，法官对原告过高“期望值”的降温工作应该分阶段、有步骤地进行，逐步化解原告的敌对、怨恨情绪，引导其理性解决纠纷。

4. 引导被告方积极应诉并进行劝赔工作。从心理上和现实情况来看，被告由于在押而且担心法官对其产生“悔罪态度不好”的印象，所以，被告往往不敢理直气壮地行使其质证权和抗辩权，甚至对一些明显不符合证据形式要求的白条收据及明显超出请求范围的费用支出也一一认可。所以，法官应引导被告一方积极应诉并进行劝赔工作。

5. 分阶段、分人员、有重点的调解策略研究。主持法官的调解意愿和引导会对当事人双方产生极强的心理暗示作用。在调解过程中要合理配备审判资源，充分发挥不同审判人员的不同作用，形成诉讼调解的整体合力。法官和当事人在案件的不同阶段有不同的心理预期，调解的策略也应不同。送达期、答辩期和举证期重在调解准备工作，以了解双方情况及意向为主；适时进行开庭审理期间的调解，给予必要的冷静期再调解；抓紧开庭后、宣判前的调解工作，找准双方存在调解差异的症结，动用多方力量促成调解；庭审结束后还可另行安排调解，把握庭审结束后双方当事人的心理变化以及他们对案件事实和法律规定的二次认知，促使双方当事人作出相应的让步，从而达成调解协议。

“最差的调解要好于最好的判决。”调解是一种风险小甚至是无风险的处理案件的方式。刑附民诉讼案件的调解对于平复社会矛盾、保护被害人权益、贯彻宽严相济刑事政策具有重要的司法价值。正确看待刑附民诉讼案件的调解价值并恰当运用相应的调解心理策略，对促进刑附民诉讼案件调解的质量、效率、成功率均有重要作用。法官应当充分发挥调解减压阀的作用，积极促成诉讼双方矛盾化解，做到案结事了。

思考题：

1. 刑事附带民事诉讼中的原告具有哪些心理特征？
2. 刑事附带民事诉讼中的被告具有哪些心理特征？

3. 试举例说明法官进行民事调解的心理学方法。

参考文献：

1. 张军、郝银钟著：《刑事诉讼庭审程序专题研究》，中国人民大学出版社 2005 年版。

2. 刘家兴主编：《民事法学（修订本）》，法律出版社 1998 年版。

3. 鲁千晓著：《诉讼心理学原理与应用》，法律出版社 2009 年版。

4.《中华人民共和国法官法》，载 http：//www. gov. cn/banshi/2005 -05/26/content_ 1026. htm.

5. 陈增宝、李安著：《裁判的形成——法官断案的心理机制》，法律出版社 2007 年版。

6. 沈志先主编：《调解精品案例选》，法律出版社 2012 年版。

7. ［美］劳伦斯·鲍姆著：《法官的裁判之道——以社会心理学视角探析》，李国庆译，北京大学出版社 2014 年版。

8. 任高潮、高伟著：《刑事附带民事调解中的心理学问题及对策方法研究——以法官、当事人的心理分析为视角》，载《法律适用》2013 年第 3 期。

9. 徐红亮：《我国刑事附带民事诉讼制度的反思与完善》，青岛大学 2008 年硕士学位论文。

10. 王律中著：《调解心理艺术》，人民法院出版社 2001 年版。

11. 陈和华主编：《刑事心理学新编》，北京大学出版社 2014 年版。

12. 陈增宝著：《法官心理与司法技巧》，中国法制出版社 2012 年版。

13. 钱卫清著：《法官决策论——影响司法过程的力量》，北京大学出版社 2008 年版。

14. 蒋征宇著：《调解在刑事附带民事诉讼中的运用研究》，上海交通大学 2012 年硕士学位论文。

15. 马军著：《法官的思维与技能》，法律出版社 2010 年版。

拓展阅读书目：

1. ［美］博登海默著：《公正的审判——美国历史上刑事被告的权利》，杨明成、赖静译，商务印书馆 2009 年版。

2. 李祖军等著：《民事调解规范化研究》，厦门大学出版社 2015 年版。

3. 周继军主编：《民事诉讼调解技能》，中国民主法制出版社 2013 年版。

第八章　犯罪人心理

每一个具体犯罪行为的发生，都是在犯罪主体心理活动影响和支配下实施的。不同的犯罪主体，由于生理素质、知识经验、社会阅历等方面的差异，致使犯罪心理不同。因此，研究和掌握不同主体的犯罪心理特征和规律，能够提升揭露、打击犯罪的力度，提高治理犯罪的针对性。

第一节　未成年犯罪人和老年犯罪人的心理

一定的年龄标志着个体生理发展的水平，又标志着个体心理的成熟程度。不同年龄的犯罪人在表现出一般犯罪心理特征的同时，还具有不同的年龄特征。以犯罪人年龄作为依据，可以将犯罪人划分为未成年犯罪人、成年犯罪人和老年犯罪人。本小节着重阐述未成年犯罪人和老年犯罪人的心理。

一、未成年犯罪人心理

“未成年”是一个法律概念，是指未达到法定成年年龄的公民。各国法律对未成年年龄的规定各有不同。在我国，从刚刚出生到18周岁以下公民都是未成年人。与犯罪概念相连接的未成年人则是指具备《刑法》第17条规定的已满十四周岁不满十六周岁的限定刑事责任能力人和已满十六周岁不满十八周岁的完全刑事责任能力人。

（一）我国未成年人犯罪案件特点

近年来，我国未成年人犯罪现象越来越严重，已成为群众极为关注和期盼解决的社会问题。

已有统计表明，我国未成年人犯罪呈上升趋势：第一，未成年人作案成员绝对数成倍上升，犯罪数不断增加。如图8－1所示，14～18岁的未成年人犯罪数，在1997年为30446人，2001年增加至49883人，2004年又增加至70144人，2007年达到87525人。十年间，14～18岁的未成年人犯罪数增加至将近300%，其绝对数已超5万人。第二，未成年罪犯占全国罪犯总数比例增加。如图8-2所示，1997年未成年人犯罪数约占全国犯罪总数的5.78%，2001年约占6.68%，2005年约占11.16%，2007年约占9.39%。十年间，未成年人犯罪率也快速增长，增长近100%。这些数据都说明了未成年人犯罪的社会危害性正在逐步加大。

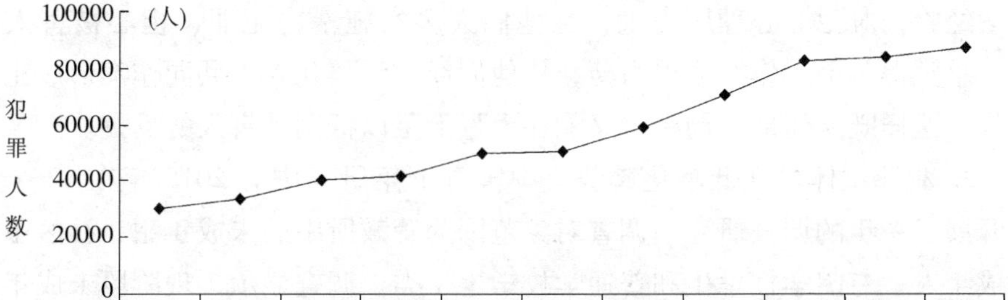

97年	98年	99年	00年	01年	02年	03年	04年	05年	06年	07年
30446	33612	40014	41709	49883	50030	58870	70144	82721	83697	87525

图8-1　1997—2007年未成年人犯罪人数统计图

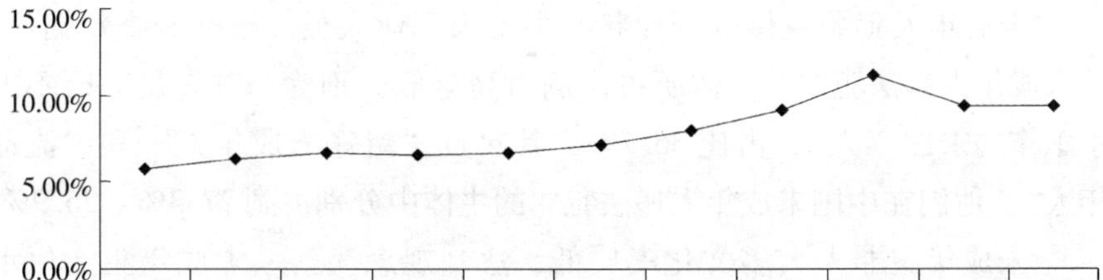

97年	98年	99年	00年	01年	02年	03年	04年	05年	06年	07年
5.78%	6.36%	6.64%	6.51%	6.68%	7.12%	7.93%	9.17%	11.16%	9.41%	9.39%

图8-2　1997—2007年未成年罪犯占全国罪犯总数比例

近年来，我国未成年人犯罪主要有以下特点：

1. 未成年人犯罪最多的类型为“两抢一盗”案件，即抢夺、抢劫、盗窃，同时，以暴力犯罪为主。如某市法院在2009年和2010年公布的未成年人犯罪案件统计报告中，侵犯财产犯罪分别为208宗和146宗，分别占当年未成年人犯罪案件宗数的83.2%和77.66%，其中大部分是“两抢一盗”案件，分别占侵犯财产犯罪的83.08%和75%。暴力犯罪以故意伤害、绑架和强奸为主。2009年，以上三个罪名的未成年人犯罪案件共28宗，占当年未成年人犯罪案件的11.29%；2010年，以上三个罪名的未成年人犯罪案件共31宗，占所有未成年人犯罪案件的16.49%。未成年人侵犯财产和暴力犯罪分别为 208 宗和 146 宗，分别占当年未成年人犯罪案件宗数的 83.2%和 77.66%。

2. 共同实施犯罪的居多，单独犯罪的少。从近些年的未成年犯罪案件看，基本都是二人以上的共同犯罪，单独作案的未成年人犯罪不到 20%，其中三人以上共同犯罪占 40%，有的甚至形成较为固定的团伙。从组成形式看，有的是成年人带未成年人共同犯罪，有的是未成年人团伙犯罪。未成年犯罪人虽年轻力壮具有体力优势，但由于他们的思想还不是太成熟，缺乏作案经验，对犯罪心理压力大，且他们大多实施暴力犯罪，担心被害人反抗，总觉得单个人作案势单力薄，故他们经常纠集几人去共同作案形成犯罪团伙，这样既能使部署周密，又能在力量上足以抵制被害人的反抗。

3. 犯罪主体呈现低龄化趋势。中国青少年研究中心 2015 年在 12 个省区开展了一年的调查研究，调查对象范围为管教所中的未成年犯、社区服刑未成年人、专门学校学生和普通学校学生 4 类。调查显示，现阶段未成年人犯罪趋于低龄化。对 14～18 岁的未成年人犯罪调查结果显示，35%是 16 岁时犯罪，31.2%是 15 岁时犯罪，14 周岁未成年人犯罪所占比例有所增加，达到 20.11%，而在 2001 年，14 岁未成年人犯罪比例为 12.3%。

4. 未成年人犯罪主体的职业状况主要为无业人员。已有调查数据显示，中国未成年人违法犯罪的主体所占比例由高至低分别为：首先是“既不上学也不工作的未成年人”，占比 36.7%，其次是“留守未成年人”和“流动未成年人”，他们在中国未成年人违法犯罪的主体中分别占到 27.3%、26.9%。

5. 未成年犯罪人大多文化素质低，法制观念淡薄。未成年犯文化水平较低，初中及以下文凭者为主要群体。他们当中许多人未完成九年义务教育，过早离开校园，离开有益身心发展的教育环境，缺乏必要的道德和法律教育，很难形成正确的人生观、价值观，很多人法律知识十分匮乏，往往走进了监狱还不知道自己犯了什么罪。如湖南省怀化市中院所统计的数据中发现：2005 年判处的 267 名未成年被告人中，初中及初中以下文化程度的为 243 人，2006 年判处的 187 名未成年被告人中，初中及初中以下文化程度的为 178 人，2007 年判处的 131 名未成年被告人中，初中及初中以下文化程度的为 118 人。

6. 未成年人犯罪作案动机单纯、盲目。未成年人犯罪大多没有经过预谋，尤其是寻衅滋事、故意伤害、抢劫犯罪很多出于一时冲动，只在偶然环境中犯罪，具有一定的突发性和不确定性。有时仅仅为了抽烟的几块钱，或是为了刺激好玩，并无固定的目标，有时仅仅是因为打赌逞强等。绝大多数犯罪都是临时起意，盲目为之，往往因一句话、一件事就可以诱发犯罪。

7. 重新犯罪率高，连续多次作案增多。由于未成年犯罪人的罪责感弱化，加之社会管理秩序方面存在的缺陷，未成年人初次作案得手后，犯罪心理不断强化，增强了犯罪成功的信心，产生了连续作案的欲望。据统计，少年犯罪的重新犯罪率比成年人犯罪的重新犯罪率高 2.72 倍。

8. 模仿成年人作案，性质趋于严重。未成年人模仿成人作案表现为智能性、暴力性和预谋性犯罪在增加，从而使犯罪性质更为严重。过去，未成年人作案手段大多采取原始的、简单的手段，如扒窃、顺手牵羊、挖洞、钻门窗、翻墙入院、撬门扭锁等。如今，未成年人作案也开始采取快速、科学、技术的手段，如开车行窃，麻醉，移尸，破坏现场，使用玩具枪、猎枪，蒙面，戴手套，绑架，写恐吓信等，这些都具有成人作案的特点，且不少案件体现了计划性和预谋性，已逐步成为趋势。

(二) 未成年人犯罪成因

本书在第二章阐述了犯罪心理形成和发展变化的相关理论，认为个体犯罪是主体内外因素综合作用的结果。未成年人犯罪的发生可视为未成年人社会化过程①的特殊年龄阶段各内外因素间错综复杂的矛盾未能正确解决所致，这也正是未成年人期是犯罪危险期的原因之所在。未成年人期社会化过程中的矛盾主要表现在生理发育与心理发展、心理发展过程诸因素乃至心理与客观现实之间的矛盾。这些矛盾解决不好，往往会给青少年以后的发展带来隐患，产生行为偏差，严重的会导致一部分青少年以身试法，从此走上犯罪道路。这些矛盾主要表现在以下几个方面：

1. 旺盛的精力与缺乏支配力的矛盾

未成年人青春期生理机能的迅速发育，使他们的活动量增大，日常的生活、学习之余仍有大量的剩余精力、体力，而大脑对其活动的调节、控制能力又相对薄弱，因而，旺盛的精力常常用之不当，当受到外界不良因素影响时，如暴力、色情电影，黄色书刊等，就会导致精神空虚的未成年人产生违法犯罪的行为，其犯罪类型通常表现为打架斗殴、抢劫、强奸等。

2. 兴奋性高与自控能力差的矛盾

未成年人青春期内分泌系统的迅速发育对其生理和心理都会产生重大影

---

① 人的社会化过程，是指人从出生时的单纯的“生物人”发育成长为“社会人”的过程。就是说，生活在一定社会背景下的人，由于社会中各种因素的交互作用，通过各种途径，学习知识、技能和社会规范，逐渐地成为合格的社会成员的过程。

响，特别是对情绪的影响更大。这是由于青春期青少年的腺体发育还未成熟，尤其是脑垂腺还不成熟，内分泌旺盛，使得大脑常常处于兴奋状态，情绪波动大，自我控制力欠缺。因此未成年人往往不能控制自己的激情与冲动，作出心血来潮的行为，容易导致不良行为的发生。因此，未成年人较成年人激情型犯罪率更高。

3. 性机能发育成熟与性道德观念形成较晚的矛盾

未成年人青春期突飞猛进的生理发育，尤其是性的发育成熟，随着第二性征的出现和性意识的萌发，未成年人对性机能产生好奇心和探究心理。但是，由于他们还不能以法律所许可的方式满足这种欲求，同时，他们的性道德观念和法制观念的形成也落后于性机能的发育成熟，若自我控制能力和自我调节能力也较差，则极易受到外部性刺激的诱惑而导致性犯罪。

4. 好奇心强与辨别能力相对较低的矛盾

未成年人的肌肉、骨骼生长发育很快，精力充沛，新陈代谢加快，特别是脑神经系统的发育成熟，促使他们心理上探求能力和好奇心的加速发展，所以他们对一切都感到新奇，对自己不了解的现象、不理解的问题都表现出强烈的好奇心和求知欲。但由于他们的社会经验不足，认识能力差，对许多社会现象和科学准则还没有自己定型的见解和观点，容易受暗示而模仿，不自觉地受一些不良因素的影响，看问题时以偏概全、固执己见，自己认为正确、符合自己兴趣爱好的知识就瑕瑜不分地汲取，以致受到不良的社会风气和一些宣扬暴力、色情的不良文化的影响而走上犯罪道路。

5. 追求理想与客观现实之间的矛盾

处于青春期的未成年人，对未来充满了希望、憧憬和向往，因此他们的愿望非常多，理想很远大。他们希望社会能给他们提供实现理想的条件。当客观现实条件不能满足其实现愿望时，或在实现理想的过程中遇到困难和挫折时，不满情绪即随之产生。有的未成年人很难从困境中解脱出来，导致精神上出现病变，有的直接将自己的苦恼和不满情绪对社会发泄，错误地认为自己理想的破灭是社会和他人造成的，因此，他们总是寻找机会侵害社会或者他人，从而产生犯罪行为。

6. 独立性意向与认识能力的矛盾

独立性意向是指未成年人特别渴望摆脱对成人的依附，拒绝成人的干涉，迫切要求独立自主的心理状态。独立性意向一经形成，就往往表现为在家长、老师面前采取“闭锁”态度，对事情常常自作主张，想做就做，不受约束，不听劝告，一意孤行。然而，由于他们社会阅历少，经验欠缺，辨别是非能力差、思维具有片面性、认识能力仍存在很大的局限性，对许多问题往往分不清楚是与非、现象与本质等，故不能适应错综复杂的社会，不能完全独立地很好地解决问题，因此，在一定程度上仍需要依赖父母和其他成年人。未成年人期这种独立性意向的发展和认识能力低之间的矛盾，如果解决不当，就可能导致独立性意向朝反社会方向发展，或是产生与成年人间的强烈冲突，从而走上犯罪道路。

（三）未成年犯罪人心理特征

未成年犯罪人心理特征，是指与成年犯罪人心理特征相比较而言，未成年犯罪人突出的、普遍存在的心理特征。

1. 认知发展的偏颇性

多数未成年犯罪人认知发展不成熟，认识存在巨大的片面性、局限性，认识水平低下，生活阅历比较浅，他们对是非、善恶、美丑的辨别能力差，预见性较差，易颠倒是非，缺乏基本的判断力、批判力，易导致对事物认识的偏颇。认识狭窄，只能对眼前的情况作出分析，而且受眼前的事物影响较大，不能对事物的长远趋势作出客观、公正的分析。对于遇到的突发事情很难处理，不能正确地权衡利弊和得失。只看到事物和现象消极、不良的一面，以偏概全来看待社会，产生消极、悲观、怨恨的心理。他们认知偏颇的核心为：封建帮式的哥们义气和醉生梦死及时行乐的享乐主义；具体错误观念为：亡命徒式的英雄观，为所欲为的自由观和低级下流的幸福观。诸如“人生在世，吃喝二字”“青春不乐，一生白过”等价值观念。价值取向的错位必然导致未成年人行为的越轨和犯罪。

2. 不良的情绪、情感特征

未成年犯罪人情绪的冲动性较强，极易受到外界的刺激而产生突发的情绪体验，内心的情感世界丰富而脆弱，情感外露，易产生盲目的、冒险的、强烈的行为。他们缺乏社会性情感，在理智感、道德感和美感方面常常是扭曲的。他们的情感不稳定，容易因微小的刺激和生活琐事中的冲突爆发激情，导致冲动性行为的发生。他们的情绪常常与自身生物性需要满足与否相联系，遇事不能正确对待，易产生消极、负面的情绪，易出现嫉妒、怨恨、愤怒的心理，常发生激情下的暴力攻击行为。

3. 消极的意志特征

未成年犯罪人意志具有明显的两极性特征。一方面在约束自己成为社会要求的合格成员上，表现为意志力薄弱，在外界的诱惑或者刺激下，很容易使意志活动偏离正确方向；另一方面为了实现自己的多种不合理需求，在实施具有反社会倾向的破坏活动中，又会千方百计去排除畏难情绪，扫除客观障碍，甚至不惜铤而走险，显示出顽强的意志力。

4. 不良的个性特征

未成年犯罪人在个性心理方面一般具有人格缺陷，这是导致他们违法犯罪的突出特点。如震惊全国的“马加爵案”就充分暴露了马加爵的人格特征中存在的严重问题，比如，过分的自尊与过分的自卑、敏感多疑、自我为中心主义、因尊重和友谊的需要没有得到满足而产生怨恨和报复心理等。

未成年犯罪人不良的个性特征主要表现在以下几个方面：

（1）具有反社会意识倾向。主要表现为理想信念、人生观、道德观的错误价值取向。

（2）需要层次低下，情趣爱好低级，形成了不健康，甚至畸变的心理需要。例如，膨胀的物质需要、不当的性欲求、哥们儿义气、逞强好胜、自我显示等。这些需要不但表现出低级性，而且需求的满足方式也与社会规范及法律相冲突。

（3）犯罪动机不稳定，具有强烈的情绪色彩，容易受到外界诱因而引发。

（4）逞强显能，胆大妄为，喜欢寻求冒险、刺激需要的满足。

（5）具有不良的性格品质。即对社会、他人、集体和自己没有责任感、义务感；头脑简单、知识贫乏、愚昧无知；缺乏羞耻心、同情心，对人冷漠、怀有敌意；攻击性强、自控能力差、易受外界环境和他人的影响；敏感多疑、情绪喜怒无常、好感情用事、虚荣心强、自卑等；任性、鲁莽、轻率、盲目、行为放荡不羁，缺乏自我控制能力和调节能力。

（四）未成年犯罪人行为特征

未成年犯罪人在上述的心理支配下所实施的犯罪行为，具有明显的特征，主要包括：

1. 模仿性

模仿是一种简单而低级的学习方式。模仿性是未成年期的一大特征，未成年人对他人言行的模仿性特别强，尤其喜欢模仿自己所崇拜人物的语言、表情和行为动作。有研究表明，目前很多违法犯罪青少年作案目标、方法和手段的选择乃至反侦查的能力，大多受来自影视作品、报纸杂志的具体情节的影响。其日常的言行举止，更是与影视作品中的反面人物极其相似。另外，未成年犯罪人之间也存在着互相影响、模仿着彼此的行为。

【知识链接】

模仿是指在没有外界控制的条件下，个体效仿他人的行为举止而引起的与之相类似的行为活动。其目的是使自己的行为与模仿对象相同或者相似。儿童最初的知识经验往往是从模仿中获得的。在著名的班杜拉观察学习相关实验中，他系统地提出了模仿有三种功能：一是使原有的行为得以巩固或者改变；二是学到新的、原来不会的行为动作；三是使原来潜在的未表现的行为得到表现。班杜拉等人利用两难故事进行模仿学习实验。其实验步骤：首先让被试判断两难问题中人物的行为是否正确，就此了解他的判断力。其次将被试分为三组，控制实验情景，让他们进行道德判断，第一组为强化组，第二组为榜样强化组，第三组为榜样不强化组。最后再给被试呈现12个两难故事，让他们进行判断。结果第二、三组的成绩远远超过第一组。这表明，模仿的作用是很大的。另外，班杜拉关于攻击行为的观察学习实验也很好地说明了儿童对攻击行为的学习不仅发生在亲身体验其后果时，通过观察也一样可以习得。

（资料来源：俞国良主编：《社会心理学》，北京师范大学出版社2012年版）

2. 冲动性

由于未成年犯罪人的动机带有很大的情景性，情绪的稳定性也较差，容易受到外部因素的诱惑驱使而爆发激情，又难以控制，这就决定了他们在进行某一项犯罪活动时行为具有冲动性特征。因而，未成年犯罪人常常会产生激情犯罪，如杀人、抢劫、伤害等。如遇具体情境，又会诱发临时起意的犯罪，这就决定了未成年人犯罪的偶发性、机遇性和盲目性。

3. 凶残性

由于未成年犯罪人道德观念淡薄，社会化过程中人格存在缺陷，加上容易产生激情又难以自我控制，或因为情绪冲动而导致行为失常，或因负面情绪积累而导致恶性报复，因此他们作起案来有时十分疯狂、残忍，常常丧失人性、伤及无辜，甚至导致重大恶性事件发生。

4. 戏谑性

未成年人的违法犯罪表现出戏谑性。一是与这一时期未成年人的思维活跃、求知欲旺盛、好奇好动有很大关系。二是与未成年违法犯罪人知识水平、道德法制观念低下和精神生活空虚有关，他们常常采取一些低级的游戏、恶作剧等方式宣泄自己的不良情绪，把自己一时的快乐建立在别人的痛苦之上，丝毫不考虑后果。

5. 反复性

处于身心发展期的未成年人可塑性很大，极易受客观环境的影响，这也决定了未成年人违法犯罪行为的反复性。未成年违法犯罪人受到处罚后，经过教育，往往心有所动，甚至痛哭流涕，表示要痛改前非。但回归社会后，若接触不良团伙或过去的朋友，就会经不住诱惑，重操旧业。

【实践与运用】

少年“五街帮”

2005年9月20日，备受关注的浙江苍南“五街帮”犯罪集团一案的34名涉案人员出庭受审。据悉，自2003年4月份以来，卢某等人为了在灵溪一带称霸一方，保护其托运部和垄断啤酒专卖生意，唆使张某纠集人马、无业青少年和在校高中学生近百名，在灵溪镇江湾路商业城、江滨路、河滨路一带的娱乐休闲场及建筑工地大肆进行绑架、强奸、抢劫、寻衅滋事、敲诈勒索、盗窃等违法犯罪活动，作案手段残暴，被害人稍有不从或有报警的意图，即会遭到残忍的报复。2004年初，该团伙又渗入社会赌场，为赌场放风，充当打手，收取保护费，逐步成为危害一方的“五街帮”恶势力犯罪团伙。

“这是苍南法院建院以来判过的被告人数量最多的案子！”苍南法院少年庭陈民城法官说。自案发不到两年时间里，臭名昭著的五街帮在浙江苍南县城灵溪实施绑架、强奸、抢劫、盗窃、寻衅滋事、故意伤害、强制猥亵妇女、聚众斗殴、殴打他人等作案300余起，团伙成员有150多人，其中近100人是青少年，其中有9人不到刑事责任年龄。该案的起诉书长达四十来页，宗卷叠加起来有一人多高，可谓罄竹难书，罪行累累。经审理，关于他们的审讯笔录重80多斤，仅仅判决书就达到80页。

法院认定“五街帮”为寻衅滋事犯罪集团。在细数案情的同时，为这么多青少年涉案感到沉重。“且很多孩子都是在网吧上网或在KTV喝酒时被我们带走的，他们还不知道原因。审讯时，他们还不时地嬉笑，丝毫不知道问题的严重性。”办案民警说，更令他们感到惊讶的是这个团伙涉及的强奸案（包括轮奸）多达28起。“他们的性犯罪几乎到了随意的地步，其中6个未满18周岁的孩子涉嫌强奸案，最小的甚至还不满15周岁。”这些孩子的性犯罪与受到其他团伙成员的“耳濡目染”甚至现场协助直接相关。团伙中年仅20岁的温某涉嫌强奸7人9次，受侵害的女性有歌女、社会女青年和在校女学生等。

（资料来源：《少年“五街帮”》，载《南方周末》2005年2月2日第1095期）

从上述案例中我们可以看出，少年“五街帮”表现出了典型的未成年犯罪人的特点。首先，其心理发展和生理发育上出现了巨大的矛盾，如独立性意向迅速发展，而认识能力发展滞后；精力过剩，而自我调节、自我控制能力较差，当受到不良影响和他人教唆时，如案例中受到“教父”卢某的指使和教唆，或是有的孩子看到其他孩子到歌厅、餐厅吃喝玩乐不用花钱，感觉很轻松、很风光。他们若很羡慕并想尝试，则会出现行为问题，包括违法犯罪。其次，人类天生的依附感，又使未成年人在同龄人中寻找友情和安全保护，在团队中寻找力量。然而他们又没有能力分辨什么是真正的友谊，在不良氛围影响下，很容易结成少年团伙以互相支持，互相壮胆，互相学习作案技巧，邪念在互相吹嘘和攀比中得以不断放大。再次，参与犯罪团伙的青少年的家庭结构和教育普遍不正常，他们大多父母离异或外出经商，由爷爷奶奶隔代抚养，由于教育不到位，没有经济来源的他们经常流连于网吧等场所，极容易被犯罪分子所引诱而步入歧途。最后，法律观念的缺失和淡薄或对法律的曲解使得他们不能意识到自己行为后果的严重性。

在对“五街帮”少年犯罪采访中就发现，有的孩子觉得“我是未成年人，谁也不能把我怎么样”。还有其他的案例，比如曾有 14 岁的少年公开宣称：“我还能偷两年，”13 岁的少年不甘示弱：“我还能偷三年，比你多一年。”这些未成年人曲解了法律对他们的保护，以为即使杀了人也不会偿命。这样的想法后患无穷，使得他们的思想和行为变得更加肆无忌惮。

二、老年犯罪人心理

所谓老年犯罪人，概括地说，就是指 60 岁以上实施犯罪的人。我国刑法中没有明确规定老年人的年龄标准，但 1996 年 10 月 1 日施行的《中华人民共和国老年人权益保障法》第 2 条规定：“本法所称老年人是指六十周岁以上的公民。”这也为我们界定老年人的年龄底线提供了法律依据，因此，我国目前刑法中的老年人是指历法年龄在六十岁以及六十岁以上的人。

2012 年初，卫生部作出相关统计，我国 60 岁以上的老人已经超过 1.8 亿，到 2050 年，这个数字将会达到 3.32 亿，超过总人口的 23%。与此同时，老年犯罪人占在押人数的百分比也由 1998 年的 1.2% 增加到现在的 2.1%。人口老龄化的问题以及由此引发的老年人犯罪问题已开始引起社会公众的普遍关注。因此，通过对老年人犯罪心理的研究，能够为有效地预防老年人犯罪提供科学的心理学依据。

（一）老年人犯罪的概念

对于老年人犯罪概念的界定，学界也是众说纷纭，其中比较具有代表性的是康树华教授的观点，他认为：“老年人犯罪概念，可以分为广义和狭义两种。广义的老年人犯罪，是指老年人所实施的犯罪行为；狭义的老年人犯罪，是指由于身体、心理、社会生活等方面处于老年化的过程而引发的犯罪行为。前者着眼于行为主体，后者着眼于行为特征。”广义的老年人犯罪包含的范围更广，它既包括由于老年化的过程而引发的犯罪行为，也包括其他原因导致的犯罪行为。相比较而言，狭义的老年人犯罪所包括的范围较小，他把老年人实施的并非由于老年化过程而引发的犯罪行为排除在外。狭义的老年人犯罪的概念在立法及司法过程中，执法人员都比较难以掌握，普通百姓对其理解也比较困难，因此，广义的老年人犯罪的概念更为人接受。在此基础上，老年人犯罪的概念应当定义为年满六十岁及六十岁以上的老年人实施的犯罪行为。

【实践与运用】

老汉性欲强　零花钱诱骗猥亵两幼女

浙江永嘉男子张某，今年64岁，于2014年7月盯上了村里的一个小姑娘小敏。小敏才7岁，长得俏皮可爱，于是某天张某把小敏带到了自己家里玩。第一次，张某并没有轻举妄动，邀请小敏在家看了10分钟电视后，就让小姑娘离开了。临别时，张某还给了小朋友2元零花钱。张某交代，“小朋友第一次来玩耍时还不敢对她怎么样，想多认识一下，等熟了再下手”。第二次张某依然没有行动，但第三次张某终于原形毕露，对小敏实施了猥亵。这一次，张某给了小敏10元钱，见小敏没有什么反应，便让小敏以后再带其他的小朋友一起来玩。过了几天，小敏便带了自己的姐姐，9岁的大敏来张某家一起看电视。张某故技重施，前几次对大敏都没有怎么样，第三次才对她实施猥亵行为。经法院审理查明，2014年七八月份至9月30日期间，张某在明知被害人小敏、大敏未满14周岁的情况下，以零花钱为诱饵，诱哄被害人小敏、大敏到其家中，猥亵两姐妹达三次以上，期间被告人张某还两次对被害人依次实施奸淫。为老不尊的张某因犯强奸罪和猥亵儿童罪，被判处有期徒刑7年。

（资料来源：《老汉性欲强猥亵两幼女，零食零花钱诱骗孙子女同学》，中国网，2015年9月23日，http://henan.china.com.cn/special/2015/0923/843631.shtml，2016年8月1日访问）

如案例所示，老年人由于身体各机能的老化和退化，其犯罪具有一定的特点。首先，犯罪对象多为弱势群体（女性、儿童、残疾人等），他们的反抗能力通常较差；其次，犯罪类型根据老年人的需要有所不同，案例中的张某由于长期独居，精神空虚，故产生了猥亵幼女达到满足自己性需要的犯罪动机；再次，老年人犯罪通常采用非暴力性手段，如案例中的张某采用金钱方式对幼女进行诱骗的方式，赢得幼女的信任后采取行动；最后，老年人犯罪常为单独犯罪，以利于隐瞒案件。

（二）我国老年人犯罪案件特点

由于老年人随着生理机体各项功能的“老化”，导致身心机能等各方面都会出现退行性变化，如反应能力迟钝、适应能力减弱、辨认能力和控制能力变差等，其身体和心理条件均决定了老年人犯罪具有一定的特殊性，通过比较分析，老年人犯罪案件多呈现出以下几个特点：

1. 犯罪主体男性居多

从犯罪主体的性别入手，有相关资料指出，在对266起老年人犯罪案件的统计中，老年男性犯罪所占比例为84.6%，远远高于老年女性犯罪所占的比例。老年犯罪的主体大多集中在老年男性，这也与男性在老年时期比女性身体条件更好有关。但这种特征大体上也与其他年龄阶段中犯罪人的性别比例相类似：几乎在所有年龄阶段的犯罪人中，男性犯罪人均多于女性犯罪人。

2. 犯罪对象多为弱势群体或熟人

由于老年人在进入老年期以后，身体各项机能开始退化，无论是反应能力、灵敏度、力量及逃离犯罪现场的速度，都处于弱化状态，因此老年人犯罪的犯罪对象多集中于反抗能力较差的妇女、儿童或者残疾人。同时，由于老年人退休后，接触的人群变得狭窄，活动范围也缩小了许多，所以其犯罪所针对的对象自然而然集中到日常接触较为频繁的家人、邻居等熟人的范围内。熟人间的防备性较低，接触也比较频繁，有利于其在更为省时省力的环境下作案。

3. 犯罪类型多样化

虽然老年人犯罪率比较低，但犯罪类型很广泛，老年女性犯罪类型较为单一，多集中在财产性犯罪，如盗窃罪等。老年男性的犯罪类型则涉及暴力犯罪、财产性犯罪、职务犯罪等多个领域，随着近年来老年人强奸猥亵幼女案件的不断曝光，老年人的性犯罪数量也逐渐占有相当大的比例。一家管教所对59名老年罪犯的调查中，有百分之七十属于强奸等性犯罪类型。由于老年人的强奸犯罪对象通常针对年幼无知、缺乏反抗能力的幼女，并且可能涉及以小恩小惠诱骗多名幼女的情况，所以易造成较为严重的法律后果。

4. 犯罪手段多为非暴力手段

由于老年人在力量方面的劣势，使得老年人通常通过哄骗、引诱或者教唆等非暴力手段实施犯罪，这种非暴力手段常常呈现出间接性、隐蔽性和经验性三个特点。所谓间接性，是指老年人善于利用他人来实施犯罪行为，例如雇佣、劝诱等方式。台湾学者蔡墩铭在其所著《犯罪心理学》一书中指出："老年人对于财产犯之实施，不必亲自为之，亦可借他人实行，尤其体力不济或行动不便之老人，多假手他人为其实施财产犯。例如教唆或帮助有责任能力人实施盗窃，然后分享赃物，或拟订计划，再利用无责任能力人实施盗窃，以达不劳而获之目的。"所谓隐蔽性，即老年人犯罪大多使用不易被人发现的方法，并且在犯罪后伪装能力比较强，难以被发现；所谓经验性，则是指老年人由于经历比较丰富，经常利用经验和智慧进行犯罪，且犯罪行为的实施善于利用各种技巧和机会。

5. 犯罪形式大多为单独犯罪

不同于青年犯罪人很多采用共同犯罪，老年人由于朋友较少，且戒备心理比较强，大多采用单独犯罪的形式，如此既有利于对犯罪结果的隐瞒，也有利于对犯罪时机的把握。据资料显示，在对两百余起老年人犯罪案件的统计中，单独作案的比例是 89.43%，而共同作案的比例仅占 10.57%。

6. 犯罪人再犯可能性小且难于改造

鉴于老年犯罪人实施犯罪时年龄本身就较大，在接受刑事处罚后重获自由时年龄会更大，再次实施犯罪的能力偏低及可能性相对较小。此外，由于老年人犯罪大多数源于一时冲动，因此很少有再犯的案例。但是，因为犯罪人已经经历六十年甚至更多的生活岁月，其社会经验、生活习惯以及思维方式都已固定，很难对其进行说服教育，对其犯罪思想及行为的矫正也颇具难度。

（三）老年人犯罪成因

老年期是个体老化的阶段、衰退的时期。处于老年期的人，不论是生理组织功能，还是认知能力都走向衰退。同时，老年人还面临着社会地位和作用的变化。因此，老年期是老年人再适应时期，其是否适应这些变化，将对犯罪产生深远的影响。

1. 社会适应不良

由于老年人在身心方面的衰退，使他们无力对发生的各种问题重新加以顺利适应，因而有可能因对社会的不良适应而走向犯罪。如，对于部分老年人来说，工作是他们生活的重心，是家庭与社会经济地位的资源，他们可以从工作中赢得别人的尊重，满足个人的自尊心，借以进行社会交往，从中享受到乐趣。当他们在老年期失去工作后，时间变得充裕，经济收入下降，个人的价值得不到实现，若不能及时调整生活方式，很容易使得生活失去重心，有的人就有可能从其他活动中寻找生活的意义或获取财物，消耗剩余精力，实现自身价值，其中也包括有意无意地从事违法犯罪活动。

2. 家庭关系恶化

随着老年期的到来，老年人在家庭中的地位也会发生变化，这也可能影响着他们的犯罪行为。当老年人优厚的薪金收入不复存在，他们过去的地位、权力等给家庭带来的种种好处也随之失去，这使得老年人在家庭中的地位和主导权逐渐发生动摇，作为家长的形象开始发生变化。同时，对新的生活方式的不适应所造成的失落感、单调感等，使老年人更易变得忧郁沮丧、郁郁寡合，这些感受也必然会影响他们对家人的态度。因此，一方面，一些修养较差、缺乏道德观念的子女就有可能用恶劣的态度对待年老的父母亲。另一方面，老年人也因遭到家人恶劣对待而变得更加沮丧敏感，甚至绝望，于是产生争执、抱怨，造成家庭成员关系不和谐，造成隔阂和矛盾冲突。若不及时解决，进一步再发展为“大打大闹”，进而可能演化为犯罪行为。此外，老年人长期不良情绪无人安抚，心中郁闷也不能向适当的人倾诉，很有可能导致消极情绪的长期积累，在偶然因素的刺激下以爆炸性的方式发泄出来，产生造成严重后果的老年性暴力犯罪行为。

3. 不良的人格特征

由于人年老以后，身体及大脑的各种生理机能普遍受到不同程度的损伤，心理能力降低，人格也发生较大变化，往往表现出以自我为中心、多疑、情绪不稳等特点。以自我为中心会使老年期的人变得自私起来，并以任性、顽固的形式表现出来，表现为生活中很少关心别人，固执己见，唯我独尊。长此以往，以自我为中心的老年人，就会成为受冷落的人，交不到真心朋友，甚至造成人际关系紧张，进而有可能导致违法犯罪。老年人由于感觉能力衰退（如听力下降、视力减退）、近事遗忘（对刚发生不久的事情的遗忘）增多、自身抵抗能力降低等现象，对事物的认识会出现偏差，常会变得多疑、好猜忌，对周围的人不信任，总觉得别人在议论、算计自己，因而往往会由于无故猜疑而发生犯罪行为。人到老年，有时会出现情绪回归现象，即像儿童一样任性、固执，遇事易冲动，不能很好地控制自己的情绪，很容易因为小事而激起不可调和的矛盾冲突，出现攻击性的言语和行为，成为犯罪人或犯罪被害人。

（四）老年犯罪人的心理特征

1. 认知倒错

老年犯罪人由于生理的变化和社会角色的转化，认知发生逆转，原有的与社会要求一致的价值观，对社会、家庭的责任感、义务感消退，道德意识、法律意识淡薄，集中表现为原来被自己否认过的、与社会主流文化不相同的消极、陈旧的思想观念占据了主导地位。由此滋生出许多不正当的及时行乐意识和腐朽的思想观念。自认为经验丰富、见识广而固执己见，在处理家庭纠纷、邻里矛盾时，独断专行，甚至用与法律相冲突的“家法”“宗规”来解决问题，以保持自己的“尊严”。有些老年犯罪人则是由于出现很深的猜疑心理和被害观念，因而发生防御性的犯罪行为，即在别人没有加害他时，就首先侵害别人，以便保护自己。

2. 不良的需要

老年犯罪人不良的需要主要表现为不良的精神需要、过度的物质需要和超常的性需要。不良的精神需要是指部分老年犯罪人从事各种封建迷信活动，或参与邪教组织活动，或沉湎于赌博、传播淫秽书画等犯罪活动中，以此填补精神空虚，寻求精神安慰；过度的物质需要是指部分老年犯罪人为了达到奢侈享受的目的，变得十分贪婪，胆大妄为，不择手段地大发不义之财，及时行乐。超常的性需要是指部分老年犯罪人利用一切机会寻找性刺激，以满足个人不健康的性心理需要，甚至丧尽天良，奸淫幼女，后果极为恶劣严重。

3. 消极的情绪与情感

老年犯罪人大多具有消极的情绪、情感，他们或消沉抑郁、悲观失望，或对周围的人和事厌恶、反感，或易于冲动、对刺激反应过强。这些消极的情绪、情感积累到一定程度，便会成为老年人实施犯罪行为的催化剂。尤其是老年男性在遇到挫折时，有的就会失去理智，变得像儿童一样任性、冲动。随心所欲地责怪对方或怪罪环境，固执己见，缺乏宽容、通融的态度，不能恰当解决所遇到的纠纷，很容易因为小事而激起不可调和的矛盾冲突，出现攻击性的言语和行为，成为犯罪人或犯罪被害人。

4. 意志力薄弱

随着认识的倒错，社会责任感下降，道德体验减弱，法律意识淡漠，老年犯罪人抵御外界刺激诱惑的意志力十分薄弱，控制不合理欲望的能力也十分低下，因此，当犯罪机遇到来时他们很难抑制自己的犯罪欲望，较为容易实施犯罪行为。

第二节　不同经历犯罪人的心理

根据犯罪经历不同，可以将犯罪人分为初犯、累犯和惯犯。从初犯到累犯再到惯犯，犯罪心理经历了一个由弱到强、由浅到深的过程，也是个体犯罪心理结构恶性发展的过程。因此，犯罪经历不同的犯罪人，犯罪心理存在很大的差异。

一、初犯的心理

初犯是相对累犯和惯犯而言的犯罪人类型，是第一次实施违法或犯罪行为的人。由于是第一次实施违法犯罪，犯罪的习癖尚未形成，可改造性较大，再次违法犯罪的可能性相对较小。因此，加强对初犯的研究和控制具有重要意义。

（一）初犯的分类

根据犯罪的有无预谋可以将初犯分为冲动型、预谋型和游戏型三类。

1. 冲动型

是指在出乎意料的强烈的外界条件刺激下，个体无法控制自己的情绪冲动，在这种冲动的驱使下，进而作出爆发性的初次违法犯罪行为。这种类型的初犯对其犯罪行为的目的和后果缺乏清醒的认识，其行为受到消极情绪的左右，缺乏理智上的自我控制，带有一定的盲目性和冲动性。此类犯罪多发生在青少年和部分情绪不稳定的成年人中，具有很强的情景依赖性，并伴有一定的暴力性，一般情况下后果很严重。

2. 预谋型

是指个体经过有意识地深思熟虑，反复权衡利弊，通过周密详尽的计划而实施的初次违法犯罪行为。这种类型的违法犯罪行为覆盖范围特别广，多出现在成年人中，一般不会直接诉诸暴力。

3. 游戏型

是指个体作出犯罪行为的根本目的，不在于犯罪对象本身，而在于这种犯罪行为实施的过程，个体能在其中体验到一种快感，或者因为犯罪对象受到了损害而引起其心理上的满足感。此类初犯是将犯罪的过程看成一种刺激，多发生在文化水平较低、认识能力低下、精神空虚、寻求强烈刺激的青少年身上，具有较强的模仿性，较多采集用暴力形式，可产生严重的后果。

（二）初犯犯罪心理的发展及特征

初犯犯罪心理的发展分为犯罪前的决策阶段、实施犯罪的恐惧心理阶段、犯罪后的异常反应阶段和处罚后的转化阶段四个阶段，在不同阶段有其不同的心理特征。

1. 犯罪前的决策阶段

初犯的犯罪者大多要经过反复的权衡利弊，不断地比较得失，只有在感到十分安全时他们才会下定犯罪决心。而此时的权衡利弊、比较得失的心理冲突就表现在趋避因素之间的对比和较量。而初犯犯罪者在经过激烈的心理挣扎后，最后选择了实施犯罪行为，重要的原因之一就是存在侥幸心理。侥幸心理是指犯罪人对犯罪后的惩罚感到恐惧，但却认为悄悄作案不一定会被他人发现，希望自己能侥幸躲过司法机关的追究的心理。总的来说，这一阶段初犯会为自己的不良欲望将要变成现实而激动，情绪处于临战前的兴奋、躁动不安状态。初犯一方面为掩盖自己不良的企图而极力伪装得平静，另一方面却出现难以控制的激动情绪，如失眠、坐立不安、缺乏耐心等。

2. 实施犯罪的恐惧心理阶段

犯罪行为发生的过程，往往充满着来自于被害人的反抗或他人发现等各种危险，因而充满着紧张气氛，需要犯罪人注意力高度集中、胆大心细、意志坚定。恐惧心理通常是初犯实施犯罪行为时最突出和最普遍的心理状态，会出现手忙脚乱、不知所措的表现，在这样的情况下，恐惧情绪打破了初犯的心理平衡，最终导致的结果可能是犯罪者会停止正在进行的犯罪行为，可能会因为匆忙地逃离现场而留下作案痕迹，也可能会因此而实施更为严重的犯罪行为。

3. 犯罪后的异常反应阶段

（1）惊恐。这是初犯作案后较为普遍的心理状态。他们终日惶恐不安，总觉得自己的破绽已被人发现，处处有人注意或监视自己，或者在脑海里不断浮现出激烈搏斗的场景以及被害人的惨状。当其看到与被害人长相相似的人，也会心惊胆战，大有“草木皆兵”之感。这种惊恐心理，必然引起一系列的身心反应，如坐立不安、食不甘味、神思恍惚、行为反常等。

（2）心虚。初犯实施犯罪行为后的惊恐不安导致其对任何的风吹草动都会异常敏感，反应异常，例如，有的听到旁人谈及与犯罪相关的人和事，就以为是对他暗示，整个人会一直处于高度紧张当中，或会在巨大的心理压力下隐姓埋名，背井离乡，也或者为了摆脱紧张情绪，常常作出一些夸张的举动，来表示自己心中坦然，如参与案情的谈论、痛骂犯罪人等。

（3）自责悔罪。部分初犯尚有一定的社会道德和法律意识，当回想起自己所作种种导致的后果以及所带来的危害后，会产生一定的罪恶感，会感到自责、内疚，有的犯罪人会对犯罪行为的后果加以补救或者是投案自首，争取改过自新。但初犯的这种悔罪感往往是不稳定和不彻底的，有时是一时的情感表现，可能一闪即逝，很快为其作案带来的刺激和成功体验所淹没，导致其犯罪心理恶性发展。

4. 处罚后的转化阶段

（1）犯罪心理的良性转化，是指初犯在犯罪后产生了罪责感，认识到自己的错误，决定改过自新，重新做人。

（2）犯罪心理的恶性发展，指的是初犯在犯罪后没有及时被公安机关抓获，瞬间的悔恨心理就会被犯罪带来的实际利益和犯罪成功后的满足感所淹没，导致其心情逐渐从压抑变得轻松，从而产生一种自豪的心理，这就使其犯罪心理得到进一步的强化，进而向恶性方向发展。

（三）初犯犯罪的行为特征

1. 犯罪行为的预谋性

初犯的犯罪行为大多具有预谋性的特点。初犯在实施犯罪行为前，在犯罪动机形成前，作出犯罪决意的过程中，一般要考虑作案的手段、方式，选择作案对象、时间、地点以及作案工具，进行必要的犯罪准备。此外，也有少部分初犯是临时起意，在某种情境的刺激下实施无预谋的犯罪。

2. 犯罪行为的幼稚性

初犯虽然大多实施预谋性的犯罪行为，但由于没有犯罪经验，对作案过程中的各个环节很难设想周全，对不同犯罪方案中的哪一种更具有安全性和实际效果也不能作出最好的假设，因而其犯罪行为往往表现出幼稚性的特点，容易被公安机关破获。例如，入室作案的初犯在室内留下指纹、人体分泌物、随身小物等。

3. 共同犯罪较多

初犯犯罪心理形成有一个演变过程，在这一过程中，往往会留意寻找支持者，以增强作案的勇气。此外，初犯中青少年较多，青少年的合群性特点也使他们愿意在伙伴中寻找犯罪的“知音”。在共同犯罪中，由于从众心理和罪责扩散心理的影响，一些初犯的犯罪行为有时会超出最初的犯罪意图，使犯罪后果更为严重。

二、累犯的心理

根据我国《刑法》规定，累犯是指被判处有期徒刑以上刑罚的犯罪人，在刑罚执行完毕或者赦免以后，在五年内又重新犯罪的犯罪人，过失犯罪和不满18周岁的人犯罪除外。我国《刑法》还规定，危害国家安全的犯罪分子在刑罚执行完毕或者赦免以后，在任何时候再犯危害国家安全罪的，都以累犯论处。由此可见，累犯的构成必须具备三个条件：一是前后两次犯罪行为都是故意犯罪，且年龄应当在18周岁以上；二是前后两罪均应被判处有期徒刑以上的刑罚；三是两次犯罪的时间间隔，后罪是在前罪的刑罚执行完毕以后或者赦免以后五年以内实施的（犯危害国家安全罪的除外）。

（一）累犯的心理特征

1. 需要特点

累犯的需要特点表现为生理性、低级性需要占主导地位，如贪婪的物欲、畸变的性欲、低级的交往需要等。累犯曾有过的监禁之苦以及管教人员对他们实施的各种矫治措施，并没有使得他们消除对物质财物等不良需要的满足欲望，反而可能产生“牢内损失牢外补”的畸形心理，一旦出狱之后，便会将法律的威慑抛于脑后，甚至强化了其错误的犯罪心理，为满足生活上的奢侈而无视个人财产与他人财产、国家财产的界限，肆无忌惮地将自己不应得的财产通过各种非法手段据为己有。同时，一些累犯在出狱后，因受到社会、家庭和周围人的冷落，使得他们更热衷于在有劣迹的人中寻找“知音”，混迹于低级消费场所，与不良个体交往，极力寻求感官刺激，追逐女性，玩弄女性。一旦有过再犯罪，便“破罐子破摔”，频繁实施各类犯罪行为，导致他们重新走上犯罪道路。

2. 强烈的反社会意识和对抗心理

累犯具有较强的反社会意识和对抗心理。累犯因受到过司法机关的打击，对政府及公安、司法机关的执法行为十分反感，因此产生了敌视、对抗心理。这种敌视、对抗心理在累犯作案前后常有较强的表现，如他们对犯罪有较少悔恨感，对再次被捕满不在乎，把自己犯罪的原因归于他人、社会甚至受害人，毫无自责意识等。在改造期间，消极对抗，有的甚至向初犯传授犯罪和反侦查、反审讯的经验，向其他罪犯学习多种犯罪经验等。在被释放后，不能正确地对待自己在生活、就业等方面的暂时困难，将这些困难归咎于社会对自己的不公正。于是，这些累犯在出狱后继续疯狂地实施犯罪，一方面满足自己畸变的需要，另一方面以此疯狂的报复社会。这种反社会意识的增强直接导致了其犯罪行为的破坏性越来越大。

3. 动机特点

初次犯罪目的的达成和个人欲望的暂时满足会给犯罪者的内心带来满足感，且有了一定的犯罪经历和犯罪经验的推动，使得累犯再次犯罪时，其作案前不再有明显的动机斗争，或其心理冲突会明显地弱化，他们对于犯罪行为可能带来的种种后果已有心理准备。但也有初犯后良性发展，可能出狱后重新做人，坚决不再犯罪，由于这种心理并不稳定，一旦出现犯罪机遇或以前的同伙再次相邀时，产生动机斗争，或选择犯罪行为满足私欲，或放弃犯罪念头免遭牢狱之苦。总之，累犯再次犯罪的动机斗争远不如初犯激烈。

4. 情绪、情感特点

与初犯相比，累犯由于具有一定的犯罪经历和直接的犯罪经验，以及在监狱内学得的各种间接的犯罪经验，因此，他们的犯罪技能较高且全面，对于作案得心应手，轻车熟路，在情绪上具有较为平静的特点，表现为其在作案前不再像初犯那样惴惴不安，作案中不再焦虑紧张，作案后也较平静轻松，进监狱后情绪波动不大，较能适应监所生活。另外，在情感上，累犯的道德感远远的弱于初犯，对于犯罪行为的丑恶感也逐渐消失。情感发生了畸变，如正常人所具有的同情心，对家人的亲情等都在日渐消失，甚至变得冷酷无情。

5. 意志特点

累犯意志特点表现出两极性的特点。一方面累犯具有较强的犯罪冲动，实施犯罪的意志力较强；另一方面，长期的监狱矫治工作，仍不足以使累犯建立起抑制犯罪的自控能力，意志能力较弱。这种两极性的意志品质，使得累犯在出狱后不久，不能克服犯罪冲动，从而再次违法犯罪。

6. 能力特点

累犯由于初犯的行为实施获得了些许的直接犯罪经验的积累，加上在服刑期间，与周围不同类型的犯罪人有互相交流犯罪技能的机会，而获得各种间接的犯罪经验，加之他们犯罪后对自己作案的每个细节的回顾和总结，使得他们的犯罪能力比初犯更强，犯罪行为也呈现多方向发展。表现为随着犯罪者犯罪次数的增加，他们的经验越来越丰富，会制订更加详细周密的作案计划，在作案中更加谨慎小心以期能全身而退。如前所述，累犯作案能力的提高，是影响其再次形成犯罪动机的重要因素，同时，也给公安机关的破案能力提出了更高要求。

（二）累犯的行为特征

1. 犯罪行为的谨慎性

由于累犯屡次犯罪，积累了较丰富的作案经验和体验，具有熟练的作案技能。但他们也畏惧刑罚打击，不愿身陷牢狱。因此，作案手段狡猾多变，行为谨慎。例如，盗窃累犯“三不偷”：看不准不偷，不方便不偷，不安全不偷。作案后会对自己作案的每个细节进行回顾和总结，对于其中可能会暴露自己的细节，在下一次作案时倍加注意。

2. 犯罪行为的残忍性

累犯由于受到过司法机关的打击，对社会、国家极端仇视，因而实施犯罪时往往具有疯狂报复的特点，手段极端残忍，人性逐渐丧失，甚至嗜赌如命、嗜杀成性。他们不仅频繁作案，而且敢于作大案和恶性案件。

3. 善结团伙，犯罪多方向发展

累犯在监狱中，终日与其他犯罪人为伍，并结识一些臭味相投的犯罪人，加上一些监狱教育改造工作上的缺陷，可能使得他们不仅没有消除原有的犯罪心理结构，反而又学会其他作案手段和方式。出狱后，他们相互勾结，狼狈为奸，犯罪向多方向性发展。

三、惯犯的心理

惯犯是指以某种犯罪为常业，以犯罪所得为主要生活来源，或者犯罪已成习性，在较长时间内反复多次实施某种犯罪的犯罪人。惯犯与累犯相比较，相似之处在于两类犯罪人都不是第一次实施犯罪行为，都是由初犯恶化发展而来。区别之处在于：首先，累犯受到过刑事惩罚，具有监禁体验，而惯犯则未必受到过刑事处罚和不一定具有监禁体验；其次，累犯不限于实施一定种类的犯罪，而惯犯在原则上实施一定种类的犯罪；最后，惯犯其犯罪生活占据全部生活的大部分或依靠犯罪谋生，累犯则不是。

（一）惯犯的心理特征

1. 畸变的需要结构

惯犯由初犯发展而来。在初次犯罪时，其需要结构中的某种需要得到满足，这种成功的体验强化了原有的非分需要，使其成为再次实施同类犯罪的原动力。经过多次反复尝试、成功，惯犯的某种非分需要不断被强化，以至于不仅这种需要成为其生活中不可分割的一部分，而且满足这种需要的方式即犯罪行为，也成为惯犯的一种特殊需要。由于惯犯已成为以犯罪为业的一种畸形人，要维持生活所需，又没有正当工作，只能通过犯罪的方式获取他人钱财。因此，在惯犯的需要结构中，贪婪的物质占有欲占据中心地位，满足这种物欲的盗窃、诈骗、抢劫等犯罪行为与其相交织。

2. 强烈的反社会意识

惯犯缺乏正确的人生观，对于犯罪毫无羞耻之心，反而认为犯罪有理。一些惯犯虽然多次受到处罚，但毫无悔改之心，出狱后以更为疯狂的方式进行犯罪活动。犯罪行为对于惯犯而言，已不是一时冲动的结果，也不只是为满足一时的需要，而是一种顽固的行为习惯，成为其生活方式之一。

3. 犯罪动机斗争弱化

惯犯由于多次反复实施同类犯罪行为，初犯犯罪时的心理挣扎冲突和动机斗争已渐趋微弱。随着惯犯犯罪次数的增加，犯罪行为的定型化，在其实施犯罪行为时，已经觉察不到动机斗争的痕迹，表现为莽撞、毫不犹豫。但是犯罪毕竟是一种反社会行为，一旦被公安机关侦破，必将在一定时期内失去生活的自由，因此，惯犯在作案时并不能完全做到毫无顾忌，只是斗争不明显。当准备实施一种难度较大的犯罪行为时，惯犯仍有些紧张和慌乱，趋利避害的本能使其同样要权衡利弊，只是这种动机斗争已不是犯罪与不犯罪的斗争，而是是否选择这种或那种犯罪行为方式的斗争。

4. 情绪稳定

由于惯犯在实施犯罪行为时动机斗争已不明显，因而情绪活动较为稳定。在作案前，没有初次作案的紧张感，表现得平静、泰然，并伴随着欲望即将得到满足的兴奋；在作案过程当中，由于作案技能熟练、作案前计划周密，因而情绪沉着冷静、行为果断干脆，一切的困难和阻力都不会导致他们在心绪和行为上的改变。情绪的沉着冷静使得惯犯在作案时得心应手，表现出特别强烈的破坏性。在作案结束后，惯犯没有初次作案后的心神不宁感，反而表现得若无其事。由于惯犯缺乏高级的社会性情感，对他人及社会极其冷漠，缺乏同情心，只关心一己之得失，毫无道德伦理观念。

5. 典型的犯罪性格

惯犯的性格类型，大都属内倾型或以内倾型为主的一类，经常表现出冷酷、执拗、阴沉、孤独等。这种性格的内向性，是与其长期隐蔽的犯罪经历相关联，因为他们有很多隐私不可告人，有很多计谋系与社会为敌，有一系列活动是与政法机关相对抗，因此形成阴冷、内向的性格。其性格特征表现为：对自己极端自私，无自尊心与羞耻心，自以为是，过分自信、固执；对他人缺乏热情、不信任，孤僻；对社会敌视、仇恨，有压抑和反抗感，把自己的犯罪原因归咎于社会；对被害人心狠手辣，残暴无情，无怜悯心，不悔恨。

6. 犯罪技能熟练

惯犯由于长期从事同一种类的犯罪活动，因而形成了一定的犯罪技能，并且日趋专业化，达到熟练的程度，成为其完成犯罪活动的必要条件。

（二）惯犯的行为特征

1. 犯罪行为的习惯性

惯犯由于多次、连续犯罪，使他们形成了某种特殊的心理结构，即犯罪行为自动化的动力定型系统，并以习惯化的形式表现出来。因此只要出现合适的诱因，就会立即实施犯罪行为，如惯犯只要发现他人显露在外的财物，就会立即采取行窃行为，而不经过动机斗争。犯罪行为的习惯性反过来又进一步强化着犯罪心理，不断把他们的犯罪行为推向更加严重、更加危险的阶段，最后陷入犯罪的深渊。

2. 犯罪行为的类似性

惯犯的犯罪经验中包含着模式化和习惯化的特点。无论是盗窃惯犯、诈骗惯犯，还是贪污惯犯、强奸惯犯以及其他类型的惯犯，每一种惯犯在犯罪行为方式、方法以及犯罪的手段上，都有着类似性的特点。例如，某犯罪人在萌生欺骗他人钱财的动机之后，精心设计了自己的身份，把自己打扮成中央派到基层搞调查的专员，在第一次获得他人信任并骗取到钱财后，屡次以同样的方式在不同的地方招摇撞骗。

3. 犯罪行为的狡诈性

惯犯犯罪行为的类似性并不能掩盖其犯罪行为的狡诈性。惯犯由于多次反复实施同类犯罪，掌握了丰富的作案经验和反侦查手段。他们作案计划周密，作案的对象、时间、地点都经过精心安排，对作案过程中的意外情况也作了周密考虑。由于惯犯具备这种狡诈性特征，虽然犯罪行为都有一定的规律，但侦破工作仍有较大的难度。然而百密一疏，一般最终仍以侦查人员的成功破案而告终。

4. 犯罪行为的坚决性

惯犯的犯罪行为，在实施过程中具有坚决性。一旦着手实施犯罪行为，不达目的不肯罢休。为了实现犯罪目的，既可以变换犯罪手段，也可以忍受挫折，并想方设法排除障碍。虽然他们自知一旦被抓获，必将受到刑罚严惩，但仍毫不犹豫地实施犯罪行为，希望能够侥幸逃过侦查视线。

5. 犯罪行为的频发性

惯犯的作案带有频发性。虽然间隔时间长短不一，但他们有时可以在短时间内连续几次作案。这种频发的周期主要受犯罪机会的制约，就他们自己来说，则很少放弃容易得手的犯罪机会。尤其是一些惯犯，他们还可以制造机会，使之有利于犯罪行为的实施。

【实践与运用】

苏湘渝系列持枪抢劫杀人案件

周克华，男，1970年2月6日出生，汉族，初中文化，重庆市沙坪坝人，身高1.67米。2004年以来，在江苏、湖南、重庆等地多次作案，杀死杀伤多人，抢劫巨额现金。2012年8月14日，在重庆沙区童家桥一带被击毙。

周克华涉案目录

重庆：2004年4月22日中午12时，犯罪嫌疑人持枪抢劫重庆市某酒店的出纳和会计两名女职工，致死1人、伤1人后逃逸，抢走现金7万元。

重庆：2005年5月16日上午9点35分，犯罪嫌疑人持枪抢劫2名取款人员（系一对夫妇），致死2人，枪声惊动一过路男子，犯罪嫌疑人顺势向该男子射击将其打伤，抢走现金17万元。

重庆：2009年3月19日晚上7时42分，犯罪嫌疑人持枪杀死成都军区驻渝部队十七团营房门口的站岗哨兵韩军良（音），并抢走他手中的自动步枪，并致伤另一赶来查看的哨兵。

长沙：2009年10月14日在天心区南郊公园山坡上，犯罪嫌疑人持枪枪击遇害人李成寿6枪，身上20元钱未被抢。

长沙：2009年12月4日在天心区芙蓉南路新姚路口，犯罪嫌疑人持枪杀害从银行取款出来的郭某，抢走现金4.5万元。

长沙：2010年10月25日在雨花区东二环一段220门前，犯罪嫌疑人持枪杀害湖南环城经贸公司经理肖某，抢走其手提电脑一台。

长沙：2011年6月28日在天心区桂花坪黑梨路一基建工地附近，一名48岁的长沙市男子张某被犯罪嫌疑人开枪击伤，致头部、腰部负伤。伤者当时开了一辆雷克萨斯轿车，下车后中枪。

南京：2012年1月6日在下关区和燕路一农业银行，犯罪嫌疑人持枪打死某公司提款人，抢走19.99万元现金。重庆：2012年8月10日在沙坪坝区凤鸣山康居苑中国银行储蓄所门前，犯罪嫌疑人持枪打死2人、打伤1人，抢走死者浅黄色女式单肩大挎包，逃离现场后，搭乘“摩的”逃逸。逃逸后，其在警方的搜捕过程中，大约就是8月10日中午1点，路遇一位铁路警察，击中其三枪，铁警牺牲。

（资料来源：《苏湘渝系列持枪抢劫杀人案件成功告破》，载 http：//www. cqrb. cn/node_ 174807. htm，2016 年 8 月 1 日访问）

从上述案例可以看出，周克华“爆头哥”的作案手法有以下显著特点：

首先，钱财是周克华犯罪行为的直接动机，且其目标主要为现金。其次，犯罪行为的预谋性和狡诈性使得周克华持枪抢劫屡屡成功。周克华在这8年中犯下的每一笔血案，都显示出其精心踩点和有细致的应对预案。如，作案时，地域性多为沿江作案，选择地形复杂、人员较多、交通便利的地区下手，便于作案后迅速逃跑；反侦查能力强，逃跑方式或故意伪装，或易装而逃，从不住旅店而选择野外生存等。再次，犯罪手段极其残忍，直接枪击，作案沉着、下手凶狠、直击被抢对象的头部等要害，被网友直接称呼其“爆头哥”。此外，犯罪活动表现出周期性、类似性和习惯性，如周克华系列犯罪活动表现出了一个抢钱、蛰伏、用完再抢的周期，同时，在抢钱过程中，几乎每次都是采用一枪击毙受害人的方式。最后，周克华的个人成长经历促进了其犯罪人格的形成，家庭结构的缺陷及家庭人际关系不协调等不良因素导致其产生孤僻、自私、冷漠、难与人相处等心理特点。在成年融于社会后屡因违法而多次被管制处罚监禁的负面生活经历使得他逐渐掌握犯罪技能，形成犯罪观念，同时还形成犯罪人特有的兴趣、嗜好、习惯、态度，出现与犯罪相适应的情感反应，武侠、侦探小说、当今网络发达、信息化透明都为他研习应对警方的反侦查提供极大帮助。周克华还曾有意识培训自己的生存应战能力，这些因素的综合作用，终使一名山野乡民沦为震惊世人的冷血杀手。

第三节　不同类型犯罪人的心理

从不同犯罪动机角度，我们可将犯罪分为物欲型、性欲型和情绪型等几类常见的犯罪类型。

一、物欲型犯罪人的心理

（一）物欲型犯罪的概念

物欲型犯罪在刑事犯罪中是大多数国家最常见、发案率最高的犯罪类型，特别是盗窃、抢劫、诈骗、贪污、受贿、贩毒等犯罪手段在刑事案件中占有相当大的比例，对公私财产造成了巨大损失，扰乱了正常的社会秩序。物欲型犯罪是指犯罪人为满足其对财物的欲求而非法占有他人或公共财物的犯罪行为。其主要犯罪类型为抢劫罪、盗窃罪、诈骗罪、走私罪、贪污罪、受贿罪、敲诈勒索罪等。

（二）物欲型犯罪的心理特征

1. 认知特征

从认知水平上看，物欲型犯罪人一般具有较高的智力水平，或掌握了某种特殊的技能。例如，诈骗犯罪人具有能言善辩、察言观色的能力；盗窃犯罪人有溜门撬锁和掏兜的特殊技能；贪污、受贿等犯罪人不仅有一定的智能、技能，而且大多有较高的文化程度。

从认知的选择性来看，他们更容易对奢华、腐朽的生活方式和超前消费加以感知。由羡慕到向往追求，不考虑自己的经济能力，甚至不择手段地追求财富和享乐。

从价值观和人生观来看，往往与主流社会的要求格格不入，“人生在世，吃喝玩乐”“人为财死，鸟为食亡”“有钱就有一切”等是他们人生观、价值观的典型写照，个人主义、享乐主义和拜金主义思想严重。

2. 情感特征

对金钱、物质有着极强的占有欲望，为了获取钱财，可以不顾一切，甚至不惜伤人毁物，要人性命，情感表现极为冷漠、麻木不仁。一个抢劫犯罪人在说到自己犯罪原因时说：“我吃要舒服，玩要潇洒，打扮要新潮，钱是我最大的需要。什么仁义道德，高墙铁网，我忘得一干二净。”

3. 意志特征

物欲型犯罪人主体意志薄弱，容易受外部消极因素的影响。有的人过去艰苦朴素，经得起艰苦环境的考验，但在市场经济的负面影响下，就难以自控，从小贪到大贪，步步坠入深渊。青少年盗窃犯，也往往是受犯罪团伙的引诱、教唆，因意志薄弱而走上犯罪道路的。还有一些刑满释放人员，改造期间曾下决心洗手不干，后来在“哥儿们”的勾引下，经不住财物的诱惑，重新犯罪，再陷法网。

4. 动机特征

虽然物欲型犯罪的种类、方式多种多样，但这类犯罪的心理动因基本相同，都源于犯罪人对金钱、物质、财富的强烈渴求，具体内因可以概括为以下几类：

（1）追求物质享受。改革开放以来，中国大部分地区居民已解决了温饱问题，其中一部分人还达到了小康或富裕水平。实际情况表明，中国目前大量的财物犯罪并不是因为生活困难，而是为了追求吃喝玩乐和纸醉金迷的生活。有的人认为有了金钱就有了一切，为了金钱也就不顾一切。

（2）满足虚荣心。物欲型罪犯还受主体虚荣心的影响。有的犯罪人追求物质利益，不单是为了自己享用，更重要的是为了满足自己的虚荣心，达到炫耀的目的。有的是为了在吃用、穿戴方面胜过他人，有的则是嫉妒他人富有，并与他人攀比，通过非法手段贪占、掠夺财物。

（3）不良习惯。物欲型犯罪者中，不少人在少年时就染上不良习惯，如贪小便宜，拿别人东西不还，小偷小摸等，以后进一步发展而走上犯罪道路。一些长期处于惯窃、惯骗状态的个体，他们的犯罪行为，不仅与严重的犯罪意识有关，同时也受到已经形成的犯罪习惯的影响。

（4）贪婪。近几年来，中国经济领域犯罪剧增。少数身居政府部门要职的官员和某些企业领导人，利用改革开放、活络经济之机，趁计划经济向市场经济过渡，某些环节存在漏洞，经济法规尚不健全的空隙，进行“权钱交易”，行贿受贿，贪污索贿，走私贩私，从而坠入罪恶深渊。

（5）沾染赌博、吸毒等恶习。一个人一旦染上毒瘾或赌瘾，即使万贯家财也会败得一文不剩，一旦断了毒资或欠下巨额赌债无法偿还时，就会丧失人性、不顾一切地敛财，偷、扒、抢、骗，无所不用。

5. 性格特征

物欲型犯罪人的性格特征可用 12 个字来概括：贪图享受、自私虚荣、唯利是图。

（三）物欲型犯罪的行为特征

1. 作案方式的多样性

物欲型犯罪有智力的与非智力、凭借职权与凭借技巧等多种作案方式。智力的作案方式如贪污、诈骗、计算机犯罪等；非智力的作案方式如持械抢劫、暴力劫夺等；凭借职权的作案方式如索贿、受贿、监守自盗等；凭借技巧的作案方式如掏包、入室盗窃等。作案方式的多样性，是由行为人不同的主观条件和获取财物的不同渠道、机遇所造成的。

2. 作案手段的技能性

物欲型犯罪者的作案手段日趋智能化、技巧化，如诈骗犯善于伪装，利用人们对某些社会角色的崇敬心理和一部分人的虚荣心、同情心、求助心，诱人上钩；盗窃犯作案前窥视、选择作案地点，作案时撬门、开锁、割包、拆除警报器电源、搬运传递赃物、消除犯罪痕迹等，都具有相当技巧性贪污犯伪造账目、涂改单据、多报开支，利用财务管理制度上的漏洞，借机提取现金或相互勾结、侵吞财物；受贿犯表面上装得廉洁奉公、生活俭朴，实际上步步进逼，迫使对方就范，受贿后多处窝藏，甚至在境外银行秘密存款，也具有相当的智能性。即使是那些传统的以暴力实施抢劫的罪犯，某些犯罪人也会采取如麻醉抢劫、冒充军警抢劫等智能方式。

3. 作案习惯的顽固性

尽管物欲型犯罪有多种种类和罪名，作案手段各异，但一旦坠入犯罪深渊，就很难自拔。这是因为通过犯罪尝到甜头，金钱欲望越来越强，以致欲罢不能，一再作案，逐渐形成顽固的犯罪习惯，改悔十分困难。

二、性欲型犯罪人的心理

（一）性欲型犯罪的概念

性欲型犯罪是指以满足性欲为目的或以性行为为手段达到其他目的的犯罪。其主要犯罪类型包括强奸罪，强制猥亵、侮辱妇女罪和聚众淫乱罪等。性欲型犯罪对许多国家而言都是一个严重的社会问题，其发案率仅次于物欲型犯罪。性欲型犯罪不仅严重侵害了公民的人身权利，妨碍社会秩序，削弱人们的安全感，而且严重地侵蚀人们，特别是青少年的身心健康，污染社会环境，破坏社会人际关系、道德观念、文化传统。故性欲型犯罪是一种侵害性权利、严重妨碍家庭和社会秩序的犯罪行为。

（二）性欲型犯罪的心理特征

1. 认知特征

性欲型犯罪中的强奸犯罪人，部分犯罪者的认识能力和智力水平往往较低，由于认识水平的限制，他们在接触、观看影视书画时，易受直观感受的影响，易受其直观画面的暗示而进行模仿，走上犯罪道路。有的犯罪者受到西方“性解放”等思潮的影响，往往存在着错误的性观念：一是过分夸大性的意义，把性视为人生中最重要的事；二是无视性爱的社会意义和美学价值，把性爱降低到生理欲求的水平，等同于性欲的满足；三是认为“一夫一妻”制已经过时，“性自由”最新潮，以追求淫乐为目的。另外，也有部分男性由于自身条件限制难以找到结婚对象，当他们的性生理需要无法通过正当的途径获得满足时，一旦遇到外界性的刺激，便容易萌生性犯罪动机。

2. 情感特征

性欲型犯罪人大多缺乏积极、高尚的高级情感情操，性欲需求强烈，对外界性的信息和刺激格外敏感，追求感官刺激带来的快感，为满足性欲可以完全置道德、责任与公序良俗于不顾。

3. 意志特征

性欲型犯罪人意志不坚定，思想免疫力和抵抗力都较薄弱，自制力差，易受外界不良性刺激的挑逗和影响，一旦发生性本能冲动，往往不可逆转，甚至为了满足性欲，不惜使用暴力、夺人性命。

4. 动机特征

一般而言，性欲型犯罪动机的产生由客观和主观两个方面的因素引起。客观因素包括性道德教育的薄弱、低级庸俗内容的性信息泛滥，主观因素包括性欲望强烈或性功能亢进、寻找刺激或满足好奇的需要。

（1）性道德教育的薄弱

作为社会人，其性行为必然受到法律、道德等因素的制约。因此，人在社会化过程中必须接受性道德教育。我国由于长期以来封建思想的影响，性教育基本处于封闭状态，家庭、学校教育基本不涉及性教育内容。这样就使青少年在社会化过程中必须获得的这部分知识无法通过正常的途径得到。而青少年随着生理的成熟，对性产生了好奇心，却又不能通过正当的途径满足其好奇心，故会悄悄接触黄色淫秽文化等，受其影响易走上性犯罪道路。

（2）低级庸俗内容的性信息泛滥

性欲型犯罪与社会上存在大量的不良性刺激、性信息有密切联系。近年来，社会上一些人受利益驱动，大肆生产、销售不健康性文化产品，使不健康性信息充斥文化市场，特别是网络上的色情、暴力等不健康内容。这些内容易腐蚀一些人特别是青少年的大脑，诱发其内心的情欲，使一些缺乏道德、法制观念和意志薄弱者产生性犯罪的冲动。

（3）性欲望强烈或性功能亢进

少数个体由于生理上的原因，促性腺激素的分泌过多引起性激素的分泌异常而导致性机能亢进，这是性犯罪中的主观因素之一。研究表明，个体的性机能成熟不单服从生物学上的规律，还受到社会环境的影响。性欲望强烈更多是心理层面的，大多数性欲型犯罪人在社会文化环境中接受了各种各样的性信息的刺激，又不能区分良莠，意志无法控制而导致产生异常的性行为。

（4）寻找刺激或满足好奇的需要

一些具有低级兴趣且物质条件良好的人，由于缺乏进取和奋斗的动力，生活乏味，精神空虚，于是他们就通过淫乱性生活寻求刺激，有的群奸群宿，参与流氓团伙活动，奸淫或侮辱妇女，有的以摧残、凌辱妇女为乐事，以满足自己的性暴虐或性报复心理，还有的伴随着金钱欲和赌博、吸毒等动机，实施性犯罪活动。另有一些犯罪者，尤其是青少年，受到网络、书籍、影视作品中的色情描述和色情刺激而激发的好奇心理，促使他们盲目去探索、模仿等，从而走上违法犯罪的道路。

（三）性欲型犯罪行为特征

1. 作案方式的差异性

性欲型犯罪者以什么样的方式实施犯罪，因其年龄、性别、体力、犯罪习惯、社会地位等条件的不同，有明显差异。主要有以下几种方式：①强奸。强奸是性欲型动机犯罪中，性质最严重的犯罪。其特点是以暴力或胁迫手段，违背妇女意志，强行与妇女发生性关系。暴力强奸案中，作案人多为青壮年男性。老年男性犯罪人，多以诱骗等非暴力方式奸淫幼女或精神发育迟滞的妇女。也有人利用权力之便或女性的身心弱点，采取威胁、利诱手段，实施犯罪行为。②聚众进行流氓淫乱活动。即多名男女在流氓淫乐思想的支配下，聚集在一起相互之间杂乱发生性关系的犯罪行为。也有人在街头、闹市、酒店、舞厅等公共场所，流氓闹事、调戏侮辱妇女。③卖淫。即女性犯罪人以营利为目的的犯罪行为。虽然手段是非暴力的，但是这种行为腐蚀性、危害性极大。

2. 作案手段的复杂性

性犯罪的主要手段是暴力，包括运用体力与使用武器、凶器施暴。其次是精神上的胁迫与强制，例如以行凶报复、揭发隐私、加害亲友等相威胁；利用封建迷信，进行恐吓欺骗；利用教养关系、从属关系以及对方孤立无援的环境条件，进行胁迫。再次是诱骗，如利用谈恋爱、征婚、找职业、冒充某种身份，以及灌输淫乱思想、腐朽生活方式等诱骗和奸污女性。少数性犯罪者，以春药、药物麻醉为手段，使被害人产生性兴奋或处于神情恍惚甚至昏迷不醒状态，违背其意志进行奸淫。

3. 犯罪行为的残忍性

由于性犯罪行为违背妇女意志，必然遭到被害者不同程度的反抗，加之性犯罪的冲动性与反常性，往往使得被害妇女在性犯罪过程中遭到种种虐待与残害，甚至被杀害。与暴力并行与暴力性后果相联系，是性犯罪行为的一个重要特征。尤其是在一些团伙性的轮奸案件、聚众滋扰侮辱猥亵妇女案件中，被害妇女遭到的摧残更是令人发指。

三、情绪型犯罪人的心理

（一）情绪型犯罪的概念

情绪型犯罪是指犯罪人在某种不良情绪或情感的直接推动下所产生的犯罪。往往是由于个体内在的情绪或者情感体验强度超过自我控制的限度而产生的。作为情绪型犯罪动机的情绪、情感因素很多，如嫉妒、憎恨、愤怒、恐惧、戏谑、好奇心、自尊感、自卑感、成就感甚至友情与爱情等，在不良情绪情感的作用下，犯罪动机可以指向不同的犯罪目的，由于侵害的客体不同，因而可以构成多种犯罪行为。同时，情绪情感的强度也往往与犯罪行为的严重程度直接相关。在强烈情绪的推动下，情绪型犯罪往往行为残忍、危害后果严重。

情绪型犯罪，按其心理状态的不同，可分为激情型犯罪（偶发型）和非激情型犯罪（预谋型）两种。

【实践与运用】

情绪失控惹大祸

2014 年 4 月 29 日，南京市浦口区发生一起惨剧，两名马自达车主因两车发生一点碰擦而引发小纠纷，一人被捅后经抢救无效死亡。事发时这两名马自达车主，分别驾驶各自的车途经此地，一个上桥一个下桥，速度稍快两车发生碰擦，随即两人停下车先是言语上的不和，后发生肢体冲突，其中一名车主在情绪失控之下，将其随身携带的一把水果刀拔出，冲动之下向另一车主胸部刺去，接着就看见这名车主捂着肚子流血倒在地上，行凶车主并未停下，仍朝倒地车主身上刺去。最终这名受伤的车主经抢救无效不治身亡。

据行凶男子向警方自述，当时两人下车后，为了争个理吵了起来，都想证明在碰擦事件中，自己是有道理的。在吵架过程中，讲话都不干净，互相指责对方行驶不当。后来两人就发生了肢体冲突，接着嫌疑人就掏出随身携带的类似水果刀的小工具刀，长约 5 厘米，朝被害人捅去，导致被害人身亡。行凶男子，已被浦口警方依法刑事拘留。

（案例来源：《南京浦口两车主因碰擦起冲突，一人被 5 厘米小刀数刀捅死》，中国江苏网，http：//jsnews. jschina. com. cn/system/2014/04/30/020879296. shtml，2016 年 8 月 1 日访问）

在本案例中，两名马自达车主之前并不相识也无冤无仇，仅仅因为两车发生摩擦而引起口角，激起其中一名车主不良情绪的产生，在此情绪的作用下，拿出水果刀刺向另一名车主，导致悲剧产生。本次犯罪行为因意外的一件小事引发，无预谋、无计划，行为发生时情绪强烈，控制性差，行为发生时间短，但手段残忍，后果严重，犯罪人事后后悔，这属于典型的激情型犯罪。

激情型犯罪一般是在某种强烈刺激诱发下，由爆发性的情绪情感所推动，突然产生犯罪动机，并迅速采取行为的犯罪。激情型犯罪事先无准备，行为直接与情景刺激相联系，与刺激的性质和强度、个体的认识和个性心理直接相关，犯罪行为发生快，手段简单，行为疯狂，行为隐蔽性较差。

非激情型即预谋型犯罪，作案前有准备，与引发不良情绪的情境不直接发生联系，但因果关系明显。由于环境和个性等原因，犯罪人等待相应的时机和条件出现后才作出行为反应。犯罪计划周密，手段阴险狠毒，成功率较高。

（二）情绪型犯罪的心理特征

1. 认知片面狭隘

情绪型动机犯罪人认识问题片面、狭隘，容易以偏概全，得出错误结论。遇到问题，不能作出客观公正、一分为二的分析，以自我为中心，将原因归咎于他人和社会；同时在认知上喜欢钻牛角尖，思维的灵活性差，自以为是，固执己见，听不进不同意见，心胸狭窄，不能客观而灵活地看待自己遇到的各种困难、挫折，为了发泄自己的不满情绪，常常置他人和社会的利益于不顾。

2. 情绪情感消极

由于认知的片面狭隘及不良个性的影响，情绪型动机犯罪人容易形成诸如不满、怨恨、仇视、愤怒、绝望等消极的情感体验。这些消极情绪情感的积累、压抑是导致情绪型犯罪的巨大隐患。一旦发作，便会带有极强的破坏性和冲击力，他们会因为激怒而失去理智，实施对他人和社会的侵犯行为，疯狂攻击，不计后果，以发泄自己消极的心理能量。

3. 意志薄弱

情绪型动机犯罪人大多意志薄弱，对挫折的心理承受力差，在遇到挫折与失败时，常常会产生强烈的不良情绪反应。由于不善于管理和疏导自己的消极情绪，且易受环境感染或他人暗示，盲目冲动，往往以直接攻击、报复等方式来解决问题，从而导致违法犯罪行为的发生。

4. 气质特征

情绪型犯罪者大多数为胆汁质，脾气暴躁，情绪情感发生迅速而强烈；

也有部分犯罪人属黏液质和抑郁质，他们在矛盾、挫折、侵害面前高度敏感，情绪体验深刻，不良情绪不易排解，而且长期积累，埋藏在心底，一旦超出自己的心理承受能力，就会在愤怒与绝望的情绪状态下，实施其报复行为。

5. 个性品质不良

情绪型犯罪行为的发生常常有具体的引发原因。有些原因还会令人同情，如恋爱中的欺骗、婚姻中的第三者插足、工作中的不公正待遇等。但如果做更深入的分析，就会发现，这些人之所以采取了违法犯罪行为，与其社会化过程中形成的消极个性品质有很大关系。尤为突出的特点就是自尊过度，心胸狭窄，敏感多疑，固执好斗，缺乏灵活性和变通能力，容易生气或发急，易产生挫折感而实施攻击性行为。因此，当个体的需要由于种种原因得不到满足时，这些个性中的消极品质，往往会导致挫折感增强，使人陷入不良的情绪状态中不能自拔，最后走上违法犯罪的道路。

（三）情绪型犯罪的行为特征

1. 突发性

情绪型犯罪是在受到外界突发的强烈刺激下，骤然形成犯罪动机，而实施犯罪行为。因此，其突发性特点主要表现在犯罪人从情绪受到刺激一直到犯罪实施完毕，所需要的时间较短。如，陌生人之间发生口角，平素并无冤仇，而仅仅由于一些口角刺激了犯罪人，导致犯罪人不惜实施犯罪；在家庭暴力中，被害人的言语或行为刺激了犯罪人，导致犯罪人激愤杀人等。

2. 残暴性

情绪型犯罪过程就是情绪的释放过程。当情绪以爆发方式释放时，其力量是巨大的。因而情绪型犯罪人大多数以杀害、重伤、投毒、放火、爆炸等暴力手段来发泄心中的情绪，对社会具有很大的危害性和破坏性。

3. 盲目性

情绪型犯罪人中，有一部分人是因为认知范围狭窄，缺少法律知识而犯罪，因此，在行为特征上有很大的盲目性。如包庇、窝赃及某些团伙犯罪者，总以为自己没偷没抢，不过是知情不报、隐匿不报，或者帮助别人寄放一些东西，仅是讲义气、够朋友，不构成犯罪。

4. 冲动性

许多情绪型犯罪案例表明，犯罪主体多是在激情状态下实施犯罪的。他们因人际冲突引起情绪上的极大变化，怒气冲天，难以自控，导致肆无忌惮的暴力犯罪行为。失去理智监督的冲动性行为，是情绪型犯罪的重要特征。

由于没有预先选择好犯罪目的与侵害目的，只是在偶然的强烈冲突过程中发生侵害行为。所以，往往伴随着行为的残暴性，除指向直接的攻击目标外，有时还会连累其他无关的人和事物。

思考题：

1. 结合案例谈谈未成年人年龄特征与违法犯罪的关系。
2. 分析女性性别特征与违法犯罪的关系的主要表现。
3. 结合案例阐述对老年人犯罪的预防。
4. 试分析初犯、累犯和惯犯的心理特征与行为特征及其异同。

参考文献：

1. 林少菊主编：《犯罪心理学》，中国人民公安大学出版社2008年版。
2. 罗大华主编：《犯罪心理学》，中国政法大学出版社2014年版。
3. 郑友军编著：《犯罪心理学》，四川大学出版社2008年版。
4. ［英］Ronald Blackburn著：《犯罪行为心理学——理论、研究和实践》，吴宗宪、刘邦惠等译，中国轻工业出版社2000年版。
5. 王金玲主编：《社会转型中的妇女犯罪》，浙江人民出版社、浙江教育出版社2003年版。
6. 吴宗宪主编：《老年犯罪》，中国社会出版社2010年版。
7. 陈英芳：《初探女性犯罪》，载《山西省政法管理干部学院学报》2002年第3期。
8. 林维：《未成年人犯罪数据统计研究》，载《中国青年政治学院学报》2010年第3期。
9. 康树华、石芳：《老年人犯罪特点、原因与对策》，载《南都学坛》2004年第1期。
10. 《市第二人民法院发布未成年人犯罪案件统计报告：未成年人犯罪“两抢一盗”居多》，载《东莞日报》2011年3月24日。
11. 《教育蓝皮书：中国教育发展报告2015》，中国社会科学网，http：//www.cssn.cn/dybg/gqdy_gqcj/201506/t20150615_2034343_1.shtml.
12. 彭卫兵：《未成年人犯罪现状、特征及成因的实证分析》，湖南省怀化市中级人民法院网，载http：//www.110.com/ziliao/article－174463.html.

拓展阅读书目：

1. ［美］理查德·格里格，菲利普·津巴多著：《心理学与生活》，王垒，王甦等译，人民邮电出版社 2003 年版。

2. ［美］萨尔瓦多·米纽庆等著：《家庭的成长与转变之路》，高隽等译，世界图书出版公司 2010 年版。

3. 马皑主编：《法律实践中的心理学》，中国政法大学出版社 2013 年版。

第九章　犯罪心理预防

第一节　犯罪心理预防概述

一、犯罪心理预防的含义

犯罪心理预防，是指运用心理学的理论和方法，采取有效措施，控制和消除诱发犯罪的心理因素和条件，防止个体形成犯罪心理以及发生犯罪行为。犯罪心理预防的实质是通过对健全人格的社会培养和自我修养，提高个体的是非辨别能力、自我调控能力和社会适应水平，使个体的行为符合当前社会的道德和法律规范。

犯罪心理预防包括两个层次，一是对某些可能犯罪的人，在准确预测基础上，对与犯罪心理形成相关的因素加以控制和排除，预防其形成犯罪心理；二是对已形成犯罪心理的人，采取必要措施，破除和矫正其犯罪心理，培养其良好的社会适应能力，以达到预防其重新犯罪的目的。

二、犯罪心理预防与犯罪社会预防的关系

犯罪心理预防是犯罪社会预防的重要组成部分，也是犯罪社会预防的基础工程，两者既有联系又有区别。两者的联系是：1. 目的相同。都是为了预防和减少犯罪，使社会治安能够得到根本好转。2. 前提条件相同。两者都以犯罪预测为基础。没有准确的犯罪预测，就很难使犯罪预防工作具有针对性、主动性和有效性。3. 工作内容有所交叉。犯罪社会预防要以犯罪心理预防作为重要组成部分，犯罪心理预防的成效又必然反映到犯罪社会预防中来，使社会预防取得更好的效果。

犯罪心理预防与犯罪社会预防的区别在于：1. 所属的学科不同。犯罪

社会预防属于犯罪社会学，并与刑事政策学相联系；犯罪心理预防是犯罪心理学或司法心理学的研究内容之一。2. 工作对象和内容有所不同。犯罪社会预防是着眼于犯罪现象的总体发展变化，采取宏观的、战略的和整体的预防措施，如开展社会治安综合治理，加强其他社会防范措施等，以遏制犯罪率的上升，减少社会犯罪现象；犯罪心理预防则以个体为工作对象，采取微观的、局部的、针对性的心理预防和矫治措施，如开展帮教活动，实行教育感化等，以减少和预防个体犯罪行为的发生。3. 方法、手段不同。犯罪社会预防着重采取行政的、法律的、经济的、社会性措施，对社会犯罪现象作宏观控制；犯罪心理预防则着重运用心理学方法，如感化、暗示、疏导、行为矫正等，预防和矫正个体心理缺陷，有针对性地防止个体犯罪行为的发生。

三、犯罪心理预防的类型

（一）一般预防与特殊预防

一般预防是指通过搞好精神文明建设，改善社会风气，发展经济，提高生活水平等宏观措施，提高普通大众的预防意识。特殊预防是指对某些特殊对象采取针对性措施，来预防其形成犯罪心理和表现犯罪行为，迫使犯罪人不得不增强自我控制能力。一般预防与特殊预防不是对立的，特殊预防措施也具有一般预防作用，如对犯罪人的处罚，对其他有犯罪倾向的人具有巨大的威慑作用，对人民群众也能产生教育和参照作用。

（二）犯罪预防与被害预防

犯罪预防是通过采取一定措施，防止某些个体形成犯罪心理、实施犯罪行为，这是犯罪心理预防的主体。在一些犯罪中，受害者也应负有一定责任，是他们的某些行为，刺激、诱发、激化了犯罪人的作案动机，或由于他们处于不利的地位而更易成为犯罪人侵害的对象。因此，被害预防主要是从各类被害的具体情况出发，为避免各种被害原因和条件的产生、存在，防止、减少潜在被害人受害，而在一定时空内采取综合性措施、方法、手段，帮助他们提高防范的意识和能力，做到自尊、自爱、自重、自强，避免有意、无意中为犯罪者提供方便条件和诱因刺激，以更好地达到预防犯罪的目的。

（三）空间预防与时间预防

空间预防，是指通过改善或消除个体生活环境中滋长或诱发犯罪心理的因素，以达到犯罪心理预防的目的，如控制流动人口的密度、消除治安控制死角等。时间预防，是指科学地利用个体的时间和精力，引导他们从事健康、有益的活动，以避免受消极亚文化的影响，同时根据发案的时间、季节性特点，采取预防措施。因此，时间预防包括以下两个方面：一是以健康的活动占据个体的闲暇时间；二是加强犯罪多发时间的防范。

（四）免疫性预防与矫治性预防

免疫性预防主要针对犯罪心理形成原因中的各种主客观不良因素，加强家庭、学校、社会在预防犯罪中的三道防线作用。当然，在强调犯罪早期预防的同时，也要加强犯罪行为前和犯罪过程中的预防。其核心是思想品德教育、健全人格养成和法制教育。矫治性预防，主要是对已经形成犯罪心理结构或者在人格方面存在着障碍和缺陷，并外化为犯罪行为的人的犯罪心理结构、人格障碍和缺陷进行矫治，以促成犯罪心理的良性转化，避免其再次走上犯罪道路。矫治性预防主要依靠专门机关的改造、教育、引导，也依靠帮教工作的努力。

四、犯罪心理预防的特点

（一）犯罪心理预防的根本是培养健全的人格

具有健全人格的个体才能抵制住各种犯罪风险和诱惑，因此，要进行犯罪心理预防，关键在于培养个体健全的人格。第一，要促进个体内部心理和谐发展。人格健全者的需要和动机、兴趣和爱好、智慧和才能、人生观和价值观、理想和信念、性格和气质都向健康的方向发展。他们的内心协调一致，言行统一，能正确认识和评价自己的所作所为是否符合客观需求，是否符合社会道德准则，能及时调整个体与外部世界的关系。如果一个人失去他的人格内在统一性，就会出现认知扭曲、情绪失控、行为变态等问题。第二，培养个体正确处理人际关系的能力，使其在人际交往中显示出自尊和他尊、理解和信任、同情和善良等优良品质。那些嫉妒心很强的人，很难想象他们能在互惠的基础上与人合作；傲慢自大的人也绝不会虚心地倾听别人的意见。人格健全者，在日常交往中既不随波逐流，也不孤芳自赏，能够使自己的行为与朋友、同事、同学协调一致。第三，充分实现个体的价值。人格健全者能把自己的智慧和能力有效地运用到能获得成功的工作和事业上。他们在学习、工作中被强烈的成就动机和热情所推动，并且与他们的能力有效地结合起来，从而使他们勇于创造，善于创造，有所发现，有所建树。成功又为他们带来满足和喜悦，并形成新的动机和兴趣，使他们能够得到良性发展。

（二）犯罪心理预防是教育培养和自我修养的有机结合

人格的形成和变化既受到外界环境的影响，同时也和个体的自我调节紧密相关。首先，创造一个良好的社会环境，并充分发挥教育的作用，是实现心理预防的一个重要方面。然而，单纯依靠外部的教育和控制是不够的，因为外部因素必须通过人的内在心理活动才能发挥作用，因此，心理预防强调个体的自我调控，致力于增强个体的自我控制能力。自我调节系统完善的个体，具有道德感、社会责任感、良心、羞耻心等高级情感，能够使人在社会生活中面对不同境遇表现出冷静和理智，避免产生过激行为和不法行为。自我控制能力也制约着人格的发展状况。一个人是否具有远大的目标和严格的要求，以及是消极被动地接受环境的影响还是主动塑造和发展自己，都对人格发展有重要的作用。有自我调控能力的个体能够经常进行自我反思、自我监督、自我强化等，使人格发展始终在正确的轨道上，并且实现自己的人生目标。

（三）犯罪心理预防是一个终身的过程

健全人格的养成是在社会化过程中获得的。所谓社会化，就是个体在特定的社会物质文化生活中，通过与社会环境的相互作用，不断地学习这个社会所积累的知识、技能和社会规范的过程。这个过程不仅仅局限于人生的某一个阶段，而是从人幼年开始并贯穿于人的一生。由于我们所处的社会本身是在不断地发展变化之中，在人的初步社会化完成以后，还需要继续社会化。如，当社会环境因素或者个体的生活境遇发生突变，或个体所处的地位和社会角色发生了极大的变化，或个体原有的思想和行为模式与社会要求不协调以致发生冲突时，就需要继续社会化或再社会化。人的社会化和继续社会化过程的顺利完成就是最好的犯罪心理预防。

（四）犯罪心理预防是一种积极预防，需要社会全员参与

犯罪心理预防是一种积极的事前预防，目的是控制和消除影响犯罪心理形成和犯罪行为出现的消极因素。犯罪心理预防的主要途径是使每个社会成员在自身成长发展过程中，培养正确的思维模式和自我控制能力，使社会道德规范和行为准则的要求内化为个人的品质和需要，成为一个自觉的守法者。因此，犯罪心理预防需要社会全员参与，调动各个方面的积极力量，构建一个完善的防控体系。

第二节　犯罪心理预防的依据与原则

一、犯罪心理预防的心理学依据

犯罪心理预防是犯罪心理研究的重要目标之一，犯罪心理预防建立在对犯罪心理的形成和发展变化的原因及其规律的研究基础上，为家庭、学校和社会提供一些犯罪心理学的科学知识和方法，以便更好地保护青少年健康成长，有效地预防、控制和减少犯罪，保证社会的安定。

犯罪心理预防的心理学依据具体体现在以下几个方面：

（一）犯罪心理结构是在不良主体内外因素相互作用下形成的

根据事物发展的规律，只要消除了某种结果得以出现的原因，那么这种结果就不会发生。犯罪心理不是先天就有的，而是在后天心理发展过程中通过模仿、学习、强化、熏陶、教化等有意识的和无意识的心理选择形成的。在这一过程中，个体生活的即时环境和大的社会背景因素（主体外因素），个体的生理情况、心理和行为发展水平等因素（主体内因素），对犯罪心理的形成发展起到了重要作用。如果能了解到某一个个体在成长过程中具有哪些不良的主体内因素和主体外因素，以及内外因素之间是否建立了某种联系，就可以预测该个体是否具有犯罪的可能性。只要消除、改善了导致犯罪心理形成的土壤和环境，对存在于主体内外的不良因素采取针对性措施，就能预防犯罪心理结构的形成，也就可以达到犯罪心理预防的目的。

（二）犯罪心理结构具有可调节性

无论是正常心理结构还是异常心理结构，形成之后不会一成不变，而是处在发展变化之中，具有一定程度的可调节性。首先，个体的需要具有可调性。需要是人们进行活动的原动力，尤其是个体的优势需要在推动主体活动方面起着主导作用。畸形膨胀的需求是个体犯罪的心理基础，要进行犯罪心理预防，就必须在改变犯罪的优势需要和满足这种需要的方式上下功夫。只要对有犯罪先兆的人引导得当、教育得法，使其增强自制力，自觉调整需要结构，使个人需要同社会需要保持一致，就可以达到预防犯罪的目的。其次，个体的意识具有可塑性。意识的核心是主体的人生观、价值观，这种审度评判世界的标准，如果在自己后来的社会实践中证明是不当的，主体就会从中吸取教训加以修正，这就是意识的自我调节功能。人们可以利用意识的这种选择反馈调节功能，帮助存在消极意识的人，使他们提高辨别是非的能力，学会正确划分善与恶、美与丑、真与假的界限。

（三）犯罪行为需要一定的犯罪情境出现才发生

形成犯罪心理结构的个体，或迟或早会将犯罪心理外化为某种行为，外化的行为可能是直接的犯罪行为，也可能是一些违背行为规范的不合理行为，但还没有达到犯罪的程度。犯罪心理形成后，需要在适宜的情境中才能转化为犯罪行为。如果能有效地排除犯罪情境，使有犯罪心理结构的个体找不到合适的犯罪机遇，也能防止犯罪行为的发生。比如，加强社会面控制，加大巡逻监控力度，加强对潜在被害人的教育等，让已经形成犯罪心理的人因难以找到下手作案的机会，同时深感“伸手必被抓”，从而遏制其不良欲望与念头。

二、犯罪心理预防的一般原则

（一）早期预防原则

一个人形成犯罪心理结构，时间长短虽有差异，但是，都必须经历萌芽期、滋长期和成熟期三个发展阶段。预防工作应当不放松其全过程的每一个环节。只是，如果从花费的力气和收到的效果来看，预防工作开始得越早越容易，越早越省力。社会在采取对策时，必须努力做到早期预防，打主动仗，而不是等到犯罪心理结构已经充分成熟以后才采取措施。在个体未成年阶段，就应当对其实施全面的社会化教育，引导未成年人形成正确的道德观、价值观和法制观，掌握正确的认知方式、思维方式以及一定的知识经验和劳动技能，养成劳动习惯，防止个体的社会化过程出现缺陷。

（二）防微杜渐原则

一方面，个体要进行犯罪心理的自我预防，就应当避免做哪怕极微小的损人利己之事，如果曾做过，就应警惕不犯类似错误，防止积小过为大过。另一方面，家庭、学校、社会应当切实关心未成年人的成长，对他们的错误不应该忽视和放纵，即使是一些小的过错，也应当及时指出，并进行正确的引导；企事业单位也应关心职工的工作和生活状况，对内部职工或其他领导成员的不正之风问题，贪污、挪用或盗窃小额公款或其他公私财物问题，应及时加以处理，不能放任不管。有一个问题值得注意，即不能因为要防微杜渐，就神经过敏，草木皆兵，对青少年当中出现的某些孤立的不良行为过分紧张，乱加标签，则很可能会适得其反。因此，既要防微杜渐，又要注意工作艺术性和策略性，二者应当很好地结合起来，不能顾此失彼。

【知识链接】

破窗效应

“破窗效应”是指如果有人打破了一幢建筑物的窗户玻璃，而这扇窗户又得不到及时的维修，其他人就可能受到某些暗示性的纵容，去打破更多的窗户。久而久之，这些破窗户就给人造成一种无序的感觉。在这种公众麻木不仁的氛围中，违法活动就会滋生蔓延。“破窗效应”启示我们，如果某种不良环境因素出现且没有及时得到有效制止，就会对人们的心理产生相当程度的暗示性和诱导性；若不采取措施及时修复“第一扇被打碎玻璃的窗户”，就难免出现更多的问题，使“更多的窗户玻璃被打碎”。

“破窗效应”理论描述了社区失序的五个阶段：1. 社区开始出现失序的情形，部分居民迁出社区。2. 未能迁离社区的居民因担心自身安全，对区内的事务漠不关心。3. 地区的监察力下降，社区的治安进一步恶化。4. 区内更多的居民迁走，仍然留在区内的居民则更加退缩，减少外出时间。5. 外来的犯罪分子入侵社区，令犯罪数字持续上升。

（资料来源：MBA 智库百科）

（三）启发自觉原则

应当使个体自觉认识到进行犯罪心理的自我预防的重要性，并积极主动地用社会规范来约束自己的言行。外因总是通过内因才能发挥作用，无论家庭、学校、社会创建多么优良的生存环境，对个体进行多么细致的说服教育，都必须能够反映到个体的头脑之中，并通过个体的认知选择和加工，才能发挥心理预防的功能。因此，在青少年成长的过程中，家长和老师应当向其传递自觉遵守各种规章制度的重要性。可以通过正反两方面的教育向青少年讲明违反规章制度所带来的痛苦，并让青少年从遵守校纪校规做起，使青少年认识到社会上每一个人都应遵纪守法。

（四）导之以行原则

引导青少年把对道德和法制的认知、情感变为行动，在实践活动和交往中，不断消除不良的行为习惯，养成和巩固良好行为习惯，培养和锻炼做好事不做坏事、坚持正确行动方向的意志力。只有当良好品质转变成经常自觉的良好行为习惯时，犯罪的心理预防才能真正得以实现。如果只是心中所想，不能落实到行动，那么，对社会规范的遵守也只能是一句空话。

（五）心理卫生原则

【实践与运用】

预防青少年犯罪要抓心理教育

近日，青岛市市南区法院少年法庭宣判了一起未成年人盗窃案，对两次盗窃共3000余元钱物的17岁少女王某，以盗窃罪判处拘役6个月、缓刑1年，并处罚金人民币500元。

办案法官本着对未成年被告人教育、感化、挽救的方针，并针对王某的实际案情和有一定心理疾病等实际状况，依法作出了从轻判决，并呼吁家长、学校和社会更加关注孩子的心理健康，使孩子健康成长、避免走入歧途。办案期间，法官细致了解到诸多可能影响王某心理健康的细节，如王某在幼儿园大班时曾偷拿过幼儿园的一摞书回家，王某母亲的教育方式竟是拿针猛扎她的小手，而且当时其父母常在她面前吵架并已在闹离婚；王某的父母离异后，王某跟随父亲生活，父亲因性格内向和忙于做生意挣钱等原因与她交流较少，母亲对她的关心也不够。

父母应该关注孩子的心灵和人格健康，尽最大限度减少家庭不和或离异、再婚等因素给孩子带来的不良影响；学校除了重视学生的学习成绩，还要注重学生的心理辅导和有针对性的法制教育；有关部门和单位要进一步完善有关未成年人的心理辅导机构，使电话咨询和面对面辅导等服务更加畅通和规范，以及时解决未成年人存在的心理问题。

（资料来源：《中国教育报》，2008－2－24）

个体心理健康与否，很大程度上决定着其社会适应性的好坏，对其是否能够自觉抵制不良环境的侵蚀有着重要作用。一个人能否养成健康的心理结构，关键是早期教育。在培养青少年健康心理结构的早期教育中，家庭和学校负有不可替代的责任。现在的问题是，作为家庭和学校，对青少年的智力教育问题，大都有明确的责任感，而对于健康心理结构的培养，不管是对其重要性的认识，还是对培养途径和方法的认识，都显得不足。事实上，一个人如果没有健康的心理结构，即便在其他方面是一个天才，他也无法与别人合作，也不能与环境相容。因此，培养健康的心理结构应当是早期教育的重要内容，其中至少应当包括这样几个部分：正确的自我认知，包括恰当的自尊和自我评价；较好的社会适应力和心理调适能力；较强的挫折耐受力；正确的人生观和价值观等方面。

（六）持之以恒的原则

一方面进行自我预防的个体要始终保持高度的警觉性，时常进行自我监督和反省，自觉抵制各种诱惑，防止自己产生不良的心理品质；另一方面家长和教师对未成年人的思想教育和行为引导应当常抓不懈。因为未成年人尚未形成固定的观念系统，易接受新鲜事物，而且对事物的辨别能力低，容易出现良莠不分，因此家长和教师应当始终如一地关心和教育他们，防止因一时的疏忽而酿成终身痛苦的恶果。

二、犯罪心理预防理论

犯罪预防理论是以对犯罪原因的理解为基础，着力于构建抑制个体犯罪行为的方法系统。在众多的犯罪预防理论中，可以被明确视为犯罪预防的心理学理论并不多见。然而，在很多预防犯罪的理论中，都可以发现对犯罪心理形成机制的理解。下面就具有代表性的理论进行介绍。

（一）古典理论

在 18 世纪，刑事司法制度是以残酷的刑罚为特征的。这种惩罚的目的是通过严酷的刑罚来达到预防犯罪的目的。古典学派的代表人物贝卡里亚提出了一种保留惩罚和威慑的范式，作为对野蛮惩罚的替代。贝卡里亚运用功利主义的计算，提出了一个可以测量的刑罚价目表，在每一点上，刑罚威慑的痛苦超出实施犯罪行为所预期的快乐。为了实现刑罚的预防目的，贝卡里亚还提出了刑罚适用的原则：1. 必要性。即一种正确的刑罚，它的强度只要足以阻止人们犯罪就够了。2. 确定性。这可以降低刑罚的严酷性，以比较小的刑罚代价换取较大的阻止犯罪的效果。3. 及时性。犯罪与刑罚之间的时间间隔要短。

刑事古典学派的代表人物费尔巴哈主张用刑罚对潜在犯罪人的心理强制来实现犯罪的一般预防。他认为国家制止犯罪的第一防线应是道德教育。然而，教育不能让所有人都产生守法动机，国家还必须建立以消除违法犯罪心理为目的的第二道防线，即心理强制。使违法行为中蕴含某种痛苦，已具有违法心理的人就不得不在违法行为可能带来的乐与苦之间进行细致权衡，当违法行为所蕴含的苦大于其中的乐时，个体便会基于趋利避害的本能，自动抑制违法犯罪的动机，使之不发展成为违法行为动力。

（二）实证主义理论

实证主义犯罪学起始于龙勃罗梭的“天生犯罪人论”。他认为“天生犯罪人”具有隔代遗传性，是本性生而为恶者，他们的犯罪是来自先天的，是不可避免的。这种观点的提出引起了诸多学者的质疑。其弟子菲利修正了龙勃罗梭的观点。他认为一个人或许有天生的犯罪倾向，但他如果处在良好的环境中，就有可能到死也不违反刑法条文和道德信条。菲利具体论述了刑罚替代物的一些设想，例如：在经济领域，通过自由贸易，防止饥荒，减少侵犯财产的犯罪；在政治领域，通过政府和民族的愿望来预防暗杀、叛乱等政治犯罪；在教育领域，书本教育可以使某些明显的诈骗更困难。综上可以看出，菲利表达的是期望通过优化社会环境、加强教育宣传预防犯罪心理的产生，同时提高人们的防范被害意识及法律意识来减少犯罪机会并遏制人们犯罪动机的产生。

（三）精神分析理论

精神分析创始人弗洛伊德认为，人天生富有犯罪性、破坏性和对性欲的要求，但由于大多数人有控制的能力，所以没有产生犯罪。如果没有培养出控制冲动的能力，则就有可能成为犯罪人。弗洛伊德提出了培养儿童自我控制能力的方法：父母要教育孩子在一定限度内抑制某些欲望，而且态度要好，不要专横打骂，不要出尔反尔。对于已经形成心理冲动的人，弗洛伊德提出了精神分析疗法，使用催眠术或采用诱导性谈话的方法，使病人产生自由联想，主动说出导致心理问题的隐秘内心和潜藏的精神压力。另外，精神分析理论关于父母与儿童的冲突、不良的抚养技能、较早涉入反社会行为等因素与犯罪行为之间的相关关系也得到很多研究的支持。

（四）不同接触理论

该理论的创立者萨瑟兰认为，犯罪行为如同其他行为一样是习得的。他强调环境对个人的影响，认为家庭、邻里、同辈等初级群体和社会环境，往往对个人的态度和行为产生重大影响。要预防个体犯罪，就应当控制和消除环境中的不良因素，避免个体与不良刺激物接触。

（五）情境犯罪预防理论

情境犯罪预防是由美国学者克拉克首倡。他强调犯罪的情境因素，包括犯罪的时空、机会和条件等对犯罪人理性抉择和犯罪决策的影响。克拉克认为，当犯罪的利益条件超过其成本（代价）时，犯罪就可能发生。所以，针对某些特定的犯罪，以一种较为系统和常设的方法对犯罪可能利用的环境加以规划和管理，以增加犯罪的难度和风险，减少可能的犯罪回报，能够达到预防犯罪的效果。

依据这一理论假设，克拉克提出了一些具体措施，主要包括以下五个方面。一是提高犯罪难度方面：强化目标物、控制通道进入口、转移犯罪、控制犯罪工具和武器等；二是提高犯罪风险方面：强化保护、协助自然监控、减少陌生人介入、实行定点管理、加强正式监控等；三是降低犯罪回报方面：隐藏目标、移动目标、财产表示、瓦解黑市和排除犯罪利益；四是减少犯罪刺激方面：减轻公众的挫折与压力感、避免冲突、减少情绪性冲动、消除同伙压力和减少犯罪模仿；五是排除犯罪借口方面：建立规则、设立告示、激励道德意识、帮助守法和控制毒品和酒等。

第三节 犯罪心理预防的内容与方法

犯罪心理预防包括犯罪心理结构形成的预防和犯罪行为发生的预防。前者是在研究犯罪心理结构形成、发展和变化规律的基础上，为家庭、学校和社会提供犯罪心理预防的建议，以便更好地培养和保护社会成员，特别是青少年的健康成长，防止他们形成犯罪心理，发挥社会治安综合治理的最大功能，从这个角度进行的心理预防也称为一般预防。后者是在研究犯罪行为发生规律的基础上，为企事业单位、社会团体、人民调解组织、公安、检察、法院、监狱、劳教等部门提供预防突发性犯罪行为的发生、揭露犯罪以及改造罪犯的建议，从这个角度进行的心理预防也称为特殊预防。

一、一般心理预防的内容与方法

（一）一般心理预防的内容

1. 排除和减少主体外环境中的消极因素。美国犯罪学家萨瑟兰的不同接触理论和班杜拉的社会学习理论，都强调个体形成犯罪心理与不良的环境因素有关，是模仿和学习他人的犯罪经验的结果。我国南宋理学家朱熹所说的“近朱者赤，近墨者黑”，也表达了同样的犯罪心理学思想。这些都说明，个体生活的环境及其社会交往，对个体尤其是青少年品德和个性的形成至关重要。因此，应当加强社会主义精神文明建设，净化社会环境，使个体心理反映的客观现实和生活内容不至于受到诸如暴力文化、色情文化、拜金享乐主义等的污染，以防止犯罪动机的萌生。

2. 防止犯罪心理结构的形成。生活在同一微观环境中的个体，有的能洁身自好，自觉抵制各种不良习气的影响；有的却反其道而行之，与不良环境同流合污，使原本已不纯净的环境更加污浊，形成一种恶性循环。之所以有这种差别，在于个体原有的心理是否健康，是否具备正确的心理选择机制。因此，应当引导个体形成正确的人生观、世界观，养成良好的行为习惯。保持积极的情绪情感活动，防止个体形成不良的需要结构。因为具有不良需要结构的个体，在一定诱因的刺激下，极易产生犯罪动机，导致犯罪心理形成。

（二）一般心理预防的方法

1. 影响个体犯罪心理形成的主体外因素预防

从主体外因素看，影响和诱发犯罪动机形成的主要是不良的社会环境，既有来自宏观社会环境的消极作用，也有来自微观社会环境的影响，包括家庭的不良影响、学校的不良风气以及不良交往等因素。这些不良因素通过各种渠道，侵蚀个体的心灵，有必要采取有针对性的方法排除和减少外在环境中的消极不良因素。

（1）创设良好的社会环境。政府应当与时俱进、开拓创新制定科学的政策方针，保证和平安定的政治环境。大力发展经济、提高综合国力和人民生活水平，同时，兼顾社会公平，采取合理的分配方式，防止由于贫富差距过大造成社会不安定局面。创造一个有利于人格健全发展的良好社会环境，充分尊重人的价值，能够满足绝大多数人的物质和精神需要。营造良好的社会风气，加强文化建设。习俗、风尚、时尚、道德、文艺和大众传媒等方面充斥着良莠混杂的信息，对犯罪心理的形成有重要影响。应当积极宣传具有正能量的文化产品，加强对文化市场的管理和监督，文化、广播出版、公安等主管部门要依法加强对图书发行、各种娱乐场所和网吧的管理，取缔和坚决打击对青少年有不良影响的报刊、书籍、音像制品，针对网吧违规经营，不良电子产品、有害卡通画册和“口袋书”泛滥，开展集中专项整治活动，为青少年创造健康有益的文化环境。同时，树立健康向上的社会风气，弘扬正确的价值观，让青少年在潜移默化中受到积极的熏陶和感染，养成良好的品德素养。

（2）加强法制建设，及时侦破案件和惩罚罪犯。加强法制建设和执法人员的队伍建设，“使法律面前人人平等”得到真正意义上的实现。刑法处罚应当公正、合理、适当和及时，应当充分发挥刑罚的惩罚、震慑和教育功能。刑事古典学派创始人贝卡里亚论述道，“刑罚的及时性比较有益是因为：犯罪与刑罚之间间隔的时间越短，在人们心中，犯罪与刑罚这两个概念的联系就越突出、越持续，因为，人们很自然地把犯罪看作起因，而把刑罚看作不可缺少的结果”，“只有使犯罪与刑罚连接紧凑，才能指望相连的刑罚概念使那些粗俗的头脑从诱惑他们的、有利可图的犯罪情境中猛醒过来”。因此，只有当犯罪行为得到了及时的惩罚，惩罚才能产生最佳效果，才能起到震慑他人的作用。案件的及时侦破和对罪犯的及时惩处，能给蠢蠢欲动的人以警示和震慑，消除他们的侥幸心理，促使他们悬崖勒马、浪子回头，打消和放弃犯罪念头。

（3）创造良好的家庭氛围，转变教养方式。家庭是人们社会化的第一个场所，对个体的成长发展具有重要的影响。一个人走上犯罪道路，特别是青少年犯罪，与家庭的不良影响有着密切的关系。父母应当营造和谐温暖的家庭氛围，让子女生活在一个充满爱的家庭环境中。父母需要与孩子建立一种温暖、亲近、相互支持的亲子关系。一般说来，在氛围良好、民主、和睦的家庭环境中成长起来的孩子，人格健全，热情友好，积极自信。在培养孩子是非观念、行为习惯的过程中，父母应言传身教、以身作则，给孩子树立良好的榜样。父母要转变不科学的教养方式，避免过分地溺爱、专制和放纵，对孩子要有合理的要求，也要作出适当的限制，为孩子设立一定的行为目标，并鼓励孩子努力达到这些目标。同时，积极关注孩子的情绪和行为反应，以便及时调整。简而言之，对孩子要做到“理性、严格、民主、耐心和关爱”。

【知识链接】

一般来说，可以把父母教养方式归纳为两个维度：其一是父母对待孩子的情感态度，即接受—拒绝维度；其二是父母对孩子有要求和控制程度，即控制—容许维度。在情感维度的接受端，家长以积极肯定、耐心的态度对待孩子，尽可能满足孩子的各项要求；在情感的拒绝端，家长常以排斥的态度对待孩子，对他们不闻不问。在要求与控制维度的控制端，家长为孩子制定了较高的标准，并要求他们努力达到这些要求；在要求与控制维度的容许端，家长宽容放任孩子，对孩子缺乏管教。

根据这两个维度的不同组合，可以形成四种教养方式：权威型、专断型、放纵型和忽视型。不同的教养方式无疑会对孩子的社会性发展和个性形成产生重大影响。具体如下表所示：

表9-1 教养方式和维度类型对孩子的影响

教养方式	维度类型	可能后果
权威型	接受+控制	儿童期：心情愉悦，幸福感；高自尊和高自我控制 青少年期：高自尊，高社会和道德成熟性；高学术和学业成就
专断型	拒绝+控制	儿童期：焦虑，退缩，不幸福感；遇到挫折易产生敌对感 青少年期：与权威型相比，自我调整和适应较差；但与放纵型和忽视型相比，常有更好的在校表现
放纵型	接受+容许	儿童期：冲动，不服从，叛逆；苛求且依赖成人；缺乏毅力 青少年期：自我控制差，在校表现不良，与权威型或放纵型相比，更易产生不良行为
忽视型	拒绝+容许	儿童期：在依赖、认知、游戏、情绪和社会技巧方面存在缺陷；产生攻击性行为 青少年期：自我控制差；在校表现不良

（资料来源：林崇德著：《发展心理学》，浙江教育出版社2002年版）

（4）加强学校管理，完善学校教育。首先，要转变学校的教育理念，教育教学活动要面向全体学生的发展，针对学生的性格差异因材施教，尊重学生的个性特征，允许他们朝着适合自己的方向发展。其次，教师要用公平的态度平等对待每一位学生，不能厚此薄彼。对成绩暂时落后的学生要多加关注，给予积极鼓励，因为这些学生内心对别人的看法更为敏感，更渴望得到关注和认同。避免后进生从学校流失出去，过早进入社会，成为社会闲散人员。最后，要健全教育内容。不能只强调智力教育，要加强爱心教育和情感教育，积极开展道德教育、法制教育和心理健康教育。

（5）打造良好的职场环境。企事业单位不能只抓生产、业务和物质利益，不抓思想政治教育，不关心职工的思想和生活状况。应当处理好领导与职工之间，职工与职工之间的人际关系障碍，防止因处理不当带来矛盾激化的后果。必须树立监督的组织和机制，企事业单位在规范运作流程和组织架构设置时，要充分考虑到权力分配的制衡机制，尤其是采购、品控等领域，管理者应当有意识地通过各种方式防止权力过度集中。健全各项规章制度，防止因有章不循、管理混乱而引发职场犯罪行为。

（6）加强社区的帮扶工作。一是居民委员会、村民委员会应当关注居民及村民的工作、生产和生活，对家庭关系、邻里关系中出现的矛盾纠纷应及时调解，劝导家庭成员相互尊重和关爱，邻里之间相互帮助，避免因矛盾激化而产生的突发性事件或预谋性犯罪行为。二是重点关注危险人员，掌握他们的思想、生活状况，特别要了解他们的人际交往状况和物质生活变化情况，及时发现问题，并给予引导和帮助。三是关心生活贫困人员，主动联系民政部门、社会力量和民间机构为其排忧解难，预防他们因贫穷铤而走险而走上犯罪道路。

【实践与运用】

预防青少年犯罪：社会、家庭、学校一个都不能少

“目前犯罪越来越向低龄化发展。”从事预防青少年违法犯罪研究的中国法学会会员刘贵之总结了现今青少年犯罪的特点，“青少年犯罪团伙作案居多，犯罪多是聚众或结伙实施，作案时彼此配合、相互掩护，所获赃物共同挥霍，以抢劫、盗窃、扰乱社会秩序等犯罪为主。”

“社会环境的不良影响是导致青少年犯罪的主要原因。”未成年人保护专业委员会主任佟丽华认为，大众传播媒介的暴力、凶杀、色情等有害信息和口袋书、暴力电子游戏、淫秽光盘以及网络色情内容等对青少年的不良影响显而易见。

“暴力电子游戏就是暴力犯罪的演练场。”佟丽华特别指出了暴力电子游戏的危害性，“最难整治的，也是最容易诱发犯罪的就是暴力游戏。因为青少年在游戏的过程中，进行的是虚拟的杀人演练，一阵快意的打杀后，一方面了解了实施暴力的方法、手段，另一方面在虚拟的网络世界中是不用负任何法律后果的，冲淡了他们对实际犯罪后果的恐惧，经常下手凶狠。”佟丽华举例说，“我了解过这样一个案子，三名经常玩暴力游戏的中学生同一个三轮车夫发生口角，结果毒打车夫，导致其死亡，在讯问他们时，他们却说，我们在游戏里就是这样打的。”佟丽华说，现在青少年喜欢的正面引导的游戏非常匮乏。

佟丽华认为，网络色情内容也是诱发青少年犯罪的重要因素，是引诱青少年性犯罪的罪魁祸首。同时，快速的城市化进程也在客观上诱发青少年违法犯罪，快速的城市化进程使外来务工人员和农村人口大量涌入，他们的子女受到歧视，很难在城市中找到定位，贫富不均等现象也很容易让他们走上歧途。

“有的未成年人父母自身行为不良，对孩子影响最坏。家庭不良教育和家长对子女的不良影响是未成年人违法犯罪的重要原因。”刘贵之认为，父母是孩子的第一任老师，可有的父母是双职工或者个体工商户，他们忙于工

作和经商，无暇对子女进行管理教育；有的家庭不和相互吵架、打骂甚至婚姻破裂，使未成年人无法感受家庭温暖；还有的父母对子女教育简单粗暴，有心无力，子女有过错不能正确说服引导，而是拳脚相加甚至赶出家门；也有的父母对子女过分溺爱、放任，当孩子的欲望无法得到满足的时候，这些孩子往往走上犯罪道路。

目前学校教育对学生的教育还存在单一化的问题，教育方法、内容简单化，片面追求升学率，忽视学生思想道德教育，对差生歧视、排挤、放弃教育，从而留下犯罪隐患。一部分人走出校门后因不能升学而找不到就业门路，飘荡在社会上成为闲散人员。这些未成年人绝大多数人没有经济来源，在“哥们儿”的拉拢、胁迫、教唆下去偷、去抢，逐渐走上犯罪道路。

“孟母择邻三迁”的故事流传千古，说明青少年成长环境对他们的成长至关重要。如今，仅仅“三迁”是不够的，专家们的共识是：社会、家庭和学校三位一体，创造预防未成年人违法犯罪的良好外部环境。

（资料来源：中国青少年维权中心网，2008 年 12 月 7 日访问）

2. 影响个体犯罪心理形成的主体内因素预防

影响一个人犯罪心理的形成既有外部因素，也有内部因素，外因必须通过内因才能发生作用。因此，加强主体内部因素的预防，完善个体的社会化过程，使其具有良好品德和文化素养，增强其心理的免疫力，才能够自觉抵制住不良环境的诱惑。

（1）培养个体客观积极的自我认识。自我意识为核心的个性调节结构是对个体心理与行为进行控制与调节的系统，它对犯罪动机起到加强、削弱、发动或终止的调控作用。一个人只有在正确认识自我、正确评价自我的基础上，形成在社会生活中良好的自我控制能力，才能对自己的心理与行为实现较好的监督与控制作用。因此，增强个体自我认识的能力，有助于推动个体自我意识的完善。一是要增强个体自我认识的主动性。个体最难认识的就是自己，“不识庐山真面目，只缘身在此山中”。把自己当作一个客体来进行认识和了解，需要个体付出有意识的努力，经常主动对自身进行反省，找准自身定位，以制订出符合自身实际情况的学习、生活和工作计划。二是要促进个体自我评价的客观积极性。个体对自己的实际情况要充分了解并且要理性看待，因为个人所具有的很多条件是不能改变的，如家庭出身、容貌缺陷等，如果不能接受自己的既有条件，势必加剧心中的不安与痛苦。个体要创造出理想的自我，就必须正确看待自身的优缺点，在接受现实的基础上，扬长避短，积极采取措施发挥自己的优势，弥补自身的不足，推动现实自我向理想自我发展。

【知识链接】

乔韩窗口理论

美国心理学家 Jone 和 Hary 提出关于个体自我认识的窗口理论，被称为乔韩窗口理论。他们认为人对自己的认识是一个不断探索的过程，把自我划分为四个领域：公开的领域、盲目的领域、隐秘的领域、未知的领域，见下图。

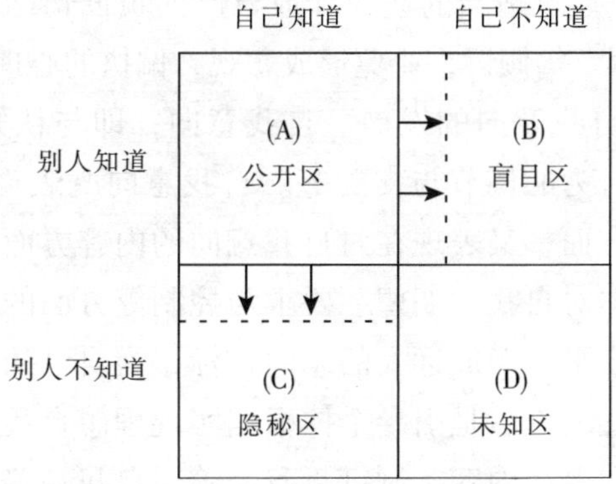

（A）区代表我们自己知道，别人也知道的领域。这是我们不能隐瞒的，或者我们愿意公开的部分。例如外貌、身份等。

（B）区代表别人知道而自己不知道的领域。我们没有意识到或无意识地在别人面前表现出来的部分。比如一些姿态、习惯动作等。

（C）区代表我们自己知道而别人不知道的领域。我们不愿在别人面前显露出来，属于个人隐私。例如惭愧的往事、内心的痛楚等。

（D）区代表我们自己不知道，别人也不知道的领域，属于无意识部分。

乔韩窗口理论认为，每个人的自我都由这四部分构成，但每个人四部分的比例是不同的。而且，随着人的成长及生活经历增加，自我的四个部分发生着变化。当一个人自我的公开领域扩大，则其生活变得更真实，不论与人交往还是自处，都会显得轻松愉快而有效率。盲目领域变小，人对自我的认识越清楚，越能在生活中扬长避短，发挥自己的能力。

（资料来源：MBA 智库百科）

（2）培养积极的自我情感。自我情感，即在自我认识的过程中产生的对自我的情感体验。培养个体积极的自我情感，形成向上、乐观的积极心态，以应对生活中的挫折和压力。具体而言，一是，引导个体培养正面的自我体验，激发其“荣誉感、正义感、自尊感、责任感、义务感”等。积极的自我体验首先来自于正确而积极的自我评价，其次，来自于现实的活动，因此，要引导个体看到自身的闪光点，积极参与社会活动，主动与人交往，在人际关系互动中提升对自身的认同感。二是，帮助个体调节负面的自我体验，克服自卑感、孤独感、苦闷感、挫折感和失落感等消极情感的侵蚀作用。心理有障碍者常常被消极情绪所左右，程度轻者有孤独、焦虑、恐惧感，严重者对他人产生怀疑、敌对，甚至实施攻击。个体在遇到消极体验时，要学会自我放松、自我排解，通过适当的途径释放自己的负面情绪，比如向父母、老师、领导、同事和朋友等倾诉，避免形成悲观、偏执的心理。

（3）促进积极自我意向的发展。自我意向，即与认知、情感相随而产生的对自己思想与行为的调节与支配等。自我意向既表现在对自我的期望，要求与控制的水平方面，又表现在对自我意向的内容方面。

首先，调节个体对自我的期望、要求与控制等方面的水平。一是帮助个体确定合适的抱负水平，形成远大的志向目标，为自己的行动引领方向，避免无所事事、随波逐流。二是引导个体根据实现理想自我的需要，合理安排学习、工作、交往和生活内容，制订自我修养、自我完善的计划，以适应不断变化的主客观环境。三是提高个体自我监督和自我反省的能力，使他们学会正确看待别人的评价和正确对待自身的优缺点，并根据别人的评价和自己行为的结果进行反省，及时调整和控制不符合自我发展的行为。

其次，应当丰富个体自我意向的内容。一是培养独立自主的意向，减少个体的依赖和盲从，从而对自己的选择和行为承担责任。二是引导获得尊重的意向。如个人对自己的认可、获得别人对其人格上的尊重、能力上的信任和社会地位的认可等。培养个体获得尊重的意向关键在于激发其产生适度的自尊心、自信心和荣誉感，使之成为推动其行为的重要动力。三是促进自我完善的意向。即根据理想自我的形象而不断丰富自己的知识，提高自己的能力和完善自己的性格与品质的意向，从而促进个体自我完善的意向，有利于个体自我意识持续、健康、稳定地发展。四是增强自我实现的意向。人本主义心理学家马斯洛认为“自我实现”是人的需要的最高层次，“自我实现”并不一定是指成为顶尖人物，取得丰功伟绩，而是指每个个体都具备一定的潜能，只要把自己的潜能充分地释放出来，成为最好的自己，体现出自身存在的价值和意义，普通人也可以实现自我。

（4）培养个体的自我控制能力。自制力是抑制犯罪的核心品质。自制力是指人们能够自觉地控制自己的情绪和行动，既善于激励自己勇敢地去执行采取的决定，又善于抑制那些不符合既定目的的愿望、动机、行为和情绪。自制力是坚强意志的重要标志，与之相反是任性放纵。对自己持放任态度，对自己的言行不加约束。任意胡为，任由欲望的极度膨胀，不考虑行为后果及事态带来的影响。

培养良好的自制力：一是要培养自己性格中意志坚定性的良好品质。对自己奋斗的目标要有高度的自觉。只要经过自己的实践认准的正确的事，就应义无反顾地走下去，想方设法达到预期目的。二是加强实践锻炼，从小事做起。坚强的意志绝不是一个人生下来就有的，也不是在短期内就可培养出来的，而是在长期的实践活动中锻炼形成的。三是提升抵御诱惑的能力。当个体需要膨胀，而外界又充满诱惑时，很容易滑入罪恶的深渊。因此，个体要调整好需要结构。当需要与客观现实和社会规范相冲突时，自觉远离各种诱惑，及时进行调整；当需要不能同时兼顾时，抑制一些不现实的、不正当的需要。如古人所云："生，亦我所欲也，义，亦我所欲也；二者不可得兼，舍生而取义者也。"

【知识链接】

延迟满足

20世纪60年代，美国斯坦福大学心理学教授沃尔特·米歇尔（Walter-Mischel）设计了一个著名的关于"延迟满足"的实验，这个实验是在斯坦福大学校园里的一间幼儿园开始的。研究人员找来数十名儿童，让他们每个人单独待在一个只有一张桌子和一把椅子的小房间里，桌子上的托盘里有这些儿童爱吃的东西——棉花糖。研究人员告诉他们可以马上吃掉棉花糖，或者等研究人员回来时再吃还可以再得到一颗棉花糖作为奖励。他们还可以按响桌子上的铃，研究人员听到铃声会马上返回。对这些孩子们来说，实验的过程颇为难熬。有的孩子为了不去看那诱惑人的棉花糖而捂住眼睛或是身体背转，还有一些孩子开始做一些小动作，如踢桌子，拉自己的辫子，有的甚至用手去打棉花糖。结果，大多数的孩子坚持不到三分钟就放弃了。"一些孩子甚至没有按铃就直接把糖吃掉了，另一些则盯着桌上的棉花糖，半分钟后按了铃"。大约三分之一的孩子成功延迟了自己对棉花糖的欲望，他们等到研究人员回来兑现了奖励，差不多有15分钟的时间。

后来，米歇尔逐一联系现今已是高中生的实验参加者，给他们的父母、老师发去调查问卷，针对这些孩子的学习成绩、处理问题的能力以及与同学的关系等方面提问。米歇尔在分析问卷的结果时发现，当年马上按铃的孩子无论在家里还是在学校，都更容易出现行为上的问题，成绩分数也较低。他们通常难以面对压力、注意力不集中而且很难维持与他人的友谊。而那些可以等上15分钟再吃糖的孩子在学习成绩上比那些马上吃糖孩子平均高出210分。米歇尔和其他研究人员继续对当年的实验参加者进行研究，直到他们35岁以后。研究表明，当年不能等待的人成年后有更高的体重指数并更容易有吸毒方面的问题。

延迟满足是指一种甘愿为更有价值的长远结果而放弃即时满足的抉择取向，以及在等待期中展示的自我控制能力。为了追求更大的目标，可以克制自己的欲望，放弃眼前的诱惑。它的发展是个体完成各项任务、协调人际关系、成功适应社会的必要条件。“延迟满足”不是单纯地让孩子学会等待，也不是一味地压制他们的欲望，更不是让孩子“只经历风雨而不见彩虹”，它是一种克服当前的困难情境而力求获得长远利益的能力。

（资料来源：MBA智库百科）

（5）强化个体的社会规范意识。一个人对社会规范接受与否，决定了其自我控制能力的强弱，并直接影响他们行为的合法性。法国著名社会学家德克海姆（E，Durkheim）曾经指出，只有在个人认同社会集体道德意识，接受社会道德规范，并且在社会中建立一个权威的、强有力地称之为集体纪律的社会控制系统时，良好的社会秩序才会出现。所以，要有效预防社会成员违法犯罪，就要使青少年愿意接受社会规范，对社会产生积极认同感。让他们了解社会对青少年的期望，实现自己在社会中的准确定位，并按照一定的社会角色要求实施自己的行为，从而形成对社会良好的认同感和归属感。

对社会成员进行社会认同教育的主要途径就是通过各种形式开展社会规范教育。一是进行集体纪律教育，使青少年从小养成遵守纪律的好习惯。任何一个集体都有各自的组织纪律，如学校有校规校纪，少先队、共青团中也有各自的权利义务要求，工作单位有组织纪律等。作为各类集体中的社会成员，要懂得遵守纪律的重要性，不断强化自身的纪律意识，从而形成良好的集体认同感。二是进行思想道德教育，使青少年知荣辱、明是非。既要让他们继承和弘扬我国优良的传统美德，又要让他们了解和遵守各种礼仪和习俗。三是进行法律制度教育，使社会成员知法、懂法和守法。让他们掌握基本的法律常识，避免因不知法而违法犯罪，同时要学会用法律武器保护自己。

(6) 提升个体的心理调节能力。提升心理调节能力应该从青少年时期抓起。针对青少年成长过程中可能发生的不良心理，要及时采取措施进行矫正，避免其演变为心理障碍。

第一，要及时矫正不平衡心理。青少年在与同伴的相处过程中，由于自身及家庭方面存在的各种不同情形，不自觉地存在相互攀比的心理，如因学习成绩的好坏、不同家庭的富裕程度、各自优点的多少等，都会使他们觉得自卑、失落，久而久之便可能会产生心理失衡。当出现这种心理压力时要及时进行疏导和缓解，避免产生过激行为。第二，要及时矫正逆反性心理。不同年龄层次的人由于学识和阅历不同，客观上在价值观、人生观方面必然存在着较大的差别。作为成年人的家长或教师，他们有其自身年龄阶段的兴趣爱好和社会认知，出于权威心理和培养需求，他们往往要求青少年按照自己的要求进行学习和发展。而青少年却有着自身年龄阶段的想法，继而激发了青少年的逆反心理。对此，成年人应当了解青少年的内心需求，以平等尊重的态度对待他们，防止逆反心理的不断升级使矛盾激化。第三，要及时消除孤独和空虚感。青少年时期的各种心理矛盾极易引发孤独和空虚感，要引导他们进行倾诉，广交益友，培养良好的兴趣爱好，积极参加各种健康向上的文娱活动，以丰富业余生活。

(7) 塑造良好的行为习惯。不良的行为习惯是犯罪的温床，极易导致个体走上犯罪道路。一些人在早年就开始养成不好的行为习惯，比如顺手牵羊、逃学打架、离家出走、沉迷网络等，这些不良行为习惯如果没有得到矫正，任其发展就可能演变为犯罪行为。而且，根据反馈原理，不良行为如果得逞，会反作用于不良心理，使不良心理得到强化和发展，形成恶性循环。英国作家萨克雷说过："播种行为，收获习惯，播种习惯，收获性格，播种性格，收获命运。"这句话道出了培养良好行为习惯的重要性。我国思想家陶行知曾说："凡人生所需之重要习惯性格态度多半可以在六岁以前培养成功，"揭示了培养良好的行为习惯应及早抓起的必要性，应当抓紧儿童心理塑造的关键期，传递正确积极的观念，培养良好的行为习惯，勿以善小而不为，勿以恶小而为之。

二、特殊心理预防的内容和方法

(一) 特殊心理预防的内容

1. 预防突发性犯罪行为的发生

有些犯罪类型具有突发性，即从犯罪心理形成到犯罪行为发生，过程极为短暂，具有瞬时性。这类犯罪，大多是由于日常生活中的纠纷没有及时得到解决，使矛盾激化所致，同时也与行为人个性心理缺陷有关。因此，相关部门和机构要加强对社会成员之间矛盾的调解工作，善于缓解矛盾、平衡处理，不使当事人之间的纠纷激化。对那些气质、性格方面有明显缺陷，易冲动、少理智、盲目行事不计后果的人，平时要帮助他们形成自我控制能力，使他们在情绪激动时将理智和自我控制力调动起来，进行自我调节控制，以减少突发性犯罪行为的发生。

2. 破除已形成的犯罪心理结构

即对那些有过违法犯罪历史的刑满释放人员、解除劳动教养人员，以及有劣迹的青少年加强教育改造，并不断巩固其改造成果，预防再次违法犯罪。监狱、劳动单位的监督改造工作，也可视为全社会性的犯罪心理预防的一个组成部分，也可理解为对再犯罪的心理预防。

破除已形成的犯罪心理结构是一项相当艰巨的工作，其工作方法要因人而异。要针对不同的个体进行具体的分析，找出起主导作用的消极心理因素并加以控制和排除，破除旧的动力定型，改变各个心理因素的作用方式，逐步形成以社会性需要为核心，以符合社会规范的人生观为主导的守法心理结构。只有这样，才能起到预防个体犯罪或再犯罪的效果。

3. 消除实施犯罪活动的机遇

犯罪机遇大体上可分为两类：一是各种防范制度不健全造成的漏洞；二是被害人的疏忽或失误形成的诱因。犯罪机遇是实施犯罪行为不可缺少的外部条件，又是行为人萌生犯罪动机的诱因刺激。因此，消除或减少犯罪机遇有利于进行犯罪心理预防，防止犯罪行为的发生。

（二）特殊心理预防的方法

由于特殊预防的对象是已经具有消极心理因素的个体或者已经形成犯罪心理结构的个体，其预防的方法就不同于一般预防。首先，必须要及时识别犯罪征兆，随后，采取具有针对性的干预措施。

1. 识别犯罪征兆，遏制犯罪行为的发生

犯罪征兆是犯罪人在犯罪前出现的征候、苗头或异常现象。个体的内在犯罪心理必然要通过外显的行为表现出来，从而显露出某些迹象。初犯在犯罪之前心理冲突激烈，外在表现突出，容易被察觉。再犯者由于有了犯罪经验，活动隐蔽、善于掩盖，往往以假象蒙骗他人，不容易露出破绽，不易被人察觉。但犯罪征兆是客观存在的，不管犯罪人怎样隐蔽和极力掩盖自己的心理活动，总会露出蛛丝马迹。一旦发现个体有犯罪的苗头，应当及时采取干预措施，制订具体破除其犯罪心理结构的有效方案，要像医院诊治病人那样对症下药。例如，针对侵犯财产权犯罪的心理预防应着重从消除物欲型犯罪动机方面开展预防工作，其中包括调节行为人膨胀的物质欲望和不合理的消费行为，使行为人获得合法满足金钱欲求的机会和途径，增强道德观念和法制观念等。而对于性犯罪，则应强调适当的性教育（包括性道德教育、性法制教育，而不是仅仅指性知识教育或生理卫生常识教育），以及适当转移个体的性能量。对于因挫折和压抑而发生的犯罪的预防则应着重引导个体重新评价挫折事件，发现其中的积极因素，摆脱不良情绪的困扰，保持积极向上的心态。

犯罪征兆的主体体现：（1）在人际关系方面，疏远主流群体，与品质不良的人交往增多。厌烦正常的学习和工作，甚至无故逃学或离开工作场所。抵触领导、家长、老师的教育帮助，对这种教育帮助有较强的逆反心理，甚至常常发生顶撞和冲突等。（2）在物质追求方面，过分追求物质享受，如吃穿用必须是名牌，讲究排场等。这种追求又往往超出其实际支付能力，因而极有可能希望取得不义之财。或者一向经济比较拮据，突然之间出手阔绰、过度消费等。（3）在兴趣爱好方面，沉溺于低级趣味、庸俗不堪的事物，热衷于色情和暴力的游戏或者影视作品，甚至竭力模仿追逐。过分关注描写犯罪手段的传媒和文艺作品。（4）在精神状态方面，由于内心时常处于烦躁、压抑、挫折感或冲突状态，因而在精神状态方面往往有一些怪异表现，有时萎靡不振，有时又兴奋莫名，言语行为与环境和周围其他人不协调，对有关犯罪的话题过分警觉。（5）在性心理方面，对有关性的信息、传媒和描写性行为的淫秽书刊和影像制品过分好奇，喜欢对异性进行言语挑逗和性骚扰，有的对幼女显示出异常的兴趣。

2. 犯罪征兆一旦发现，就要采取措施及时消除，避免引起不良后果。在消除犯罪征兆的过程中应该坚持以下两条原则：（1）以诚相待，正面激励。已有犯罪意向的人，对周围事物比较敏感，预防工作者要主动接近他们，尊重其人格，不能表现出歧视和不信任的态度，避免居高临下、简单说教。必须以诚相待、以心换心，消除他们的对立情绪和戒备心理，创设良好的沟通交流氛围。避免一味打压谴责，应当采取正面激励的方法，努力发现个体身上的积极因素，引导个体重新认识自我，感受到自己仍然是一个有价值、受人尊重的人，使个体自觉摈弃原有的不良心理和习惯，重塑自尊和自信。（2）晓之以理，动之以情。认识上的无知和是非善恶的颠倒，往往是个体产生犯罪心理的重要内在原因。对于他们偏激的思想或扭曲的价值观，不能采取强制、压服的办法，只能循循善诱，采取说服、教育、疏通和引导的方法，同时要允许他们申辩和反映思想。要以真情感化他们，了解他们内心的需求，听取他们的心声，在生活、学习和工作等方面多加关怀，让他们感受到自己是被接受是有人关爱的。

【实践与运用】

警惕未成年人的不良行为

1. 夜不归宿往往使孩子处于危险境地

案例：因为和大声斥责自己的父母争论了几句，16 岁的小朱一气之下，闷头冲出家门，整晚没回家。一周后，警察找上门来，小朱在夜不归宿的那天抢劫了 6 名学生。原来，小朱离家出走之后在网吧里通宵上网，但又没有钱，于是他就把手伸向了同学。

分析：不少例子表明，没有确切原因的夜不归宿，是临近或正在实施违法犯罪行为的重要征兆之一。未成年人身心发育尚不成熟，缺乏生活经验和辨别是非的能力，擅自外出并夜不归宿，由于得不到及时有效的监护，很容易出现问题。

2. 旷课是孩子走下坡路的信号

案例：16 岁的成成是体育学校学生，他对学习不是很感兴趣，经常和朋友出入网吧和游戏厅，逐渐发展到旷课逃学。5 月的一天，他们在一家游戏厅玩，由于没有钱买游戏币，决定去“抢点钱”。这时，一个衣着光鲜的少年进入他们的视线，在讨要不成后对其拳脚相加，最后将其衣兜里的钱全部抢走。

分析：尽管学生旷课的原因多种多样，但一些学生养成不良习惯，形成严重不良行为，甚至走上犯罪道路，往往都从旷课开始。旷课是学生走下坡路的重要信号，应当引起足够的重视。

3. 酗酒是未成年人犯罪的促发因素

案例：暑假时，三名职业高中男生在一起玩耍，又找了一家小饭馆吃饭喝酒。等吃完晚饭已经夜里 11 点多，没有公共汽车了，可他们身上的钱又不够打出租车的。借着酒精的作用，有人提议：“干脆截辆出租车回家，不给司机钱。”其余两人随声附和，还提出可以跟司机“要点儿钱”。于是三人打了一辆出租车到僻静处，抢了司机的 400 元钱。但被巡警发现，三人当场被抓。

分析：据公安人员讲，在未成年人犯罪中，近 30% 的群殴、抢劫、强奸都与酗酒有关，很多未成年人在犯罪之前还喝酒壮胆。另外，近50%的未成年人犯罪，是酒精直接诱发的。

4. 交友不良容易走邪路

案例：15岁的魏明因犯故意伤害罪被判刑，是交友不慎导致他走上了邪路。据魏明自述，他在同学的生日宴会上认识了出手大方的王大哥，王大哥经常请他去餐馆吃喝，带他去电子游戏厅玩游戏。工作繁忙的父母没时间陪她，王大哥成了魏明的好朋友和崇拜偶像。一天，王大哥突然对魏明说："有一个小子总跟我过不去，我不便出面，你替我教训教训他，反正他也不认识你。"被王大哥这么一蛊惑，原本老实听话的魏明手拿木棒，朝那个人的头上猛击一棒，导致其头部受了重伤。

分析：青少年结群需求强烈，希望被人关爱、理解，一旦他们这些需求不能在家庭和学校得到满足时，就会到社会上去寻求，和一些社会闲散人员纠合在一起。

5. 赌博是违法犯罪的重要诱因

案例：17岁的赵佳在假期结识了一些社会上的不良分子，并在他们的诱惑下多次参与赌博，还欠下500多元赌债。为了偿还赌债，赵佳多次手持三棱刮刀，强行劫取9名小学生的财物，得赃款人民币400余元。人民法院认定赵佳犯了抢劫罪，依法判处有期徒刑。

分析：赌博一上瘾，一旦形成习惯就难以改正，所以赌博是少年违法犯罪的一个重要诱发因素。未成年人由于争强好胜的心理比较强烈，在许多事情上喜欢占上风；又由于社会经验少，情绪容易冲动，所以往往容易受到引诱和怂恿而参加赌博，一旦学会方法尝到刺激就可能形成赌瘾。

6. 毒品将孩子引向毁灭

案例：张华今年16岁，父母忙于生计，对他从小就缺乏教育。12岁那年，读完小学的张华便辍学在家，开始了流浪生活。在社会上游荡的张华被贩毒分子盯上了。为了引诱他贩毒，他们居然采用欺骗手段，让张华染上毒瘾。为了能买"烟"，张华不得不为毒贩子跑腿"送东西"。在一次送货途中，张华被公安民警当场抓获。

分析：尽管加强禁毒教育、重视对青少年的心理辅导等都能帮孩子远离毒品，但众多的教训却告诉我们，帮助孩子终生远离毒品的最好方法，是父母给孩子一个温馨的家，营造和谐的家庭氛围，培养孩子良好的品德和行为习惯，而且要从小抓起。

（资料来源：华律网，2012年7月25日访问）

3. 减少犯罪机遇，使犯罪分子无机可乘

（1）加强社会控制，减少犯罪机会

犯罪心理形成后，只有与适宜的机遇条件发生联系后，才会转化为犯罪行为，所以，通过加强社会控制，减少犯罪机遇，可以达到预防和减少犯罪的目的。首先，应在治安状况复杂的场所建立警务平台，警务平台应处于显眼位置，且警务特征明显（如警徽凸显、警灯闪耀），对周围地区形成强大的震慑力；其次，在街面和偏僻地段加强警察巡视力度，将车辆巡逻和徒步巡逻相结合，提高警察在治安复杂场所的出现频率；最后，运用科技手段增加街面和治安复杂场所监控设施，能对整个区域实施全天候无死角监控。这些控制措施的采取，都有利于减少犯罪机遇，从而有助于预防犯罪。

（2）加强对易受害人群的教育引导，提高他们的防范意识和能力

通常情况下，女性、老年人、少年儿童、残疾人、智力缺陷者、差旅人员等，容易成为犯罪侵害的目标。他们之所以成为易受害人群，是因为他们在所处环境中是处于弱者或不利的地位，或者具有心理上的一些弱点，因而容易成为犯罪人满足其卑劣欲望的对象。对于这些人，应帮助增强其防范意识，培养必要的防卫能力。如，尽量不单独出行，在与陌生人、可疑人员打交道时提高警觉；持巨款外出时应避免财物显露；避免进入犯罪高发区域，特别是在犯罪高发时间段；监护人要对缺乏自理和自控能力的被监护人加强监护等等。此外，有些个体由于自身的过失，也容易成为犯罪侵害的对象，如炫耀财富者、卖弄色相者、喜贪占小便宜者、性情冲动者以及性情懦弱者、爱惹是生非者等，这些人应提高自身修养，自觉约束自身言行。自尊、自重、自爱、自强不仅是提高个人素质的要求，也是减少受害概率的客观要求。

4. 加强犯罪心理矫治，重塑健全心理结构

犯罪心理矫治，即采取适当的方法和措施，改变行为人犯罪思维模式、情感，使犯罪人改恶从善，帮助犯罪人重新适应社会生活。

（1）犯罪心理矫治的途径

①开展普及性的心理健康教育。普及性（全员性）的心理健康教育即面向全体罪犯宣传和教授心理健康和心理卫生方面的知识，启发罪犯自觉调整心态，增强自我适应能力，消除心理困扰，达到自我教育、自我调适的目的。心理健康教育的形式可以多种多样，如普及心理健康教育课程、发放心理卫生知识小手册、观看心理剧现场巡演、参与团体拓展训练、参加心理健康教育知识比赛、播放优秀心理影片、开展矫治方面主题讨论、观看优秀矫

治作业巡回展等。同时，也可以将心理健康教育与专项活动相结合，定期或不定期地开展丰富多彩的专项教育活动，如重大节假日开展心理专题辅导等。

②开展团体心理辅导。团体心理辅导主要是针对群体性心理问题开展的一种实践活动，团体心理辅导主要针对具有相似心理问题的人群开展。如部分新入狱罪犯的入狱适应问题，部分即将出狱罪犯可能面临的家庭人际关系问题、婚姻问题、就业焦虑、情感问题等，以及改造中期部分罪犯面临的家庭问题、婚姻问题、监狱人际关系问题、自身发展出路的问题等。这些罪犯都可以通过团体心理辅导的相关工作程序，组建相关主题的团体或小组，引导团体成员就共同面对的问题和压力进行倾诉，找寻对策，借助团体心理辅导的载体，进一步增强罪犯应对、处置生活事件的能力，提升罪犯的心理健康水平。

③有针对性地开展个体心理咨询、危机干预。个体心理咨询与危机干预主要是针对个别心理问题比较严重的罪犯而言，如罪犯面临深层次的心理困惑，通过一般的普及性心理健康教育不能自我调节，或者不能够、不适合去参加团体心理辅导，在心理医师严格筛选评估、罪犯主动申请的条件下，就可以对其开展个别心理咨询，或长程或短程，视其问题严重程度以及咨询进展而定。常用的心理咨询治疗方法有认知疗法、行为疗法、精神分析法等，可视罪犯情况综合应用各种方法，以取得更好的矫治效果。而危机干预主要是针对个别罪犯面对突发事件所产生的危机情况而开展的应急性干预工作，比如罪犯出现自伤自残自杀的行为或者情绪严重失控等，危机干预在针对发生危机事件个体的同时，还需要针对危机事件中个人所在的群体（如同监室的其他罪犯）开展工作，做好相关心理疏导、心理抚慰以及后续心理状况跟踪，减少危机事件对相关人群的伤害度。

（2）犯罪心理矫治的技术方法

①精神分析法。精神分析法创始人弗洛伊德认为，一切心理异常或精神疾病不外乎有两大原因：一是人格结构中的本我（遵循快乐原则）、自我（遵循现实原则）和超我（遵循道德原则）三个部分彼此不协调，造成严重的心理冲突，当冲突不能缓解被压抑在潜意识中，长期累积则形成问题。二是幼年时人格发展不顺利所形成的痛苦经验隐藏在潜意识中，以梦境、疾病等改头换面的形式出现。因此，精神分析治疗的主要目的，就是通过对当事人的心理分析，将压抑在内心深处的冲突和痛苦释放出来，使其领悟到自己行为产生的根本原因。

在具体的治疗中常用两种方法。第一，自由联想法。即要求罪犯在无拘束的情境下，尽情道出心中所想到的一切。无论是苦闷的、痛苦的或快乐的经验，或是存在内心中荒诞不经的念头和想法，甚至是犯罪思想，只要联想到，就要毫无保留地说出来。分析者通过罪犯叙述与联想的事件，来分析其内心深处的活动。第二，梦的解析。弗洛伊德认为，梦是欲望的满足，是受到抑制的愿望经过改装后的一种达成，人的梦可以反映其潜意识的内容。因此对梦的内容的分析可以揭示个体被压抑的某种欲望。但是梦的内容不一定是以平时被压抑的欲望的本来面目出现，所以需要经过心理医生的分析，拨开梦的层层伪装，找到梦境的形成根源，开展针对性的治疗。

②认知疗法。此方法的理论基础是，人的情绪来自人对所遭遇的事情的信念、评价、解释，而非来自事情本身。情绪和行为受制于认知，认知是人心理活动的决定因素，认知疗法就是通过改变人的认知过程和由这一过程中所产生的观念来纠正个体适应不良的情绪或行为。认知疗法中的理性情绪疗法使用广泛。理性情绪疗法，又称合理情绪疗法，是20世纪50年代由艾利斯在美国创立。该理论认为人的情绪和行为障碍不是由于某一激发事件（activating event，A）直接所引起，而是由于经受这一事件的个体对它不正确的认知和评价即信念（Belief，B）所引起的，最后导致在特定情景下的情绪和行为后果（consequence，C），这就是ABC理论。ABC理论指出，诱发性事件A只是引起情绪及行为反应的间接原因，人们对诱发性事件所持的信念、看法、解释B才是引起人的情绪及行为反应C的更直接的原因。这种疗法就是要以理性治疗非理性，帮助求治者以合理的思维方式代替不合理的思维方式，以合理的信念代替不合理的信念，从而最大限度地减少不合理信念给情绪和行为带来的不良影响。

因此，心理矫治人员首先要向犯罪人说明一个人的看法与态度如何影响其心情和行为，然后帮助犯罪人识别其所持有的对己、对人和对社会的非理性观念，如“绝对化的要求”“以偏概全”“糟糕至极”等思想，最后引导犯罪人对这些错误偏激的思想进行辩驳，使个体真正认识到，自己的非理性信念是不现实的，不合乎逻辑的，没有根据的，用理性观念代替原有的不合理观念，从而达到改变消极情绪和行为的结果。

③行为疗法。行为疗法所依据的学习理论认为，许多不良行为是通过学习而形成的不良习惯或对平常情境的失常反应，可以通过学习，用新的、合乎要求的行为来减轻和消除原有的不良症状或行为习惯。行为疗法是以减轻或改善患者的症状或不良行为为目标的一类心理治疗技术的总称，经常会用

到三种治疗技术。

第一，系统脱敏疗法。该方法是由美国学者沃尔帕创立和发展的。他提出交互抑制的概念，认为存在引起焦虑的刺激时，如果出现另一种对抗焦虑的反应，就将完全或部分地抑制焦虑。实施这种疗法时，首先要深入了解犯罪人的异常行为表现（如焦虑和恐惧）是由什么样的刺激情境引起的，把所有焦虑反应由弱到强按次序排列成“焦虑等级”。然后，教会犯罪人一种与焦虑、恐惧相抗衡的反应方式，即放松反应，使犯罪人感到轻松而解除焦虑。进而，把放松反应技术逐步地、有系统地和那些由弱到强的焦虑等级同时配对出现，形成交互抑制情境（即逐步地使放松反应去抑制那些较弱的焦虑反应，然后抑制那些较强的焦虑反应）。这样循序渐进地、有系统地把那些由于不良条件反射（即学习）而形成的强弱不同的焦虑反应，由弱到强一个一个地予以消除，最后把最强烈的焦虑反应（即我们所要治疗的目标行为）也予以消除（即脱敏）。

第二，厌恶疗法。该方法是一种帮助人们（包括患者）将所要戒除的不良行为（或症状）同某种使人厌恶的或惩罚性的刺激结合起来，通过厌恶性条件作用，从而达到戒除或减少不良行为出现的目的。厌恶刺激可采用疼痛刺激（如橡皮圈弹痛刺激和电刺激）、催吐剂（如阿扑吗啡）和令人难以忍受的气味或声响刺激等，也可以采取食物剥夺或社会交往剥夺措施等。例如，要戒除酗酒的不良行为，可以在酗酒者个人生活习惯中最喜欢喝酒的时刻进行，使用催吐吗啡或电击等惩罚性刺激，造成对酒的厌恶反应，从而阻止并消除原来酗酒的不良行为。

第三，代币制疗法。这种方法是通过代币对个体作出预期的良好行为给予及时奖励，从而使个体所表现的良好行为得以形成和巩固，同时使其不良行为得以消退。代币作为阳性强化物，可以用不同的形式表示，如用记分卡、筹码和红星等象征性的方式，同时应该具有现实生活中“钱币”那样的功能，即可换取多种多样的奖励物品或个体所感兴趣的活动。在心理矫治过程中，只要犯罪人表现出预期的良好行为，矫治人员就可以发放“代币”，这些代币累积到一定量可以换取犯罪人喜欢的物品或者活动，让犯罪人相信只要自己实施恰当的行为就能得到奖励，而不会徒劳无功，进而巩固其良好的行为习惯。

【实践与运用】

王某，男，15 岁，因盗窃武汉某工地建筑材料，被送往工读学校，现为初三学生。王某无精神病家族史及相关躯体疾病史，出生在武汉一普通家庭，父母在其上小学二年级时离异，王某被判给父亲，大多时间由奶奶抚养。2008年父亲重组家庭，继母育有一子。王某现在与父亲、继母生活在一起，有时周末回母亲住处。父亲经商，母亲为企业高管，继母是家庭主妇，家庭经济情况较好。

王某说，在他的记忆中，父母每天都吵架，家庭氛围十分紧张。由于父母工作都很忙，无暇照顾他的生活学习，所以从上小学开始就一个人上学放学，用父母给的零花钱买饭吃。上小学二年级时，父母离异，母亲从家里搬出，王某跟随父亲一起生活，但父亲工作繁忙，大多时间由奶奶照顾其生活起居。父母离异后，王某有时很长时间都见不到爸爸妈妈，感到自己被父母抛弃，情绪低落，不愿讲话，每天都是独来独往，上课时也不再听讲，成绩急剧下降。班主任老师注意到他的反常表现，对其重点关注，经常在放学后给他单独辅导功课，在生活中也给予很大帮助。在小学期间，王某的成绩保持在中等水平，并顺利考上初中。他说，很感谢小学班主任老师对自己的关心，如果没有老师的帮助，自己很可能小学都不能毕业。升入初中后，王某本想好好学习，获得好成绩。但入校没多久，因为不会回答问题，被英语老师使用讽刺性言语辱骂，自尊心受到打击，觉得自己是差生，被老师看不起，进而产生厌学情绪，上课很少听讲，每天都不想去学校。同时，由于其体格瘦小，为了不被其他同学欺负，不断结交学校里的问题学生，甚至包括社会不良青年。王某每天和他们一起逃课上网、打架闹事。从初一下学期开始，他上课就不再听讲，完全放弃了自己的学习。初三时，王某的朋友张某、段某多次偷窃武汉某工地的建筑材料，并卖给废品收购站，换取零花钱，王某知道此事后，也参与其中。某次，当三人在工地碰面准备继续行窃时，被蹲点多天的警察发现，张某和段某当场被抓，而王某趁机逃走。张某和段某为了撇清自己的罪行，跟警察说所有的偷窃行为均是王某一人所为，他俩从未参与。王某家长向工地作出赔偿后，将王某送往工读学校。

理性情绪疗法认为个人对刺激情境的非理性信念，才是引起情绪和行为困扰的直接原因。改变非理性信念，帮助当事人找出适宜理性的信念，才能改善当事人的情绪或行为困扰，维护其心理健康。因此，访谈中，先要让王某认识到自己对于“朋友”的非理性信念，如讲义气就是朋友，朋友就是要绝对忠诚。证明其不合理之处，并引导、鼓励当事人找到对于“朋友”的理性信念，合理看待朋友对自己的背叛，消除其愤怒、伤心的情绪，并能在以后的生活中继续结交新朋友。其次，父母在日常生活中对王某重物质缺关怀的教育方式，使王某产生不受重视、被忽略甚至产生父母不爱自己的想法，进而不愿回家，不愿与父母交流。访谈中，通过理性分析使王某认识到这也是一种非理性信念，爸妈其实是很爱他的，只是由于教育方式不合理，才会让他产生这种心理。鼓励王某与家长多沟通交流，并通过班主任老师对家长进行干预，让家长认识到在满足孩子物质需求的同时，还要重视孩子内心的真正所需，从爱与关怀的层面理解孩子。同时，建立起由家庭和学校组成的社会支持系统，让王某在良好氛围下健康成长。

针对王某存在的不良行为习惯，主要可用自我管理、代币强化等行为疗法。首先，协助王某制定出学习目标及其短期目标，并制订详细的学习计划，在执行过程中请求班主任老师的监督与支持。上课时，当意识到自己没有认真听讲时，可通过拉弹手腕上的橡皮筋让自己痛苦，同时每天晚上写一篇反思性日记，反思自己一天的心理活动与学习表现，了解自己的调节方式，有何新的认识和体验等。合理实施代币强化。只要王某完成一个阶段性目标就给予代币奖励，每天完成既定的任务也给予奖励，代币积累到一定量可以在工读学校换取喜欢的物品，使王某逐步达到设定的行为目标。

（资料来源：翟紫艳、郑晓边：《一个问题少年的心理访谈报告》，载《社会心理科学》2012 年第 8 期）

思考题：

1. 犯罪心理预防的心理学依据是什么？
2. 一般心理预防的内容和方法有哪些？
3. 特殊心理预防可以采取哪些方法？

参考文献：

1. 罗大华主编：《犯罪心理学》，中国政法大学出版社 2014 年版。
2. 梅传强主编：《犯罪心理学》，中国法制出版社 2014 年版。
3. ［澳］苏通著：《犯罪预防：原理、观点与实践》，赵赤译，中国政法大学出版社 2012 年版。
4. 郭开元著：《青少年犯罪预防的理论和实务研究》，中国人民公安大学出版社 2014 年版。
5. 范辉清、王亮著：《犯罪心理分析与干预》，暨南大学出版社 2013 年版。
6. 邵晓顺著：《犯罪心理分析与矫正》，浙江大学出版社 2015 年版。
7. 黄教珍、张停云著：《社会转型期青少年犯罪的心理预防与教育对策》，法律出版社 2008 年版。

8. 赖修桂著：《犯罪与矫治综论》，法律出版社2010年版。

9. ［意］切萨雷·贝卡里亚著：《论犯罪与刑罚》，黄风译，中国大百科全书出版社1997年版。

拓展阅读书目：

1. ［意］恩里科·菲利著：《实证派犯罪学》，郭建安译，中国人民公安大学出版社2004年版。

后　记

出版一套法学交叉创新系列教材的想法在我心中已孕育多年，恰巧学校推出教材出版资助计划，我幸运地获得了资助，由此开始了我的“圆梦之旅”。

经过一年多的编写，《司法心理学》作为“法学交叉创新系列教材”的第二本得以面世，它就像一株破土而出的幼苗，也许还带着几分青涩，但是一定能给读者打开一扇新的窗户，让读者收获新知。

编写教材是一项艰辛的工程。为了编写好本教材，我邀请了一批具有深厚理论功底和丰富实践经验的心理学和法学专业人士组成一个团队，他们分别是胡宇清（湘潭大学法学院副教授、法学博士、硕士生导师，负责第一章和第五章第一节写作，以及全书统稿）、汤芙蓉（西南大学心理学硕士、四川警察学院讲师、国家二级心理咨询师，负责第四章、第九章写作，以及全书统稿）、张佳佳（西南大学心理学硕士、四川警察学院讲师、国家二级心理咨询师，负责第三章、第五章第二节、第八章写作）、程燕（西南大学心理学硕士、湘潭大学讲师、国家二级心理咨询师，负责第七章写作，以及全书统稿）、查抒佚（浙江大学心理学硕士、西南民族大学讲师、国家二级心理咨询师，负责第二章写作）、毛频（湖南生物机电职业技术学院讲师，参与全书统稿）、李柳（湘潭市社会心理学学会副会长、国家二级心理咨询师，负责第六章写作）、王慧轶（湖南师范大学心理学硕士、国家二级心理咨询师，参与全书统稿）、李丹（湘潭大学保卫处、法律硕士，负责第七章写作）、赵亚峰（广东省纪委、管理学硕士，参与全书统稿）。我们团队抱着高度的责任心精心编写，反复修改，力争将本教材打造成精品。

本教材的出版离不开众多人的关心和支持。首先，我要感谢湘潭大学研究生院和出版社的领导以及黄琼编辑，正是他们的敬业精神和一流的专业素养使得本教材得以顺利出版。其次，我要感谢我们团队的成员，正是大家的辛勤付出和严谨的态度保证了教材的学术水准。最后，我还要感谢我的家人，没有你们的全力支持就没有这套教材的面世。

当然，由于我们学识水平有限，加之时间紧迫，本教材难免有不足之处甚至是疏漏，恳请各位读者不吝赐教，以便再版时予以修正。

胡宇清

2018 年 5 月 4 日